거시경제학 탐방

Wonderland for Macroeconomics

황 해 두

청목출판사

머리말

이 책은 경제원론을 공부한 학생들이 그보다 약간 높은 수준의 거시경제학을 이해할 수 있도록 작성되었다. 더 나아가 경제원론을 수강하지 않은 사람들이 공부하기에도 큰 어려움이 없이 이해할 수 있도록 하기 위하여 쉽게 읽으면서도 좋은 구성을 갖도록 노력하였다. 이 책은 독자 여러분이 대중매체를 통하여 자주 마주치는 완전고용, 물가안정, 국제수지균형, 경제성장과 같은 거시경제 문제에 대한 체계적 사고전개에 도움이 되도록 구성하였다. 따사한 햇빛이 비치는 계절에 부드러운 봄바람과 마주치면서 동시에 푸른 바다를 보면서 자전거를 타는 기분으로 즐거운 거시경제 여행이 되었으면 한다.

책 이름을 거시경제라고 하면 너무 딱딱한 분위기가 될 것 같아서, 뒤에다 문화유산탐방과 같이 탐방을 추가하였다. 독자 여러분이 적극적 사고(positive way of thinking)와 측면적 접근방법(lateral approach)으로 이 책을 읽어가면서 자신도 모르는 사이에 수채화 같은 그림을 그려갈 수 있다면, 여러분들은 사회과학의 한 분야를 구성하는 경제학의 핵심주제에 해당되는 거시경제 내용을 자신의 무형자산으로 만들 수 있는 계기를 포착할 수도 있다.

2014년 8월

운중동 우거에서 황 해 두

[이 책의 구성 및 사용방법]

이 책은 1920년대 말에 대공황을 배경으로 대두된 케인즈혁명을 설명하기 위하여 거시경제학의 기초이론, 실업이론, 인플레이션을 중점적으로 설명하고, 이어서 학파간의 논쟁과 소비함수, 투자함수, 화폐에 대한 수요와 화폐의 공급을 설명한다. 그리고 거시경제의 동태적 측면을 나타내는 경제성장과 경기변동을 설명한다.

이 책은 학부학생들이 읽어서 이해가 갈 수 있도록 기초되는 내용을 쉽게 설명하는 데 최우선순위를 두고, 그 다음으로는 가급적 시사문제를 포함한 시대적 흐름에 대한 이해를 돕고자 하였다. 현실 문제를 심도 있게 분석한 내용이 학술지의 글이고, 이 같은 학술지 글이 교과서에 약간의 시차를 두고 소개된다. 저자는 다음 두 가지에 중점을 두었다. 첫째, 쉽게 읽을 수 있다는 책은 독자를 위하여 시간과 노력을 절약하는 데 도움을 줄 수 있는 장점이 있다. 그러나 학파간의 같은 점과 다른 점을 부각시키지 않고 쉽게 쓴 책은 이론의 발달과정을 제대로 이해시키지 못하기 때문에 독자로 하여금 스스로 기초를 마련하고 판단능력을 키우는 데 도움이 되지 않을 수도 있다. 이 책은 적어도 동양속담의 '온고이지신'(溫故而知新)과 같이 과거의 방법을 이해하고 오늘의 지혜를 확인하는 방법을 선택하면서 실업이론과 인플레이션 이론을 체계적으로 설명하고자 노력하였다. 둘째, 학파간의 논쟁을 가급적 균형감각을 갖고 설명하면서 점차적으로 우리 현실의 문제를 파악하고 자신의 견해를 가지고 문제 해결책을 마련하는 데 도움을 주고자 하였다.

거시경제학이 미시경제학과 다른 점은 일반균형이론의 응용이면서도 동시에 서로 다른 부문 간에 연결되어 있다는 점이다. 따라서 취업 또는 면접을 준비를 할 경우에 미시경제학은 소비자 이론 또는 시장의 실패를 준비하거나, 시장에서 독점적 경쟁시장만 선택하여 준비할 수 있는 데 반하여 거시경제학은 상호간에 연관되어 있어서 전반적으로 이해하기 위해서는 미시경제학에 비하여 시간과 노력이 더 소요된다. 그러나 일단 전체적 윤곽을 잡아두면 어떤 문제가 나오더라도 유추하여 설명할 수 있다는 장점을 가지고 있다. 다르게 표현하면 거시경제학에 대하여 서서히 시간을 가지고 이해하면서 공부를 하게 되면 이 분야의 실력뿐만 아니라 큰 안목으로 문제를 보고 체계적으로 해결하는 능력을 키우는데 도움을 줄 수도 있다.

이 책은 기본적으로 쉬운 언어와 그림으로 설명하고, 필요한 경우에만 수식을 최소한으로 사용하였다. 그리고 필요에 따라서 영어로 다른 각도에 설명하거나 연습문제를 내기도 하였다. 직관까지 전달하기는 어려워서 가급적 여러분의 상식에 가깝게 설명하였다.

각 장마다 소개된 연습문제는 독자의 응용능력을 증가시키기 위하여 선다형 문제, 빈칸 채우기, 논술형 문제를 본문의 순서에 맞게 구성되어 있다.

영어약자는 다음과 같은 뜻을 지니고 있다.

A: Answer,

C: Composition,

CE: Composition with elaboration,

E: Elaboration,

T: Translation,

TE: Translation with elaboration,

Re: Rewriting,

V: Vocabulary

차 례

제4부 개별경제주체의 의사결정과 정부의 역할

제 1 부

거시경제학의 구성과 실업이론

거시경제학은 국민경제 전체의 총체적인 활동 수준을 분석하는 데 중점을 둔다. 제1부에서는 거시경제학의 개관과 특성을 설명하고, 고전학파를 배경으로 케인즈학파가 비자발적 실업을 감소시키기 위한 재량적 개입을 주장하게 된 배경과 이론을 설명한다.

미시경제학은 세로축에 가격을, 가로축에는 수량을 표시함으로써 시장균형을 설명한다. 거시경제학에서도 세로축에 가격을 나타내는 것은 마찬가지이나, 가로축에는 개별수량이 아닌 국민소득이나 실업률을 나타낸다.

기초이론은 준비단계로 국민소득을 집계적 개념을 소개하고, 모형 Ⅰ에서는 실물부문의 균형을, 모형 Ⅱ는 실물부문과 화폐부문의 균형을, 모형 Ⅲ에서는 모형 Ⅱ에서 도출한 총수요곡선과 노동시장의 균형과 단기총생산함수로부터 도출한 총공급곡선을 가지고 거시경제의 전체균형을 설명한다. 모형 Ⅰ은 승수이론을, 모형 Ⅱ는 유동성선호설을 부각시키기 위하여 케인즈와 힉스가 발전시킨 모형이고, 모형 Ⅲ은 노동시장의 분석과 수확체감의 법칙이 작동하는 단기 생산함수로부터 도출된 총공급곡선을 사용하여 재정정책과 금융정책이 국민소득과 물가가 미치는 영향을 분석하기 위한 모형이다.

제 1 장 거시경제학의 내용 및 구성

1.1 경제학의 목적 및 발달

(1) 경제학의 목적

경제학은 주어진 자원을 가지고 인간의 욕구를 최대한으로 충족시키기 위하여 발생한 사회과학의 한 분야이다. 만일 자원이 인간의 경쟁적인(competing) 욕구를 충족시킬 만큼 무한하게 존재한다면 경제학을 별도로 연구할 필요가 없게 된다. 따라서 자원의 희소성(scarcity)이 인간으로 하여금 최상의 선택(best choice)을 추구하게 만들고, 이러한 선택은 어떤 경제행위를 함으로 말미암아 부득이 다른 경제행위를 포기하게 만드는 기회비용[1)]의 문제를 야기한다. 가계와 기업이 효용극대화와 이윤극대화를 달성하기 위하여 선택해야 하는 합리적 행위는 기회비용을 고려하여 '최소비용 최대효과의 원칙'을 따르면 된다. 다르게 표현하면 한계수입과 한계비용이 일치되게 하는 것이 합리적인 경제행위라고 할 수 있다.

1) 기회비용이라 함은 어떤 경제행위를 함으로써 부득이 포기해야 하는 차선의 경제행위나 희생된 대체수단의 가치를 의미한다.

(2) 경제학의 발달

경제학이 독립된 학문으로 성립하게 된 시기에 대해서는 일치된 견해는 없지만 1776년 스미스(A. Smith)의 『국부론』을 경제학의 시조로 본다. 스미스는 시장에서 수요와 공급이 만나서 결정되는 균형가격에 의하여 상대가격비율이 결정되고, 이 같이 결정된 상대가격비율에 따라서 자원이 배분되면 최적의 자원배분이 달성될 수 있다고 주장한다. 스미스 이후 리카도(D. Ricardo), 맬더스(T. Malthus), 마샬(A. Marshall), 피구(A. Pigou) 등이 연구한 경제학을 고전학파 경제학이라고 한다. 고전학파는 절대왕정의 '행정적 규제'(administrative fiat)를 반대하고 '보이지 않는 손'(invisible hand)을 주장한다.

1.2 미시경제학과 거시경제학

미시경제학(microeconomics)은 완전고용의 가정 하에서 상대가격의 변화가 가져오는 자원배분에 대한 연구라고 할 수 있다. 이에 반하여 거시경제학(macroeconomics)은 과소고용 하에서 어떻게 하면 완전고용을 달성할 수 있는가와 물가안정에 대한 연구라고 할 수 있다. 거시경제에 추가적으로 2가지 목표를 추가한다면 개방경제하에서의 대내균형과 대외균형의 달성과 경제성장을 들 수 있다.

(1) 사전상의 의미로는 미시는 '작다'라는 뜻을, 그리고 거시는 '크다'라는 뜻을 지니고 있다. 그러나 아래 글과 같이 단어의 의미에 집착하다 보면 원래 이 사설의 핵심을 포착하는 데 필요불가결한 문맥적 의미(contextual meaning)를 상실할 수도 있다. 독자의 관심을 끌기 위하여 사설이라고 하였고, 사설을 거시개념으로 대체해도 무방하다.

C: You may be right in terms of semantics, but I am afraid that you may fail to capture the contextual meaning which may be indispensible to capitalize the thrust of this editorial.

T: 단어 의미는 맞을 수 있지만, 이 사설의 핵심을 포착하는데 필수적인 문맥상의 의미를 상실할 수도 있다.

V: 신문사설을 editorial, 방송논평을 commentary라고 한다.
thrust = nub = gist: 핵심적 주장 또는 내용

(2) 뉴케인즈경제학의 발달에 힘입어 거시경제학과 미시경제학 사이의 구분이 흐려지고 있다.

C: The overlapping realms between macroeconomics and microeconomics have increased all the way due to the development of New Keynesian economics.

Re: The distinction between macroeconomics and microeconomics has been blurred due to the recent development of New Keynesian economics.

(3) 거시경제학이 미시경제학과 별도로 연구할 필요가 있는지에 대한 설명을 할 때 구성의 오류(fallacy of composition)가 자주 인용된다. 쉽게 설명하면 나무를 개별적으로 볼 때와 숲 전체를 볼 때에는 동일한 현상이라 할지라고 해석이 다를 수 있다는 내용이다.

CE: The fallacy of composition is often used at the toddler's stage in learning macroeconomics as an effective exposition of demonstrating that macroeconomics is not simply the summation of microeconomics in semantics. Microeconomics refers to the small size of economic entity whereas macroeconomics refers to the large one. But such a semantic interpretation may be misleading or not relevant at all if you make a comparative analysis between the GM and the Jamaican economy. The contextual meaning between these two jargons is that the former is related with the resource allocation whereas the latter is focused on resource utilization. It follows, thus, that the relative price ratio is critically important for the former case while the absolute price level matters for the latter one.

T: 구성의 오류는 거시경제학을 배우는 기초단계에서 거시경제학이 단순히 미시경제학의 합계가 아니라는 것을 보여주기 위한 효과적인 설명방법으로 자주 사용된다. 거시경제학이 경제의 큰 규모와 관련된 반면 미시경제는 경제의 작은 규모와 관련된 것으로 표현된다. 그러나 이러한 의미의 해석은 오해를 가져올 소지가 많을 뿐만 아니라 우리가 GM기업과 자메이카(Jamaica) 경제를 비교분석하고자 하는 경우에는 전혀 관계가 없을 수도 있다. 이 두 용어의 문맥상의 의미는 미시경제학은 자원배분과 관련되고, 거시경제학은 자원이용에 중점을 둔다고 설명할 수 있다. 즉, 상대가격의 비율이 미시경제학의 경우는 매우 중요한 반면 거시경제학에서는 절대가격이 중요하다.

(4) 절약의 역설(paradox of thrift)

우리는 어려운 경우를 대비하여 저축을 한다.[2] 그리고 개인이나 가계의 입장에서는 절약을 함으로써 저축이 증가되고 부자가 될 수 있는 방법이기도 하다. 그러나 사회 전체적으로 보면 저축한 만큼 소비가 감소하고, 투자 또한 감소하기 때문에 국민소득도 감소하게 된다.[3]

2) We do savings for a rainy day. 우리는 어려운 시기를 대비하여 저축을 한다.

3) 절약의 역설은 생산의 유휴시설이 있는 선진공업국의 경우에는 타당할 수 있지만, 저축의 증가를 통한 자본재 구입이나 투자재원을 마련해야 하는 후진국의 경우에는 타당하지 않을 수도 있다.

[그림 1-1] 절약의 역설: 독립투자만 있는 경우

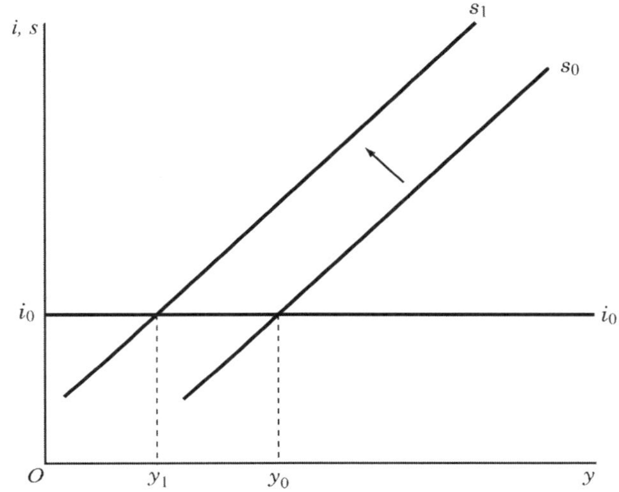

[그림 1-2] 절약의 역설: 독립투자뿐만 아니라 유발투자도 있는 경우

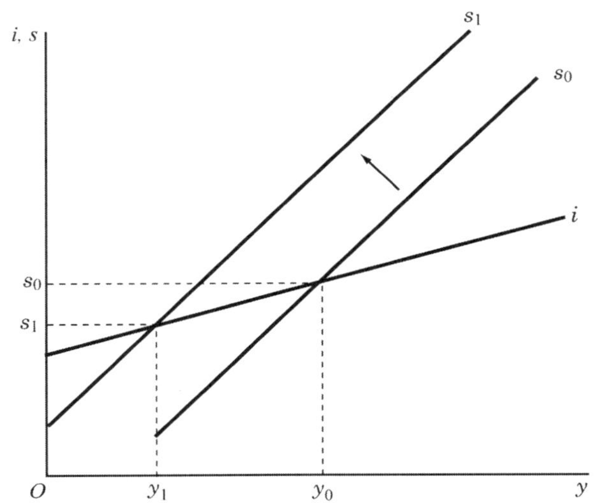

1.3 고전학파모형

(1) 실질임금변화에 의한 노동시장의 균형

공급은 스스로의 수요를 창조한다는 '세이의 법칙'(Say's Law)은 재고가 발생하지 않기 때문에 비자발적 실업이 존재하지 않음을 시사한다. 고전학파모형에서는 노동에 대한 수요와 공급이 일치하는 점에서 균형실질임금과 균형고용량이 결정되고, 고용량의 크기에 의하여 실질산출량이 결정된다.

(2) 화폐수량설

고전학파는 통화량의 증가는 비례적인 물가상승만을 초래할 뿐 경제내의 실질국민소득이나 실질임금에는 아무런 영향을 미칠 수 없다고 주장한다. 통화량을 M, 화폐의 유통속도를 V, 물가수준을 P, 거래량을 T라고 하면 $MV \equiv PT$라는 항등식(identity)이 성립한다. 좌변 MV는 화폐액으로 측정한 국민소득이고, 우변 PT는 실물로 측정한 국민소득이다. 여기서 화폐의 유통속도 V와 거래량 T가 일정하다고 가정하면 $M\overline{V} = P\overline{T}$라는 등식이 된다. 완전고용상태이기 때문에 거래량 T를 국민소득 Y로 바꾸어도 무방하다.

(3) 고전적 양분성(Classical dichotomy)

고전학파 체계는 실물부문과 화폐부문이 양분되어 있기 때문에 통화량의 증가는 고용량이나 산출량과 같은 실물부문에 영향을 주지 못하고, 실물부문의 변화도 화폐부문에 영향을 주지 못한다. 화폐부문이 실물부문에 영향을 주지 못하기 때문에 화폐 베일관이라고도 한다. 예를 들어 통화량을 2배 증가시킬 경우 명목변수는 2배 증가하지만, 실질변수는 전혀 변화하지 않게 된다. 실물부문이 화폐의 공급과 화폐에 대한 수요에 의하여 전혀 영향을 받지 않는 것을 고전적 양분성이라고 하고, 화폐공급의 영향을 받지 않는 경우를 화폐의 중립성이라고 한다.

[그림 1-3] 고전학파의 화폐수량설

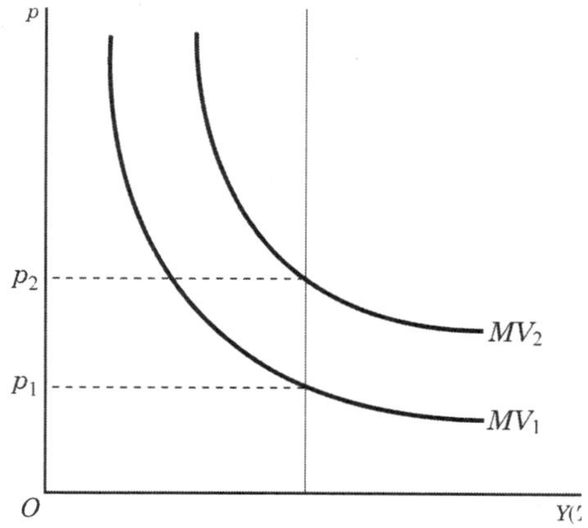

(4) 공급측면의 제약

고전학파는 경제내의 근본적인 문제는 수요측면이 아닌 공급측면에서 야기된다고 주장한다. 수확체감의 법칙이 작동하는 총생산함수에서 자본축적이 많아질수록 동일한 고용량으로부터 생산되는 산출량은 증가하게 된다.

1.4 케인즈학파 모형

(1) 유효수요의 법칙과 디플레이션 갭

완전고용의 국민소득수준에서 총수요가 총공급보다 부족한 부분을 디플레이션 갭(deflation gap)이라고 한다. 디플레이션 갭이 존재하는 경우 균형국민소득은 완전고용의 국민소득수준에 미치지 못하기 때문에 과소고용하의 균형국민소득이 된다.

(2) 실물시장과 화폐시장의 상호의존

고전학파는 실물부문과 화폐부문이 완전히 분리되어 있다고 주장하는 반면에 케인즈학파는 실물부문과 화폐부문이 이자율로 연결되어 있다고 주장한다. 투자자는 투자로부터 얻게 되는 자본의 한계효율을 화폐시장에 결정된 이자율과 비교하여 투자를 결정하게 된다.

(3) 명목임금의 하방경직성

고전학파는 명목임금을 인하하면 실질임금이 하락하기 때문에 비자발적 실업이 소멸된다고 주장한다. 그러나 케인즈학파는 낮은 임금수준에서는 노동공급곡선의 명목임금에 대한 탄력성이 무한하기 때문에4) 명목임금을 인하하더라도 비자발적 실업은 감소하지 않는다고 반박한다.

(4) 수요측면의 제약

고전학파는 거시경제의 문제가 공급측면에서 발생한다고 본 반면에 케인즈학파는 거시경제의 문제가 수요측면에서 발생한다고 본다. 따라서 수요를 확대하기 위한 총수요관리정책을 주장한다.

1.5 통화론자의 주장

케인즈학파가 재량적 개입을 강조한 반면에 1960년대 중반의 스태그플레이션을 배경을 대두된 통화론자(Monetarists)는 케인즈적 개입은 단기적으로 실업을 감소키길 수 있지만, 장기적으로는 가속화되는 인플레이션을 초래하게 된다고 주장한다. 통화론자는 인플레이션을 억제하고 완전고용수준을 달성하기 위해서는 통화량을 실질경제성장률과 일치되게 증가시켜야 한다는 준칙을 강조한다.

4) 노동공급곡선은 수평선에 가깝게 된다.

1.6 균형국민소득의 결정

(1) 국민소득의 순환적 흐름(Circular Flow of National Income)

[그림 1-4]는 국민소득의 순환적 흐름을 쉽게 설명하기 위하여 해외부문이 없고, 자본재에 대한 감가상각이 없다는 가정 하에 가계와 기업만 존재하는 2부문 경제를 나타낸 것이다. 기업은 생산물시장에서는 판매자로, 생산요소시장에서는 구매자로 활동하며, 가계는 생산물시장에서 구매자로, 생산요소시장에서는 판매자로 활동함으로써 국민경제는 순환된다. 기업은 가계에 재화를 공급함으로써 수입(revenue)을 얻고, 가계는 기업에 생산요소를 공급함으로써 요소수입을 얻게 된다. 생산요소의 소유자는 노동에 대해서는 임금을, 자본에 대해서는 이자를, 토지에 대해서는 지대를, 기업활동에 대해서는 이윤을 얻게 되고, 이 같은 요소수입은 생산물시장의 가치와 같게 된다.

저축과 같이 국민소득의 순환적 흐름으로부터 빠져나가는 소득부분을 누출(leakage)이라고 하고, 투자와 같이 외부로부터 이 같은 순환적 흐름에 들어와 새로운 소득을 창출하는 지출을 주입(injection)이라고 한다. 누출과 주입이 없다면 재화시장과 요소시장의 크기는 같게 된다.

(2) 균형국민소득의 조건

국민소득이 균형이 되기 위해서는 누출과 주입의 합계가 일치해야 한다. 따라서 가계와 기업만 존재하는 2부문 경제에서 국민소득이 균형이 되기 위해서는 저축과 투자의 크기가 일치되어야 한다. 만일 주입의 합계가 누출의 합계보다 크다면 국민소득은 증가하게 되고, 이와 반대로 누출의 합계가 주입의 합계보다 크다면 국민소득은 감소하게 된다.

[그림 1-4] 국민소득의 순환적 흐름

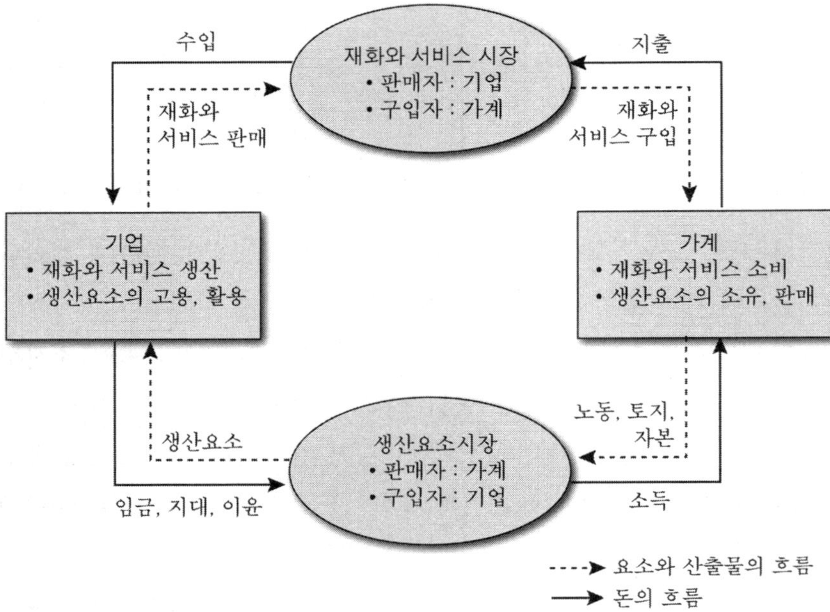

(3) 2부문 경제에서의 균형국민소득

2부문 경제의 균형국민소득 조건에 소비를 추가하면 소비와 저축의 합은 총공급이 되고, 소비와 투자의 합은 총수요가 된다. 케인즈는 소득이 없어도 소비를 하고, 소비는 소득에 비례하여 증가한다고 보았기 때문에 소비함수는 플러스의 절편을 갖고 우상향하는 형태로 나타난다. 케인즈는 공급에는 제약조건이 없기 때문에 총공급곡선은 원점을 통과하고 기울기가 1인 직선이 된다.

[그림 1-5]에서 총수요곡선과 총공급곡선이 만나는 Y_e에서 균형국민소득이 달성된다. 균형국민소득보다 작은 Y_a에서는 AA'만큼의 재고가 발생하게 되고, Y_e보다 작은 Y_b에서는 BB'만큼의 재고감소가 발생하게 된다. 실제국민소득이 균형국민소득보다 클 경우 재고의 증가를 감소시키기 위하여 생산활동이 축소됨에 따라서 균형국민소득으로 수렴하게 된다. 이와 반대로 실제국민소득이 균형국민소득보다 작을 경우에는 제품이 없어서 판매가 되지 않기 때문에 생산활

동이 확장됨에 따라서 균형국민소득으로 수렴하게 된다.

[그림 1-5] 균형국민소득의 결정

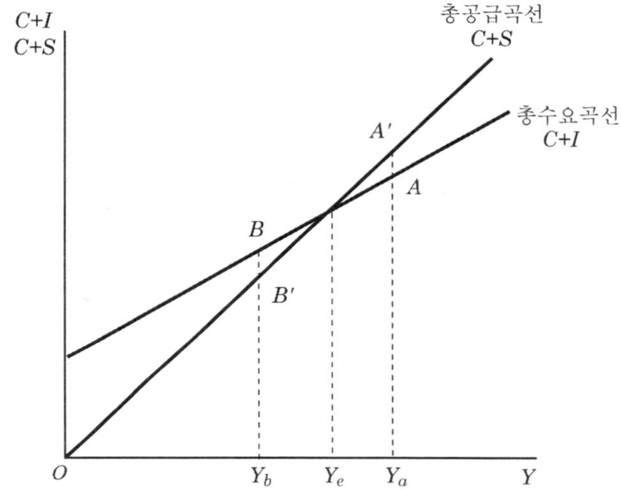

(4) 사전적(ex-nate) 의미의 저축과 투자

우리가 균형국민소득을 얘기할 때 사용되는 투자와 저축은 사전적 의미로 사용된다. 이 같은 용어가 사후적 의미로 사용된다면 총수요와 총공급의 균등식은 항등식으로 전환된다. 의도하지 않은 재고의 변동은 사전투자에서 사후투자를 차감한 크기가 된다. 따라서 의도하지 않은 재고의 변동을 일종의 조정항목으로 포함시키게 되면 사전투자에다 의도되지 않은 재고의 변동을 더한 값은 반드시 사후투자와 일치하게 된다.

1.7 국민총생산(Gross National Product; GNP)

국민총생산이란 일정기간 동안에 내국인에 의하여 생산된 최종 생산물의 시장가치의 합계를 말한다. 일정기간이라 함은 GNP가 저량(stock)의 개념이 아닌 유량(flow)의 개념이라는 것을 나타내며, 내국인이라 함은 그 나라의 국민 소유의 생산요소에 의하여 생산된 재화와 용역만이 GNP에 포함됨을 뜻한다. 최종생산물이라 함은 기업 간에 거래되는 중간 생산물은 GNP에 포함되지 않고 최종 사용자에 의하여 구매된 재화와 용역만이 GNP에 포함된다는 뜻이다. 시장가치는 국민총생산량을 시중에서 사용되는 경상가격(current price)[5]으로 나타낸 것이다.

(1) GNP 디플레이터(deflator)

최종생산물의 시장가격은 수시로 변하기 때문에 GNP를 실질국민소득을 나타내는 객관적 지표로 사용하기에는 다소 한계가 있다. 이 같은 문제를 해결하기 위하여 GNP 디플레이터가 사용된다. GNP 디플레이터는 기준년도의 물가수준을 100으로 잡고 비교년도의 물가수준을 구하여 비교년도의 물가수준을 기준년도의 물가수준으로 나눔으로써 산출된다. 경상가격 GNP에다 GNP 디플레이터를 곱하면 불변가격 GNP로 전환된다.

예를 들어 컴퓨터만을 생산하는 경제를 가정하는 경우 컴퓨터 생산량에는 변함이 없는 상태에서 기준년도의 컴퓨터 가격이 10원이고 비교년도의 컴퓨터 가격이 20원이라면 비교년도의 GNP 디플레이터는 20원÷10원, 즉 2가 된다.

(2) 국민순생산(Net National Product; NNP)

국민순생산이란 GNP에서 감가상각비를 차감한 것으로 국민경제의 모든 생산과정에서 발생한 부가가치의 합계와 일치한다.

$$NNP = GNP - 감가상각비$$

(3) 국민소득(National Income; NI)

국민소득이란 생산요소의 소유자가 생산활동에 생산요소를 제공한 대가로 임금, 이자, 지대, 이윤의 형태로 받는 소득의 합계로서 국민순생산에서 간접세를

5) 경상가격은 불변가격(constant price)의 반대개념이다.

공제하고, 정부가 기업에 제공한 보조금을 더해서 산출한다.

NI= NNP - 간접세 + 보조금

(4) 개인소득(Personal Income; PI)

개인소득은 NI에서 법인세와 사내유보이윤(retained earnings)을 공제하고, 정부와 기업이 개인에게 제공한 이전지출(transfer payment)[6]을 더해서 산출한다.

(5) 가처분소득(Disposable Income; DI)

가처분소득이란 개인소득에서 직접세[7]를 빼고 난 나머지로 가계가 소비 또는 저축의 형태로 처분할 수 있다.

DI = PI - 개인소득세

(6) 국내총생산(Gross Domestic Product; GDP)

1960년대에 와서 해외직접투자(Foreign Direct Investment: FDI)가 크게 증가하면서 국민총생산보다 국내총생산이 자주 이용되고 있다. 국내총생산은 자국의 국경내에서 생산된 최종재화의 합계이다. 갑돌이가 미국 시애틀에서 임대수입을 벌었다면 한국의 GNP에는 반영되고, 한국의 GDP에는 반영되지 않는다. 같은 맥락에서 갑돌이의 임대수입은 미국의 GDP에는 반영되고, 미국의 GNP에는 반영되지 않게 된다.

---

6) 이전지출의 예로는 홍수나 가뭄이 발생하였을 경우 중앙정부 또는 지방정부가 피해를 입은 주민에 대하여 구조물자를 제공하는 경우를 들 수 있다. 이전지출은 이미 생산된 재화와 용역을 제공한다는 의미에서 국민소득계산에 포함되지 않는다.

7) 직접세는 조세부담자와 대응되는 세금인 반면에, 간접세는 조세부담자와 대응되지 않는 세금이다. 소득세는 직접세인 반면에, 맥주소비세는 생산자가 부담해야 할 세금이 소비자에게 전가(shift)되는 경우이다.

GDP =GNP - 해외순수취요소소득

(7) 국내총자원사용량(Absorption)

국내총자원사용량은 일정기간 동안에 국민이 사용한 재화와 용역의 총량으로서 GNP에다 수입액을 더하고, 수출액을 차감해서 산출된다.

국내총자원사용량 = GNP + 총수입액 - 총수출액

(8) 잠재적 국민총생산(Potential GNP)

잠재적 국민총생산은 한 국가의 노동가능인구가 완전히 고용된 상태에서의 GNP이다. GNP 갭(gap)은 잠재적 GNP에서 실제적 GNP를 차감한 금액을 뜻한다. 예를 들어 완전고용하에서의 GNP가 100억원이고, 실업률이 5%인 경우의 GNP가 70억원이라면 잠재적 GNP는 30억원이 된다.

(9) 국민총소득(Gross National Income; GNI)

어떤 국가의 GNP는 증가하였으나, 수출품의 가격은 큰 폭으로 하락한 반면에 수입품의 가격은 큰 폭으로 상승한 경우에 국민이 피부로 느끼는 실질소득의 증가를 작게 느낄 수도 있다. 이 같이 교역조건[8]의 변화를 반영하여 GNP와 GDP를 정정한 지표가 GNI와 GDI이다. 우리나라의 교역조건은 악화되고 있기 때문에 GNP 또는 GDP에 비하여 GNI와 GDI가 작게 산출되고 있다.

(10) 국민소득지표로서의 한계

최종생산물의 가치가 생산에 참여한 사람들에게 요소소득의 형태로 배분된다는 의미에서 GNP는 국민소득의 지표로 사용될 수 있다. 그러나 GNP를 산출하는 과정에서 시장을 통하여 거래되는 재화와 용역만을 반영하고, 시장을 통하지 않고 거래되는 재화와 용역은 기술적으로 반영하기 어렵기 때문에 몇 가지

8) 수출품의 가격을 수입품의 가격으로 나눈 가격지표를 교역조건(terms of trade)이라고 한다.

중요한 항목을 제외하고는 추계에서 제외된다.[9)]

(11) 경제후생지표

GNP를 경제적 후생지표로 사용하는 데는 다음과 같은 문제가 야기된다. 첫째, GNP는 공해와 기타 개인의 복지를 증가시키는 데 전혀 도움이 되지 않는 요소들을 포함한다. 둘째, 여가(leisure)와 소득분배와 같이 개인의 복지에 상당한 영향을 미치는 요소들은 생략된다.

이 같은 문제들을 해결하기 위하여 노드하우스(Nordhaus)와 토빈(Tobin)은 GNP에다 여가와 지하경제[10)]를 포함시키고, 환경적 피해를 차감한 경제후생지표(Measure of Economic Welfare; MEW)라는 개념을 소개하였다. 그들은 미국의 경우 [그림 1-6]과 같이 MEW는 GNP보다 완만한 속도로 증가함을 발견하였다.

[그림 1-6] 국민총생산과 경제후생지표

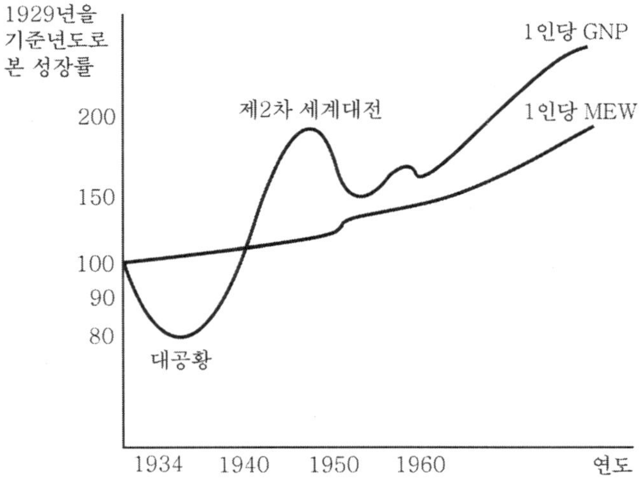

9) 예를 들어 물물교환(barter system)이 발달하고 시장이 발달하지 않은 국가의 GNP는 상대적으로 작게 추계된다.

10) 지하경제(underground economy) 중에 주부의 가사노동은 어느 정도 반영할 수 있겠지만, 밀수 또는 암시장(black market)의 외환거래 등은 포착하기 어렵기 때문에 상당한 부분이 반영되지 않는다.

1.8 국민소득 3면 등가의 법칙

GNP 또는 GDP로 측정한 생산국민소득, 지출국민소득, 분배국민소득은 같다. 즉, GDP = GDE = GDI가 성립된다. 최근에 와서는 GNP보다 GDP가 많이 사용되므로 아래와 같이 나타낼 수 있다.

(1) 생산국민소득(Gross Domestic Production: GDP)
최종생산물의 시장가치합계 = 부가가치 + 고정자본의 소모비

(2) 지출국민소득(Gross Domestic Expenditure: GDE)
소비 + 투자 + 정부지출 + 수출 - 수입

(3) 분배국민소득(Gross Domestic Income: GDI)
임금 + 지대 + 이자 + 이윤 + 순간접세 + 감가상각

1.9 거시경제학의 목표 및 구성

(1) 거시경제학의 양대 목표와 안정화정책

최적의 자원배분을 추구하는 미시경제학은 크게 둘로 나누면 시장(market)[11]

11) 경제학에서 얘기되는 시장은 남대문시장이나 아파트 상가와 같이 지리적으로 특정한 지역에 위치한 시장이라기보다 상품을 구입하거나 팔고자 하는 개인들과 기업들의 모임을 뜻한다. 예를 들어 외환시장은 일정한 지역에 위치한 특정시장을 언급하기보다는 실제적 및 잠재적 외환의 수요자와 공급자 간에 이루어지는 거래현상을 뜻한다. 주택시장은 상당히 지역적으로 제한되어 있는 반면에 금(gold)시장 또는 외환시장은 지역적 제한이 거의 없을만큼 광범위한 세계시장이라고 할 수 있다.

과 시장의 실패(market failure)가 된다. 정부는 자원이 완전히 고용되지 않은 상태에서는 완전고용을 추구하고, 물가상승률이 높은 경우에는 이를 낮추고자 하는 디스인플레이션(disinflation) 정책을 사용하게 된다. 거시경제학은 경기변동(business cycles)을 예방하거나, 그 진폭을 완화시키기 위한 학문이라고도 할 수 있다. 안정화정책을 설명하는 과정에서 케인즈학파가 강조한 총수요관리정책이 주로 설명되겠지만, 1970년 석유위기와 스태그플레이션(stagflation)[12]을 겪으면서 사용한 총공급관리정책도 중요하다.

(2) 대외균형과 경제성장

추가로 2가지 목적을 추가하자면 개방경제하에서의 균형과 경제성장을 들 수 있다. 이 4가지 목적의 달성을 설명하기 위한 준비단계로서 거시경제의 기초이론이 필요하다. 그리고 고전학파를 공격한 케인즈 혁명(Keynesain revolution)과 케인즈 학파를 공격한 통화론자의 반혁명(Monetarist counter-revolution)을 설명하는 이외에 불균형 거시이론이라고 할 수 있는 케인즈이론의 재해석, 공급중시 경제학, 통화론자의 적응적 기대가설을 합리적 기대가설로 대체한 새고전학파, 새케인즈학파, 외부충격은 일시적이고 경제는 균형점으로 수렴한다는 화폐적 균형경기변동학파(monetary business cycle school)와 실물적 균형경기변동학파(real business cycle school)가 있다. 지금까지 설명한 기초와 목표 이외에 학파간의 논쟁과 소비함수, 투자함수, 화폐에 대한 수요 및 화폐의 공급, 정부의 재정 및 금융정책을 추가하면 거시경제의 윤곽이 완성된다. 최근에 와서 재정정책과 금융시장에 대한 논의가 활발하게 진행되고 있다.

(3) 고통지수(misery index)

거시경제학의 목표를 2가지로 압축하면 완전고용과 물가안정이 되고, 이와 반대 현상인 실업과 인플레이션율의 증가는 가계와 국가에 고통을 줄 수 있기 때문에 실업률과 인플레이션율을 더한 값을 고통지수라고 한다.

---

12) stagflation은 stagnation과 inflation의 합성어로서 경기침체 하에서의 물가상승을 뜻한다.

연 습 문 제

[1] 다음 서술이 경제학의 미시(Micro)이론에 해당되면 ○표를, 거시(Macro)이론에 해당되면 ×표를 기입하시오.

(1) 총체적·집계적 생산, 소비를 연구대상으로 하면 물가안정, 고성장을 달성하고자 GNP, 고용량, 통화량, 이자율수준, 물가수준 등을 분석한다. (　　)

(2) 완전고용의 가정아래 자원의 최적배분을 위한 상대가격 결정문제를 취급하기 때문에 가격이론이라고 하고 분석방법으로 비용편익분석(cost-benefit analysis)을 사용한다. (　　)

[2] 아래 서술이 고전학파이론에 해당되면 C, 케인즈학파의 이론에 해당되면 K라고 표시하시오.

(1) Say's Law에 따라서 시장거래가 언제나 청산되기 때문에 초과공급의 가능성을 배제한다. (　　)

(2) 반대학파의 주장은 실업이 있다면 자발적 실업만 있다고 주장하는데 반하여 이 이론은 노동시장에서의 공급곡선이 하방경직적이어서 비자발적 실업이 있을 수 있다고 주장한다. (　)

(3) 균형국민소득수준에서 총수요가 총공급보다 작기 때문에 과소고용수준(underemployment)의 실현이 가능하다고 주장한다. (　)

(4) 불황시에는 자본의 기대수익이 감소하고, 유동성선호가 증가하여 이자율이 상승하기 때문에 투자가 감소한다고 지적하고, 이 같은 추세를 반전하기 위하여 투자기회를 창출하고, 통화량을 증가시켜서 이자율을 낮추고자 하는 정책을 실시한다. (　)

(5) 이 이론은 화폐수량설을 바탕으로 인플레이션을 단순히 화폐공급의 과다현상으로 파악하고 통화량을 축소시키면 인플레이션이 완화될 수 있다고 주장한다. (　)

(6) 반대이론이 유효수요의 부족 또는 기대수익률의 저하로 인하여 저축이 투

자보다 클 수 있다고 주장하는데 반하여, 이 이론은 이자율의 조정을 통하여 언제나 사전저축과 사전투자가 일치한다고 주장한다. (　　)

(7) 반대이론이 자유방임주의를 신봉하고 소극적인 정부개입을 주장하는데 반하여, 이 이론은 독립투자의 가변성을 인식하고 유효수요가 부족한 디플레이션 갭이 있을 경우 완전고용을 달성하기 위한 적극적 정부개입을 주장한다. (　　)

[3] 다음 서술이 맞으면 ○표를, 틀리면 ×를 표시하시오.

(1) 만일 GNP가 20조원에서 22조원으로 증가하고, GNP 디플레이터가 14에서 16으로 증가했다면 실질 산출량은 증가한 셈이 된다. (　　)

(2) 개인소득세가 누진적일 경우 소득재분배효과를 가져오게 된다. (　　)

(3) 대부분의 경우 간접세의 상당한 부분은 그 소득 및 가격탄력성이 낮은 몇 개의 품목에서 징수된다. (　　)

(4) 이전지출은 국민총생산(GNP) 산출에 포함된다. (　　)

(5) 우리나라의 GNI는 GNP보다 작다. (　　)

(6) GNP는 속지주의이고, GDP는 속인주의이다. (　　)

(7) 주식 매매차익이나 부동산 거래차익으로 인한 소득의 증가는 그 나라의 GDP의 증가를 가져오게 된다. (　　)

(8) 통화론자들은 안정화정책을 일환으로 재량적 정책보다는 준칙을 선호한다. (　　)

[4] 맞는 답을 선택하여 기입하시오.

(1) 거시경제학이 취급하는 문제는? (　　)

① 재화와 용역의 생산수준　　② 물가수준

③ 경제성장　　④ 이상의 모두

(2) GNP를 국민후생의 척도로 사용하는데 많은 비판이 제기되어 왔다. 다음 중 타당하지 않은 것은? ( )

① GNP에는 비시장거래가 포함되지 않는다.

② GNP에는 여가(leisure)가 포함되어 있지 않다.

③ GNP는 소득분배의 구조를 나타내지 않고 있다.

④ GNP는 직접적인 소비와 내구재의 소비를 구분하지 못하고 있다.

(3) 다음 가운데 GNP 추계에서 투자에 포함되지 않는 것은? ( )

① 재고의 증가 ② 새로운 기계의 설치

③ 공장의 증축 ④ 기존공장의 매입

(4) 어느 재화의 모든 생산단계에서 부가가치의 합계는? ( )

① 그 재화의 판매가격보다 크다. ② 그 재화의 판매가격보다 작다.

③ 그 재화의 판매가격과 같다. ④ 그 재화의 판매가격과 무관하다.

(5) 명목 GNP가 실질 GNP보다 더 빠르게 증가하는 이유는? ( )

① 일반물가수준이 상승하기 때문이다.

② 수출이 수입보다 많기 때문이다.

③ 일반물가수준이 하락하기 때문이다.

④ 수입이 수출보다 많기 때문이다.

(6) 다음 가운데 중상주의자(mercantilist)들의 주장에 속하지 않는 것은? ( )

① 귀금속의 축적 ② 수출장려

③ 수입규제 ④ 자유무역

(7) 다음 중 국민소득계산에 포함될 수 없는 항목은? ( )

① 기업의 연구개발비 ② 추석 보너스

③ 주식투자로부터의 매매차익 ④ 정기예금에 대한 이자소득

(8) 한국의 국내총생산에 포함되지 않는 것은? ( )

① 한국인 교수가 미국 국립대학에서 강의하고 받은 강사료

② 부산 소재 복덕방의 중개수수료

③ 감사원에서 출퇴근용으로 구입한 버스

④ 포항제철 포항공장에서 생산하고 재고로 남은 강철판

(9) 다음 중 국민순생산(NNP)에 포함되지 않는 것은? ( )

① 직접세 ② 간접세

③ 순투자액 ④ 이전지출

(10) 다음 중 가장 포괄적인 물가지수는? ( )

① 소비자 물가지수 ② GNP 디플레이터

③ 생산자 물가지수 ④ 도매물가지수

(11) 경상 GDP가 2011년에 660억원, 2012년에 720억원이고, 같은 기간에 GDP 디플레이터가 220에서 240으로 증가하였다면 실질 GDP는? ( )

① 6억원 증가 ② 60억원 증가

③ 3억원 감소 ④ 변화 없음

(12) 2000년과 2010년 사이에 경상 GDP가 400조원에서 900조원으로 증가하고 GDP 디플레이터는 100에서 150으로 상승하였다면 이 기간 동안의 실질 경제성장률은? ( )

① 250% ② 150%

③ 50% ④ 25%

(13) 국민소득의 통계 및 측정에 대한 설명 중 옳지 않은 것은? ( )

① GDP는 GNP에서 해외순수취요소소득을 차감한 값과 같다.

② NNP는 GNP에서 감가상각을 차감한 값과 같다.

③ 지하경제에서 거래되는 상품과 서비스는 GDP에 포함되지 않는다.

④ 지난해 생산된 자동차가 올해 판매된다면 그 판매액은 올해의 GDP에

포함된다.

(14) 폐쇄경제에서 국민저축을 구성하는 두 가지 구성요소는? ( )

① 소비지출과 투자지출 ② 투자지출과 국제수지

③ 민간저축과 재정수지 ④ 민간저축과 조세

[5] 아래 설문에 간단하게 답하시오.

(1) 고전학파가 대두된 시대적 배경과 대표적 저서와 주된 주장을 설명하시오.

(2) 케인즈학파가 대두된 시대와 그의 대표적 저서의 주된 주장을 설명하시오.

(3) 대공황의 원인 및 처방에 대한 고전학파, 케인즈학파, 통화론자의 설명을 비교·설명하시오.

(4) GNP Gap이란 무엇을 뜻하는가? 그리고 이 크기가 감소하면 실업은 증가하게 되는가, 아니면 감소하게 되는가?

(5) 고통지수란 무엇인가? 스태그플레이션에서는 이 지수가 증가하는가, 아니면 감소하는가?

C: What is 'misery index'? Will this figure be increased or reduced in the stage of stagflation?

(6) 안정화정책의 수단으로는 총수요관리정책과 총공급관리정책이 있다. 총수요관리정책을 크게 둘로 나누면 무슨 정책으로 구분되는가?

(7) GNP와 GDP의 차이점을 설명하시오.

(8) GDP deflator는 Consumer Price Index(CPI)와 어떻게 다른가?

[6] Fill up the blanks with suitable words.

(1) By pursuing their own interest, man frequently promotes that of ( ) more effectually than when he really intends to.

(2) In semantics, microeconomics deals with ( ) economic units whereas macroeconomics deals with large economic units. But in the real world, microeconomics is concerned with the ( ) allocation of resources whereas macroeconomics is concerned with resource ( ).

(3) The ( ) price ratio is important for the microeconomics whereas the absolute price level is important for the macroeconomics.

(4) ( ) of composition: An invalid or incorrect generalization from individual to society.

(5) Four major goals of macroeconomics comprise the achievement of full ( ), price stability, ( ) of payments equilibrium and high growth rates.

(6) ( ) output is the output the economy would produce if all factors of production were fully employed.

(7) Mixed economy: Both ( ) and private institutions exercise economic control.

(8) The misery index refers to the summation of the unemployment rate and the ( ) rate. This index will be ( ) to a greater extent if the economy undergoes through stagflation.

(9) Gross (   ) product is the value of output produced within the national boundary of a country.

(10) A price (   ) is a measure of the current price level relative to a base year.

Answer

[1] (1) × (2) ○ [2] (1) C (2) K (3) K (4) K (5) C (6) C (7) K [3] (1) × (2) ○ (3) ○ (4) × (5) ○ (6) × (7) × (8) ○
[4] (1) 4 (2) 4 (3) 4 (4) 3 (5) 1 (6) 4 (7) 3 (8) 1 (9) 4 (10) 2 (11) 4 (12) 3 (13) 4 (14) 4
E: (7) 주식투자의 매매차익은 이전거래에 해당되기 때문에 GDP계산에 포함되지 않는다.
(8) 한국인이 미국에서 받은 강사료는 미국의 GDP에 포함되고, GNP에는 포함되지 않는다. 이 강사로는 한국의 GNP에는 포함되지만 GDP에는 포함되지 않는다.
[5] (1) 고전학파는 18세기 중엽 영국에서 발생한 산업혁명을 계기로 대두되었다. 스미스는 『국부론』(The Wealth of Nations)에서 시장에 존재하는 '보이지 않는 손'에 의해 시장경제에 참여하는 모든 이들의 사적 이익추구가 공동체 전체의 경제적 후생을 증진시키게 된다고 주장한다. 고전학파에 의하면 모든 가격은 항상 상하 신축적으로 변동하여 수요와 공급을 일치시키기 때문에 물가, 실질임금, 이자율 모두 각 시장에서 수요와 공급에 따라 자동적으로 조정된다. 또한 '세이의 법칙'에 의해 일단 생산된 것은 모두 판매되기 때문에 수요부족 상태가 장기적으로 지속될 수 없으며, 신축적인 가격과 보장된 수요는 생산요소의 완전고용을 가져오기 때문에 실업은 존재하지 않게 된다. 통화량의 변화는 실물부분에는 아무런 영향을 미치지 못하고 단지 물가만 상승시키게 된다. 그리고 대부자금시장 모형에서 정부지출의 증가는 이자율을 상승시켜 민간부분의 투자를 구축하기 때문에 정부의 개입은 민간부분의 활동을 억제할 뿐 경제활동수준에는 아무런 영향을 줄 수 없다고 주장한다.
(2) 케인즈학파는 1930년대의 대공황을 계기로 대두되었으며, 케인즈는 『고용, 이자, 그리고 화폐에 대한 일반이론』(General Theory of Employment, Interest and Money)을 저술하였다. 케인즈는 고전학파이론은 완전고용이라는 특수상황에

서만 제한적으로 적용되는 이론인데 반하여, 자신의 이론은 과소고용하에서도 적용될 수 있기 때문에 "일반"이란 접두어를 사용하였다. 그리고 유효수요의 부족으로 인하여 비자발적 실업이 발생할 수 있고, 고전학파의 양분성을 부인하고 이자율의 결정이 화폐공급과 수요의 영향을 받게 되고, 기업가는 어떤 투자의 예상수익률을 나타내는 자본의 한계효율을 이렇게 결정된 이자율과 비교하여 투자결정을 하게 된다고 주장하였다. 더 나아가 노동시장에서 비자발적 실업이 존재할 경우에는 정부는 재량적 개입을 통하여 유효수요를 창출할 필요가 있다고 강조하였다.

(3) 고전학파는 노동조합이 실질임금의 인하를 반대하여 불황이 대두된다고 지적한다. 그러나 케인즈학파는 유효수요의 부족, 통화론자는 화폐의 수요와 공급의 괴리로 인하여 불황이 발생한다고 주장한다. 고전학파는 노동조합의 부당한 임금인상을 규제해야 한다고 주장하는 반면에 케인즈학파는 재량적 정책(discretionary policy)을 사용하여 유효수요를 창출해야 한다고 주장한다. 통화론자는 케인즈학파의 정책이 단기적으로 효과가 있겠지만, 장기적으로 가속화되는 인플레이션을 가져올 우려가 있기 때문에 화폐공급을 실질경제성장률에 비례하여 증가시켜야 한다는 준칙(rule)을 주장한다.[13)]

(4) GNP Gap은 잠재적 GNP와 실질 GNP의 차이이다. 잠재적 GNP는 경제가 완전고용상태에 있을 경우에 산출량을 뜻한다. 오쿤(Okun)의 법칙에 의하면 GNP Gap이 3% 감소하면 실업률은 약 1% 감소하게 된다.

(5) 고통지수라 함은 실업률에다 인플레이션율을 더한 수치이다. 예를 들어 실업률이 7%이고, 인플레이션율이 5%라면 고통지수는 12%가 된다. 스태그플레이션은 불황가운데 인플레이션이 가속화되는 현상을 뜻하기 때문에 스태그플레이션에서는 고통지수가 다른 경우에 비하여 크게 증가하게 된다.

(6) 거시경제학은 불황시에는 완전고용을, 인플레이션시에는 물가안정을 달성하고자 한다. 총수요관리정책은 정부지출과 세율을 조정하는 재정정책(fiscal policy)과 통화량과 이자율을 조정하는 금융정책(monetary policy)으로 나눌 수 있다.

(7) GNP는 일정기간에 내국인에 의하여 생산된 산출물을 경상가격으로 나타낸 금액이다. 여기서 내국인을 자국의 국경(national boundary)으로 바꾸면 GDP가 된다.

(8) The GDP deflator measures the prices of all goods and services produced in a certain time period. But the CPI estimates the prices of the goods and services that are purchased by consumers in a given time span.

13) 통화론자는 화폐수요는 명목국민소득에 비례한다고 주장한다.

[6] (1) society (2) small, optimal, utilization (3) relative (4) Fallacy (5) employment, balance (6) potential (7) public (8) inflation, increased (9) domestic (10) deflator

T: (4) 구성의 오류: 개별로부터 전체에 대한 유효하지 않거나 정확하지 않은 일반화

(5) 거시경제학의 4가지 중요한 목표는 완전고용, 물가안정, 국제수지의 균형, 높은 성장의 달성을 포함한다.

(6) 잠재적 산출량은 생산의 모든 요소가 완전고용 되었을 경우에 생산되는 경제의 산출량을 말한다.

(7) 혼합경제: 공적 및 사적 기관 모두 경제통제기능을 수행한다.

(9) 국내총생산이란 일국의 국경내에서 생산된 산출량의 가치이다.

(10) 가격변동지수는 기준년도에 기초하여 현재의 물가수준을 측정하는 것이다.

E: (5) 완전고용과 물가안정 이외에 개방경제하에서의 대내균형 및 대외균형과 경제성장이 중요한 경제목표가 되고 있다. 특히 자본이동이 활발해짐에 따라서 중앙은행의 대차대조표에 대한 분석의 중요성도 증가하고 있다.

(6) 잠재적 산출량은 생산의 모든 요소가 완전고용 되었을 경우에 생산되는 경제의 산출량을 말한다. 오쿤의 법칙(Okun's Law)에 의하면 잠재적 산출량과 실제적 산출량의 차이에 해당되는 GNP gap이 3% 감소하면 실업이 1% 감소하게 된다고 주장한다.

제 2 장 실업이론에 대한 케인즈 혁명: 모형 I

고전학파는 실업이 있다면 자발적 실업만 있고 비자발적 실업이 있을 수 없다고 주장한다. 이에 반하여 1920년대 말에 대두된 대공황(『Great Depression』)을 배경으로 등장한 케인즈학파는 명목수요가 아닌 유효수요의 부족으로 인하여 일하고 싶어도 직장을 찾지 못하는 비자발적 실업이 있을 수 있다고 주장한다. 이들 간의 논쟁은 피구의 『실업이론』과 이를 반격하는 케인즈의 단순지출모형(모형I), 그리고 고전학파의 대부자금이자론을 부정하기 위한 힉스(J. Hicks)의 수요측면의 균형($IS-LM$모형; 모형 II)으로 설명할 수 있다.

2.1 고전학파이론과 케인즈학파 이론의 특징

(1) 고전학파이론

고전학파는 가격의 신축성과 정보의 완전성이 주어지게 되면 자원의 최적배분뿐만 아니라 완전고용도 달성될 수 있다고 주장한다. "공급은 스스로의 수요를 창조한다."라고 하는 세이의 법칙이 타당하다면 재고가 없이 시장거래가 청산(clear)될 수 있는 완전고용을 뜻한다.

자금에 대한 수요는 이자율에 반비례하기 때문에 우하향하고, 이자율이 증가할수록 현재의 소비를 미래로 미룬다는 시간선호(time preference)를 따른다면 자금에 대한 공급곡선은 우상향하게 된다. 대부자금론(loanable fund theory)에 의하면 [그림 2-1]과 같이 두 곡선이 만나는 점에서 균형이자율이 성립하고 동시에 투자와 저축도 일치하게 된다.

[그림 2-1] 고전학파의 대부자금론

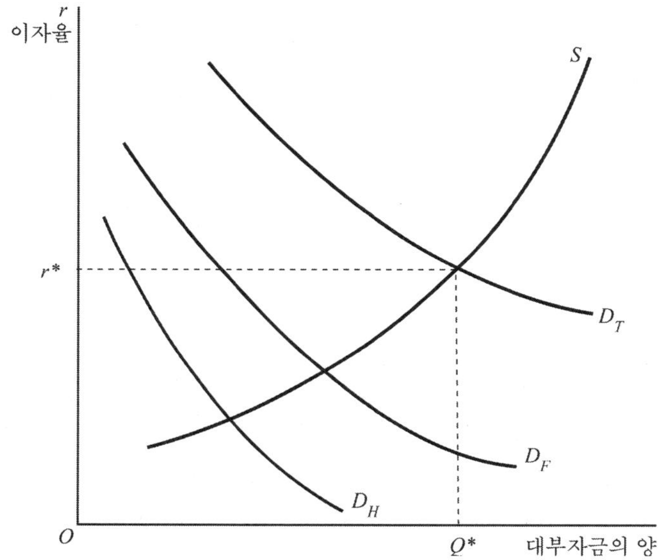

1장의 [그림 1-4]에서 설명한 국민소득의 순환적 흐름에서 저축은 누출이 되고, 투자는 유입이 된다. 따라서 저축과 투자가 일치하게 되면 균형국민소득이 성립하게 되고, 여기에 세이의 법칙이 적용되면 균형국민소득은 언제나 완전고용상태의 국민소득이 된다.

(2) 케인즈학파이론

고전학파 경제학은 수요에는 아무런 문제가 없다고 보았기 때문에 자본축적, 기술혁신, 인구증가가 경제성장을 가져올 수 있다고 본다. 이에 반하여 케인즈학파는 경제문제가 수요측면에서 야기되었기 때문에 수요관리를 중요시하고, 이를 다르게 표현하면 고용의 경제학, 불확실성의 경제학이라고도 한다.[1] 불확실성의 경제학은 소비, 투자 및 화폐에 대한 수요가 심리적 요인에 의하여 좌우되기 때문에 균형점으로 수렴하기(converge or subdue)보다는 확산한다고(diverge or amplify) 지적한다.

2.2 단순지출모형: 모형 I

경제모형에서 중요한 관심은 개별적인 변수들의 정확한 크기보다는 변수들 간에 인과관계(causation)의 전달과정이라고 할 수 있다. 화폐부문의 균형을 고려하지 않고 실물부문만의 균형을 고려하였기 때문에 단순지출모형이라고 한다.

(1) 균형국민소득의 결정

가계와 기업만이 있다고 가정하는 2부문 경제에서 총공급은 소비와 저축으로 구성되고, 총수요는 소비와 투자로 구성된다. [그림 2-2]는 가계와 기업만이 있는 2부문 경제에서 총공급곡선과 총수요곡선이 만나는 점에서 균형국민소득이 달성됨을 보여준다. 균형국민소득이 결정되는 즉시 이에 대응되게 공급이 이루어진다고 보기 때문에 총공급곡선은 원점을 지나는 45도의 기울기를 가진 직선이 된다. 케인즈의 절대소득가설에 따라 소비함수는 플러스의 절편과 0보다 크고 1보다 작은 기울기의 직선으로 그려진다. 소득의 증감에 영향을 받지 않는 독립투자만 있다고 가정하기 때문에 투자함수는 수평선의 형태를 가진다. 총수요곡선은 소비함수에다 투자함수를 수직으로 더해서 도출한다. 2부문 경제에 정부지출과 조세가 주입과 누출로 추가되면 3부문 경제에서의 균형국민소득의 결정이 된다.

[그림 2-2]에서 총수요곡선과 총공급곡선에서 각각 소비를 차감하면 [그림 2-3]과 같이 저축과 투자가 일치하는 점에서 균형국민소득이 달성된다. 저축함

1) Keynesian economics refers to the economics of demand management, economics of employment and economics of uncertainty.

수는 마이너스의 절편을 가지고 우상향하는 형태를 갖게 된다.

[그림 2-2] 2부문 경제에서 균형국민소득의 결정

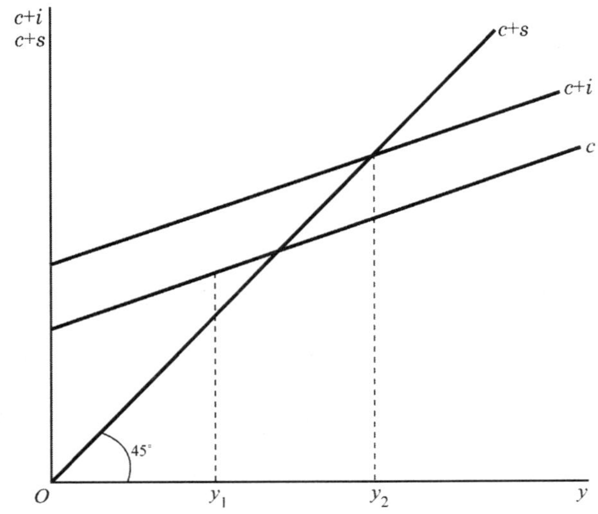

[그림 2-3] 투자와 저축으로 본 균형국민소득의 결정

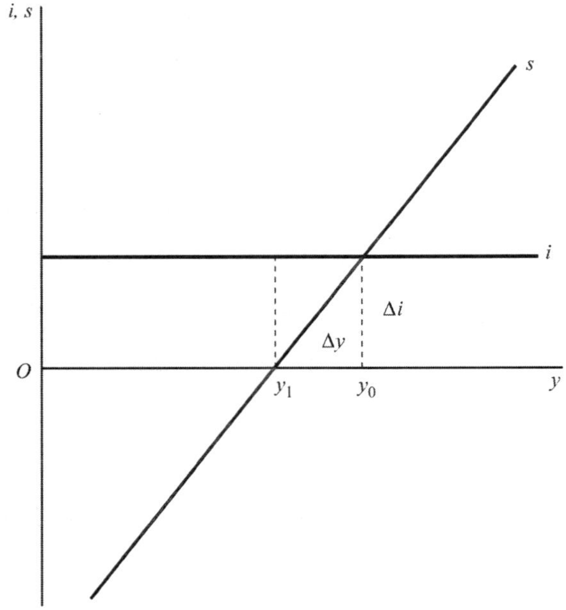

2.3 승수이론과 가속도원리

(1) 승수이론

승수(multiplier)란 투자지출 또는 정부지출이 증가할 때 국민소득이 증가하는 비율을 뜻한다. [그림 2-3]에 나타난 바와 같이 투자를 $\triangle I$ 크기로 증가시키게 되면 국민소득은 $\triangle y$만큼 증가하게 된다. 예를 들어 투자를 10억원 증가시켰는데 국민소득이 50억원 증가시켰다고 하면 승수는 5가 된다. [그림 2-3]에서 승수는 소득의 증가분을 투자 또는 저축의 증가분으로 나눈 값이기 때문에 승수는 저축함수의 기울기인 한계저축성향(marginal propensity to save; *MPS*)의 역수가 된다.[2)]

정부부문이 도입되면 소득증가의 일부가 조세의 형태로 누출되기 때문에 승수의 크기는 작아지게 된다. 해외부분이 포함되면 수출은 소득의 영향을 받지 않는데 반하여 수입(imports)은 소득에 비례하여 증가하기 때문에 승수효과는 그렇지 않은 경우보다 감소하게 된다.

승수이론은 다음과 같은 가정을 가지고 있다.

① 소비는 가처분소득의 증가함수이다.

② 당기소비함수는 케인즈의 절대소득가설에 따라 당기소득수준(current income level)의 영향을 주로 받는다.

③ 저축도 가처분소득의 증가함수이다.

④ 조세수입은 소득의 증가함수이다. 편의상 소득수준에 비례되게 부과하는 소득세만 있다고 가정한다. 즉, 소득수준과 관계없이 부과되는 정액세(lump-sum tax)[3)]는 없다고 가정한다.

---

2) 한계소비성향(marginal propensity to consume; *MPC*)과 한계저축성향의 합이 1이기 때문에 승수는 (1-*MPC*)의 역수로 나타낼 수도 있다.

3) 정액세란 개인별 소득분배에 영향을 주기 않으면서 조세전가(tax incidence)가 달성되는 조세이다.

⑤ 투자와 정부지출은 소득수준과는 관계없이 결정되는 외생적 변수(exogenous variable)로 간주한다. 소득에 의하여 영향을 받는 유발투자(induced investment)는 없고 독립투자(autonomous investment)만 있다고 가정한다.

승수이론의 한계로는 잉여생산능력 등 공급측면의 애로가 있으면 발생하지 않을 수도 있다. 총수요의 독립적 증가는 일시적 증가가 아닌 무한대의 영구적 증가이므로 현실적으로 그 값은 이론적으로 산출한 값보다 작게 된다. 소득에 따라서 투자가 증가하는 유발투자가 있는 경우에는 독립투자만 있는 경우에 비하여 승수효과는 커지게 된다. 세율이 높을수록 정부지출의 크기는 작아진다. 즉, 정부지출승수가 큰 순서대로 나열하게 되면 정액세, 비례세, 누진세 순서로 크게 된다.

(2) 가속도원리(acceleration principle)

가속도원리는 승수이론과 인과관계[4]가 반대이다. 승수이론은 투자의 변화가 몇 배의 소득증가를 가져오는가에 대한 이론인 반면에, 가속도원리는 소득에 비례하여 결정되는 소비지출의 변화가 투자에 미치는 효과에 대한 이론이다. 가속도원리는 소비지출의 변화가 투자에 미치는 가속도적인 효과를 뜻한다. 즉, 총소비 증가의 관점에서 순투자(net investment)를 설명한다. 기업은 소비자들의 수요를 충족시키기 위하여 지속적으로 공장의 규모와 기계의 숫자를 평가해야 한다. 만일 내년에 예상되는 소비를 충족시키기에 작은 시설이라면 판매량이 예상보다 적어져서 판매량 감소로 인한 손실을 입게 된다. 이와 반대로 내년에 거래되는 소비를 충족시킬 수 있는 생산시설보다 유휴시설(excess capacity)을 가지고 있다면 불필요한 공장 유지비와 금융비용을 부담하게 된다. 투자의 가속도원리는 기업들이 자본저량과 예상되는 판매량 간에 일정한 관계를 유지하고자 하는 가설에 기초하고 있다. 어떤 기업의 자본저량을 K, 산출량의 집계수준을 Y라고 하면, $K=wY$로 표시할 수 있고, 여기서 w를 자본/산출량 비율이

4) cause and effect인데 줄여서 causation이라고도 한다.

라고 한다. 그리고 순투자 $\triangle K$는 $w\triangle Y$와 같게 된다.

[표 2-1]은 자본/산출량 비율이 2인 경우에 가속도원리를 숫자로 표시하고 있다. 자본저량 4,000억원은 지난 10년에 걸쳐서 균일하게 축적되었고, 10년 동안 사용할 수 있다. 11기간 초기부터 이후 10년간에 걸쳐 대체투자는 400억원이다. 총투자는 총산출량 수준이 변화함에 따라서 0에서부터 800억원까지 변화하였고, 대체투자는 매년 400억원씩 되다가 16기간에는 총산출액이 200억원 감소함에 따라서 0이 되었다.

[표 2-1] 가속도원리와 순투자의 변화

(단위: 억원)

기간	총산출액	순산출액	자본량	총투자	대체투자	순투자
11	2,000	0	4,000	0	400	-400
12	2,200	200	4,400	400	400	0
13	2,600	400	5,200	800	400	400
14	2,800	200	5,600	400	400	0
15	2,800	0	5,600	0	400	-400
16	2,600	-200	5,200	0	0	0

가속도원리의 시사점은 투자의 진폭이 소비 또는 산출량의 변화율의 진폭보다 더 크다는 것과 투자의 증가 또는 감소는 소비 또는 총산출량의 변화보다 소비 또는 총산출량의 변화율에 의하여 영향을 받게 된다는 점이다. 예를 들어 선박에 대한 수요는 증가하고 있지만 그 증가율이 크게 감소하고 있는 경우 조선소를 기술적으로 분할하기 어렵기 때문에 투자는 더 큰 폭으로 감소하게 된다. 가속도원리는 투자의 불가분성[5] 때문에 발생한다. 그러나 유휴시설(excess capacity) 또는 재고가 있을 경우에는 소비의 증가가 투자의 증가를 가져오지 않을 수도 있다.

5) 미국식 표현으로는 indivisibility of investment이고, 영국식 표현으로는 lumpyness of investment이다.

연 습 문 제

[1] 다음 서술이 맞으면 ○표를, 틀리면 ×를 표시하시오.

(1) 한계소비성향과 한계저축성향을 더하면 1이 된다. (　　)

(2) 케인즈의 단순지출모형에서 사전투자와 사전저축은 일치하지 않을 수도 있지만, 사후투자와 사후저축은 언제나 일치한다. (　　)

(3) 케인즈의 단순지출모형에서 폐쇄경제에 비하여 개방경제인 경우에 승수효과가 더 크게 된다. (　　)

(4) 한계소비성향이 0.75일 때 독립투자가 10억원 증가하면 국민소득은 40억원만큼 증가한다. (　　)

[2] 맞는 답을 선택하여 기입하시오.

(1) 고전학파가 실업에 대한 대책으로 내세운 것은? ( )

① 정부지출의 증가　　② 통화량의 증가
③ 명목임금의 하락　　④ 조세의 감소

(2) 사전적으로 저축과 투자가 항등식이 되게 하여 주는 조정항목은? ( )

① 의도된 재고변동　　② 의도하지 않은 재고변동
③ 독립투자　　④ 유발투자

(3) 2부문 경제모형에서 사전저축이 사전투자보다 크다면 국민소득의 크기는? ( )

① 감소한다.　　② 증가한다.
③ 불변이다.　　④ 알 수 없다.

(4) 어떤 기업의 총투자가 대체투자와 같은 크기라면 이 회사의 자본량은? ( )

① 증가한다.　　② 감소한다.

③ 알 수 없다. ④ 변함이 없다.

(5) 투자지출승수는 다음 어느 경우에 감소하게 되는가? ( )

① 한계소비성향의 증가 ② 한계소비성향의 감소

③ 한계수입성향의 감소 ④ 한계저축성향의 감소

(6) 케인즈의 절대소득가설 $C = f(Y)$에서 소득(Y)의 개념으로 적합한 것은? ( )

① GNP ② NI

③ PI ④ DI

(7) 산출량 또는 소득의 변화가 투자에 미치는 영향을 내용으로 하는 이론은? ( )

① 가속도이론 ② 승수효과이론

③ Pigou효과이론 ④ 상대소득이론

(8) 케인즈가 『일반이론』에서 경기변동의 이론으로 가장 강조한 것은? ( )

① 은행대부이자율의 변동 ② 기업가의 혁신

③ 통화량의 변동 ④ 기업가의 투자에 대한 전망

(9) 소비함수가 $C = 150 + 0.7Y$로 주어졌다면, 소득이 500달러인 경우에 저축은 얼마가 되겠는가? ( )

① 100달러 ② 300달러

③ 0달러 ④ 150달러

(10) 다음과 같은 소비함수가 있다면 한계소비성향의 크기는 얼마인가? ( )

$$C = C_0 + bY_d$$

① C ② C_0

③ b ④ Y_d

(11) (10)의 소비함수에서 $C = 1{,}000$, $C_0 = 700$ 그리고 $Y_d = 400$이라면 승수의 크기는? ( )

① 1/2 ② 1/4
③ 2 ④ 4

(12) 가계의 저축함수가 $S = -120 + 0.2Y$일 때 독립투자가 200억원 증가하면 국민총생산(Y)은 얼마만큼 증가하는가? ( )

① 200억원 ② 250억원
③ 500억원 ④ 1,000억원

(13) 다음 중 정부지출승수를 크게 만드는 것은? ( )

① 정부지출의 증가 ② 정부지출의 감소
③ 한계소비성향의 증가 ④ 한계소비성향의 감소

(14) 케인즈 단순모형에서 소비함수가 $C = 0.7Y + 70$, 투자함수가 $I = 0.1Y + 50$, 정부지출이 $G = 100$으로 주어졌다면 독립투자가 100만큼 증가하면 국민소득은 얼마나 증가하게 되는가? ( )

① 80 ② 100
③ 250 ④ 500

(15) 한계소비성향이 0.8인데 정부가 재정지출을 30만큼 증가시키고 재원조달을 위하여 30만큼의 세금을 증가시킨다면 국민소득은 어떻게 변화하게 되는가? ( )

① 승수가 5이므로 150만큼 증가한다. ② 30만큼 증가한다.
③ 15만큼 증가한다. ④ 변동하지 않는다.

(16) 저축이 의도된 투자에 미치지 못한다면, 다음 중 GNP에 미치는 영향을 바르게 설명한 것은? ( )

① GNP는 증가하고, 저축은 증가한다.
② GNP는 하락하고, 저축은 변함없다.
③ GNP는 하락하고, 저축은 감소한다.
④ GNP는 변화없고, 저축은 하락한다.

(17) 우리나라 국민계정의 항목에서 가장 큰 비중을 차지하는 것은? (   )

① 민간소비지출 ② 국내 총투자

③ 순수출 ④ 정부지출

(18) 실제 국민복지가 GNP보다 작아지게 하는 데 영향을 미치는 것은? (   )

① 농부가 생산하여 자가소비한 채소 ② 공교육비

③ 환경파괴가 심한 간척사업 ④ 산림녹화

[3] 아래 설문에 답하시오.

(1) 케인즈학파의 모형에서 노동시장은 완전고용을 달성하기 위한 정책수단의 시발점인가, 아니면 종착점인가?

(2) 고전학파 이론의 양 축은 무엇인가?

(3) 모형 I은 고전학파의 어떤 이론을 격파하기 위하여 소개되었는가?

(4) 케인즈가 모형 1을 발달시킨 주된 목적을 무엇인가?

C: What is the main purpose for Keynes for developing the Model I?

(5) 케인즈의 절대소득가설에 따르면 한계소비성향(MPC)과 평균소비성향(APC)의 상대적 크기는?

(6) 개방경제가 되면 폐쇄경제인 경우에 비하여 승수의 크기는 어떻게 변하는가?

(7) 가속도원리에서 중요한 것은 소비 또는 소득의 변화방향인가, 아니면 변화율인가? 그리고 가속도의 원리가 발생하는 이유와 작동하지 않는 경우는?

(8) 균형재정승수란 무엇인가?

[4] Fill up the blanks with suitable words.

(1) Adam Smith emphasizes the (　　) of labor and specialization. He also stresses the '(　　) Hand,' which regards the minimum government intervention may be ideal form of a nation, in his seminal book on An Inquiry on the Wealth of Nations.

(2) Say's Law of the Classical School: Supply creates its own (　　). It refers to the clearance of (　　).

(3) Keynes found that the fundamental problem of economy in the Great Depression of late 1920s stems from the (　　) side, not the supply side. He pointed out the possible emergence of (　　) unemployment in his seminal book entitled as General Theory on Employment, Interest and (　　).

(4) Keynes criticized the (　　) school for its incapability of resolving the involuntary unemployment. He showed the (　　) gap in which the demand falls short of supply. In order to achieve full employment, government have to adopt the expansionary (　　) or monetary policy.

(5) I have called this book the General Theory of Employment, (　　) and Money, placing the emphasis on the prefix general.

(6) According to the Keynesian economics, it may be sensible to make a distinction between nominal and (　　) demand --- desires backed by the ability to pay in cash.

(7) Keynes' achievement was to point out a completely different source of unemployment. Underemployment was due to the lack of (   ) demand.

(8) (   ) policy is the deliberate manipulation of the size of the government budget deficit in order to achieve economic objectives such as higher employment or lower inflation.

(9) Given the propensity to consume and the rate of new (   ), there will be only one level of employment that is consistent with equilibrium.

(10) It might be more plausible to assume that net demand for new capital goods depends on the change of aggregate output rather than on its level. This theory of investment is known as the (   ) principle.

(11) The prime objective of functional finance is the achievement of (   ) employment and the balance budget may be the secondary one.

Answer

[1] (1) ○ (2) ○ (3) × (4) ○
[2] (1) 3 (2) 2 (3) 1 (4) 4 (5) 2 (6) 4 (7) 1 (8) 4 (9) 3 (10) 3 (11) 4 (12) 4 (13) 3 (14) 4 (15) 2 (16) 1 (17) 1 (18) 3
E: (5) disposable income은 가처분소득이고, disposable shaver라고 하면 1회용 면도기이다. "네가 좋은 대로 하라."고 할 때는 "It is at your disposal."이라고 하고, 더 우아하게 표현하려면 disposal을 discretion, prudence로 바꾸면 된다.
(11) 투자승수 = $1/(1-c)$ = 1/(1-0.2) = 5이므로 200 × 5 = 1,000이 된다.
(15) 정액세하에서 시차(time lag)로 인하여 균형재정승수의 크기는 1이 된다. 따라서 30만큼 증가한다.
(18) 순경제지표는 국민총생산에서 공원과 같은 후생의 증가를 가져오는 외부효과

는 더하고, 공해와 같은 후생의 감소를 가져오는 마이너스의 외부효과는 차감해야 하기 때문에 3번이 답이 된다.

[3] (1) 고전학파의 모형에서는 실질임금의 변화에 의하여 언제나 균형임금이 달성될 수 있다고 보기 때문에 노동시장의 분석이 분석의 출발점이 된다. 내생변수인 가격 또는 임금의 변화에 의하여 노동시장의 균형에서의 노동공급에 따라서 주어진 생산함수에서 완전고용수준에서의 산출량이 결정된다.

(2) 세이의 법칙과 대부자금론이다. 전자는 공급은 스스로의 수요를 창조하기 때문에 과소고용하의 균형이 있을 수 없고, 완전고용이 달성됨을 시사하고, 후자는 자금에 대한 수요와 자금의 공급에 의하여 결정되는 균형이자율이 결정되면 저축과 투자가 일치하기 때문에 균형국민소득이 달성될 수 있음을 시사한다. 만일 이 두 이론이 타당하다면 한 나라의 경제는 균형국민소득이면서도 동시에 완전고용을 달성하게 된다.

(3) 모형 I은 디플레이션 갭을 보여줌으로써 세이의 법칙을 격파하기 위해 고안되었다. 더 나아가 고소고용하의 국민소득인 경우에 자발적 투자 또는 정부지출을 사용하게 되면 과소고용하에서 완전고용으로 이동할 수 있다고 주장한다.

(4) 케인즈학파는 고전학파의 세이의 법칙을 부정하고 승수이론의 효과를 보여주기 위하여 모형 I을 고안하였다. 과소고용국민소득수준에서는 총수요는 총공급에 미치지 못하게 된다. 이 차이를 디플레이션 갭(deflationary gap)이라고 하고, 이 차이만큼 투자를 하게 되면 국민소득이 완전고용국민소득으로 이동하게 된다. 이 과정에서 소득의 증가액을 투자액으로 나눈 값을 승수(multiplier)라고 한다. 디플레이션 갭을 보여주기 위해서는 절대소득가설이 필요하다.

(5) 플러스의 절편을 가지기 때문에 한계소비성향이 평균소비성향보다 작게 된다. ($MPC < APC$)

(6) 수입(imports)은 소득에 비례하기 때문에 누출이 커져서 작아진다. 폐쇄경제에서의 승수의 크기는 $1/(1\text{-}MPC)$인데 반하여, 개방경제에서의 승수의 크기는 $1/(1\text{-}MPC+MPM)$이 된다. 여기서 MPC는 한계소비성향, MPM은 한계수입성향을 나타낸다.

(7) 가속도원리에서 중요한 것은 소비 또는 소득의 변화방향이 아닌 변화율이다. 발생원인은 투자의 불가분성(lumpyness of investment)이고, 재고 또는 유휴시설이 있는 경우에는 작동하지 않을 수도 있다.

(8) 유입에 해당되는 정부지출과 누출에 해당되는 조세가 같은 크기로 증가하면 두 가지 vector가 같은 크기이고 방향이 반대이어서 국민소득이 불변이 되고 승수가 0이 될 것 같지만 정부지출이 조세보다 시차가 한 단계 빠르게 발생하기 때문

에 승수는 1이 된다. 예를 들어 정부가 조세와 정부지출을 각각 100억원씩 증가시키게 되면 국민소득도 100억원 증가하게 된다.

[4] (1) division, Invisible (2) demand, inventories or stocks (3) demand, involuntary, Money (4) Classical, deflationary, fiscal (5) Interest (6) cash (7) effective (8) Fiscal (9) investment (10) acceleration (11) full

T: (1) 애덤 스미스는 노동의 분업과 특화를 강조하였다. 그는 또한 그의 유명한 저서 "국부론에 대한 탐구"에서 또한 작은 정부의 개입이 가장 이상적인 국가형태로 간주하는 '보이지 않는 손'을 강조하였다.

(2) 고전학파의 세이의 법칙: 공급은 스스로 수요를 창출한다. 이것은 재고의 청산을 뜻한다.

(3) 케인즈는 1920년대 후반에 대두된 대공황의 근본적인 문제는 공급측면이 아닌 수요측면 야기된다고 보았다. 그는 그의 유명한 『일반이론』이라는 책에서 비자발적 실업의 가능성을 지적하였다.

(4) 케인즈는 비자발적 실업을 해결하지 못하는 고전학파를 비판하였다. 그는 수요가 공급에 미치지 못하는 디플레이션 갭을 보여주었다. 완전고용을 달성하기 위해서는 정부는 확장적 재정 또는 금융정책을 실시하여야 한다.

(5) 나는 접두어 '일반'을 강조하면서 이 책을 『고용, 이자 및 화폐에 대한 일반이론』이라고 부르게 되었다.

(6) 케인즈 경제학자들은 현금으로 지불할 능력이 충족되는 욕구를 나타내는 유효수요와 명목수요를 구분할 필요가 있다고 본다.

(7) 케인즈의 기여는 실업의 전혀 다른 근원을 지적한 점이다. 실업은 유효수요의 부족으로 야기된다.

(8) 재정정책은 높은 고용과 낮은 인플레이션과 같은 경제목표를 달성하기 위하여 의도적으로 재정적자를 조작하는 정책이다.

(9) 주어진 소비성향과 새로운 투자수준에서 균형과 일치하는 고용수준은 하나만 존재한다.

(10) 새로운 자본재에 대한 순수요(net demand)[5]는 그 산출량 수준보다 산출량의 변화에 의한다는 가정이 더 타당할지도 모른다. 이 투자이론을 가속도이론이라고 한다.

(11) 기능적 재정의 첫 번째 목표는 완전고용이고, 균형재정은 두 번째 목적이

6) 여기서 'net'는 'gross'의 반대이다. 물이 순수하다 할 때는 pure water라고 하고, 감정을 나타낼 때 예를 들어 순수한 당황에서라면 sheer perplexity라고 한다. 순수한 사랑은 genuine love, 순진하기는 하지만 바보 같은 행동은 naive approach라고 한다.

된다.

E: (2) uncleared check은 수표가 결제되지 않은 경우를 뜻한다. inventories대신 stocks를 써도 무방하다.

(5) 고전학파는 균형국민소득이 완전고용국민소득인 특수한 경우에 해당되고, 케인즈학파는 균형국민소득이 완전고용국민소득인 경우 외에 과소고용하의 균형과 과다고용하의 균형도 취급할 수 있다는 점에서 "일반"(general)을 사용한다.

(6) 케인즈는 구매력이 수반되는 유효수요를 중요시하였다.

(8) 확장적(expansionary) 재정정책은 정부지출을 증가시키고, 조세를 감소시키는 정책이다. 확장적 금융정책은 이자율을 인하하고, 통화량을 증가시키는 정책이다.

제3장 수요측면의 균형: 모형 II

모형 Ⅰ로는 화폐에 대한 초과수요가 있는 인플레이션 갭이 있는 경우라든지, 정부지출이 증가한 결과 발생하는 화폐시장의 변화로 인한 이자율의 인상과 같은 현상을 설명하지 못하기 때문에 힉스는 수요측면의 균형을 나타내기 위한 모형 Ⅱ를 개발하면서 대부자금론에서 매개변수적 기능을 하는 이자율의 기능을 무력화시키기 위하여 화폐의 가치저장기능을 부각시키면서 *LM*곡선을 소개하였다.

3.1 생산물시장과 화폐시장의 동시균형(*IS-LM*모형; 모형 Ⅱ)

모형 Ⅰ은 실물부문만을 언급하기 때문에 완전고용의 국민소득수준에서 총수요가 총공급을 초과하는 인플레이션 갭이 있을 경우에 그 크기를 객관적으로 나타낼 수 없다는 한계가 있다. $IS-LM$ 모형은 이 같은 문제점을 해결하기 위하여 실물시장과 화폐시장을 동시에 고려하여 두 시장의 균형을 설명하기 위하여 고안되었다.

(1) 생산물시장의 균형: *IS*곡선

투자비용은 이자율의 증가함수이고, 예상수익의 현재가치는 이자율의 감소함수이다. 이자율이 상승하면 투자비용은 증가하고 예상수익은 감소하여 이윤이 작아지기 때문에 투자는 감소하게 된다. 따라서 투자는 이자율의 감소함수가 된다. *IS*곡선은 사전적으로 저축과 투자를 일치시켜 주거나, 저축과 조세수입의 합계와 투자와 정부지출의 합계를 일치시켜 주는 이자율과 국민소득의 조합을 이은 곡선이다. 따라서 $IS-LM$모형에서는 독립투자뿐만 아니라 이자율도 균형국민소득결정에 영향을 미치게 된다. 생산물시장의 균형은 [식 3-1]과 같이 나타낼 수 있다.

$$s[y-t(y)]+t(y)=i(r)+g \qquad [식\ 3\text{-}1]$$

(가) 사분면을 이용한 *IS*곡선의 도출

[그림 3-1]에서 국민소득의 증가함수인 $(s+t)$는 4사분면에, 이자율의 영향을 받지 않는 정부지출 g와 이자율의 감소함수인 투자는 2사분면에, 생산물시장의 균형을 나타내는 원점을 지나는 45도선은 3사분면에 그려져 있다. *IS*곡선은 화살표 방향을 따라서 이동하면 1사분면에 자동적으로 그려진다. 균형국민소득을 충족시키는 국민소득과 이자율의 조합을 나타내면 우하향하는 *IS*곡선이 도출된다.

[그림 3-1] *IS*곡선의 도출

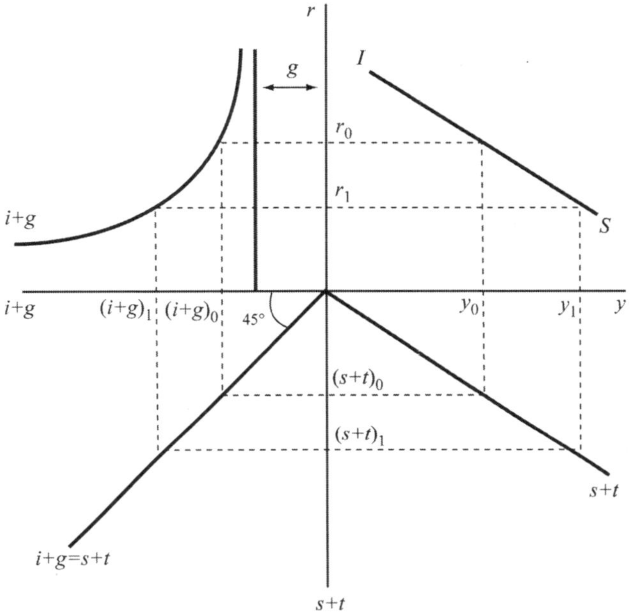

(나) 생산물시장의 균형과 불균형

[그림 3-2]에서 *IS*곡선 위에 있지 않는 점들은 생산물시장의 초과수요 또는 초과공급을 나타낸다. *E*점은 *IS*곡선 상에 있기 때문에 생산물 균형을 나타낸다. *A*점은 균형국민소득인 것은 *E*점과 같으나 이자율이 균형이자율보다 낮기 때문에 투자가 증가하여 초과수요가 발생하고, *B*점은 *A*점과 반대로 초과공급이 발생한다. *C*점은 균형이자율인 것은 *E*점과 같으나 국민소득이 균형국민소득에 미치지 못하기 때문에 재고가 감소하게 되는 초과수요가 발생하고, *D*점은 *C*점과 반대인 경우로 초과공급이 발생한다.

[그림 3-2] 생산물 시장의 균형과 불균형

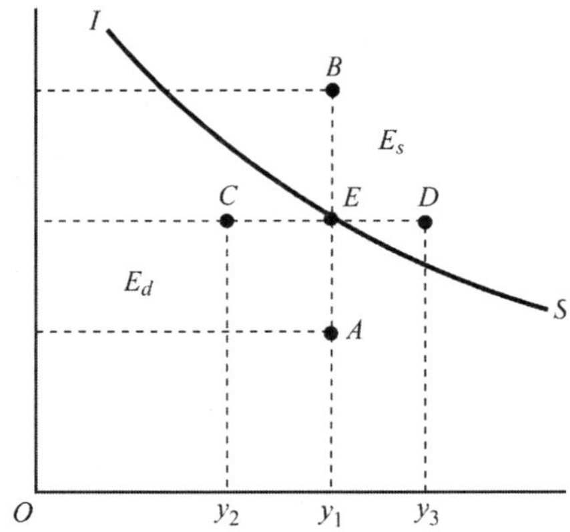

(다) *IS* 곡선의 기울기와 이동

고전학파는 대부자금론에 의하면 균형이자율은 언제나 저축과 투자를 일치시켜주기 때문에 *IS*곡선의 이자율탄력성이 커서 *IS*곡선은 완만한 기울기를 갖게 된다고 주장한다. 만일 *IS*곡선의 이자율탄력성이 무한대라면 *IS*곡선은 수평선이 된다. 케인즈학파는 자본의 한계효율과 이자율을 비교하여 투자를 하기 때문에 이자율이 기준치가 되고, 자본의 한계효율이 중요한 역할을 한다. 따라서 *IS*곡선의 이자율탄력성은 작아서 *IS*곡선은 급격한 기울기를 갖게 된다고 주장한다. 만일 투자의 이자율탄력성이 0이라면 *IS*곡선은 수직선이 된다.

(2) 화폐시장의 균형

화폐시장의 균형은 화폐에 대한 수요와 화폐공급이 일치할 때 성립한다. 화폐공급은 중앙은행 또는 정부의 필요에 의하여 외생적으로 결정된다고 가정한다. 케인즈의 유동성선호설에 의하면 사람들이 화폐를 선호하는 동기는 거래적 동기, 예비적 동기, 투기적 동기로 구분한다. 거래적 동기와 예비적 동기는 소득수준에 비례한다고 주장하는 점에서는 고전학파와 다를 바가 없다. 그러나 고전학파가 지적하지 않은 투기적 동기에 의한 화폐수요는 이자율에 반비례한다고 주장하는 점은 고전학파와 다르다.[7] [식 3-2]는 화폐시장의 수요를 나타낸다.

$$m_d = M_d/P = \ell_t(y) + \ell_s(r) \quad [식\ 3\text{-}2]$$

m_d는 실질화폐수요, M_d는 명목화폐수요, P는 물가수준, ℓ_t는 거래적 및 예비적 동기에 의한 화폐수요, ℓ_s는 투기적 동기에 의한 화폐수요를 나타낸다.

(가) 사분면을 이용한 *LM*곡선의 도출

[그림 3-3]에서 국민소득에 비례하는 거래적 및 예비적 화폐수요는 4사분면에, 이자율에 반비례하는 투자수요는 2사분면에, 실질화폐공급량은 직각2등변삼각형의 기하학적 특성을 이용하여 3사분면에 그려져 있다. 화살표 방향을 따라서 이동하면 1사분면에 우상향하는 *LM*곡선이 그려진다.

[그림 3-3] *LM*곡선의 도출

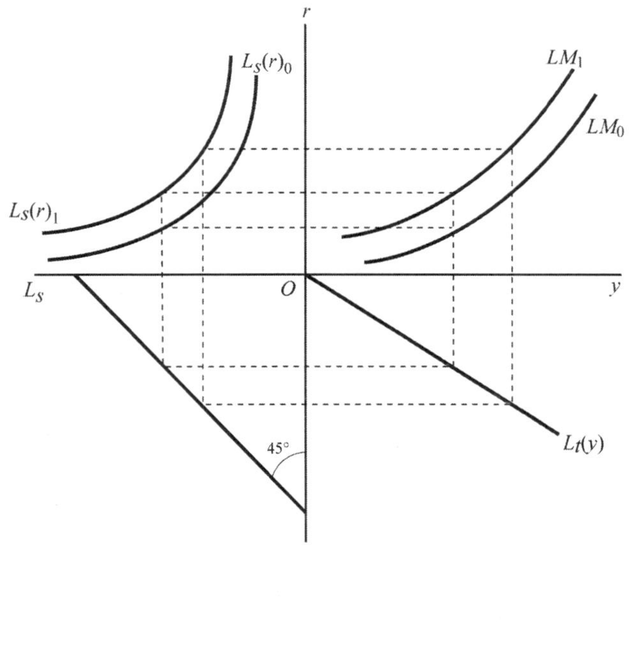

7) 고전학파는 화폐가 교환의 수단으로만 사용된다고 본 반면에, 케인즈는 화폐가 가치저장의 기능을 가진다는 투기적 동기를 추가하였다.

(나) 화폐시장의 균형과 불균형

경제가 *LM*곡선 상에 있지 않은 경우는 화폐시장의 균형이 이루어지지 않으므로 화폐에 대한 초과수요 아니면 초과공급이 나타나게 된다. [그림 3-4]의 *A*점은 균형점이 *E*점에 비하여 국민소득은 같으나 이자율이 낮기 때문에 투기적 동기에 의한 초과화폐수요가 존재한다. *B*점은 균형점인 *E*점과 비교하면 이자율은 같지만 국민소득이 크기 때문에 거래적 동기에 의한 초과화폐수요가 존재한다. 같은 맥락에서,[8] *C*점과 *D*점은 화폐에 대한 초과공급이 존재한다. 따라서 *LM*곡선 우측에는 초과수요가 있고, *LM*곡선 좌측에는 초과공급이 있다.

[그림 3-4] 생산물시장의 균형과 불균형

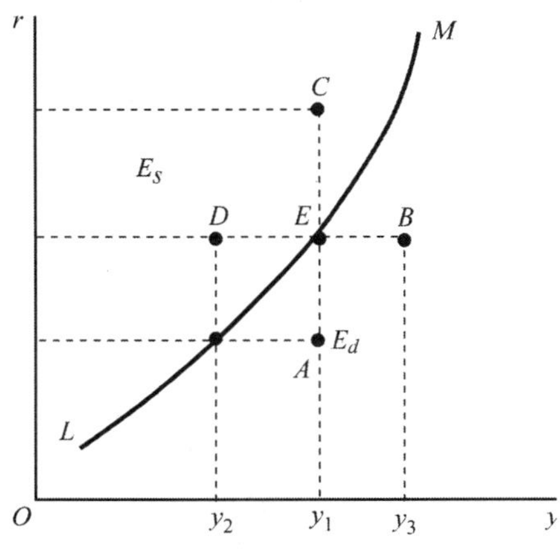

(다) *LM*곡선의 기울기와 이동

*LM*곡선의 기울기는 거래적 화폐수요가 국민소득에 비례한다면 화폐수요의 이자율탄력성의 크기에 의하여 결정된다. 고전학파와 같이 투기적 화폐수요가 전혀 없다면 *LM*곡선은 수직선이 된다. 케인즈학파가 주장하듯이 이자율이 아주 낮은 수준에서 투기적 화폐수요만 존재한다면 [그림 3-5]와 같이 *LM*곡선은 수평선이 된다. 이와 같이 추가적 화폐공급이 모두 투기적 화폐수요로 퇴장

8) 동일한 유추를 사용한다는 뜻이다. 영어표현은 By the same analogy라고 하거나, 아니면 By the same token이라고 한다.

(hoard)되는 경우를 유동성함정(liquidity trap)[9]이라고 한다.

힉스(J. Hicks)가 모형 Ⅱ를 고안하고 소개할 때 중요성을 부과한 부분은 *IS* 곡선이 아니고 *LM*곡선이다. [그림 3-5]에서 y_e는 균형국민소득, y_f는 완전고용하의 국민소득을 나타낸다. *LM*곡선이 수평선인 유동성함정의 구간 내에서는 정부의 확장적 재정정책은 *IS*곡선을 IS_0에서 IS_1으로 이동시킴으로써 완전고용을 달성할 수 있다. 그러나 확장적 금융정책은 *LM*곡선을 LM_0에서 LM_1으로 이동시킬 뿐 국민소득에는 아무런 영향을 미치지 못하게 된다.

[그림 3-5] 유동성함정에서 재정정책과 금융정책의 효과

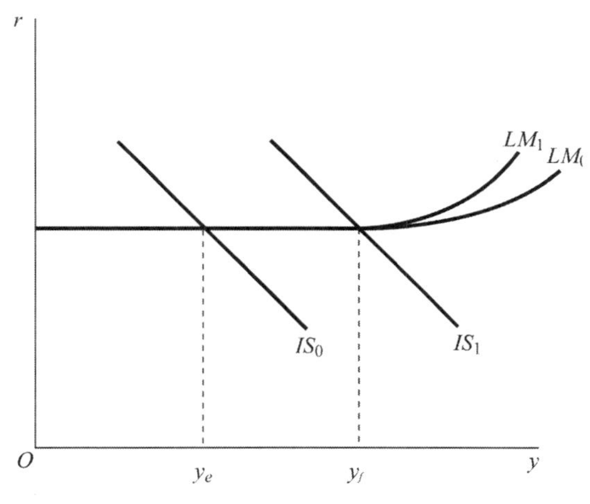

(3) 생산물시장과 화폐시장의 동시균형

생산물시장과 화폐시장의 동시균형은 생산물시장의 균형을 나타내는 *IS*곡선과 화폐시장의 균형을 나타내는 *LM*곡선의 교차점이 된다. [그림 3-6]의 *E*점은 외생적 변수의 변화에 의하여 *IS*곡선과 *LM*곡선이 이동하지 않는 한 균형

9) 유동성함정은 이자율이 너무 낮아서 추가로 발행되는 화폐가 모두 투기적 화폐수요로 퇴장된 결과 통화량이 증가함에도 불구하고 이자율이 하락하지 않는 구간이다. 다르게 표현하면 통화량이 증가하면 이자율도 가격이기 때문에 상승하게 되지만, 이자율을 인하시키는 유동성 효과가 동일한 경우라고도 할 수 있다.

점을 유지하게 된다. 따라서 r_0와 y_0 각각 균형이자율과 균형국민소득이라고 한다. 이자율이 r_1일 때 화폐시장의 균형을 가져오는 국민소득은 y_1이고, 생산물시장의 균형을 가져오는 국민소득은 y_2이기 때문에 *AB*만큼의 초과수요로 인하여 이자율이 상승함에 따라서 균형점은 *E*점이 된다.

[그림 3-6] 생산물시장과 화폐시장의 동시균형

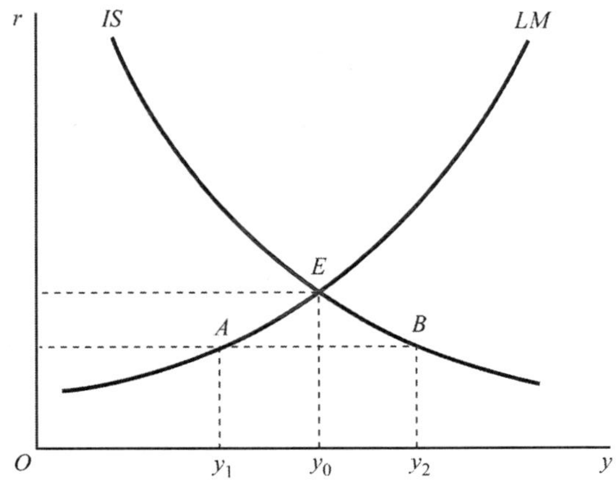

3.2 *IS-LM*모형에서의 고전학파와 케인즈학파의 영역 및 모형의 한계

(1) 고전학파영역과 케인즈학파의 영역

동일한 금액의 투자가 증가한 경우에 모형 Ⅰ에 비하여 모형 Ⅱ에서는 이자율의 상승으로 인하여 승수효과는 작아지게 된다(국민소득 증가폭은 작게 된다). 고전학파는 *IS*곡선은 수평선에 가깝고 *LM*곡선은 수직선에 가깝다고 보기 때문에 금융정책이 더 효과가 있다고 보는 반면에 케인즈학파는 *IS*곡선은 수직선에 가깝고 *LM*곡선은 수평선에 가깝다고 보기 때문에 재정정책이 더 효과가 있다고 주장한다.

[그림 3-7]에서 *LM*곡선이 수평선이 되는 유동성함정의 구간에서는 가격조정이 아닌 수량조정만이 유효하기 때문에 케인즈학파 영역이라고 한다. 이와 반대로 고전학파의 주장과 같이 *LM*곡선이 수직선인 경우에는 확장적 재정정책은 이자율의 상승으로 야기되는 구축효과로 인하여 국민소득의 증가를 가져오지 못하기 때문에 고전학파 영역이라고 하고, y_1과 y_2 사이의 구간을 중간영역이라고 한다.

[그림 3-7] 고전학파 영역과 케인즈학파 영역

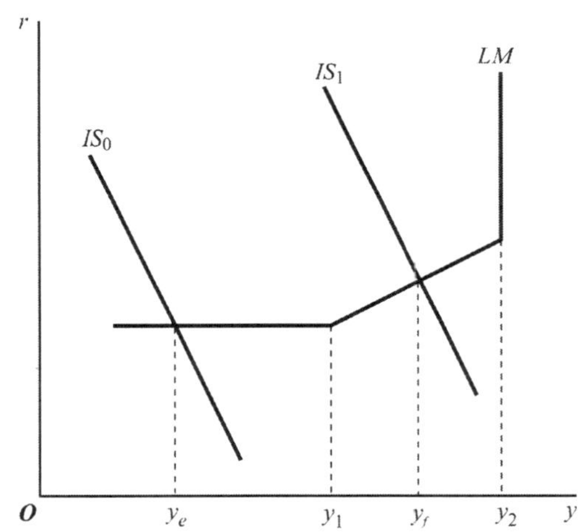

(2) *IS–LM*모형의 한계

IS–*LM*모형은 고전학파가 케인즈학파의 주장을 비교·설명하기 위한 중요한 교육적 도구(pedagogic device)이지만 케인즈가 강조한 세 가지 기본적 심리법칙에 따른 불확실성이 반영되어 있지 않다. 즉, 소비수준을 결정짓는 절대소득가설, 투자수준을 결정짓는 투자의 한계효율(marginal efficiency of investment; MEI), 그리고 이자율수준을 결정짓는 투기적 동기에 의한 화폐수요가 어느 정도 고정적이라고 가정되어 있다는 것이다. 다른 문제점으로는 경제정책의 불가역적(irreversible) 성격을 고려하지 않은 문제가 있다. 일단 실시

된 정부지출과 확장적 금융정책을 즉각적으로 되돌리기가 쉽지 않다. 그리고 경제변수의 경직성(rigidity)이 고려되지 않아서 마치 기계장치같이 다루어지기 때문에 현실성이 결여되어 있다.

3.3 실질잔고효과와 신고전학파 종합(Neoclassical Synthesis)

힉스는 통화량의 증가 또는 임금과 물가의 디플레이션은 실질화폐량의 증가를 가져오기 때문에 *LM*곡선의 우측이동을 실질잔고효과라고 하였다. 그러나 파틴킨(D. Pakintin)은 현금잔고가치의 증가가 총수요에 미치는 효과이기 때문에 *IS*곡선의 우측이동을 실질잔고효과라고 지적한다. 경제가 유동성함정의 구간에 있더라도 파틴킨과 같이 실질잔고효과를 *IS*곡선의 우측이동으로 해석하게 되면 경제는 과소고용균형에서 벗어나서 완전고용균형을 달성할 수 있게 된다. 더 나아가 피구가 주장하는 바와 같이 현금잔고를 포함한 부(wealth)의 실질가치를 반영하는 피구효과를 반영하게 되면 물가의 하락은 *LM*곡선을 우측으로 이동시킬 뿐만 아니라 *IS*곡선도 우측으로 이동시키게 된다.

3.4 총수요곡선의 도출과 이동

(1) 총수요곡선의 도출

물가변동이 수요측면의 균형에 어떻게 영향을 미치는가를 알기 위해서는 균형국민소득과 균형물가수준의 조합을 나타내는 총수요곡선을 도출할 필요가 있다. [그림 3-8]에서 물가수준이 P_0에서 P_1으로 하락하게 되면 실질통화량(M/P)이 증가하기 때문에 *LM*곡선이 우측으로 이동하게 되어 이자율의 r_1, 국민소득이 y_1인 새로운 균형점이 성립하게 된다. 즉, 물가가 P_0에서 P_1으로 하락한 결과 국민소득은 y_0에서 y_1으로 증가하게 된다. 물가가 하락할 때 국민소득이 증가하는 반비례 관계에 있는 점들을 연결하면 총수요곡선(aggregate demand curve: *AD*곡선)이 도출된다. 투자, 정부지출의 증가, 조세의 감소, 명목통화량의 증가는 총수요곡선을 우측으로 이동시킨다.

[그림 3-8] 모형 II로부터 총수요곡선의 도출

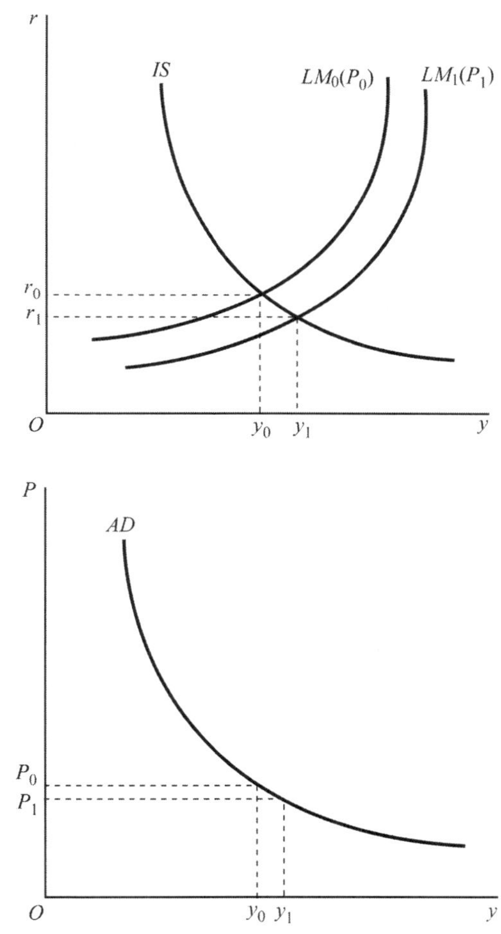

(2) 총수요곡선의 이동

총수요곡선은 *IS*곡선과 *LM*곡선으로부터 물가변동을 추가하여 도출하였기 때문에 *IS*곡선 또는 *LM*곡선을 구성하는 변수들이 변화하면 총수요곡선 *AD*도 이동하게 된다. 투자와 정부지출의 증가, 조세의 감소, 명목통화량의 증가는 총수요곡선을 우측으로 이동시키고, 이 같은 변수들이 반대 방향으로 움직이게 되면 총수요곡선은 좌측으로 이동하게 된다.

연 습 문 제

[1] 맞는 답을 선택하여 기입하시오.

(1) 이자율과 유가증권의 가격은 어떤 관계가 있는가? (   )

① 반대방향으로 변화한다. ② 같은 방향으로 변화한다.

③ 서로 관계가 없다. ④ 모두 통화량과는 무관하다.

(2) 확장적 재정정책이 이자율과 균형국민소득에 미치는 효과는? ( )

① 이자율상승, 국민소득증가 ② 이자율상승, 국민소득감소

③ 이자율하락, 국민소득증가 ④ 이자율하락, 국민소득감소

(3) LM곡선에 대한 다음 설명 중 옳은 것은? ( )

① 실물부문의 균형을 이루게 하는 이자율과 국민소득의 조합을 나타내는 점들의 궤적이다.

② LM곡선은 우하향한다.

③ 화폐공급 증가시 LM곡선은 우측으로 이동한다.

④ 화폐수요 증가시 LM곡선은 우측으로 이동한다.

(4) IS곡선과 LM곡선이 만나는 점에서 이루어지는 균형의 의미는? ( )

① 실물시장의 균형

② 실물시장과 화폐시장의 동시불균형

③ 실물시장과 화폐시장의 동시균형

④ 화폐시장의 균형

(5) IS곡선의 기울기에 대한 설명으로 옳은 것은? (   )

① IS곡선의 기울기는 일정하다.

② IS곡선의 기울기는 투자의 이자율탄력성이 작을수록 가파르다.

③ *IS*곡선의 기울기는 한계저축성향이 낮을수록 가파르다.

④ *IS*곡선의 기울기는 *LM*곡선의 기울기에 따라서 다르게 된다.

(6) 한계소비성향이 0.8이고 소득세(income tax)가 없는 상태에서 정액세(lump-sum tax)가 100만큼 감소한다고 가정하자, 주어진 이자율 수준에서 *IS*곡선은 어느 방향으로 얼마만큼 이동하게 되는가? (　)

① 500만큼 오른쪽으로 이동　　② 300만큼 왼쪽으로 이동

③ 400만큼 오른쪽으로 이동　　④ 900만큼 왼쪽으로 이동

(7) 다음 중 *IS*곡선 자체를 우측으로 이동시키는 요인에 해당되는 것은? (　)

① 한계소비성향이 작아졌다.

② 피구효과가 발생한 경제에서 통화량이 증가하였다.

③ 물가가 상승하여 수입이 증가하였다.

④ 화폐시장에 교란이 발생하여 이자율이 하락하였다.

(8) "투자는 이자율의 감소함수이다."라는 가정에 가속도원리를 도입하여 "투자는 이자율의 감소함수일 뿐만 아니라 소득의 증가함수이다."라고 가정을 바꾸게 되면 *IS*곡선 또는 *LM*곡선에 어떤 변화가 발생하게 되는가? (　)

① *IS*곡선의 기울기가 더욱 완만해진다.

② *IS*곡선의 기울기가 더욱 가파르게 된다.

③ *LM*곡선의 기울기가 더욱 완만해진다.

④ *LM*곡선의 기울기가 더욱 가파르게 된다.

(9) 화폐시장의 균형을 나타내는 *LM*곡선의 이동을 초래한 요인과 이동의 방향을 바르게 나타낸 것은? (　)

① 물가상승 - *LM*곡선의 우측이동

② 통화량증대 - *LM*곡선의 우측이동

③ 중앙은행의 달러매도 - *LM*곡선의 우측이동

④ 법정지불준비율의 인상 - *LM*곡선의 우측이동

(10) *IS–LM*모형에 대한 설명중 옳은 것은? (　)

① *IS-LM*모형에 등장하는 변수들은 모두 실질변수이다.

② 물가가 하락하면 *IS*곡선은 좌측으로 이동한다.

③ 정부지출이 증가하면 *IS*곡선은 좌측으로 이동한다.

④ 화폐수요가 이자율에 대하여 완전탄력적이면 *LM*곡선은 수평선이 된다.

(11) *IS–LM*모형에서 통화량의 변화가 없으면서 물가수준의 상승이 진행될 경우에는 이자율과 국민소득에 어떤 변화가 발생하게 되는가? (　)

① 이자율은 상승하고 국민소득은 감소한다.

② 이자율은 상승하고 국민소득은 증가한다.

③ 이자율은 하락하고 국민소득은 불변이다.

④ 이자율은 불변이고 국민소득은 증가한다.

(12) *IS–LM*모형에서 통화량은 일정하고 물가수준이 하락할 경우에 발생하는 현상은? (　)

① 이자율은 하락하고 실질산출량은 감소한다.

② 이자율은 하락하고 실질산출량은 증가한다.

③ 이자율은 상승하고 실질산출량은 증가이다.

④ 이자율은 상승이고 실질산출량은 불변이다.

(13) 한계소비성향이 0.75이고, 소득세(income taxes)가 없는 상태에서 정액세(lump-sum tax)가 100만큼 감소하였다고 하자, 주어진 이자율 수준에서 *IS*곡선은 어느 방향으로 얼마만큼 변화하게 되는가? (　)

① 400만큼 오른쪽으로 이동한다. ② 400만큼 왼쪽으로 이동한다.

③ 300만큼 오른쪽으로 이동한다. ④ 300만큼 왼쪽으로 이동한다.

(14) 그림과 같이 어떤 경제가 *IS*곡선과 *LM*곡선 아래에 위치한 *A*점에 있다고 할 때 실물시장과 화폐시장에 대하여 바르게 나타낸 것은? (　)

① 저축 *S*〈투자 *I*, 그리고 화폐수요〉화폐공급

② 저축 *S*〉투자 *I*, 그리고 화폐수요〉화폐공급

③ 저축 S〈투자 I, 그리고 화폐수요〈화폐공급

④ 저축 S〈투자 I, 그리고 화폐수요〈화폐공급

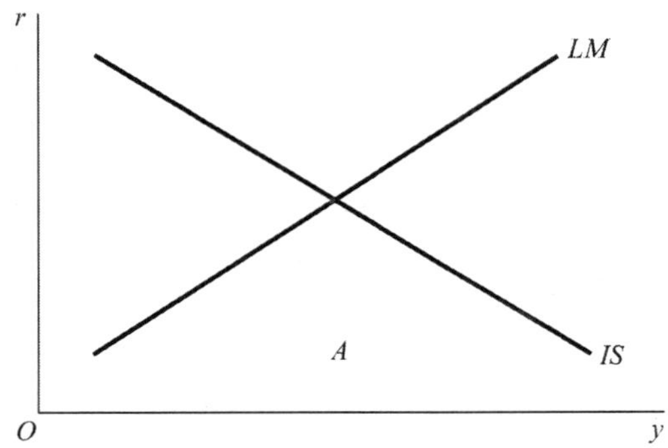

(15) 다음 중 총수요곡선을 오른쪽으로 이동시키는 정책은? (　　)

① 저소득층에 대한 정부보조금 삭감

② 정부의 조세증가정책으로 인한 민간투자의 감소

③ 정부의 조세감소정책으로 인한 민간투자의 증가

④ 정부의 긴축통화정책으로 인한 통화량감소로 인한 이자율의 상승

(16) 유동성함정(liquidity trap)에 대한 다음 설명 중 옳은 것은? (　)

① 경기가 호황인 경우에 발생하기도 한다.

② 대부분의 사람들이 이자율이 하락할 것으로 예상한다.

③ 화폐수요의 이자율탄력성이 매우 높은 상태이다.

④ 화폐공급이 증가하면 투자도 증가하게 된다.

(17) *IS–LM*모형에서 통화당국이 통화공급을 감소시키게 되면 채권의 가격은 (　　) 하고, 이자율이 (　　)하고, 국민소득은 (　　)한다.

① 상승-하락-증가　　② 상승-상승-증가

③ 하락-상승-감소　　④ 하락-상승-증가

[2] 아래 설문에 답하시오.

(1) 모형 II는 고전학파의 어떤 이론을 격파하기 위하여 소개되었는가?

(2) 균형재정승수란 무엇인가?

(3) 어떤 이유에서 *IS-LM*모형을 완전한(complete) 케인즈학파 모형이라고 하는가?

(4) *IS-LM*모형을 설명하기 위한 준비단계로 케인즈의 화폐수요가 고전학파의 화폐수요와 다른 점을 부각시킬 필요가 있다. 이를 화폐의 기능측면에서 설명하고, 케인즈의 화폐수요를 편미분한 결과 거래적 동기와 투기적 동기에 의한 화폐수요의 부호(sign)를 나타내시오.

(5) 고전학파모형에서 이자율의 결정은 실물적 현상인가 아니면 화폐적 현상인가? 고전학파는 *IS*곡선이 수평선과 수직선 중 어떤 형태에 가깝다고 주장하는가?

(6) 케인즈학파는 고전학파의 양분성을 무엇을 가지고 연결시켰는가?

(7) 모형 II에서 승수효과는 모형 I보다 작아지게 된다. 그 이유는 무엇 때문인가를 설명하고, 그렇지도 않을 수도 있는 경우의 예를 들어 보시오.

(8) *IS-LM*모형의 *IS*곡선과 *LM*곡선 중에서 힉스가 더 중점을 두었던 곡선은?

(9) 유동성선호설에서 화폐공급이 증가하는 경우와 유동성선호가 증가하는 경우에 이자율은 어떻게 변화하게 되는가?

(10) 유동성함정(liquidity trap)은 금융정책 또는 가격기구가 작동하지 않는다는 것을 보여주기 위하여 고안되었다. 유동성함정이 수평선이 되는 이유를

화폐수요와 화폐공급을 사용하여 설명하시오.

(11) 힉스, 파틴킨, 피구는 실질잔고효과를 각각 어떻게 해석하였는가?

[3] 아래 빈 칸에 적합한 용어를 기입하시오 .

(1) 고전학파는 생산물시장의 불균형이 (　　　　)의 조정에 의하여 해결된다고 주장하는 반면에, 케인즈학파는 생산물시장의 불균형이 (　　　　)의 조정에 의하여 해결된다고 주장한다.

(2) 총수요곡선은 생산물시장과 (　　　)시장의 균형으로부터 도출된다.

[4] Answer the following questions.

(1) In what sense Keynesians are different with the classical school in explaining the determination of interest rate?

T: 이자율의 결정을 설명하는 과정에서 케인즈 학파가 고전학파와 다른 점은 무엇인가?

(2) From the analogy of (1), what is the contrasting features between the Classical school and Keynesians in explaining the major factors of estimating the investment amount?

T: (1)의 유추로부터 케인즈가 자본의 한계효율과 이자율 사이에서 투자를 결정하는 데 있어서 더 중요하다고 간주한 요인은 무엇인가?

[5] Fill up the blanks with suitable words.

(1) The Classical dichotomy refers to the separation between the real sector and (　　　) one. If the government increases money supply 10 times, the (　　　) variable will be increased 10 times, but the real variable are

intact.

(2) The *IS-LM* model is a good pedagogic device, but it definitely does not reflect those (   ) pointed out by Keynes.

(3) The liquidity preference schedule relates the rate of (   ) with the money supply.

(4) According to the loanable fund theory of Classical school, the equilibrium interest rate is determined at the intersection between investment and the absentinence to (   ).

(5) According to the proposition of Classical economists, the price level is exclusively determined by the rate of (   ) supply.

Answer

[1] (1) 1 (2) 1 (3) 3 (4) 3 (5) 2 (6) 3 (7) 2 (8) 1 (9) 2 (10) 4 (11) 1 (12) 2 (13) 3 (14) 1 (15) 3 (16) 3 (17) 3

E: (5) 고전학파는 투자의 이자율탄력성이 크다고 보았기 때문에 *IS*곡선이 거의 수평선에 가깝게 된다. 케인즈학파는 이자율보다는 자본의 한계효율의 영향이 크기 때문에 투자는 이자율에 비하여 비탄력적이기 때문에 수직선에 가깝다고 보았다.

(6) 조세승수는 -c/(1-c) = -0.8/(1-0.8) = -4가 된다. 조세승수를 투자승수와 마찬가지로 보는 착오를 피할 필요가 있다. 투자승수는 1/(1-*MPC*) = 1/(1-0.8) = 5가 된다.

(8) 만일 소득의 증가함수로 인한 유발투자가 이자율하락으로 인한 투자감소보다 더 큰 경우에는 *IS*곡선이 우상향할 수도 있고, 양 효과가 같다면 *IS*곡선은 수평선이 될 수도 있다.

(9) 중앙은행의 달러매도와 법정지불준비율의 인상은 통화량의 축소를 가져오기 때문에 *LM*곡선을 좌측으로 이동시키게 된다. 물가하락과 통화량의 증가는 *LM*곡선을 우측으로 이동시킨다.

(10) 유동성함정(liquidity trap)에 대한 질문으로 전환할 수 있다.
(11) *LM*곡선의 좌측이동의 결과에 대한 질문이다.
(13) 감세승수는 $MPC/(1-MPC)$ = 0.75/(1-0.75) = 3이다. 따라서 정액세가 100만큼 감소하면 국민소득은 300만큼 증가하게 되어 *IS*곡선은 300만큼 오른쪽으로 이동한다.
(14) *A*점은 *IS*곡선 하방에 위치하여 저축보다 투자가 많은 경우이고, *LM*곡선 하방에 위치하여 화폐에 대한 초과수요가 있는 경우이다.
(15) 조세감소는 *IS*곡선을 우측으로 이동시키고, *IS*곡선의 우측이동은 *AD*곡선을 우측으로 이동시킨다.
(16) 이자율이 너무 낮아서 화폐공급이 투기적 동기로 모두 퇴장(hoard)되는 상태이고, 통화가 추가적으로 공급되거나, 물가하락이 있더라도 균형국민소득이 증가하지 않게 되는 구간이다. 이 구간에서 화폐수요의 이자율탄력성은 무한대가 된다.
(17) 통화량의 감소는 이자율의 상승을 가져오고, 채권가격은 이자율과 반비례하기 때문에 채권 가격은 하락하고, *LM*곡선 좌측으로 이동하기 때문에 소득은 감소하게 된다.
[2] (1) 모형 II는 힉스(Hicks)가 고전학파의 대부자금론에서 이자율이 작동하지 않는 (malfunction) 경우를 보여주기 위하여 화폐에 대한 수요를 거래적, 예비적, 투기적 동기에 의한 유동성선호설로 설명하면서, 앞의 두 가지 동기는 고전학파와 마찬가지로 소득에 비례하고, 뒤의 투기적 동기는 이자율에 반비례한다고 주장한다. 만일 투기적 동기에 의한 화폐수요가 클 경우에는 증가된 화폐공급이 모두 퇴장(hoard)[10]되기 때문에 화폐에 대한 수요를 나타내는 *LM*곡선은 수평선이 된다. 이 같은 상황에서는 아무리 통화를 증가시키거나, 물가가 신축적이라고 하더라도 과소고용상태에서 벗어날 수 없고 이 구간은 유동성 함정(liquidity trap)이라고 한다.
(2) 유입에 해당되는 정부지출과 누출에 해당되는 조세가 같은 크기로 증가하면 두 가지 vector가 같은 크기이고 방향이 반대이어서 국민소득이 불변이 되고 승수가 0이 될 것 같지만 정부지출이 조세보다 시차가 한 단계 빠르게 발생하기 때문에 승수는 1이 된다. 예를 들어 정부가 조세와 정부지출을 각각 100억원씩 증가시키게 되면 국민소득도 100억원 증가하게 된다.
(3) 단순지출모형은 실물부문만을 나타내기 때문에 불완전한 케인즈학파 모형이라

10) 사과상자에 돈을 넣거나, 돈을 상자에 넣어서 땅에 묻어두는 경우에 화폐의 유통속도는 0이 되고, 이 같은 현상을 퇴장(hoarding)이라고 하고, 이 같은 돈을 다시 사용하기 위하여 유통시키는 경우를 방출(dishoarding)이라고 한다.

고 하는 반면에, *IS-LM*모형은 실물부문뿐만 아니라, 화폐부문까지 포함하기 때문에 완전한 케인즈학파 모형이라고 한다. 예를 들어 모형 I에서는 인플레이션 갭이 있다고는 할 수 있지만, 실제로 화폐부문이 없기 때문에 측정할 수가 없다.

(4) 고전학파는 화폐의 기능 중 교환수단으로서의 기능만을 중요시한 데 반하여, 케인즈는 교환수단뿐만 아니라 가치저장 기능을 포함시켰다. 거래적 및 예비적 동기에 의한 화폐수요는 소득에 비례하는데 반하여, 투기적 동기에 의한 화폐수요는 이자율에 반비례한다. 따라서 거래적 동기에 의한 화폐수요를 편미분한 부호를 플러스(+)가 되고, 투기적 동기에 의한 화폐수요를 편미분한 부호는 마이너스(-)가 된다.

(5) 고전학파의 대부자금론(loanable fund theory)에 의하면 이자율은 대부자금에 대한 수요와 공급이 만나는 점에서 결정된다. 저축이 증가하기 위해서는 현재의 소비를 포기하는 대가로 얻는 미래의 소비가 더 커야만 한다. 저축을 가로축에, 투자를 세로축에 나타내면 우상향하는 시간선호곡선(time preference schedule)을 도출할 수 있고, 이 같은 시간선호곡선이 대부자금의 공급곡선이 된다.

대부자금에 대한 수요는 가계와 기업으로부터 발생한다. 가계의 입장에서는 대부자금에 대한 이자가 높아질수록 소비를 미루고 기다리는 경우보다 소비를 하는 비용이 증가하기 때문에 가계의 대부자금에 대한 수요는 감소하게 된다. 따라서 대부자금에 대한 가계의 수요는 이자율의 감소함수가 된다. 플러스의 순현재가치는 어떤 투자사업으로부터 기대되는 수익이 자금의 기회비용을 초과하는 경우이기 때문에 기업가는 플러스의 순현재가치를 가진 사업에 투자하게 된다. 투자의 기회비용은 순현재가치를 산출하는데 사용되는 할인율로 나타나는 이자율이다. 이자율이 상승할수록 투자사업의 순현재가치는 하락하게 된다. 다르게 표현하면 이자율이 상승하게 되면 기업의 투자의욕이 감소하기 때문에 기업의 대부자금의 수요도 감소하게 된다. 가계와 기업의 대부자금에 대한 수요곡선과 시간선호곡선으로 나타나는 대부자금의 공급곡선이 만나는 점에서 균형이자율이 결정되고, 동시에 사전저축과 사전투자도 일치하게 되기 때문에 대부자금론에서 이자율의 결정은 화폐적 현상이 아닌 실물적 현상이다.

따라서 이자율이 실물시장에서 결정되는 고전학파모형에서 화폐공급의 증가는 명목이자율과 명목소득만을 상승시킬 뿐 실질이자율과 실질소득에는 아무런 영향을 미치지 못한다. 고전학파는 투자가 전적으로 이자율에 의하여 결정되기 때문에 이자율에 대한 탄력성이 무한대가 된다. 그 결과 IS곡선은 수평선의 형태를 갖게 된다. 이와 반대로 케인즈학파는 이자율은 기준치가 될 뿐 자본의 한계효율을 보고 투자를 결정하기 때문에 투자의 이자율탄력성은 0이 되고, 수직선의 형태를 갖게 된다.
(6) 케인즈학파는 자본의 한계효율을 유동선선호설에서 결정된 이자율과 비교하여 투자결정을 하게 된다고 설명한다. 다르게 표현하면 이자율이 실물부문과 화폐부문을 연결시키는 고리역할을 한다.
(7) 화폐부문이 포함될 경우에는 초과화폐수요로 인하여 이자율이 상승하게 되는 구축효과로 인하여 국민소득이 감소하게 된다. 만일 *LM*곡선이 수평이라면 구축효과는 발생하지 않게 된다. 그리고 *IS*곡선이 위로 이동한 만큼 *LM*곡선을 아래로 이동시키는 확장적 금융정책을 사용하면 구축효과를 상쇄할 수 있게 된다.
(8) *IS*곡선은 투자가 이자율의 감소함수인 점에서 고전학파과 케인즈학파간의 차이점이 거의 없다고 할 수 있다. 그러나 화폐의 기능에 가치저장의 기능을 강조함으로써 투기적 동기에 의한 화폐수요는 이자율과 반비례 한다는 케인즈학파의 주장은 고전학파의 대부자금론을 공격하기 위하여 고안된 방법이기 때문에 *LM*곡선에 더 중점을 두었다고 할 수 있다.
(9) 화폐공급이 증가하면 이자율은 하락하게 된다. 그리고 불황이 되어서 투자전망이 안 좋을 경우에는 사람들의 유동성선호가 증가하게 되어 원점과 반대방향으로 투기적 동기에 의한 화폐수요가 이동하기 때문에 이자율은 상승하게 된다.
(10) 추가적인 화폐공급이 모두 투기적 동기에 의한 화폐수요로 퇴장된 결과 이자율이 영향을 받지 않게 된다. 화폐공급의 증가는 이자율을 인하시키는 유동성효과를 가져온다. 그리고 이자율도 물가의 범주에 속하기 때문에 화폐공급이 증가할 경우에 물가상승예상은 이자율을 인상시키게 된다. 만일 통화량의 증가로 인하여 발생하는 유동성효과와 물가상승예상효과가 동일한 크기라면 *LM*곡선은 수평선이 된다.
(11) 힉스는 *LM*곡선이 우측으로 이동한다고 주장한 반면에, 파틴킨은 *IS*곡선이 우측으로 이동한다고 주장하였다. 더 나아가 피구는 *IS*곡선뿐만 아니라 *LM*곡선도 우측으로 이동한다고 주장하였다.
[3] (1) 이자율, 국민소득 (2) 화폐
[4] (1) It is a monetary phenomenon to the Keynesian analysis whereas it is a physical one in the Classical world.
T: 고전학파는 이자율의 결정을 실물적 현상으로 본 반면 케인즈학파는 화폐적 현상으로 본다.
(2) Keynes developed the concept of marginal efficiency of capital (MEC). He further elaborated that investment is proceeded if the MEC is larger than the rate of interest. According to the loanable fund theory,

equilibrium investment and saving is determined at the equilibrium interest rate. In the Keynesian model, the interest rate is a benchmark for making an investment decision.
T: 케인즈는 자본의 한계효율의 개념을 발전시켰다. 그는 만약 자본의 한계효율이 이자율보다 크다면 투자가 발생하게 된다고 설명한다. 대부자금이론에 따르면 균형투자와 균형저축은 균형이자율에서 결정된다. 케인즈학파 모형에 의하면 이자율은 투자결정을 하기 위한 기준으로 사용된다.
[5] (1) monetary, nominal (2) uncertainties (3) interest (4) consumption (5) money
T: (1) 고전적양분성은 실물부문과 화폐부문이 분리되어 있음을 뜻한다. 만일 정부가 화폐공급을 10배 증가시키게 되면 명목변수는 10배 증가하게 되지만 실질변수는 전혀 변하지 않는다.
(2) *IS-LM* 모형은 좋은 교육적 도구이지만, 케인즈학파가 지적한 불확실성을 명백하게 반영하지 않고 있다.
(3) 유동성선호설은 이자율을 화폐공급과 연결시켜서 설명한다.
(4) 고전학파의 대부자금설에 따르면 균형이자율은 투자와 소비지연(consumption postponement)의 교차점에서 결정된다.
(5) 고전학파의 제안에 의하면 물가수준은 전적으로 화폐공급량에 의하여 결정된다.
E: (4) 저축은 소비를 미래로 연기하는 것이라고 볼 수도 있다.
(5) exclusive는 배타적이라는 의미를 가지고 있다. exclusive agent는 유일한 대리점이라는 뜻으로 사용된다.

제4장 거시경제의 전체균형: 모형 Ⅲ

어떤 생산요소에 대한 수요가 계속하여 증가하게 되면 이 생산요소의 희소성이 증가하여 요소가격이 상승하게 된다. 그러나 *IS*−*LM*모형은 공급측면을 다루지 않는 상태에서 수요측면의 균형을 나타내기 때문에 유휴시설이나 물가상승이 가져오는 문제를 다루지 못하는 한계가 있다. *IS*−*LM*모형의 이 같은 문제점을 해결하기 위하여 노동시장과 총생산함수를 이용하여 총공급곡선을 도출하고, 이 곡선을 *IS*−*LM*모형에서 도출된 총수요곡선과 같이 사용하여 거시경제전체의 균형을 설명하는 모형 Ⅲ이 개발되었다. 모형 Ⅲ은 케인즈학파에 의하여 개발된 모형 Ⅰ과 모형 Ⅱ와 달리 물가상승으로 야기되는 문제점을 해결하기 위하여, 특히 1970년대 중반에 석유파동과 노동조합의 임금인상요구로 대두된 스태그플레이션으로 인하여 야기된 문제를 해결하기 위하여 자주 사용되고 있다. 모형 Ⅲ은 필립스곡선에 대한 논쟁뿐만 아니라 동태적 인플레이션분석과 총공급곡선을 설명할 때도 사용된다.

4.1 단기총생산함수

공급측면의 균형을 이해하기 위해서는 고용량과 국민소득과의 관계를 나타내는 총생산함수를 이해할 필요가 있다. 총산출량은 노동, 자본 및 토지와 같은 생산요소의 양과 생산성에 의하여 결정된다. 단기적으로는 자본, 토지, 기술이 고정되어 있다는 점을 고려하면 총산출량은 노동투입량에 의하여 결정된다. 따라서 총생산함수는 [식 4-1]과 같이 나타낼 수 있다.

$$y = f(L, \overline{K}) \qquad \text{[식 4-1]}$$

(K위의 줄은 고정생산요소임을 나타냄)

[그림 4-1] 단기총생산함수

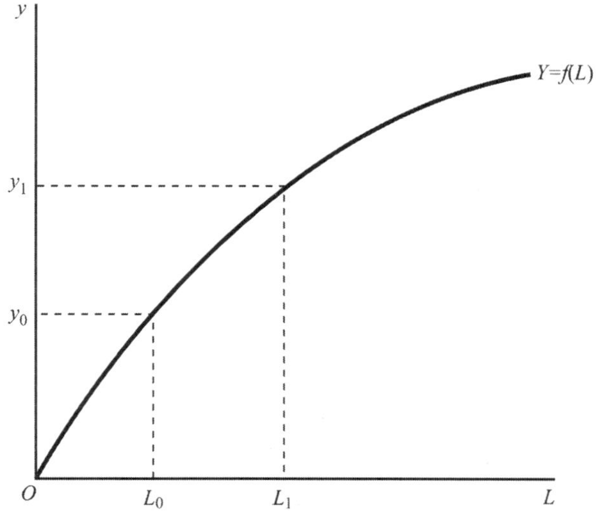

고용량이 낮은 수준에서는 노동 한 단위와 결합되어 사용되는 자본량이 많기 때문에 추가로 고용되는 노동의 한계생산성이 높으나, 고용량이 증가함에 따라

노동 한 단위와 결합되어 사용되는 자본량이 적어지기 때문에 노동의 한계생산성은 낮아지게 된다. [그림 4-1]과 같이 수확체감의 법칙이 작동하는 단기총생산함수는 노동의 평균실물산출량이 극대이고, 한계실물산출량이 0이 되는 2단계에서만 생산하게 된다.

4.2 노동시장의 균형

(1) 노동에 대한 수요곡선

노동투입량의 증가에 따른 추가적 수입의 증가를 노동의 한계생산물가치(value of marginal product of labor: VMP_L)라고 한다. VMP_L은 [식 4-2]와 같이 노동의 한계실물산출량(marginal physical product of labor; MPP_L)에다 최종재화가 팔려진 가격을 곱해서 산출한다.

$$VMP_L = MPP_L \cdot P_x = MPP_L \cdot MR_x \qquad [식\ 4\text{-}2]$$

완전경쟁시장이라면 [식 4-2]의 P를 MR로 대체할 수 있다.[1] 완전경쟁시장에서 P는 일정한 값을 갖고, MPP_L은 한계생산체감의 법칙에 따라서 고용량이 증가하면 체감하기 때문에 [그림 4-2]와 같이 VMP_L은 우하향하게 된다.

다르게 표현하는 방법은 기업이 이윤을 극대화한다고 가정하면 기업가는 [식 4-3]과 같이 노동의 한계실물산출량이 실질임금과 같을 때까지 노동을 고용하게 된다.

$$w = W/P = MPP_L \qquad [식\ 4\text{-}3]$$

1) 완전경쟁시장에서는 $P = MR$이 되기 때문에 완전경쟁시장에서는 수요곡선이 수평이어서 가격과 한계수입이 일치하기 때문에 한계생산물가치(VMP_L)과 한계수입생산물(MRP_L)은 일치하게 된다.

[식 4-3]을 명목임금으로 나타내기 위하여 분모에 있는 P를 우측 항으로 이동시키면 [식 4-4]가 된다.

$$W = MPP_L \cdot P = Pf'(L) \qquad \text{[식 4-4]}$$

[그림 4-2]는 [식 4-2]와 [식 4-4]에 나타난 바와 같이 노동에 대한 수요와 명목임금간에 반비례관계가 있음을 보여준다.

[그림 4-2] 노동에 대한 수요곡선

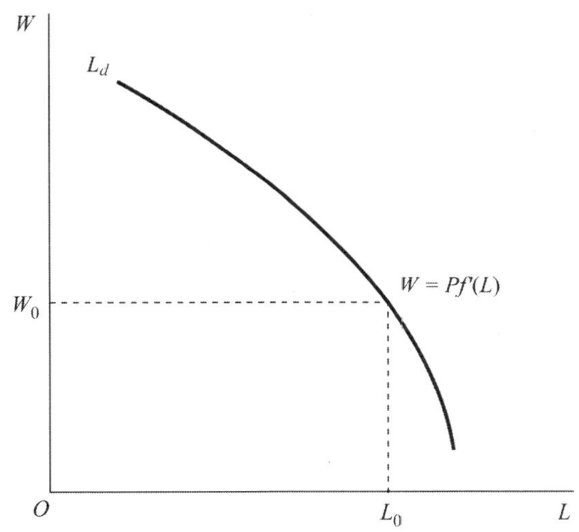

(2) 노동의 공급

실질임금이 상승하게 되면 노동의 공급은 두 가지로 나누어 반응하게 된다. 첫 번째 경우는 실업상태의 노동자가 실질임금의 상승이 자신의 유보임금(reservation wage) 수준을 초과하였다고 보고 취업하면 노동공급이 증가하게 된다. 두 번째 경우는 실질임금의 상승에 따라서 효용인 여가를 감소시키고, 비효용인 노동을 증가시키는 대체효과와 이와 반대로 노동시간을 감소시키고 여가를 증가시키는 소득효과가 동시에 발생하게 된다. 만일 대체효과가 소득효과보다 크다면 노동공급은 증가하고, 소득효과가 대체효과보다 크다면 노동공급은 감소하게 된다. 그러나 후자의 경우와 같이 임금이 상승함에도 불구하고 노동공급이 감소하는 후방굴절 노동공급곡선(backward-bending labor supply curve)[2]은 드물기 때문에 두 번째 경우에도 실질임금의 상승에 따라서 노동의 공급은 증가하게 된다.

[식 4-5]는 실질예상임금은 물가상승예상과 반비례관계가 있음을 보여준다.

$$w^e = W/P^e = g(L),\ g'(L) > 0 \qquad \text{[식 4-5]}$$

케인즈가 명목임금을 강조한 점을 반영하여 [식 4-5]를 변형하면 [식 4-6]과 같이 나타낼 수 있다.

$$W = P^e g(L) \qquad \text{[식 4-6]}$$

[그림 4-3]은 예상실질임금이 상승하면 고용량이 증가하게 되는 [식 4-6]을 보여준다.

2) "Substitution effect is always negative."에서 'negative'는 'inverse' or 'trade-off'를 뜻한다. 즉, 플러스, 마이너스의 뜻이 아니고 가격이 오르면 수요량은 감소하고, 가격이 내리면 수요량은 증가한다라는 뜻으로 사용된다. 후방굴절형 노동의 공급곡선, 우상향하는 Giffen재의 수요곡선, 외환시장의 불안정성은 모두 불안정한 소득효과에서 야기된다.

[그림 4-3] 실질임금으로 나타낸 노동의 공급곡선

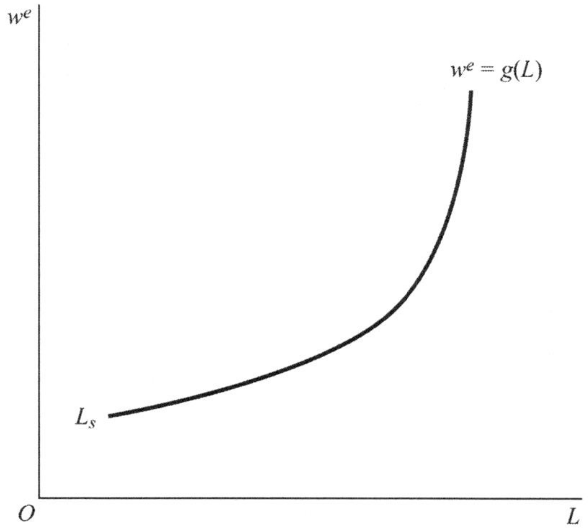

(3) 노동시장의 균형과 물가에 대한 반응

노동시장의 균형은 노동에 대한 수요와 노동공급이 일치할 때 달성된다. [식 4-4]와 [식 4-6]을 사용하여 노동시장의 균형을 나타내면 아래와 같다.

$$Pf'(L) = P^e g(L) \qquad \text{[식 4-7]}$$

[그림 4-4]에 나타난 바와 같이 가로축에 고용량, 세로축에 명목임금을 나타내면 노동공급곡선은 우상향하고, 노동에 대한 수요곡선은 우하향하게 된다.

[그림 4-4] 노동시장의 균형

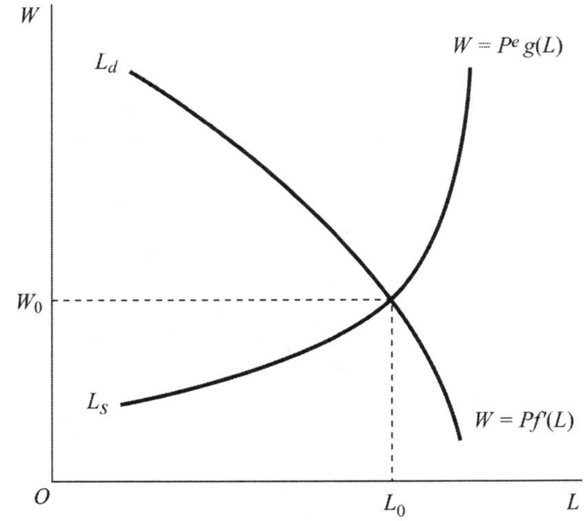

4.3 물가예상과 고용량의 변화

물가가 상승하게 되면 노동의 한계생산물가치가 증가하기 때문에 노동에 대한 수요곡선은 상방으로 이동하게 된다. 그리고 예상물가수준이 증가하면 노동의 공급곡선은 상방으로 이동하게 된다. 물가변동에 따른 노동자의 물가예상에 대하여 고전학파와 케인즈학파는 상반된 견해를 보이고 있다. 고전학파는 노동자도 기업가와 마찬가지로 물가변동에 대한 정확한 정보를 즉각적으로 얻어서 합리적으로 반응하기 때문에 실제의 물가수준(P)과 예상되는 물가수준(P^e)이 완전히 일치한다고 본다. 이에 반하여 케인즈학파는 노동자는 기업가와 같이 정확한 정보를 즉각적으로 얻기 어렵고, 기업가보다 덜 합리적으로 반응한다고 보기 때문에 P와 P^e간에 괴리가 발생하게 된다. 이 같은 괴리를 화폐환상(money illusion)이라고 한다.

(1) 물가변동과 고전학파의 노동시장

물가가 상승할 경우 고전학파는 [그림 4-5]와 같이 노동에 대한 수요곡선과 공급곡선이 동일한 크기로 이동하게 되므로 고용량은 불변이 되고, 따라서 주어진 총생산함수에서 국민소득수준도 불변이기 때문에 총공급곡선은 수직선이 된다.

[그림 4-5] 고전학파 노동시장에서의 물가변화와 명목임금

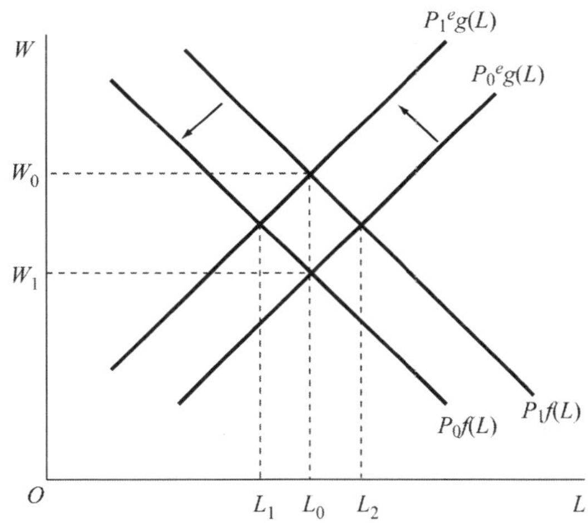

(2) 물가변동과 케인즈학파의 노동시장

케인즈학파의 경우에는 [그림 4-6]과 같이 노동공급곡선은 불변이고 노동에 대한 수요곡선은 고전학파와 같은 크기로 상방으로 이동함에 따라서 고용량은 L_0에서 L_1까지 증가하고, 주어진 총생산함수에서 국민소득수준도 증가하게 된다. 그러나 화폐환상이 시간을 두고 없어지게(erode) 되면 노동공급곡선도 노동에 대한 수욕곡선보다 작은 크기로 이동하게 되어 고용량은 L_1에서 L_2로 감소하게 된다.

[그림 4-6] 케인즈학파 노동시장에서의 물가변화와 명목임금

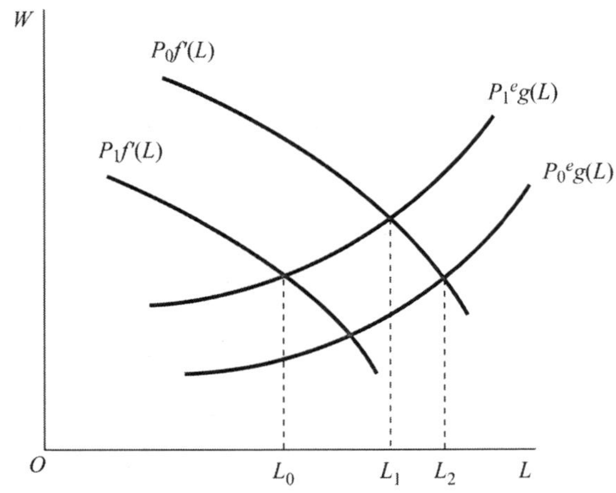

4.4 총공급곡선의 형태와 이동

(1) 고전학파의 총공급곡선

고전학파의 총공급곡선은 물가의 변화가 고용량이 변화를 가져오지 않기 때문에 수직선의 형태를 갖게 된다. 물가가 상승할 경우 [그림 4-7]에서 노동에 대한 수요곡선과 노동공급곡선이 같은 크기로 상방으로 이동하기 때문에 고용량의 변화가 없고, 주어진 단기총생산함수에서 동일한 산출량을 갖기 때문에 총공급곡선은 수직선의 형태가 된다.

[그림 4-7] 고전학파의 총공급곡선

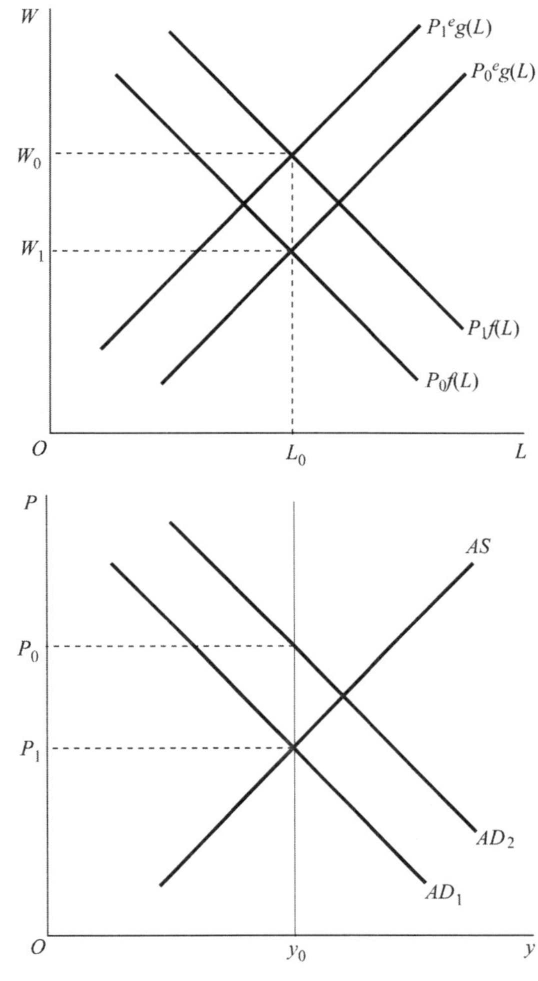

(2) 케인즈학파의 총공급곡선

[그림 4-8]에서 물가가 상승할 경우에 노동자의 화폐환상으로 인하여 노동에 대한 수요곡선은 노동공급곡선보다 더 크게 우측으로 이동하게 됨에 따라서 고용량은 L_1에서 L_2로 증가하게 된다. 주어진 단기총생산함수에서 고용량의 증가는 산출량을 증가를 가져오기 때문에 케인즈학파의 총공급곡선은 [그림 4-8]과

같이 우상향하는 형태를 갖게 된다.

[그림 4-8] 케인즈파의 총공급곡선

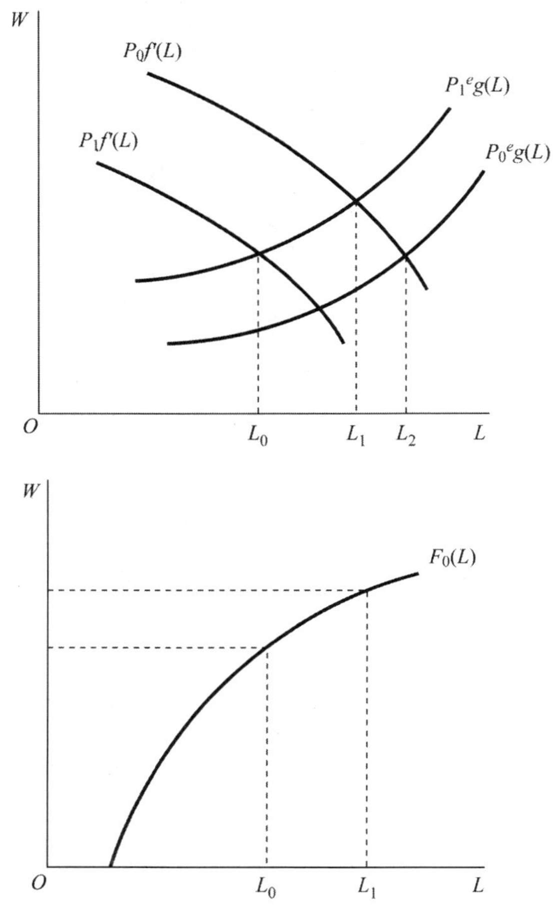

(3) 외생변수의 변화에 따른 총공급곡선의 이동

노동자가 소득증가보다도 여가를 더 즐기고자 하거나, 노동조합이 실질임금인상을 요구하는 경우에는 노동공급곡선이 상방으로 이동하게 됨에 따라서 노동공급이 감소하고, 산출량도 감소하게 되어 동일한 물가수준에서 총공급곡선은 북서방향으로 이동하게 된다. 고용-산출량 비율의 변화가 없는 기술진보로 인하여 단기총생산함수의 기울기가 증가할 경우에는 노동에 대한 수요곡선을 상방으로 이동시키게 된다. 이 같은 노동에 대한 수요곡선의 이동은 고용과 산출량의 증가를 가져옴으로써 동일한 물가수준에선 산출량의 증가를 가져오게 되어 총공급곡선을 우측으로 이동시키게 된다.

기술진보나 자본량의 증가로 총생산함수가 상방으로 이동하게 되고, 우연히 단기총생산함수의 기울기로 나타나는 노동의 한계실물산출량(marginal physical product of labor; MPP_L)의 크기는 변화하지 않게 되면 노동시장의 균형은 그대로 유지되지만 산출량은 증가하게 된다. 이 같은 산출량의 증가는 총공급곡선을 우측으로 이동시키게 된다.

4.5 거시경제의 전체균형

폐쇄경제인 경우의 일국경제는 생산물시장, 화폐시장, 노동시장, 증권시장으로 구성되고, 총수요곡선과 총공급곡선이 교차하는 점에서 증권시장을 제외한 세 시장의 균형이 이루어진다. 경제내의 모든 시장에서 거래가 청산된다는 왈라스의 법칙에 따르면 네 개의 시장 중에서 세 개 시장의 균형이 이루어지면 나머지 한 개 시장에서도 균형이 이루어지게 된다. 따라서 총수요곡선과 총공급곡선이 교차하는 점을 거시경제의 전체균형이라고 할 수 있다. [그림 4-9]는 화폐환상이 없기 때문에 총공급곡선은 수직선이 된다는 고전학파의 견해를, [그림 4-10]은 화폐환상이 있기 때문에 총공급곡선은 우상향하게 된다는 케인즈학파의 견해를 보여준다.

[그림 4-9] 거시경제의 전체균형: 고전학파 모형

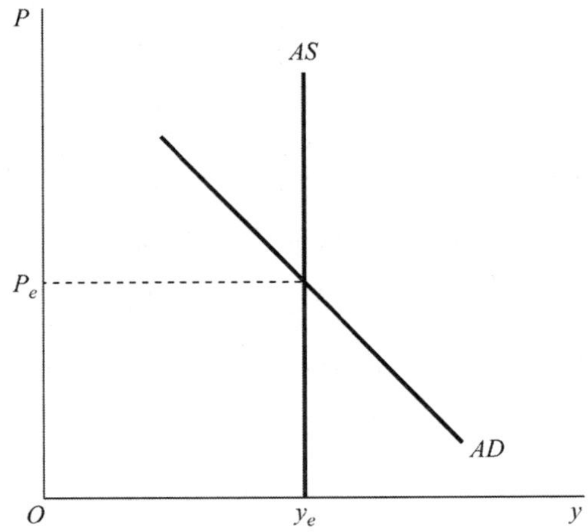

[그림 4-10] 거시경제의 전체균형: 케인즈학파 모형

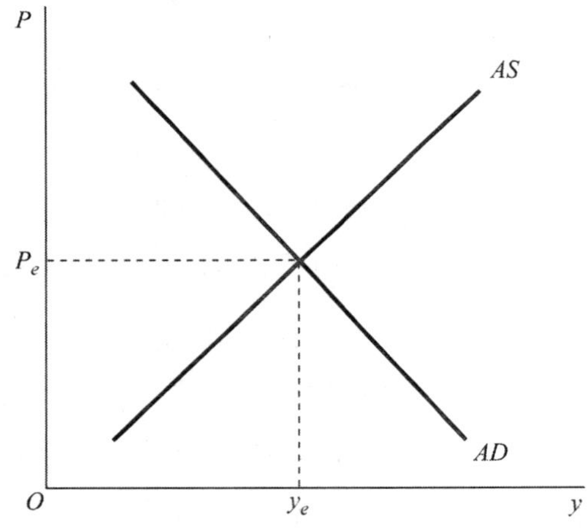

4.6 안정화정책의 효과

정부가 완전고용과 물가안정을 달성하기 위하여 총수요와 총공급을 조정하는 정책을 안정화정책(stabilization policy)이라고 한다. 디플레이션 갭이 존재하는

과소고용하의 균형국민소득을 완전고용하의 균형국민소득으로 증가시키기 위해서는 정부지출을 증가시키거나, 순조세수입을 감소시킴으로써 디플레이션 갭만큼의 유효수요를 창출하면 된다. 안정화정책의 효과는 12장에서 구체적으로 설명하게 된다.

(1) 고전학파 모형

고전학파 모형에서 안정화정책은 국민소득수준의 변화에 아무런 영향을 미치지 못하게 된다. 재정정책은 완전한 구축효과로 총수요 중 공적부문을 증가시킨 만큼 상대적으로 사적부문의 비중을 감소시키기 때문에 국민소득은 불변이 된다. 금융정책은 화폐의 중립성으로 인하여 명목변수만을 통화량에 비례되게 증가 내지 감소시키기 때문에 실질변수는 불변이 된다.

(2) 케인즈학파 모형

정부가 항만건설이나 국방을 위하여 정부지출을 증가시키게 되면 *IS*곡선은 우측으로 이동하게 된다. 거시경제의 전체균형을 나타내는 모형 Ⅲ에서도 원래의 물가수준 P_0에서 총수요곡선이 우측으로 이동함에 따라서 국민소득이 증가하게 된다. 확장적 금융정책은 이자율을 하락을 가져오고, 이자율의 하락은 투자의 증가를 통하여 국민소득의 증가를 가져오게 된다.

(3) 보정적 재정정책의 한계점

고전학파는 조세가 적을수록 좋고, 조세와 정부지출이 일치해야 하는 균형예산(balanced budget)을 주장한데 반하여, 케인즈학파는 균형예산보다 완전고용의 유지에 더 큰 우선순위를 두는 기능적 재정(functional finance)을 주장한다. 기능적 재정은 유효수요가 부족한 디플레이션 갭이 있을 경우에는 적자재정(budget deficit)을 사용하고, 유효수요가 과다한 인플레이션 갭이 있을 경우에는 흑자재정(budget surplus)을 사용하여 완전고용을 달성해야 한다는 주장이다.

정부지출과 세율을 조정함으로써 완전고용의 국민소득을 유지하고자 하는 정책을 보정적(compensatory) 재정정책이라고 한다. 이 정책의 한계점으로는 구축효과(crowding-out effect)와 시차를 들 수 있다. 구축효과는 정부가 통화량을 증가시키지 않고 정부지출을 증가시키면 정부지출만큼 민간지출이 감소하게 되어 재정정책에 의한 유효수요 창출의 효과가 없어지거나 약화되는 현상을 뜻한다. 예를 들어 정부가 국채를 발행하여 재원을 마련하는 경우에 민간인은 국채를 구입한 만큼 회사채의 구입을 감소시킴에 따라서 기업이 채권을 통한 자금조달이 어려워진다. 어떤 시점에 정책수립자가 재정정책의 필요성을 인지하고 실시할 때까지의 시차(time-lag)를 내부시차(inside lag)라고 하고, 실시된 정책이 의도했던 효과를 나타낼 때까지의 시차를 외부시차(outside lag)라고 한다. 내부시차와 외부시차가 길어질수록 불황과 호황의 국면이 변하게 될 가능성이 크다. 그 결과 경기변동의 진폭을 완화시키고자 하는 소기의 목적과는 달리 경기변동의 진폭이 더 심화될 수 있다.

4.7 케인즈학파의 특징과 해결되지 않은 과제(pending issues)

(1) 수요관리의 경제학

고전학파 경제학은 수요는 아무런 문제가 없다고 보았기 때문에 자본축적, 기술혁신, 인구증가가 경제성장을 가져올 수 있다고 본다. 이에 반하여 케인즈학파는 경제의 문제들이 수요측면에서 야기되었기 때문에 수요관리를 중요시하고, 이를 다르게 표현하면 고용의 경제학, 불확실성의 경제학이라고도 한다. 불확실성의 경제학은 소비, 투자 및 화폐에 대한 수요가 심리적 요인에 의하여 좌우되기 때문에 균형점으로 수렴하기(converge)보다는 확산한다고(diverge or amplify) 주장하는 경제학이라고 볼 수도 있다.

(2) 케인즈학파의 확산(divergence)경향

케인즈의 『일반이론』은 1930년대까지 자연스럽게 받아들여졌고, 피구의 『실업이론』에서 구체화된 고전학파 이론에 대한 도전이었다. 그가 강조한 절대소득 가설에 의한 소비함수, 자본의 한계효율, 투기적 동기를 포함한 유동성선호설은 고전학파의 세이의 법칙, 노동시장의 균형을 포함한 시장거래의 청산, 완전고용하의 균형을 공격하기 위하여 고안된 것이다. 따라서 케인즈학파의 특징은 수렴(converge) 대신에 확산, 확실성의 경제학이 아닌 불확실성의 경제학, 가격조정이 아닌 수량조정에 의하여 완전고용의 균형점을 달성하는데 있다. 케인즈 학파의 노동시장은 명목임금의 하방경직성과 노동자의 화폐환상과 같은 비대칭성이라는 특징을 지니고 있고, 모형 Ⅲ에 나타난 우상향하는 케인즈학파의 총공급곡선은 이러한 특징을 반영한 것이다. 그러나 케인즈학파의 총공급곡선 이면에 깔려 있는 비대칭성이 고전학파의 대칭성으로 대체되면 재정정책은 구축효과에 의하여, 금융정책은 화폐의 중립성에 의하여 효과가 없어지게 된다.

(3) 남은 문제를 해결하기 위한 새로운 탐방

고전학파는 노동시장에서 임금이라는 내생적 변화를 통하여 노동에 대한 수요곡선과 노동공급곡선을 따라서 이동시킴으로써(movement along the demand for, and supply curve of labor) 노동시장의 균형을 달성할 수 있다고 주장한다. 이에 반하여 케인즈학파는 노동공급곡선의 하방경직성으로 인하여 내생적 변수의 변화에 의한 노동시장의 청산은 불가능하다고 보았다. 케인즈학파에 의하면 모형 Ⅲ에서 총공급곡선을 우측으로 이동시키는 과정에서 물가가 상승함에 따라 실질임금이 하락하게 된다. 그 결과 기업가의 노동에 대한 수요가 증가하고 이는 노동에 대한 수요곡선을 상방으로 이동(shift)시킴으로써 노동시장의 균형이 달성될 수 있다고 주장한다.

케인즈학파는 유효수요가 증대하거나 통화량이 증가하면 총수요곡선이 우측으로 이동하여 물가가 상승하게 된다고 보았지만, 가격변화가 실업 내지 균형국민소득에 어떤 영향을 미치는가에 대하여는 구체적으로 논의하지 않았다. 모형 Ⅲ에서 물가와 산출량이 비례관계에 있는 것은 화폐환상으로 인하여 총공급곡선이 우상향하기 때문이다. 케인즈학파는 통화량의 증가는 유동성선호에 영향을 미치고, 기업가는 이 과정에서 결정된 이자율을 자본의 한계효율과 비교하여 투자량을 결정하게 된다고 설명하지만 통화량과 물가와의 관계를 구체적으로 논의하지 않고 있다. 물가변화와 국민소득 또는 실업과의 관계는 필립스곡선, 그리고 통화량과 국민소득과의 관계는 신화폐수량설에 의하여 이론적 발전을 하게 된다.

연 습 문 제

[1] 다음 서술이 맞으면 ○표를, 틀리면 ×를 표시하시오.

(1) 노동자들의 예상물가가 하락하게 되면 총공급은 좌측으로 이동하게 된다. (   )

(2) 화폐환상이 없고 가격의 신축성과 완전한 정보가 주어지는 고전학파의 총공급곡선은 수직선의 형태이고, 화폐환상이 있고 가격이 경직적이고 정보가 완전하지 않은 케인즈학파의 총공급곡선은 우상향하는 형태를 갖는다. (   )

(3) 총공급곡선은 노동시장과 생산물시장의 생산함수로부터 도출된다. (   )

(4) AD-AS모형에서 통화량 증가로 인한 균형국민소득의 증가규모는 IS-LM모형에서 통화량 증가에 따른 균형국민소득의 증가규모와 동일하다. (   )

[2] 맞는 답을 선택하여 기입하시오.

(1) 경기안정을 위한 기능적 재정정책이란? (   )

① 호황과 불황시 모두 적자를 나타내야 한다.
② 불황시에는 흑자, 호황시에는 적자를 나타내야 한다.
③ 호황시에는 흑자, 불황시에는 적자를 나타내야 한다.
④ 불황과 호황시 모두 흑자를 나타내야 한다.

(2) 자동안정화장치(Built-in-stabilizer)라고 볼 수 없는 것은? (   )

① 실업수당　　② 누진세
③ 농산물 가격유지제도　　④ 추가예산제도

(3) 피구효과(Pigou effect)란 독립지출이 무엇에 의존한다고 보는 것을 뜻하는가?( )

① 이자율 ② 실질통화공급

③ 소득 ④ 조세

(4) 균형재정승수(balanced-budge multiplier)란 무엇을 뜻하는가? ( )

① 균형국민소득은 소비와 가처분소득이 동일한 수준 이하로는 결코 감소하지 않는다.

② 공급이 수요를 창조한다.

③ 정부예산의 적자는 국민소득을 감소시킨다.

④ 정부지출과 조세를 동일한 크기로 증가시키면 균형국민소득도 그만큼 증가한다.

(5) 투자지출의 가장 중요한 결정요인은 무엇인가? ( )

① 이자율과 예상물가수준 ② 한계소비성향과 이자율

③ 이자율과 저축수준 ④ 자본재의 예상수익률과 이자율

(6) 후방굴절형 노동공급곡선의 후방굴절 구간이 제시하는 바는? ( )

① 노동의 한계실물산출량의 감소 ② 자본의 한계실물산출량의 감소

③ 소득효과가 대체효과보다 크다. ④ 대체효과가 소득효과보다 크다.

(7) 누진세의 효과에 대한 설명 중에서 맞지 않는 것은? ( )

① 소득분배의 균등화효과가 있다.

② 세수의 탄력성이 커져서 경기안정화의 효과가 있다.

③ 근로의욕을 자극하여 성장을 촉진한다.

④ 간접세의 역진성을 보완할 수 있다.

(8) 고전학파의 거시모형에서 노동공급은 무엇의 함수인가? ( )

① 노동의 한계생산물 ② 실질임금

③ 통화량 ④ 명목임금

(9) 케인즈학파의 견해에 따르면 화폐의 유통속도는 어느 요인에 의하여 크게 영향을 받게 되는가? ( )

① 이자율의 변화

② 기술의 변화

③ 화폐에 가까운 대체수단의 이용가능정도

④ 지불예정표

(10) 거시경제의 총공급곡선은 다음 중 어느 시장에서 도출되는가? ( )

① 상품시장 ② 화폐시장

③ 노동시장 ④ 상품시장과 화폐시장

(11) 장기 총공급곡선이 수직선이라는 사실과 부합되는 내용은? ( )

① 장기적으로 잠재적 실질 GDP의 변동이 고용수준에 영향을 주지 않는다.

② 장기적으로 물리적 자본보유량이 고용수준에 영향을 주지 않는다.

③ 장기적으로 이자율의 변화가 잠재적 명목 GDP에 영향을 주지 않는다.

④ 장기적으로 물가수준의 변화가 잠재적 실질 GDP에 영향을 주지 않는다.

(12) 단기 총공급곡선이 우상향하는 이유가 아닌 것은? ( )

① 임금의 경직성 ② 노동자의 화폐환상

③ 물가의 경직성 ④ 합리적 기대

(13) 총공급곡선이 우상향하는 이유가 될 수 없는 것은? ( )

① 물가의 변화에 따라 명목임금이 신축적으로 변동하고 이에 따라 생산도 변한다.

② 수요의 변화에 따라서 기업들이 가격을 즉각적으로 조정할 수 없다.

③ 임금이 장기계약에 의하여 체결된다.

④ 불완전한 정보로 인하여 전반적인 물가수준의 변화와 상대가격의 변화를 혼동한다.

(14) 케인즈학파의 우상향하는 단기 총공급곡선에 대한 설명 중 틀린 것은? (　)
① 가격의 경직성을 반영한다.
② 화폐환상이 작동한다.
③ 총수요의 변화로 경기변동이 발생한다.
④ 화폐는 중립적이다.

(15) 다음 중 총공급곡선 자체를 우측으로 이동시키는 원인이 아닌 것은? (　)
① 기술진보　② 노동생산성 향상
③ 물가하락　④ 원자재가격의 하락

(16) 다음 중 총공급곡선을 좌측으로 이동시키는 요인은? (　)
① 정부 재정지출의 감소　② 노동자의 예상물가상승
③ 통화공급의 감소　④ 원자재 가격의 하락

(17) 총공급곡선의 이동과 관련된 다음 설명 중 적절하지 않은 것은? (　)
① 자본저량이 증가하면 장기 총공급곡선은 우측으로 이동한다.
② 기술진보 또는 기술혁신이 이루어지면 장기 총공급곡선은 우측으로 이동한다.
③ 예상물가수준이 하락하면 장기 총공급곡선은 우측으로 이동한다.
④ 자연자원이 추가적으로 발견되면 장기 총공급곡선은 우측으로 이동한다.

(18) 물가수준과 생산량과의 관계를 나타내는 *AD-AS*모형에 대한 설명 중 옳지 않은 것은? (　)
① 단기적으로 일부 가격은 경직적이기 때문에 생산량은 물가수준의 영향을 받을 수 있다.
② 고전학파 모형에서는 총수요가 변화할 경우 장기적으로 생산량은 변화가 없고 물가수준만이 변화한다.
③ 통화공급을 증가시키면 단기적으로 총수요가 감소한다.
④ 고전학파 모형에서는 장기적으로 생산량은 자본, 노동, 기술 등에 의하여 결정되며 물가수준에 의존하지 않는다.

(19) 총수요-총공급모형에 대한 설명 중 옳지 않은 것은?

① 유동성함정의 구간에서 총수요곡선은 수평선이 된다.

② 투자수요의 이자율탄력성이 클수록 총수요곡선의 기울기는 완만하게 된다.

③ 피구의 실질잔고효과는 총수요곡선의 기울기를 더 완만하게 만든다.

④ 기술혁신은 수직의 형태를 가지는 고전학파의 총공급곡선을 우측으로 이동시킨다.

(20) 총공급곡선이 수직선의 형태를 갖는 경우에 국민소득을 증가시킬 수 있는 가장 좋은 방법은? ( )

① 정부의 재정지출을 증가시킨다. ② 노동시장의 유연성을 증가시킨다.

③ 개인소득세율을 감소시킨다. ④ 기업의 투자를 활성화시킨다.

(21) 다음 중 총공급곡선을 우측으로 이동시키는 요인이라고 볼 수 없는 것은? ( )

① 노동공급의 증가 ② 기술진보

③ 물가하락 ④ 노동생산성의 향상

(22) 폐쇄경제에서 통화공급의 변화가 총수요에 미치는 효과가 가장 작은 경우는? ( )

① 화폐수요가 이자율에 대하여 비탄력적인 경우

② 화폐수요가 이자율에 대하여 탄력성이 무한대인 경우

③ 화폐수요가 소득에 대하여 비탄력적인 경우

④ 화폐수요의 소득탄력성이 1인 경우

(23) 단기총공급곡선이 수평이고 장기총공급곡선이 수직이라면 통화공급의 증가가 가져오는 장·단기 효과는? ( )

① 단기에는 물가와 소득에 영향이 없지만, 장기에는 물가와 소득이 모두 증가한다.

② 단기에는 물가와 소득이 모두 증가하고, 장기에는 물가만 상승한다.

③ 단기에는 소득만 증가하고, 장기에는 물가만 상승한다.

④ 단기에는 물가만 상승하고, 장기에는 소득만 증가한다.

[3] 아래 설문에 답하시오.

(1) 실물, 화폐, 채권, 노동시장만이 존재할 경우에 모형 III을 거시경제의 전체 균형이라고 하는 이유는?

(2) 노동에 대한 수요곡선이 우하향하는 이유를 재화시장이 완전경쟁시장인 경우와 불완전경쟁시장인 경우를 구분하여 설명하시오.

(3) 화폐환상이 지속적인 경우에 물가가 상승하게 되면 고용은 증가하게 되는가, 아니면 감소하게 되는가? 화폐환상이 시간을 두고 사라지는 경우에도 고용은 증가하게 되는가?

(4) 고전학파의 노동시장에서 가로축에 고용을, 세로축에 실질임금을 나타내게 되면 물가가 10% 상승하거나, 10% 하락하게 되면 처음의 노동공급곡선과 노동에 대한 수요곡선은 어느 방향으로 이동하게 되는가?

(5) 화폐환상이란 무엇인가? 케인즈학파의 총공급곡선은 고전학파의 총공급곡선과 어떻게 다른가?

C: What is money illusion? To what extent the aggregate supply of Keynesian approach is different from the Classical one?

(6) 재정정책이 효과를 발휘하지 못하는 두 가지 경우를 설명하시오.

(7) 기능적 재정은 균형예산과 완전고용 중 어떤 쪽에 비중을 두는가?

(8) 케인즈학파모형에서 확산(divergence)과정을 과장하는(amplifying) 도구로 사용되는 이론은?

(9) 오펜바하의 세계가 희극의 세계라면 케인즈의 세계는 불황의 세계라고 할 수 있다. 케인즈는 어떤 이유에서 사전저축과 사전투자가 일치하기 어렵다고 주장하는가?

(10) 아래 문장을 실질잔고효과(real balance effect)에 대한 힉스(Hicks)와 파틴킨(Patinkin)의 논쟁과 연관지어서 설명하시오.
Keynes lost in a theoretical battle but he won in a policy war.

[4] Fill up the blanks with suitable words.

(1) (   ) wage: The minimum wage offer that a job-seeker finds acceptable.

(2) According to the Keynesian economics, it may be sensible to make a distinction between nominal and (   ) demand --- desires backed by the ability to pay in cash.

[5] Answer the following question in English.
(1) Explain the impact of oil crisis on price and national income by making use of Model III.

T: 모형 III을 사용하여 석유위기가 물가와 국민소득에 미치는 영향을 설명하시오.

(2) Which direction the aggregate supply curve will be shifted if there emerge technology innovation?

T: 기술혁신이 발생하게 되면 총공급곡선은 어느 방향으로 이동하게 되는가?

Answer

[1] (1) × (2) ○ (3) ○ (4) ×
(1) 노동공급곡선으로 고용이 증가하고 산출량이 증가하게 되어 총공급곡선은 우측으로 이동하게 된다.
(4) 물가상승으로 인한 구축효과로 모형 Ⅲ에서는 모형 Ⅱ보다 작게 된다.
[2] (1) 3 (2) 4 (3) 2 (4) 4 (5) 4 (6) 3 (7) 3 (8) 2 (9) 1 (10) 3 (11) 4 (12) 4 (13) 1 (14) 4 (15) 3 (16) 2 (17) 3 (18) 3 (19) 1 (20) 2 (21) 3 (22) 2 (23) 4
E: (8) 고전학파의 분석은 세로축에 실질임금을 가로축에 고용량을 나타내는 노동시장의 분석에서 시작하는 반면에, 케인즈학파의 분석은 세로축에 물가수준, 가로축에 명목국민소득을 나타내는 시작에서 분석을 시작하고, 노동시장분석에 실질임금대신에 명목임금을 사용한다.
(13) ①은 총공급곡선이 수직선이 된다는 고전학파의 주장이다. ②와 ③은 새케인즈학파의 주장이다. ④는 새고전학파의 주장이다.
(14) 고전학파의 주장과 같이 화폐공급이 실물에 영향을 미치지 못하게 된다는 '화폐의 중립성'(neutrality of money)이 작동하면 총공급곡선은 수직선이 된다.
(15) 가격이 하락하게 되면 총공급곡선상에서 아래로 이동하게 된다. 나머지 문항은 모두 총공급곡선을 우측으로 이동시키는 원인들이다. 이 문제는 "외생변수가 아닌 것은 무엇인가?"로 재구성(reformulate)해서 풀어도 좋다.
(16) ①과 ③은 총수요곡선을 좌측으로 이동시킨다. ④는 총공급곡선을 우측으로 이동시킨다. 노동자의 예상물가수준이 상승하게 되면 예상실질임금의 감소로 인하여 노동공급곡선이 좌측으로 이동함에 따라서 고용감소에 따른 생산감소로 인하여 총공급곡선은 좌측으로 이동하게 된다.
(17) 예상물가수준이 하락하면 단기 총공급곡선이 우측으로 이동하지만 장기 총공급곡선은 이동하지 않는다. 다른 문항은 모두 장기 총공급곡선으로 우측으로 이동시키는 요인에 해당된다.
(18) 통화공급을 증가시키면 단기적으로 총수요가 증가하게 된다.
(19) 유동성함정은 화폐수요의 이자율탄력성이 무한대이어서 LM곡선이 수평선이 되는 구간이다. 이 같은 경우에 총수요곡선은 수직선의 형태가 된다.
(20) 총공급곡선이 수직선의 형태를 갖는 경우에 확장적 수요관리정책은 물가상승만을 가져오게 된다. 따라서 자연실업률 하에서 공급관리정책을 구사하면서 자연실

업률을 감소시키는 방법으로는 노동시장의 유연성 강화, 직업훈련을 통한 노동자의 재교육 및 재배치, 실업보험의 개선을 들 수 있다.

(21) 물가하락은 총공급곡선상에서 이동을 가져오지 총공급곡선 자체를 이동시키지 않는다. 가격의 변화와 같은 내생변수의 변화는 곡선 자체를 이동시키지 않는다.

(22) 유동성함정의 구간에서는 재정정책은 즉각적인 국민소득의 증가를 가져오지만, 금융정책은 국민소득에 아무런 영향을 미치지 못한다. 다르게 표현하면, 고전학파모형에서는 가격조정만이 있고, 케인즈학파 모형에서는 수량조정만 있는 경우에 해당된다.

(23) 화폐환상뿐만 아니라 명목임금의 하방경직성도 있을 경우에 총공급곡선은 수평선이 될 수도 있다.

[3] (1) 왈라스의 일반균형이론에 따르면 시장이 n개인 경우에 (n-1) 시장이 청산되면 나머지 시장은 저절로 청산되어진다. 모형 Ⅲ은 실물, 화폐, 노동시장의 균형을 나타내기 때문에 채권시장의 균형은 저절로 이루어지게 된다.

(2) 완전경쟁시장인 경우에는 명목임금과 노동의 한계실물산출량에다 재화의 가격을 곱한 금액이 일치하는 점까지 생산하게 된다. 완전경쟁시장은 주어진 가격을 있는 그대로 받아들이는 가격순응자이기 때문에 재화의 가격은 수평선이 된다. 그리고 수확체감의 법칙이 작동하는 생산의 2단계에서 생산하기 때문에 노동의 한계실물생산은 우하향하게 된다. 그러나 독점이 경우에는 재화의 가격 대신 노동의 한계수입을 곱해야 하기 때문에 수확체감의 법칙뿐만 아니라 우하향하는 한계수입때문에 우하향하게 된다.

(3) 노동에 대한 수요곡선이 우측으로 이동하기 때문에 고용은 증가하게 된다. 화폐환상이 시간을 두고 사라질 경우에 고용은 그렇지 않을 경우에 비하여 덜 증가하게 된다.

(4) 명목임금으로 나타낼 경우에는 물가가 상승할 경우에는 상방으로 이동하고, 물가가 하락할 경우에는 하방으로 이동하게 된다. 실질임금은 명목임금을 물가수준으로 나눈 값이다. 세로축을 실질임금으로 나타낼 경우에는 분자에 해당되는 명목임금과 분모에 해당되는 물가수준이 동일한 방향으로 동일한 크기로 이동하기 때문에 물가가 변화하더라도 노동공급곡선과 노동에 대한 수요곡선은 그대로 있게 된다.

(5) 물가가 상승할 때 기업가는 물가의 상승을 인지하는데 반하여 노동자는 물가의 상승을 전혀 인지하지 못하거나, 시차를 두고 인지하는 현상을 뜻한다. 가로축에 고용량, 세로축에 명목임금을 나타내기로 하자. 만일 화폐환상이 지속적으로 작

동한다면 물가가 상승할 경우에 기업가는 실질임금이 하락하였다고 보고 노동에 대한 수요를 증가시키기 때문에 노동에 대한 수요곡선의 북동방향으로 이동하게 되고, 그 결과 고용량이 증가하게 되고 산출량도 증가하게 된다. 고전학파와 같이 화폐환상이 없다면 노동에 대한 공급곡선도 노동에 대한 수요곡선과 같은 크기만큼 북서방향으로 이동하기 때문에 이동하기 전과 이동한 후의 노동에 대한 수요곡선과 공급곡선을 그려보면 마름모꼴이 되고, 고용량은 불변이고 산출량도 불변이 된다. 만일 화폐환상이 시차를 두고 없어지게 된다면 노동의 공급은 화폐환상이 지속적인 경우보다 고용량은 덜 증가하게 되고 산출량도 덜 증가하게 된다.
화폐환상이 지속적이면 총공급곡선은 우상향하고, 없다면 수직선이고, 시간을 두고 없어진다면 이 중간에 위치하게 되고, 화폐환상이 없어지는 속도가 빨라질수록 수직선에 가까워진다. 아주 극단적으로 화폐환상도 있고 명목임금의 하방경직성(downward rigidity)도 있다면 총공급곡선은 수평선이 될 수도 있다. 고전학파와 같이 총공급곡선이 수직선이라면 정부의 확장적 재정 및 금융정책은 국민소득의 증가가 없이 이자율의 상승만을 가져오게 된다. 이와 반대로 총공급곡선이 수평선이라면 정부의 확장적 정책은 이자율의 상승이 없이 국민소득의 증가를 가져오게 된다. 고전학파는 가격조정만 있고, 케인즈학파는 수량조정만 있다는 극단적인 경우(polarized versions)가 된다.

(6) 구축효과와 시차를 들 수 있다. 통화량의 증가를 수반하지 않는 정부의 확장적 재정정책은 이에 대응되는 민간투자의 감소를 가져오게 되고, 이 같은 효과를 구축효과(crowding-out effect)라고 한다. 정부가 문제점을 인지하고, 정책을 수립하여 실시하기까지는 시간이 소요되는데 경기를 활성화시킬 필요가 있는 정책을 수립하였는데 경기가 이미 회복되고 있다면 확장적 재정정책은 인플레이션을 초래하기 쉽고, 이와 반대로 인플레이션율이 높아서 긴축적 재정정책을 실시하였는데, 경기가 이미 하강국면에 돌입한 경우에는 경기침체를 더 악화시킬 수도 있다. 이 같은 문제를 시차(time-lag)문제라고 한다.

(7) 기능적 재정은 균형예산보다 완전고용에 중점을 둔다.[3] 디플레이션 갭이 있을 경우에는 확장적 재정정책을, 인플레이션이 있을 경우에는 긴축적 재정정책의 실시를 주장한다.

(8) 실물부문에서는 승수이론, 화폐부문에서는 투기적 동기에 의한 화폐수요가 포함된 유동성선호설이다. 즉, 승수이론은 세이의 법칙, 투기적 동기에 의하여 형성된 유동성함정은 대부자금론을 격파(refute)하기 위하여 고안되었다.

3) The prime objective of a functional finance is the achievement of full employment and that of balanced budget is the secondary one.

(9) 불황기에는 경기전망이 어둡기(bleak) 때문에 투자의 한계효율이 감소하고, 투자기회가 적어지기 때문에 유동성선호의 증가로 인하여 이자율이 상승하게 된다. 그리고 가계가 얼마만큼 저축하는가는 당기소득 중에서 절대소득가설에 의한 한계소비성향이라는 주관적 판단에 의하여 영향을 받기 때문에 불황시에는 저축이 투자보다 크게 된다.

(10) 피구는 자발적 실업만 있다고 주장하고, 케인즈는 비자발적 실업이 발생할 수 있음을 모형 I에서 디플레이션 갭을 보여줌으로써 구체화하였고, 이 같은 상황에서 완전고용국민소득으로 이동하는 방안으로 정부지출의 증가 또는 투자의 증가가 필요하고, 이 과정을 설명하기 위하여 승수이론을 고안하였다. 힉스는 고전학파의 대부자금론을 부정하기 위하여 어떤 경제가 투기적 동기에 의한 화폐수요가 무한대이어서 *LM*곡선이 수평선이 되는 유동성 함정에 처한 상황에서 경제가 과소고용하에 있을 경우에는 통화량의 증가 또는 물가의 하락에 의하여 완전고용이 달성될 수 없음을 보여주었다. 그러나 파틴킨(Patinkin)은 통화량이 증가하거나 물가가 하락하게 되면 경제주체의 화폐보유량의 실질가치, 즉 실질잔고의 증가로 인해 *LM*곡선이 아닌 *IS*곡선이 우측으로 이동하게 된다고 주장하였다. 피구는 더 나아가 *IS*곡선뿐만 아니라 *LM*곡선도 이동하게 된다고 주장하였다. 이 같은 논쟁에서 케인즈학파는 그들의 이론이 고전학파보다 보편타당성을 지닌 일반이론이라고 주장하였음에도 불구하고, 이론적으로는 패배하게 되었다. 케인즈학파는 이론적으로는 패배하였지만, 고용증가 또는 경기활성화와 같은 정책대결에서는 승리하였다고 볼 수도 있다. 이 논쟁 이후에 미국의 사뮤엘슨(P. Samuelson)은 가격이나 임금이 경직적인 경우는 케인즈이론이 타당하고, 그 이외에는 고전학파이론이 타당하다는 의미에서 신고전학파 종합(neoclassical synthesis)이란 용어를 사용하기 시작하였다.

그러나 정보의 비대칭성, 새케인즈학파(New Keynesian)의 효율임금이론, 메뉴비용(menu cost), 자본시장의 불완전성(capital market imperfection) 등을 고려하면 Keynes의 주장은 정책면에서 여전히 유효하다고 할 수 있다.

[4] (1) reservation (2) effective

T: (1) 의중임금 : 직장을 찾는 노동자가 수용할 수 있는 최소임금

(2) 케인즈 경제학자들은 현금으로 지불할 능력이 충족되는 욕구를 나타내는 유효수요와 명목수요를 구분할 필요가 있다고 본다.

E: (1) 대학졸업자가 자신은 연봉을 2,000만원 받아야 한다고 판단할 경우에는 연봉 1,800만원 직장이 주어져도 취업하기보다는 실업을 선택하게 되고, 이 같은 실업을 마찰적 실업이라고 하고, 비자발적 실업으로 분류된다.

[5] (1) If there emerges energy crisis or stagflation, the aggregate supply curve will be shifted to the northeastern direction. The price level will be, thus, increased whereas national income will be reduced.
T: 에너지 위기 또는 스태그플레이션이 발생하게 되면 총공급곡선은 북서방향으로 이동하게 된다. 따라서 물가는 상승하는 반면에 국민소득이 감소하게 된다.
(2) It will be shifted to the southeastern direction.
T: 기술진보가 있게 되면 총공급곡선은 남동방향으로 이동하게 된다.

제2부

인플레이션이론과 신화폐수량설

인플레이션의 중요성을 부각시킨 통화론자의 인플레이션 이론을 설명하기 위해서는 기대가 첨가된 필립스곡선과 신화폐수량설을 체계적으로 이해할 필요가 있다. 더 나아가 인플레이션 정책에 대하여 통화론자의 이론적 기반(foundation)을 구성하고 있는 신화폐수량설과 이에 반대하는 케인즈학파의 주장에 대한 이해도 필요하다.

제 5 장 통화론자의 반혁명: 인플레이션이론

인플레이션은 생산성의 증가보다 통화량의 증가가 빠른 속도로 진행되어 일반물가수준이 지속적으로 상승하는 현상을 뜻한다. 전쟁 또는 기아(famine)와 같은 외생적 충격이 없거나 정부가 부당하게 생산능력에 제한을 가할 것을 의도하지 않는 한 물가수준은 안정성을 유지하게 된다. 제2차 세계대전 이전의 인플레이션은 특정 국가가 평가절하하기 전에 거치는 과정으로 이해되었다. 값비싼 대가를 치루는 전쟁과 그 후의 일정기간동안은 잠재적 인플레이션이 나타날 근원으로 간주되었다. 전시에는 무기를 구입하고, 동원인력에 대한 급여 등에 필요한 자금을 조달하기 위하여 자주 통화발행에 의존하였고, 이러한 추가적 통화발행은 경제가 최고도로 운영되는 상황에서 제한된 산출량의 가격상승을 가져왔다.

제2차 세계대전 이전에 자본주의 경제는 산출량에서 규칙적으로 확장과 긴축을 반복해 왔고, 산출량의 변화에 따라서 실업도 감소와 증가를 반복해 왔다. 경기가 호황인 경우에는 산출량은 증가하고 실업은 감소하고, 불황인 경우에는 산출량은 감소하고 실업은 증가하였다. 전반적 물가수준은 경제활동 수준에 비례하여 호황인 경우에는 상승하고, 불황인 경우에는 하락하였기 때문에 물가상승의 경향은 호황과 불황을 평균하면 거의 0%에 가까웠다. 따라서 주기적으로 반복되는 인플레이션(cyclical inflation)은 심각한 문제로 취급되지 않았다.

제2차 세계대전 이전에는 일시적인 현상이었던 인플레이션이 전후에는 케인즈학파의 영향 아래 혼합경제가 겪어야 하는 필요불가결한 부분으로 간주하게 되었다. 정부가 완전고용을 최상의 목표로 세웠기 때문에 지속적인 인플레이션은 대량실업의 피해를 약화시키기 위하여 부담해야 하는 필요 악(evil)으로 간주되었다. 1950년대 중반부터 1960년대 중반에 걸쳐서 인플레이션 문제에 대한 방치는 상당히 낮은 실업률과 높은 경제성장을 위하여 경제가 부담해야 하는 비용인 것 같이 보였다. 그러나 1967년 이후 1970년대 중반까지 전후에 처음으로 인플레이션이 지속적으로 가속화되는 현상이 나타났다. 더 나아가 가속화되는 인플레이션은 어느 특정국가의 문제가 아니라 서방세계에 걸쳐서 광범위하게 진행되었다. OECD자료[1)]에 의하면 1974년 인플레이션은 미국 11.1%, 영국 16.5%, 일본 23.6%, 독일 6.9%. 프랑스 13.9%를 기록하였다. 1970년대 들어 서유럽국가에서 인플레이션이 가속화되면서 실업보다 인플레이션이 더 중요한 문제로 부상되었다.

5.1 인플레이션과 실업

(1) 인플레이션의 영향

인플레이션이 예측하지 못할 정도로 빠른 속도로 진행될 경우 가계와 기업은 생산부분에 투자하기보다는 물가상승에 따른 자본적 이득(capital gain)을 얻기 위하여 화폐자산이 아닌 실물자산에 투기(speculate)하게 되고, 실제물가상승폭이 물가상승에 대한 기대 폭보다 크게 되는 한 인플레이션은 가속화되어 자원배분과 자원이용에 교란을 가져오게 된다. 물가상승에 대한 예상과 실제물가상승률 간의 괴리가 적은 예상된 인플레이션이 진행되는 경우에는 경제주체가 이에 대응되는 대응책을 준비할 수 있기 때문에 인플레이션의 피해가 적어진다. 그러나 물가상승에 대한 예상보다 실제물가상승률이 더 큰 예상하지 못한

1) OECD, *Main Economic Indicators*, 1974

(unanticipated) 인플레이션이 진행되는 경우에는 피해가 커지게 된다.

(가) 부(富)와 소득의 재분배효과

현금, 예금 및 채권과 같은 화폐자산은 일정금액의 화폐에 대한 청구권이기 때문에 물가가 상승하게 되면 화폐자산 소지자의 실질자산이 감소하게 된다. 따라서 예상하지 못한 인플레이션이 진행되는 경우에는 채무자는 이득을 보고 채권자는 손실을 입게 된다. 예상하지 못한 인플레이션이 빠른 속도로 진행될 경우 정액봉급자는 그들의 실질구매력이 감소하기 때문에 손실을 입게 되고 생산원자재를 공급하는 기업은 그들의 소득이 물가상승에 비례하여 증가하기 때문에 손실을 입지 않게 된다. 따라서 생산수단이나 실물을 소유한 기업가는 정액봉급자에 비하여 상대적으로 이득을 얻게 된다.

(나) 화폐경제의 효율성 저하

화폐자산을 가진 사람이나 정액소득자는 인플레이션이 예상될 경우에 그들의 손실을 감소시키는 방법으로서 자산구성에서 실질자산의 비중을 증가시키거나, 아니면 물가연동조항(escalation clause)을 고용계약에 포함시키고자 한다. 그들이 필요한 정보를 적시에 얻고, 자산구성 변경과 물가연동조항을 원하는 대로 실시할 능력이 있다면 손실을 회피하거나 감소시킬 수도 있다. 그러나 자산구성을 변경시키는 데는 시간과 비용이 소요될 뿐만 아니라 물가연동조항 실시에도 시차가 있기 때문에 인플레이션을 충분히 예상하여 손실을 줄이고자 하는 사람들이 화폐보다 실물을 선호할수록 화폐기능은 상대적으로 저하하게 된다.

(다) 생산구조의 왜곡

1960년대 이후의 인플레이션은 물가상승률이 높을 뿐만 아니라 여러 품목에 걸쳐서 고르게 진행되지 않고 어떤 품목에서는 아주 높게, 그리고 어떤 품목에서는 비교적 완만하게 진행되면서 상대가격의 구조를 변화시켰다. 상대가격의 변화는 가격이 상대적으로 크게 상승한 재화의 생산에 자원이 집중되면서 생산을 증가시키고, 상대적으로 작은 크기로 가격이 상승한 재화의 생산에는 자원이 덜 배분되면서 생산을 작은 크기로 감소시키게 된다. 만일 필요재가 과소생산되고 사치재가 과잉생산되면 인플레이션이 가속화됨에 따라서 생산구조가 왜곡되기 쉽다.

칼렉키(M. Kalecki, 1976)는 인플레이션이 고르지 않게(uneven) 진행되면서 생산구조의 왜곡이 초래되면서 필요재는 과소생산되는 반면에 사치재는 과잉생산되기 때문에 인플레이션이 가속화될 가능성이 크다고 보고 개발도상국은 인플레이션의 압력을 감소시키고 산업구조를 고도화시키기 위해서는 필요재[2] 생산에 중점을 두어야 한다고 주장한다. 하이엑(F. Hayek, 1935) 역시 인플레이션은 재화의 상대가격을 변화시키게 되고 생산구조의 왜곡을 가져오게 된다고 주장한다.

(라) 금융저축의 감소

인플레이션은 물가상승의 폭이 큰 만큼 실질이자율이 하락하기 때문에 금융저축에 대한 의욕이 감소하게 된다. 따라서 인플레이션이 없는 경우에 비하여 금융기관의 발전이 상대적으로 저해된다. 특히 인플레이션이 고르지 않게 진행되는 경우에 금융기관에 대한 예금은 물가상승의 폭이 명목이자율보다 크게 되어 실질이자율이 마이너스(-)가 되기도 한다.

(마) 국제수지의 악화

인플레이션은 물가상승의 폭이 큰 만큼 실질이자율을 하락시킴으로써 저축에 대한 의욕을 감소시킨다. 환율의 변화가 없다면 상대적으로 인플레이션이 빠르게 진행되는 국가의 수출품 가격은 상승하고 수입품 가격은 하락하게 되어 경상계정이 악화되고 이에 따라 국제수지도 악화된다.

(바) 인플레이션과 사회정의(Social Justice)

사회정의라는 말은 가치판단을 지닌 용어이고 규범경제학(normative economics)에 속하기 때문에 여기서 구체적으로 논의하기는 어렵다. 다만 정책금융에 의한 무역 및 산업에 대한 지원이 산출량 증대에 기여하여 자원배분의 효율을 증가시키는 긍정적 측면이 있는 반면에, 이러한 지원이 확장적 금융정책

---

2) necessity goods or staple goods라고 한다.

의 수단으로 통화증가에 의한 경우에는 고르지 않으면서도 빠른 인플레이션을 가져올 수도 있다. 이 같은 경우에 근로소득을 받는 계층은 자산소득을 받는 계층에 비하여 자산이나 소득분배에서 손실을 입게 되어 자원배분의 형평성(equity)이 악화될 소지가 있다.[3]

(2) 인플레이션에 대한 고전학파와 케인즈학파의 견해

통화론자가 주장하는 기대가 첨가된 필립스곡선과 신화폐수량설을 이해하기 위한 준비단계로 인플레이션에 대한 고전학파와 케인즈학파의 견해를 소개한다.

(가) 고전학파의 견해

고전학파의 화폐이론에서 명목통화량 공급의 증가로 실제의 현금잔고가 보유하기를 원하는 실질잔고를 초과하게 되면 재화와 용역에 대한 지출을 증가시키게 된다. 실질산출량은 실물부문에서 완전고용 상태에서 결정되기 때문에 실질현금잔고를 감소시키고자 하는 지출의 증가는 실질화폐공급이 실질화폐수요와 같아질 때까지 상승하게 된다.

빅셀(K. Wicksell)은 실질현금잔고에 대한 수요와 공급이 일치하는 이자율을 자연이자율이라고 하였다. 명목통화량의 증가는 실질현금잔고의 증가를 가져와서 이자율이 하락하고, 이자율의 하락은 사전투자의 증가를 가져와서 인플레이션 갭이 발생하게 된다. 인플레이션 압력은 시장이자율과 자연이자율이 일치하게 되면 소멸하게 된다.

(나) 케인즈학파의 견해

케인즈는 총수요초과의 개념을 사용하여 인플레이션은 생산가능한 실질산출량보다 사전적 실질지출이 많기 때문에 야기된다고 하는 인플레이션 갭모형을 주장한다. [그림 5-1]은 가계, 기업, 정부가 있는 3부문 경제에서 초과수요로 야기되는 AB만큼의 인플레이션 갭을 보여준다. 케인즈는 다양하게(versatile) 사용되는 소득-지출 균형식이 유지될 만큼 실질임금을 인하하기 위해서는 물가

3) 대부부의 경우 효율과 형평은 상쇄(trade-off) 관계에 있고, 양자 간에 어느 정도의 수준을 선택하는가는 정치적 과정(political process)에서 결정된다.

가 임금보다 15% 정도 1년 앞서가야 하고, 지속적인 인플레이션은 인플레이션 갭을 소멸시키는 방법이라고 강조한다.

[그림 5-1] 초과수요로 야기되는 인플레이션 갭

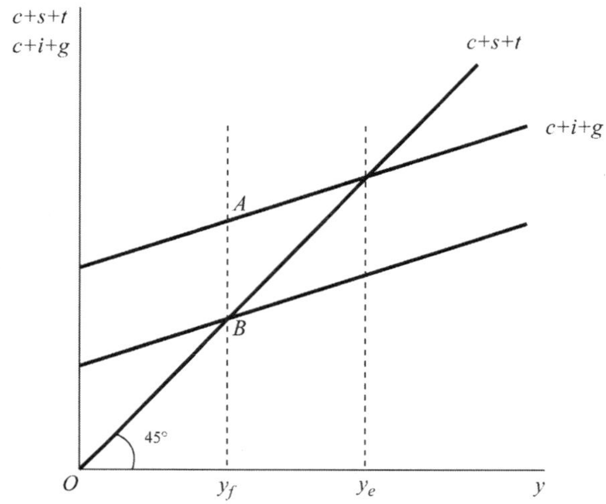

IS−*LM*모형에서 일단 완전고용의 국민소득에 도달하면 총수요의 증가에 따라서 물가도 상승하게 된다. y_f에서 균형을 이루고 있을 때 통화량의 증가는 *LM*곡선을 우측으로 이동시켜 y_e가 y_f를 초과하므로 [그림 5-2]와 같이 인플레이션 갭이 발생한다. 인플레이션 갭은 물가상승을 야기하고, 이 과정은 실질통화량이 최초의 실질통화량과 일치할 때까지 계속된다. 그러나 케인즈학파가 주장하는 바와 같이 *LM*곡선이 수평선이거나, *IS*곡선이 수직선인 경우에는 통화량의 증가는 중립적이 된다.

[그림 5-2]에서 통화량을 M_0에서 M_1으로 증가시킨 최초의 효과는 완전고용하에서 $LM_0(M_0/P_0)$곡선을 $LM_1(M_1/P_0)$곡선으로 이동시킨다. 통화량 증가에 따른 $LM_1(M_1/P_0)$곡선과 *IS*곡선과의 교차점은 y_f를 초과하는 y_e가 된다. 다르게 표현하면 $(y_f - y_e)$만큼의 인플레이션 갭이 존재하고, 이 같은 인플레이션 갭이 있는 한 물가는 계속하여 상승하게 된다. 가격은 새로운 통화공급 M_1

이 큰 폭의 물가상승에 의하여 축소되어 실질통화량(M_1/P_1)인 최초의 실질통화량 (M_0/P_0)과 일치할 때까지 상승하게 된다. 이 같은 과정을 거쳐서 인플레이션갭이 소멸함에 따라서 우측으로 이동하였던 $LM_1(M_1/P_0)$곡선이 물가상승을 반영한 $LM_1(M_1/P_1)$곡선으로 다시 원래의 위치로 돌아오게 된다.

[그림 5-2] 통화량 증가가 인플레이션갭을 야기하는 경우

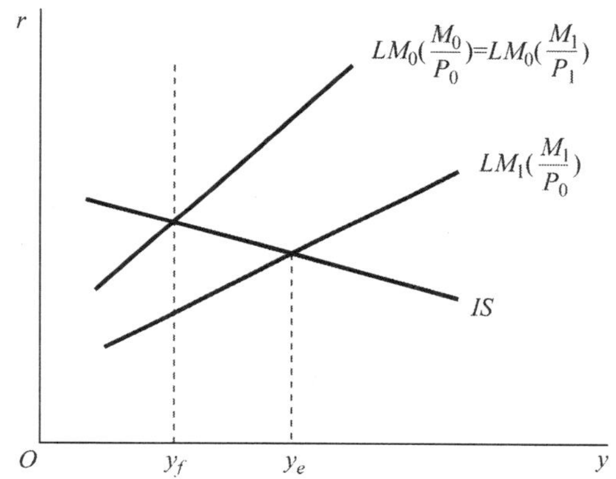

한센(Bent Hansen)은 인플레이션 과정에서 노동시장의 역할을 중요시하고, 인플레이션이 발생하기 위해서는 재화 갭과 생산요소 갭이 모두 플러스(+)이어야 한다고 주장한다. 노동시장을 분리하여 분석한 한센의 모형은 생산요소에 대한 초과수요의 역할을 강조하여 케인즈학파의 인플레이션 갭 모형과 명목임금 변화에 대한 실증분석을 한 필립스곡선을 종합하여 발전시키는데 기여하였다.

(3) 인플레이션의 유형

인플레이션의 유형과 실업의 유형이 반대되는 경우도 있고, 아닌 경우도 있다. 인플레이션의 유형을 바르게 알아야 이에 대응되는 해결방안을 제시할 수 있게 된다.

(가) 진정인플레이션과 병목인플레이션

케인즈는 인플레이션을 초과수요로 인하여 발생하는 진정인플레이션(true

inflation)과 완전고용에 가까워질수록 생산요소의 가격이 상승함으로써 발생하는 병목인플레이션(bottleneck inflation)으로 구분한다. 인플레이션과 반대되는 디플레이션은 생산성증가에 의한 바람직한 디플레이션과 심각한 경기침체를 수반하는 부채디플레이션이 있다.

(나) 수요견인 인플레이션

통화론자는 초과수요의 과다로 인하여 수요견인 인플레이션(demand-pull inflation)이 발생한다고 주장한다. [그림 5-3]은 확장적 재정정책 또는 확장적 금융정책에 의하여 총수요곡선이 북동방향으로 이동함에 따라서 산출량은 증가하고, 물가도 상승하는 수요견인 인플레이션을 보여주고 있다. 총수요곡선이 우측으로의 이동하는 원인에 대하여 고전학파는 통화공급 증가에 의한 *LM*곡선의 이동이라고 주장하는 반면에, 케인즈학파는 투자나 정부지출의 증가로 인한 *IS*곡선의 우측이동이라고 주장한다. 이 같은 인플레이션에 대한 대책으로는 긴축적 재정정책 또는 긴축적 금융정책을 사용하여 총수요곡선을 남서방향으로 이동시키는 정책이 필요하다.

[그림 5-3] 수요견인 인플레이션

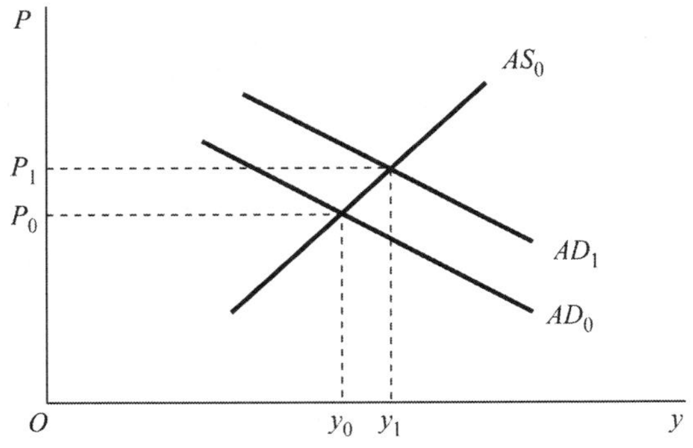

(다) 비용인상 인플레이션(Cost-push Inflation)

케인즈학파의 진정인플레이션과 통화론자의 수요견인 인플레이션은 유사한 형태라고 볼 수 있다. 그러나 필립스곡선에 대한 논쟁 이후에 케인즈학파는 인플레이션의 원인을 정치·경제·사회 측면에서 분석해야 한다고 지적하면서 인플레이션의 원인을 수요측면이 아닌 공급측면에서 발생하게 된다는 비용인상 인플레이션을 주장한다. 비용인상설을 주장하는 학자들은 인플레이션 과정을 바르게 이해하기 위해서는 임금과 물가가 결정되는 요인을 구체적으로 분석할 필요가 있다고 강조한다. 그들은 인플레이션 과정이 본질적으로 사회적·정치적 요인으로 결정된다는 점을 고려하여 비경제적 현상으로 간주한다.[4] 비용인상론자중 일부는 초과수요가 물가상승률에 영향을 미치게 된다고 양보를 하지만 여전히 수요관리(demand management)가 인플레이션 대책으로 그 효과가 약하다고 주장한다. 그들은 인플레이션이 사회적·정치적 요인에 의하여 결정되고 수요측면에 대하여 독립적이라고 지적하고, 인플레이션은 일부 이익집단의 지나친 욕구를 억제하는 제도적 개편에 의하여 해결될 수 있다고 판단하기 때문에 가격정책과 소득정책을 주장한다.

비용인상론자들은 1970년대의 인플레이션이 국민소득 분배에 대한 사회적 논쟁(dispute)으로부터 야기되었다고 지적한다. 거시경제적 안정성보다 특정 집단이 그들의 생산성 증가보다 그들의 소득과 임금을 더 빠른 속도로 증가시키려는 시도로 인하여 임금-물가 또는 물가-임금이 맞물려서 상승하게 된다고 강조한다. 비용인상설은 생산요소의 소유자가 그들의 생산력 증가보다 더 많은 소득의 증가를 얻고자 하는데서 발생하기 때문에 시장지배력 인플레이션(market power inflation)이라고도 한다. [그림 5-4]에서 총공급곡선을 북서방향으로 이동시키는 요인에 따라서 임금인상(wage-push) 인플레이션과 관리가격(administered price) 인플레이션으로 구분하기도 한다. 전자는 노동조합이 강력하게 조직화된 산업에서 야기된 임금인상은 생산비의 증가를 가져오고, 기업가는 종전과 같은 수준의 이윤을 얻기 위하여 상품가격을 인상한다는 주장이고, 후자는 독점 또는 과점시장의 기업이 초과이윤을 증가시키기 위하여 상품가격에 대한 시장반응을 예측하여 결정하는 관리가격을 인상한다는 주장이다.[5]

4) 다르게 표현하면 정치학자들은 경제학자들이 진지하게 분석한 결과에 대하여 순진하거나(naive), 아니면 다소 모자란다고 비아냥하는(sneering) 경우가 많다. 특히 정부예산을 작성하는 것은 비용편익분석이지만, 상당한 부분이 정치적 과정과 더불어 진행된다고 강조한다.

[그림 5-4] 비용인상 인플레이션

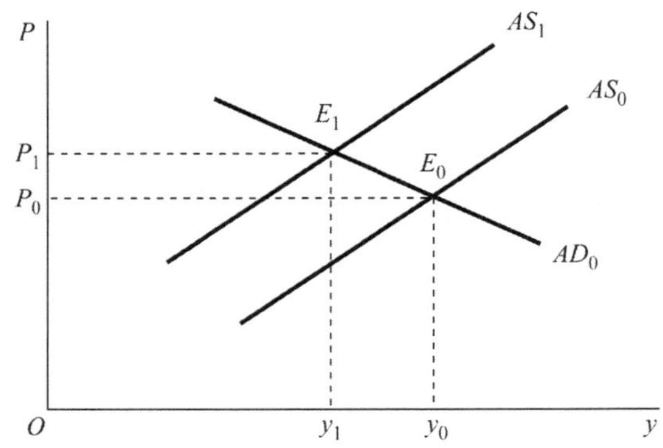

비용인상 인플레이션은 정책수립가에게 수요관리정책을 적용하는데 딜레마(dilemma)를 가져다준다. 만일 확장적 재정정책을 사용하면 국민소득은 증가하나 물가가 더 상승하게 되고, 이와 반대로 긴축적 재정정책을 사용하면 물가는 하락하게 되나 국민소득은 더 감소하게 된다. 비용인상인플레이션을 해결하기 위한 대책은 총공급곡선을 남동방향으로 이동시키는 총공급관리정책이고, 그 원인에 따라서 소득정책과 가격정책을 구사할 필요가 있다. 예를 들어, 임금인상 인플레이션에 대한 대책은 노동의 생산성 증가에 비례하여 임금을 인상시키는 소득정책을, 이윤인상 인플레이션에 대한 대책은 기업의 초과이윤을 감소시키는 가격통제정책을 실시함이 바람직하다.

(라) 혼합형 인플레이션

갈브레이드(K. Galbraith, 1958)는 상품의 수요탄력성이 적을 경우에는 임금인상 인플레이션과 이윤인상 인플레이션이 상호배타적으로 발생하지 않고, 오히려 담합하면서 발생한다고 주장한다. 독점력을 가진 기업은 노동조합의 임금인상 요구를 받아들이고, 임금인상에다 이윤인상을 더한 만큼 가격을 인상함으로써 임금인상을 소비자에게 전가하게 된다. 따라서 임금과 물가는 맞물리면서 계

5) 중앙집권화된 카르텔의 결과는 독점과 동일하다. 그리고 생산자가 직접비와 간접비의 합계에다 자신의 시장지배력을 고려하여 이윤의 폭을 결정하는 Mark-up pricing을 할 경우에는 경쟁자가 나타나면 가격을 인하하고, 경쟁자가 감소하면 가격을 인상하게 된다.

속하여 상승하게 된다.

인플레이션은 일반물가수준의 지속적 상승을 의미하고 본질적으로 불균형 내지 동태적 과정이기 때문에 동태적 분석이 요구된다. 수요견인설이나 비용인상설은 비교정학적 분석이므로 인플레이션 과정을 설명하는데 한계가 있다. 어떤 특정시점에 진행되고 있는 인플레이션은 출발점을 잡는 시점에 따라서 수요견인 인플레이션으로 볼 수도 있고, 비용인상 인플레이션으로 볼 수도 있다. 예를 들어, 금기의 임금인상이 전기의 확장적 재정정책의 결과 노동자가 예상하지 못했던 물가상승을 보상받기 위하여 이루어지게 되는 경우에는 금기만 보고 비용인상 인플레이션이라 함은 타당하지 않을 수도 있다. 왜냐하면 전기를 기준으로 보면 수요견인 인플레이션으로 볼 수도 있다. 더 나아가 물가상승이 시차를 두고 공급제약과 초과수요로 야기되는 혼합형(mixed) 인플레이션[6]인 경우에는 인플레이션을 동태적으로 파악해야지, 정태적 구분은 별 의미가 없게 된다.

5.2 실업의 종류와 대책

실업은 크게 자발적 실업과 비자발적 실업으로 나눌 수 있다. 경제학에서 문제가 되는 실업은 경기적 실업과 구조적 실업을 포함하는 비자발적 실업이다.

(1) 정보의 불완전성과 실업

실업은 필요한 정보를 적기에, 완전하게 이용하는 것이 불가능하여서 생산요소가 완전히 고용되지 않은 상태를 의미한다. 예를 들어 어떤 기업가가 장래 전망에 대한 정보가 완전하게 주어지지 않거나 불투명하여 투자를 하지 않거나 계획했던 투자량보다 투자를 감소시키게 되면 노동을 포함한 생산요소의 고용은 그만큼 감소하게 된다. 이렇게 고용되지 않은 노동 및 기타 생산요소의 실업

6) 혼합형 인플레이션은 노동조합이 물가상승에 따른 실질임금의 하락을 보상하기 위하여 임금인상을 주장하고, 정부가 실업을 줄이기 위하여 확장적 재정정책을 실시하는 과정이 반복될 때 발생하게 된다.

은 장래에 대한 정보의 불완전성에 대한 대가이고, 이러한 대가는 모든 실업의 본질이라고 할 수 있다.

(2) 자발적 실업

자발적 실업은 노동자가 임금인하를 거부하고 실업을 선택하는 경우로서 마찰적 실업이 이 범주에 해당된다. 마찰적 실업은 의중임금(reservation wage)을 받기 위하여 자발적으로 실업상태에 있는 경우로서 인적자원을 적재적소에 배치한다는 의미에서 효율적 현상이라고 할 수 있다.

마찰적 실업은 노동자들이 완전한 정보이용이 불가능한 상황에서 정확하게 예측할 수 없는 노동에 대한 수요와 노동의 공급변화에 직면하여 적정임금을 제공하는 직장을 모색하는 과정이다. 따라서 마찰적 실업의 존재가 비효율성을 의미하는 것은 아니다. 오히려 노동자가 자신의 능력에 부합되는 직장을 구하기 위하여 정보의 불가능한 현실에서 지불해야 할 불가피한 사회적 비용이라고 볼 수 있다. 정부가 정보이용의 가능성을 증가시켜서 임금과 가격이 신축적이 되더라도 마찰적 실업을 인위적으로 감소시키는 데는 한계가 있게 된다.

(3) 비자발적 실업

일할 의사가 있음에도 불구하고 고용의 기회가 주어지지 않는 비자발적 실업으로는 경기적 실업과 구조적 실업을 들 수 있다.

(가) 경기적 실업

경기적 실업은 불경기와 함께 나타나는 실업으로서 유효수요가 부족하여 발생하기 때문에 케인즈적 실업이라고 볼 수 있다. 경기적 실업은 수요의 전반적인 감소이기 때문에 대량실업이 지속적으로 계속된다. 경기적 실업에 대한 대책으로는 [그림 5-5]와 같이 총수요곡선을 북동방향으로 이동시키는 확장적 재정 또는 금융정책을 실시하면 된다.

[그림 5-5] 경기적 실업과 확장적 재정 및 금융정책

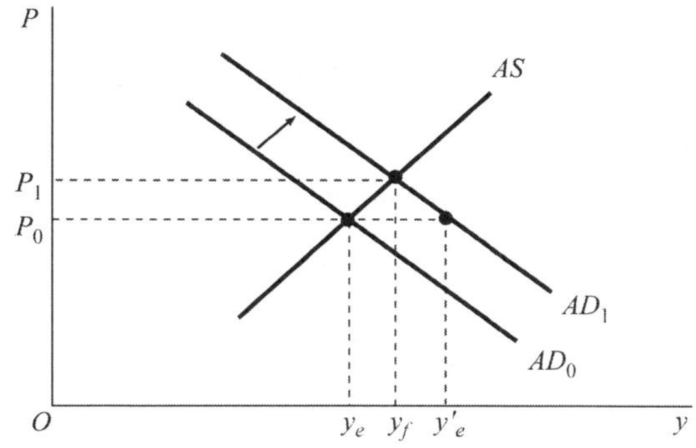

(나) 구조적 실업

구조적 실업은 전체 노동가능인구에 대한 수요가 부족하여 발생하는 것이 아니고, 산업별 내지 지역별로 노동에 대한 수요와 공급 간에 괴리가 생겨서 발생하는 실업이다. 예를 들어 어떤 국가의 산업이 1차 산업과 2차 산업[7]으로만 구성되어 있고, 각 산업별로 5만명의 노동자가 고용되어 있다고 가정하자. 급속한 공업화가 진행되어서 1차 산업이 축소되면서 2차 산업이 확장되면서 8만명의 노동자가 추가로 필요하게 되었다. 그러나 1차 산업의 노동자를 2차 산업에 투입시켜서 작업을 수행하기 위해서는 약 1년 반에 소요되는 별도의 직업훈련이 필요하다면 이 국가에는 3만명의 실업자가 발생하게 된다.

이와 같이 노동에 대한 수요는 증가하였는데 노동의 이동성이 노동의 수요변화를 같은 속도로 쫓아가기 못하게 되면 구조적 실업이 발생하게 된다. 구조적 실업에 대한 대책은 노동공급의 이동성(mobility)을 증가시키기 위한 인력정책(manpower policy)이다. 인력정책은 고용의 구조적 측면을 고려하여 노동에 대한 수요구조의 변화에 맞추어 노동공급의 구조를 변화시키는 정책이다.

7) 1차 산업은 농업, 수산업, 광업을 포함하고, 2차 산업은 제조업을, 3차 산업은 서비스 산업을 뜻한다. 클라크(C. Clark)는 경제가 발전함에 따라서 1차 산업에서 2차 산업으로, 2차 산업에서 3차 산업으로 산업의 중심축과 노동력이 이동하게 된다고 주장하였다.

(다) 기술적 실업

기술적 실업은 기술진보로 말미암아 산업별 내지 부문별로 노동에 대한 수요와 공급간에 괴리로 인하여 발생하는 실업이다. 기술진보는 기존산업에 실업자를 발생시키고, 새로운 산업에 고용기회를 창출한다. 기술적 실업은 노동이동의 속도가 기술변화 속도에 뒤지기 때문에 발생하는 실업이므로 크게 보면 구조적 실업에 속한다고 볼 수 있다.

(라) 대칭적 관계인 실업과 인플레이션

구조적 실업과 비용인상 인플레이션에 대한 대책은 경제적 처방보다는 사회적·정치적 성격을 가진 제도적 처방이 요구되고, 이들 대책 상호간에는 상관관계가 거의 없다고 할 수 있다. 그러나 경기적 실업과 수요견인 인플레이션은 발생원인과 대책에 있어서 서로 반대되는 성격을 지니고 있다. 모형 III을 이용하여 설명하면 경기적 실업은 총수요곡선이 하방으로, 수요견인 인플레이션은 총수요곡선이 상방으로 이동하여 발생하게 된다. 경기적 실업에 대한 대책으로는 총수요곡선을 상방으로 이동시키는 확장적 재정 및 금융정책을 실시하고, 수요견인 인플레이션에 대책으로는 총수요곡선을 하방으로 이동시키는 긴축적 재정 및 금융정책을 실시하면 된다.

5.3 필립스곡선의 부상 및 발달

모형 Ⅲ에서 총공급곡선이 우상향하는 경우에 물가상승과 명목국민소득이 비례적으로 변화한다거나, 아니면 물가상승과 실업률이 반비례관계에 있다는 선형적(linear) 분석에 대하여 전적으로 동의하기는 어렵다. 필립스는 영국에서 약 90년에 걸쳐서 명목임금의 상승률과 실업과의 관계를 분석한 결과 반비례관계에 있음을 발견하였다. 케인즈학파의 관점에서는 상대적으로 미비했던 가격분석을 보완하거나, 완성시켜 준다고 보고 크게 환영하였다.

(1) 인플레이션갭 모형과 이중 갭 모형

인플레이션갭 모형은 생산가능한 산출량보다 지출이 많기 때문에 인플레이션이 발생한다고 지적한다. 케인즈는 한계소비성향이 높은 노동자계층으로부터 한계소비성향이 낮은 기업가 계층에게 소득분배를 유리하게 함으로써 인플레이션 압력을 감소시킬 수 있다고 설명한다. 스웨덴 경제학자 한센(B. Hansen)은 인플레이션이 발생하기 위한 필요충분조건은 재화시장뿐만 아니라 요소시장에서도 초과수요가 있어야 한다고 설명한다. 총수요의 과다로 야기되는 가격 인플레이션뿐만 아니라 생산요소에 대한 초과수요로 야기되는 임금 인플레이션의 중요성을 강조하는 한센의 연구는 인플레이션모형과 필립스곡선을 연결시키는 가교역할을 하였다.

(2) 필립스곡선(Original Version of Phillips Curve)

영국의 필립스(A. Phillips)는 1958년에 90여년에 걸쳐서 영국에서의 실업률을 가로축에 나타내고, 명목임금 상승률을 세로축에 나타낸 점들을 회귀분석한 결과 실업률과 명목임금상승률 간에 반비례관계(inverse relationship)가 있음을 발견하였다. 필립스곡선은 [그림 5-6]과 같이 물가안정과 완전고용 간에 반비례관계가 있음을 보여준다. 필립스곡선이 케인즈학파의 환영을 받은 다른 이유는 정책수립자가 완전고용과 물가안정의 조합 중에서 재량적으로 선택할 수 있는 가능성을 보여주었기 때문이다.

[그림 5-6]에 나타난 필립스곡선의 세 가지 특성은 주목할 만하다. 첫째, 실업률의 지속적인 감소는 가속화되는 명목임금 상승률을 가져오게 된다. 실업률이 0.8%에 가깝게 감소함에 따라서 명목임금 상승률은 무한대에 가깝게 증가한다. 둘째, 필립스곡선이 가로축 아래를 지나게 되면 곡선의 형태가 상당히 밋밋해(flatter)진다는 것이다. 이렇게 수평선에 가까운 곡선의 형태는 실업률이 증가하더라도 명목임금은 더 크게 하락하지 않게 된다는 명목임금의 하방경직성을 강조한 케인즈의 견해에 부합된다. 필립스곡선에 의하여 예측된 명목임금의 최저 인플레이션율의 크기는 -1%이었다. 셋째, 약 5.5%의 실업률에서 명

목임금은 불변으로 있고, 약 2.5%의 실업률에서 임금은 연 2% 정도만큼 상승하게 된다. 생산성 증가의 크기가 대략 연 2%이기 때문에 연 2%의 임금상승은 물가안정을 가져오게 된다. 필립스곡선으로부터 유추될 수 있는 가장 중요한 정책시사는 실업률이 약 2.5% 수준으로 유지될 수 있다면 물가안정을 달성할 수 있다는 점이다.[8)]

[그림 5-6] 필립스곡선

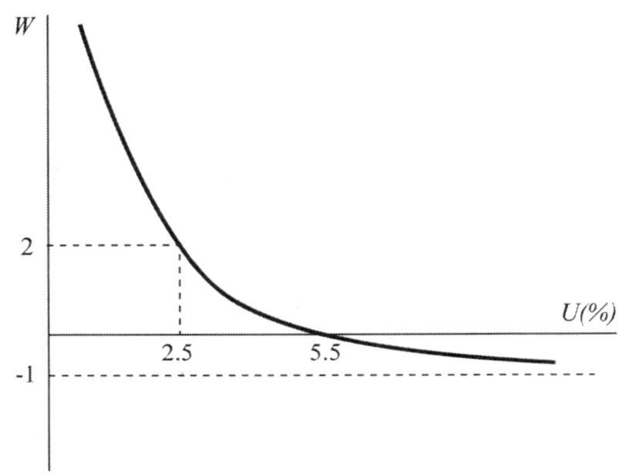

(3) 립시의 노동시장분석과 필립스곡선의 이론적 도출

립시(R. Lipsey)는 캐나다의 경우 명목임금률의 상승률이 연 3%인 점을 고려하여 세로축에 명목임금이 3%인 점에 물가상승률을 0%로 하였다. 이같은 필립스 곡선은 물가상승률과 실업률 간에 반비례관계가 있다는 현상을 설명하는 경제를 분석하는 수단으로서 케인즈학파에게 크게 환영받게 되었다. 다르게 설명하면 실업을 어느 정도 감소시키는 정책을 실시하게 되면 어느 정도의 물가상승을 감수해야 함을 시사한다.

립시(R. Lipsey)는 1960년대에 필립스곡선의 개념에 이론적·통계적 기반을 괄목할 만큼 발전시켰다. 립시는 필립스곡선에 이론적 기반을 마련하기 위하여 명목임금변화와 이를 결정하는 요인들 간에 세 가지 관계를 가정한다. 명목임금

8) 실제로 이 같은 정책시사는 장기적으로 본 것이다. 단기적으로 보면 생산성 또는 수입가격의 변화는 가격변화에 반영되기 때문에 실업률을 2.5%로 유지한다고 물가안정이 달성되는 것은 아니다.

의 변화율은 크게 실업률(U)에 의하여 결정되지만, 실업률의 변화(U)의 수준과 물가수준의 변화(P)에 의하여 영향을 받게 된다. [그림 5-7]은 이 같은 도출과정을 보여준다. 〈가〉는 노동에 대한 초과수요와 명목임금상승률 간에 정비례관계가 있음을 보여준다. 그림 〈나〉는 실업률과 노동에 대한 초과수요사이에 반비례관계가 있음을 보여준다. 노동에 대한 초과수요와 명목임금상승률은 비례적 관계이기 때문에 〈나〉의 세로축에 나타난 노동에 대한 초과수요를 명목임금상승률로 대체하면 〈다〉와 같이 가로축에는 실업률을, 세로축에는 명목임금상승률을 나타낼 수 있게 된다.

[그림 5-7] 필립스곡선의 이론적 도출

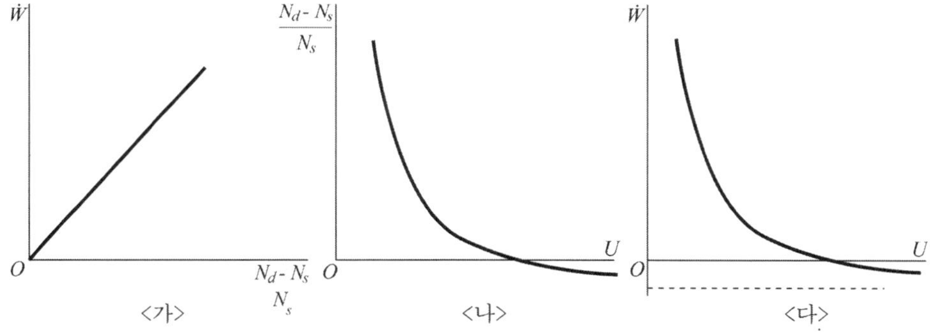

(4) 물가변화율로 나타낸 필립스곡선

립시는 노동에 대한 초과수요는 명목임금과 물가의 상승을 가져온다는 사실과 임금상승률은 물가상승률에 노동생산성 증가율을 더해서 산출된다는 사실을 고려하여 필립스곡선의 세로축 $\dot{W}$를 $\dot{P}$로 대체하였다. [그림 5-8]에 그려진 수정된 필립스곡선은 연간 노동생산성 증가가 3%라고 가정하고 도출한 것이다. 즉 3%의 임금상승이 있다면 물가상승률은 0%라는 얘기가 된다.

[그림 5-8] 물가변화율로 나타낸 필립스곡선

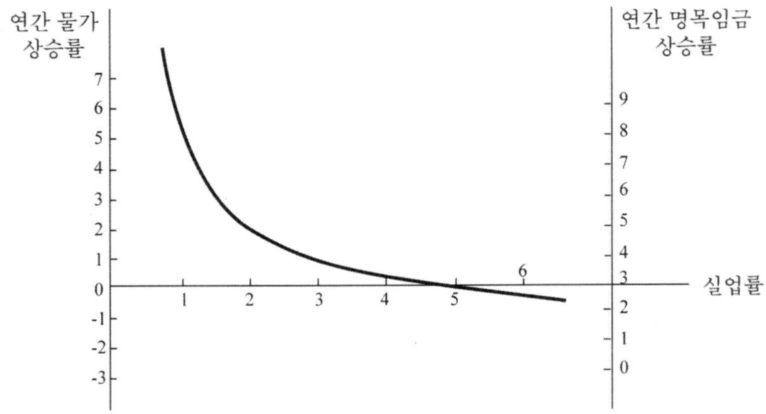

(5) 필립스곡선의 위상과 정책시사

필립스곡선은 확고한 이론적 기반이 없이 실증적으로 90여년에 걸쳐서 영국에서의 명목임금 변화율과 실업률과의 관계를 회귀분석하는 과정에서 도출되었지만, 다음 두 가지 이유에서 케인즈학파에게 준 의미는 크다고 할 수 있다. 하나는 케인즈학파가 거의 관심을 기울이지 않았던 가격변수의 하나인 명목임금의 변화율을 세로축에 나타낸 것이고, 다른 하나는 인플레이션 갭이 있을 경우 완전고용의 국민소득이 어떤 수준에 있는가를 나타내지 못한 것을 실업률을 사용하여 구체적인 크기로 나타낸 것이다.

필립스곡선은 완전고용을 유지하기 위하여 케인즈학파의 재량적 개입이 정당화될 수 있다고 보고, 완전고용을 유지하기 위하여 인플레이션이 불가피함으로 실업과 인플레이션의 반비례 관계(inverse relationship)로 설명하였다. 완전고용과 물가안정간의 반비례 관계는 1967년 프리드만(M. Friedman)의 "금융정책의 역할"[9]이란 글을 발표하기 전까지는 안정적으로 유지되어 왔다.

9) 프리드만이 미국경제학회 회장 수락연설에서 발표한 글로서 케인즈학파 이전의 거시경제이론으로 복귀를 주장하였다.

5.4 통화론자의 반혁명과 필립스곡선의 붕괴

그러나 필립스곡선의 부상(rise)은 기대가 첨가된 필립스곡선을 주장하는 통화론자의 공격으로 추락(fall)하게 되었고, 이 과정에서 케인즈학파는 인플레이션의 원인을 시장에서 독점력을 행사한 결과라고 지적하면서 비용인상 인플레이션을 주장하게 되었다.

케인즈학파가 비자발적 실업이 없다는 고전학파의 실업이론을 공격한 것을 케인즈혁명이라고 한다. 그리고 통화론자가 케인즈적 처방은 단기적으로는 유효할 수 있지만, 장기적으로는 가속화되는 인플레이션(accelerated inflation)을 가져온다고 케인즈학파의 인플레이션 이론을 공격한 것을 통화론자 반혁명이라고 한다. 시카고 대학의 프리드만(Milton Friedman)에 이어서 통화주의를 대표한 존슨(Harry Johnson)의 "케인즈 혁명과 통화론자의 반혁명"(Keynesian Revolution and Monetarist Counter-Revolution)이라는 글은 정부의 적극적 개입을 반대하는 고전학파와 통화론자는 비슷한 철학을 가졌다고 볼 수 있음을 시사한다.[10] 두 학파는 가격기구를 신봉하는 점에서는 동일한 자세를 유지하고 있지만 고전학파는 고전적 양분성에 따라서 실물부문은 화폐부문의 영향을 전혀 받지 않고 가격의 신축성과 정보의 이용가능성이 완전하다면 최적의 자원배분과 완전고용을 달성할 수 있다고 주장한다. 그러나 통화론자는 이 같은 자원배분과 완전고용을 달성하기 위해서는 사전 전제조건(prerequisite condition)으로 화폐에 대한 수요와 화폐공급 간에 괴리가 발생하지 않아야 한다고 주장한다. 고전학파는 가격을 가장 중요한 변수로 취급하였다면, 케인즈학파는 국민소득을, 통화론자는 총통화량(monetary total)을 가장 중요한 변수로 취급하고 있다.

10) 마이너스가 두 개가 되면 플러스가 되기 때문이다. 좋은 예는 아니지만 적의 적은 아군으로 취급하고, 적의 친구는 적군으로 취급하다는 의미이다. 제2차 세계대전 당시 영국이 러시아를 지원해 준 것은 적인 독일의 적이기 때문에 아군이라고 취급하였다고 볼 수 있다.

(1) 통화론자의 대두

케인즈학파는 제2차 세계대전 이후에 신고전학파 종합이라는 이론적 기반을 가지고 경제정책수립에 적극적으로 개입함으로써 1960년대 초까지 전례가 없는 산출량과 국제무역의 증가율을 달성하였다. 필립스곡선은 완전고용을 유지하기 위해서는 어느 정도의 인플레이션은 감수해야 하는 비용이라고 주장하는 케인즈학파의 개입을 정당화하는데 기여하였다. 따라서 정책수립자들은 저이자 정책을 통한 투자확대와 확장적 재정 및 금융정책에 따른 통화량의 팽창을 큰 문제로 여기지 않게 되었다.

그러나 1960년대 후반부터 인플레이션이 빠른 속도로 진행되고, 이 같은 인플레이션 압력을 규제하려는 서방국가 정부의 노력이 실패로 돌아가자 수요관리정책에 대한 회의가 제기되었다. 1970년대 초에 높은 실업률과 인플레이션이 동시에 진행되는 스태그플레이션이 나타나자 케인즈적 처방으로는 적절한 대책을 마련하기 힘들다는 견해가 확산되면서 스태그플레이션 문제에 대한 정책대안으로 대두된 학파가 통화주의이다.

통화주의의 사상적 배경은 하이에크(F. Hayek)가 주장하는 신자유주의이다. 케인즈가 자유방임에 종식을 고하고 자본주의 체제의 유지 및 발전을 위하여 적극적 정부개입을 주장한데 반하여, 프리드만은 어떤 형태의 정부개입도 결국에는 노예상태로 인도하게 된다는 하이에크의 주장에 동의한다.[11)]

(2) 프리드만의 이론적 반박

프리드만은 "금융정책의 역할"이라는 글에서 케인즈학파의 집계적 분석과 재량적 개입의 결함을 지적하고, 고전학파의 분석이 더 옳다고 주장한다. 그는 필립스곡선은 일시적(transitory) 현상에 지나지 않기 때문에 장기적으로 아무런 상쇄관계가 없다고 지적한다. 즉, 기간이 장기화되면 정책수립자는 실업과 인플레이션의 조합들 중에서 최상의 조합을 선택할 수 없다고 주장한다. 프리드만은 더 나아가 자연실업률 이하 또는 그 이상으로 실업률을 유지하기 위한 정책은

---

11) *A Road to Serfdom*은 하이에크가 갈브레이드(K. Galbraith)의 견해를 공격하기 위하여 쓴 책이다.

가속화되는 인플레이션이나 디플레이션을 가져오게 된다고 주장한다. 그는 필립스의 과오는 명목임금과 실질임금을 혼동한데서 야기되었기 때문에 필립스곡선의 세로축을 명목임금의 변화율 대신에 명목임금의 변화율에서 예상되는 물가의 변화율을 뺀 실질임금의 변화율로 나타내야 한다고 지적한다.

프리드만이 케인즈학파를 비판하는 이유를 간추리면 다음과 같다.

① 기대가설과 자연실업률 가설을 근거로 장기적으로 필립스곡선이 수직선의 형태이기 때문에 실업과 인플레이션 간에 어떤 바람직한 조합을 선택하는 것은 불가능하다.

② 총수요를 결정하는 가장 중요한 요인은 통화량이다.

③ 통화량을 일정한 비율로 증가시키게 되면 실업률은 자연실업률 수준에서 안정적이 되고, 인플레이션은 통화량 증가율과 산출량 증가율과의 차이와 같게 된다.

④ 투기적 동기에 의한 화폐수요는 없기 때문에 화폐수요함수는 매우 안정적이다.

⑤ 통화량은 부(wealth)의 조정과정을 거쳐서 명목국민소득을 결정하는데 중요한 역할을 하고, 통화량과 명목국민소득은 같은 방향으로 비례적으로 변화한다.

⑥ 금융정책의 지표로는 이자율보다 총통화량이 더 적합하다.

⑦ 통화량의 증가가 없이 실시된 확장적 재정정책은 국민소득 증가에 아주 작은 영향을 주게 된다.

⑧ 통화정책을 재량적으로 실시하게 되면 가속화되는 인플레이션이나 경제교란이 야기될 우려가 있기 때문에 준칙에 따른 엄격한 통제가 요구된다.

(3) 실질임금과 자연실업률

프리드만의 노동시장분석은 노동에 대한 수요와 공급이 명목임금의 영향을 받지 않고 실질임금의 영향을 받는다는 명백한 가정을 한 점에서 필립스의 분석과 다르다. 통화론자는 고전학파와 마찬가지로 노동시장에서의 실질임금의 변화에 의하여 완전고용이 달성된다고 주장한다.

총인구 가운데 노동가능인구가 모두 고용된 상태를 자연실업률[12]이라고 한다. 그러나 이 상태에서도 마찰적 실업이 있기 때문에 자연실업률은 플러스(+)의 값을 갖게 된다. 노동시장에서 노동공급과 노동수요에 대한 장애요인이 없을 경우에 결정되는 고용수준을 총노동가능인구에서 차감한 값을 노동가능인구로 나눈 비율이다. 예를 들어 100만명의 인구가 노동가능인구이고 자발적 실업에 속하는 마찰적 실업이 4%라면 자연실업률은 4%가 된다. 다르게 표현하면, 자연실업률은 실질적 수정들(realistic modifications)이 반영되고 나서 완전고용수준과 일치하는 실업률이라고 할 수 있다. 자연실업률에 대한 프리드만의 글을 인용하면 다음과 같다.

"어떤 일정시점에 실질임금의 구조와 일치하는 속성을 가진 실업률이 있다. 다르게 표현하면 자연실업률이라 함은 시장의 불완전성, 수요와 공급측면에서의 돌발적(stochastic)[13] 변화, 빈 직장(vacancy)과 노동공급에 관한 정보를 수집하는데 소요되는 비용과 생산요소 이동에 소요되는 비용 등이 포함된 노동시장과 자본시장의 실제 구조적 특성이 반영된다면 왈라스의 일반균형이론으로 나타낼 수 있는 실업률(unemployment level that would be grounded out by the Walrasian system of general equilibrium equations)을 의미한다."

(4) 기대가설과 자연실업률

노동에 대한 수요는 실제로 실질임금의 함수이고, 노동의 공급은 기대되는 실질임금의 함수이다. 정부가 실업을 감소시키기 위하여 확장적 재정정책을 사용하여 총수요를 증가시켰다고 가정하자. 정부의 이 같은 재량적 개입은 노동자로 하여금 노동공급을 더 증가시키게 유도하기 위하여 기대되는 실질임금을 상승시키는 반면에, 총수요의 증가는 기업으로 하여금 더 많은 노동자 고용을 유도하기 위하여 실질임금을 하락시키게 된다. 따라서 [그림 5-9]에서 고용은 N_f에서 N_1으로 증가하게 된다. 기대되는 물가수준이 실제물가수준보다 뒤늦게 상승하는 한 고용은 증가하게 된다.

---

12) 자연실업률은 빅셀(Wicksell, W.)의 자연이자율에서 유래되었다.

13) Without the disturbance term the relationship is said to be *exact or deterministic*; with the disturbance term it is said to be *stochastic*.

[그림 5-9] 노동시장의 균형과 자연실업률

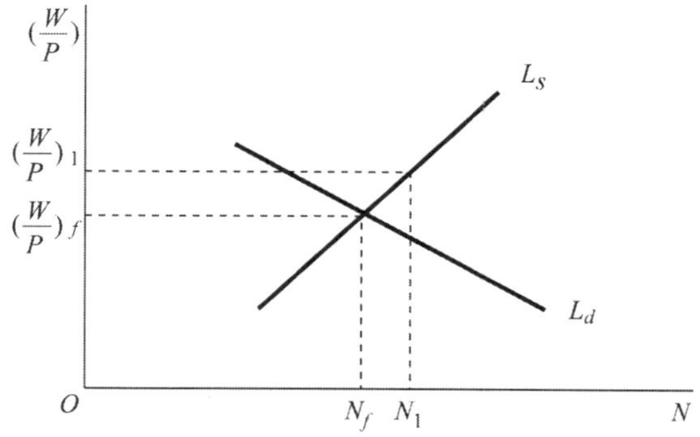

그러나 이러한 상황은 오래 계속될 수 없다. 새로 고용된 노동자는 결국에는 그들의 실질임금이 전혀 증가하지 않았음을 깨닫고 노동공급을 감소시키게 된다. 마찬가지로 고용주도 노동자를 추가적으로 고용하는데 소요되는 실질비용이 전혀 감소되지 않음을 깨닫고 노동에 대한 수요를 감소시키게 된다. 이렇게 장기가 되면 경제는 자연실업률 수준으로 되돌아가게 된다. 그러나 노동시장에서 가격조정의 기능이 스스로 작동하여 자연실업률이 달성되기까지는 상당한 시간이 소요된다. 그 사이에 인플레이션 기대심리가 생겨나고, 새로운 인플레이션 기대는 노동계약을 포함한 화폐로 표시한 계약에 반영된다. 자연실업률과 물가에 대한 기대가설의 논리적 결과는 자연실업률 이하로 실업률을 감소시키려고 의도된 확장적 정책의 결과는 실업률의 감소를 가져오지 못하고 인플레이션의 가속화만을 가져오게 된다.

만일 필립스곡선이 현실경제를 정확하게 나타내고 있다고 가정하면 임금과 물가가 안정적으로 유지되는 유일한 실업률은 필립스곡선이 가로축을 지나가는 실업률이다. 프리드만에 의하면 이 방법은 자연실업률을 찾는 대체적 방법 중의 하나이고, 이러한 자연실업률에서는 실제 인플레이션율과 기대되는 인플레이션율이 일치하게 된다.

(5) 기대가 첨가된 필립스곡선(Expectations-augmented PC)

립시에 의하여 수정된 필립스곡선은 [식 5-1]과 같이 실업률과 물가상승률이 반비례 관계가 있음을 나타내고 있다.

$$\dot{P}=f(U) \qquad [식\ 5\text{-}1]$$

[식 5-1]에 나타난 필립스곡선의 안정적 관계에 대하여 반대하는 프리드만은 예측되거나(anticipated), 기대되는(expected) 인플레이션율마다 실업과 인플레이션은 독특한 상쇄관계를 가지게 된다고 지적한다. 이 같은 프리드만의 주장을 반영한 [그림 5-8]에 의하면, U^*가 자연실업률이라고 가정하면 물가상승의 기대치 $\dot{P}$가 0보다 크게 되면 북동방향으로 이동하고, 이와 반대로 $\dot{P}^e$가 0보다 작게 되면 남서방향으로 아동하게 된다. [그림 5-10]에 나타난 필립스곡선들은 동일한 형태이지만 P^e가 0이 아니라면 상하로 이동하게 된다.

[그림 5-10] 자연실업률가설과 기대가 첨가된 필립스곡선

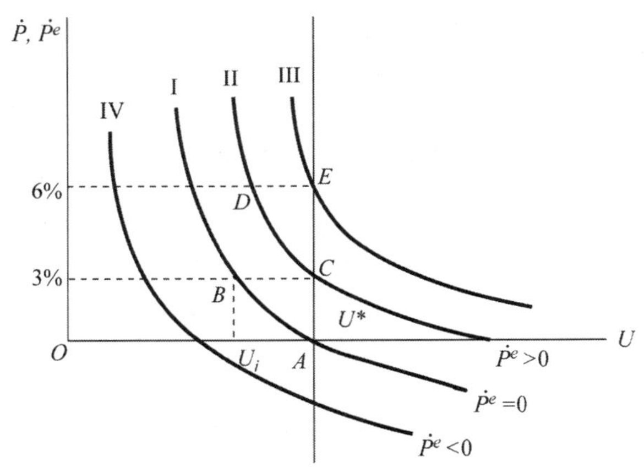

[그림 5-10]에서 자연실업률을 5%라고 가정하자. 정부가 실업률을 5%에서 4%로 감소시키고자 확장적 재정정책 또는 금융정책을 실시하게 되면 필립스곡선 상에서 실업률은 A점에서 B점으로 이동하게 된다. 그러나 노동자들이 시간이 지남에 따라서 물가상승으로 인하여 실질임금이 하락하였다고 인식하고 노동공급을 감소시키게 되면 필립스곡선이 상방으로 이동하면서 노동시장의 균형

점은 B점에서 C점으로 이동하게 된다. 정부가 다시 자연실업률 이하로 실업을 감소시키고자 확장적 재정 또는 금융정책을 실시하면 균형점은 다시 C점에서 D점으로 이동하고, 노동자의 화폐환상이 없어지게 되면 필립스곡선이 다시 상방으로 이동하면서 노동시장의 균형점은 D점에서 E점으로 이동하게 된다. 결과적으로 자연실업률 이하로 실업을 감소시키고자 하는 정부의 노력은 가속화되는 인플레이션만 가져오게 되고, 노동자들이 물가상승에 대한 예상에 적응하게 되면 필립스곡선은 자연실업률에서 장기적으로 수직선이 된다.

기대가설(expectation hypothesis)에 의한 분석은 어떤 일정 시점에 기대되는 인플레이션은 좋은 의도이지만 단기 안목으로 실업률을 비현실적으로 낮게 유지하고자 한 의도의 결과임을 보여주고 있다. 프리드만의 분석은 장기가 됨에 따라서 기대되는 인플레이션율 $\dot{P}^e$ 자체가 실업률에 의존한다는 점에서 필립스의 분석과 다르다. 특히 정부가 의도적으로 실제 인플레이션 $\dot{P}^e$가 기대되는 인플레이션 $\dot{P}^e$를 초과되게 실업률을 유지하고자 한다면, 사람들은 인플레이션율을 과소예측(under-anticipate)한 부분을 정정하려고 하기 때문에 기대되는 인플레이션율 $\dot{P}^e$ 자체가 상승하게 된다. 다르게 표현하면 $\dot{P}$가 $\dot{P}^e$보다 크게 되면 $\dot{P}^e$ 계속해서 상승하게 된다. 이 같은 논리에 의하면 가속화되는 인플레이션이나 디플레이션을 피할 수 있는 유일한 방법은 실업률을 자연실업률로 유지하는 것이다. 자연실업률하에서도 최초의 물가상승 기대에 따라서 인플레이션이 야기될 수 있지만 기대되지 않은(unanticipated) 인플레이션이 0이 되기 때문에 인플레이션은 고정적 크기로 발생한다.

기대되는 인플레이션율은 과거 인플레이션율의 가중치 평균율로 가정된다. 기대되는 인플레이션율 $\dot{P}^e$에 대한 시계열자료가 주어지면, 실제 인플레이션율 P는 실업률 U와 기대되는 인플레이션율 $\dot{P}^e$와 상관되어(correlated) 있다. 이러한 관계를 나타낸 것이 [식 5-2]이고, 이 식은 전반적 인플레이션율에 있어서 기대의 중요성을 명백하게 고려하였기 때문에 기대가 첨가된 필립스곡선(expectations-augmented Phillips Curve)이라고 한다.

$$\dot{P}=f(U)+\dot{P}^e \qquad [식\ 5\text{-}2]$$

[식 5-2]를 [식 5-3]과 같이 정리하면 기대가설을 더 분명하게 설명할 수 있게 된다.

$$\dot{P}-\dot{P}^e=f(U) \qquad [식\ 5\text{-}3]$$

[식 5-3]은 현재의 인플레이션율이 완전히 예측된 인플레이션율($\dot{P}^e$)과 예측되지 않은 인플레이션율($\dot{P}-\dot{P}^e$)로 나눌 수 있음을 보여준다. 기대가설은 ($\dot{P}-\dot{P}^e$)만이 실업률과 같이 변화한다고 주장한다. 자연실업률은 ($\dot{P}-\dot{P}^e$) = 0인 경우로 인플레이션이 완전하게 예측된 경우이다.

5.5 장기 필립스곡선과 장기 필립스곡선의 정책시사

(1) 인플레이션 기대와 장기 필립스곡선

통화론자는 자연실업률 가설과 기대가설을 사용하여 자연실업률 이하로 실업을 감소시키려는 정부의 정책은 단기적으로 유효하지만, 시간이 어느 정도 지남에 따라서 노동자들이 노동의 공급을 감소시키기 때문에 자연실업률로 되돌아오게 된다고 주장한다. 다르게 표현하면 어떤 형태의 확장적 경제정책이라도 인플레이션 기대를 가져오기 때문에 단기적으로는 실업률을 줄일 수 있지만, 시간이 지남에 따라서 이 같은 인플레이션 기대가 없어지기 때문에 [그림 5-10]에 나타난 바와 같이 장기 필립스곡선은 자연실업률 수준에서 수직선의 형태를 갖게 된다고 강조한다.[14)]

[식 5-2]에서 예상인플레이션율 $\dot{P}^e$의 계수를 α로 표시하면 [식 5-4]와 같

14) 기대가 첨가된 필립스곡선은 화폐는 장기적으로 중립적임을 시사한다.

이 된다.

$$\dot{P} = f(U) + \alpha \dot{P}^e \qquad [식\ 5\text{-}4]$$

프리드만과 펠프스에 따르면 $\dot{P}^e$의 계수 α는 1이라고 주장한다. 이 같은 주장은 장기적으로 화폐환상이 없기 때문에 시장에서의 실질변수에 의하여 결정되는 어떤 특정한 시간경로에 의하여 예상되는 실질임금으로 점차적으로 수렴하여 전체적으로 노동시장의 균형이 달성된다는 사전적 확신이다. [식 5-4]에서 장기 필립스곡선이 수직선이 되기 위하여 필요한 조건은 α가 1의 값을 가지면 된다.

(2) 장기 필립스곡선의 정책시사

통화론자는 자연실업률 이하로 실업을 줄이기 위하여 일국 경제가 가지고 있는 생산능력을 과잉으로 이용하고자 할 목적으로 확장적 재정 및 금융정책을 실시한 과거와 현재 정부가 의도한 정책의 결과 인플레이션이 야기되었다고 보기 때문에 통화팽창률(rate of monetary expansion) 통제만이 인플레이션율을 낮추는 유일한 방법이라고 주장한다. 정책수립자가 할 수 있는 최상의 정책은 처음에 인플레이션을 가져오게 유도한 정책의 방향을 반대방향으로 바꾸는 것이다. 이러한 정책목표는 실질소득의 성장률과 같은 속도로 통화량을 증가를 가져옴으로써 달성될 수 있다. 엄격하게 통화량을 규제하는 정부는 자연실업률을 초과하는 실업률로 고통을 받을 수도 있다. 그러나 과거에 발생한 인플레이션 기대를 소멸하기 위해서는 엄격하게 통화량을 규제할 수밖에 없다. 통화론자는 인플레이션을 낮추고자 하는 다른 정책들 - 특히 가격정책이나 소득정책 - 은 잘못된 정책이라고 지적한다. 통화론자는 가격 및 임금정책은 인플레이션을 낮추는데 지속적인 효과를 가져 오지 못할 뿐만 아니라 임금과 가격결정과정에 정부가 광범위하게 개입함으로써 말미암아 경제에 부정적 효과를 가져올 수도 있다고 강조한다.

(3) 필립스곡선의 실증적 붕괴

1968년 이후에 대부분의 서방국가에서 인플레이션이 진행되는 가운데 실업률도 동시에 증가하였다. 이 같이 실업과 인플레이션이 플러스(+)의 관계를 갖게 되는 것은 필립스곡선이 강조하는 반비례 관계와 반대가 되는 현상이다. 프리드만을 포함한 많은 경제학자들이 이 같은 현상을 설명하고자 시도하였다. 여기서는 편의상 ① 기대가 첨가된 필립스곡선, ② 자연실업률의 변화, 그리고 ③ 비용인상 인플레이션에 대하여 설명한다.

프리드만의 첫 번째 분석은 실업이 자연실업률에 가까워질수록 실업률과 인플레이션율이 같이 증가하게 된다고 주장한다. 두 번째 분석은 시간이 지남에 따라서 자연실업률 자체가 변하게 된다는 개념을 중요시한다. 예를 들어 실업률 중에서 구조적 실업과 마찰적 실업의 구성요소들(components)의 돌발적 변화가 총수요압력의 지표로 사용되는 총실업률의 정확성을 왜곡시키게 된다고 지적한다.[15] 세 번째 분석은 임금인상 또는 이윤인상 형태의 비용인상 인플레이션은 총공급곡선을 북서방향으로 이동시키게 된다는 주장이다. 비용인상론자들은 물가수준과 통화량과의 높은 통계적 상관관계를 인정하면서도 물가수준과 통화량의 인과관계가 통화론자의 주장과 반대라고 설명한다. 그들은 통화량의 증가가 물가를 상승시킨다고 보는 대신에 명목임금의 자발적인 증가는 물가수준을 상승시키고, 물가수준의 상승은 통화량의 증가를 가져온다고 본다. 그들은 통화공급은 명목소득수준에 맞추어서 조정되고, 명목임금과 같은 명목소득은 주로 노동조합의 임금인상 요구에 따라서 변화하게 된다고 주장한다.

서방국가들에 있어서 단기 필립스곡선의 기울기는 1960년대 중반까지는 우하향하였으나, 1960년대 중반부터 1970년까지는 수직선에 가깝게 되었으면, 1970년대 후반에는 우상향하는 기울기를 일시적으로 보여주었다. 단기 필립스곡선이 우상향하는 스태그플레이션 현상에 대하여 프리드만은 과도적 현상이라고 하고, 하이에크(Hayek)는 과잉투자설이라고 하였다.

---

15) 불황이 오게 되면 이윤율이 저하되고, 임금이 상승한 경우가 많게 된다. 이 같은 상황에서 기업은 이윤을 증가시키기 위하여 연구개발에 투자하게 되고, 새로운 기술의 이용은 대부분의 경우 자본집약적이기 때문에 구조적·마찰적 실업률의 증가를 가져오게 된다.

5.6 신경제(New Economy)

(1) 미국의 신경제 부상과 몰락

드보락의 '신세계'를 들으면 보헤미안 풍의 역동성과 새로운 대륙에 대한 신비감을 느낄 수 있다. 1990년대 말부터 2006년까지 미국의 경제학자들이 신경제를 구가한데는 몇 가지 이유가 있다. 첫 번째 이유는 완전고용과 물가안정이 반비례 관계에 있다는 필립스곡선은 미국경제에 전혀 맞지 않기 때문에 경제성장에 대한 발전모형의 전환(paradigm shift)이 필요하다고 주장하면서 미국은 높은 경제성장을 달성함에도 불구하고 완만한 인플레이션을 겪고 있다고 강하게 주장할 수 있었다. 두 번째 이유로는 미국경제가 1980년대 초에 쌍둥이 적자(twin deficits)[16]로 인하여 곤경에 처하여 낮은 성장률을 기록한데 반하여 미국경제가 신경제를 구가하는 기간에는 성장에 선도적 역할을 하게 된데 대한 자부심을 들 수 있다. 세 번째 이유로는 제13장에서 설명하듯이 대서양을 두고 영국의 케임브리지 대학과 미국의 Massachusetts주 케임브리지에 위치한 MIT 대학 간에 성장이론에 대한 논쟁에서 미국이 이론적으로는 패배하였다는데 대한 보상심리도 작용하였다.

1980년데 대두된 내생적 성장이론은 정부가 저축을 동원하는데 적극적 정책을 실시하고, 이렇게 조성된 저축을 연관효과가 큰 산업에 연결시켜 주면 높은 경제성장을 달성할 수 있다고 주장하였다. 미국의 맨큐(G. Mankiw)는 파넬(panel)자료[17]를 활용하여 전세계적으로 성장이 미국의 솔로우(R. Solow)가 주장하듯이 수렴하는가? 아니면 확산하는가? 아니면 조건부 수렴(conditional convergence)을 하는가?라는 가설에 대하여 실증분석을 한 결과 조건부 수렴을 발견하였다.

16) 재정적자와 무역적자를 뜻한다. 쌍무지개를 Twin Rainbows라고 한다.
17) 시계열, 횡단면 분석을 동시에 할 수 있는 자료를 뜻한다.

신경제에 대한 분석에서 간과한 점으로는 미국으로의 자본유입이 지속적으로 있었다는 점과 나스닥 시장은 판매의 가능성을 가지고 수입(revenue)을 얻게 되었다는 점을 무시한 결과 거품(bubble)이 많았다는 점을 들 수 있다. 미국 신경제는 2006년에 성장이 둔화되면서 막을 내렸다.

(2) 글로벌 금융위기와 양적완화의 대두

2008년 미국발 글로벌 금융위기로 인해 새케인지안(New Keynesian)으로 알려진 美 FRB의장 버냉키(B. Bernanke)는 기축통화의 발권력을 이용한 급격한 양적완화(quantitative easing; QE)를 주도하여 세계금융을 지배해 왔다. 전세계 양적완화(미국, 유럽, 일본, 중국 등)로 인한 초저금리 시대 지속이 안전자산 선호 강화와 어우러져 채권시장은 유사 이래 초강세를 유지해 왔으나, 2013년 초 전세계 금융시장에서는 채권의 시대가 가고 주식의 시대가 올 것이라는 대회전(great rotation)에 대한 논쟁이 심화되고 있었다. 그러던 중 2013년 7월 버냉키 의장의 양적완화 축소발언으로 인해 금융시장은 다시 크게 출렁거렸는데, 이머징 국가(emerging market) 증시폭락, 국채가격 급락 등의 반복이 2주간 지속되다가 버냉키의 출구전략의 속도 조정발언으로 불안정성이 다소 완화되었다.[18] 이는 아이러니하게도 2008년 글로벌 금융위기의 주연인 美연준(FRB)의 글로벌 영향력이 더욱 증가하였음을 의미한다.

(3) 신경제와 양적완화의 유사점과 한국의 대응방안

신경제를 노동자가 화폐환상을 가진다는 케인즈의 분석 관점에서 유추해 보면, 신경제는 자본이 원활하게 작동하지 않을 때 무리한 수익률을 얻고자 하는 자본가의 자본환상과 유사하다고 볼 수도 있다.[19] 신경제가 허상이듯이, 양적완화도 2016년 정도의 시점에는 허상이 되기 싶다. 미국은 양적완화를 하면서 획기적 기술혁신이 자국에서 발생하기나, 아니면 실물경기변동이론에서 주장하듯

18) 2013년 7월 의회에서 발표하면서 변동성(volatility)을 자극하는 발언은 자제하겠다고 하였고, 실제로 그렇게 하였다.

19) 이 부분은 저자가 직관적으로 쓴 부분으로 논리전개에 도움을 주고자 다소 부연설명하게 되었다.

이 천재지변과 같은 일로 기술퇴보가 발생하기를 원하면서 미국의 일방적 우위를 유지하기 위하여 시간을 벌기 위한 정책을 구사한다고 볼 수도 있다. 미국 달러가 기축통화(key currency)[20]인 점을 십분 활용하여 글로벌 유동성을 증가시켜가면서 자연성장률[21] 이상으로 경제성장을 달성하는 과정에서 현 시점의 어려운 문제가 야기되었기 때문에 통화론자의 주장을 그대로 따른다면 글로벌 유동성을 감소시킬 수밖에 없다. 그러나 글로벌 유동성을 급속하게 감소시키게 되면 경제교란이 커질 우려가 있고, 가만히 있자니 거품이 더 커지게 되는 상황이어서 연방은행 의장인 버냉키의 정책도 시계추와 같이 왔다 갔다 하는 움직임(pendulum movement)을 보이고 있었다.[22]

미국이 지닌 특징은 다른 국가에 비하여 경제규모가 워낙 커서 다른 국가라면 감히 하지 못할 일을 하더라도 크게 영향을 받지 않는다는 점이다. 미국의 무역정책은 제2차 세계대전 이전에 자유무역주의에서 보호무역주의로 선회하였다. 금융정책측면에서도 프리드만이 그렇게 극단적으로 비판한 케인즈학파의 재량적 개입을 양적완화 형태로 실시하고 있으면서도 충격을 덜 입고 있다. 양적완화는 통화론자가 주장하는 준칙(rule)이라든지, 신화폐수량설과 전혀 반대되는 정책이고, 통화론자가 그렇게 비판하던 헬리콥터(helicopter)에서 화폐를 살포하는 화폐우(money rain) 정책을 별다른 주저함이 없이 실시하고 있다. 이 와중에 어려운 국가는 선진공업국가 또는 아프리카 국가도 아닌 선진공업국 다음에 위치한 국가이고, 우리나라가 운신의 폭이 적다는 의미에서 어려운 국가의 범주에 속한다.[23]

20) 브레튼우즈 체제에서 조정가능 고정환율제도를 채택하면서 금과 교환이 허용되는 기축통화를 미국 달러와 영국 파운드(Sterling Pound)로 제한하였다.

21) 완전고용상태에서의 성장률을 뜻한다. 제13장의 해로드-도마모형을 참조하기 바람.

22) Poker Face를 발달시키거나, 아니면 How to tell a lie with statistics?과 같은 책의 내용을 더 발전시키는 구상을 할 시기일지도 모른다.

23) 대응방안을 수립하기란 용이하지 않은 듯하다. 다만 우리나라의 입장에서 동태적 효율성을 유지할 수 있는 상황적합이론(contingent plan)이 필요하다고 사료될 뿐이다.

연 습 문 제

[1] 맞는 답을 선택하여 기입하시오.

(1) 사회적 비용이 가장 적은 실업은? (　　)
① 구조적 실업　　② 마찰적 실업
③ 경기적 실업　　④ 기술적 실업

(2) 다음 중 인플레이션의 직접적 원인이 아닌 것은? (　　)
① 소비 증대　　② 투자 증대
③ 수입가격 상승　　④ 생산기술 향상

(3) 노동의 이동성 부족으로 야기되는 특정부문의 실업을 무엇이라고 하는가? (　)
① 기술적 실업　　② 비자발적 실업
③ 마찰적 실업　　④ 구조적 실업

(4) 마찰적 실업(frictional unemployment)에 대한 설명으로 틀린 것은? (　)
① 마찰적 실업은 전적으로 비효율적이다.
② 노동자가 정보수집활동에 종사하는 과정에서의 실업
③ 노동자가 불완전한 정보하에서 수급변화에 대처하는 하나의 조절방법
④ 임금이 신축적일 경우에도 마찰적 실업은 존재한다.

(5) 케인즈학파에 따르면 수요견인 인플레이션의 원인은? (　　)
① 완전고용 산출량을 초과하는 소비지출
② 소득을 초과하는 소비지출
③ 저축을 초과하는 투자지출
④ 수출을 초과하는 수입수요

(6) 통화론자가 대두하게 된 가장 중요한 경제적 사건은?

① 자본주의의 발생 ② 대공황

③ 스태그플레이션 ④ 자원위기

(7) 1970대 초에 케인즈학파가 공격을 받은 것은 다음의 어느 문제를 해결하지 못했기 때문인가? ( )

① 실업의 감소 ② 인플레이션의 감소

③ 필립스곡선의 하방이동 ④ 필립스곡선의 상방이동

(8) 필립스곡선에 대한 다음 전제중 적절하지 않은 것은? ( )

① 물가상승률은 임금상승률과 노동생산성의 함수이다.

② 임금상승률은 노동의 초과수요의 함수이다.

③ 노동시장은 항상 균형이다.

④ 프리드만은 기대 인플레이션을 필립스곡선에 도입하였다.

(9) 아래 그림에서 필립스곡선이 Ⅰ 로 주어졌을 때, 최초의 균형점 A에서 정부가 확장적 금융정책을 실시하면, 단기균형점은 어디로 이동하게 되는가? ( )

① B ② C

③ D ④ E

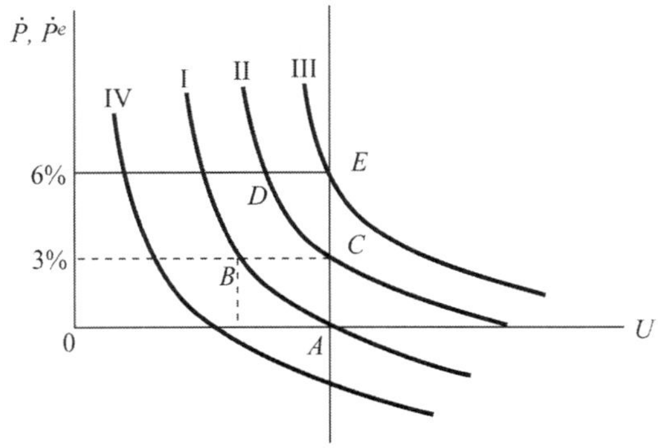

(10) 단기 필립스곡선이 Ⅰ 에서 Ⅱ로 이동하는 이유는 무엇인가? ( )

① 긴축적 금융정책 ② 예상물가상승률의 변화

③ 생산요소가격의 상승 ④ 실업의 증가

(11) 자연실업률가설에 따르면 노동자들의 예상 인플레이션율이 증가하면, 단기 필립스곡선은 어느 방향으로 이동하게 되는가? ( )

① 상방으로 이동한다. ② 하방으로 이동한다.

③ 시계방향으로 회전한다. ④ 시계방향과 반대로 회전한다.

(12) 필립스곡선을 $P = a + \alpha(1/u) + \beta P^e$ 로 나타낼 경우에 자연실업률 가설에 따르면? ( )

① α가 0이다. ② β가 양수이다.

③ $0<\beta<1$ ④ $\beta = 1$

(13) 물가인상에 대한 기대가 실제 물가상승률보다 큰 인플레이션 하에서 단기 필립스곡선은 ? ( )

① 이동하지 않는다. ② 상방으로 이동한다.

③ 하방으로 이동한다. ④ 수평선이 된다.

(14) 프리드만은 다음 어느 경우에 인플레이션과 실업간에 상쇄관계가 있다고 보는가? ( )

① 단기 ② 장기

③ 단기와 장기 ④ 단기도 장기도 아님

(15) 하이엑(Hayek)의 인플레이션에 대한 다음 설명 중 옳은 것은? ( )

① 인플레이션은 절대가격수준의 상승만을 의미한다.

② 가격의 상승폭은 재화에 따라서 대체로 비례적이다.

③ 물가상승은 상대가격구조의 변동을 가져온다.

④ 물가상승률의 변동은 완만하다.

(16) 자연실업률에 대하여 맞는 사항은? ( )

① 마찰적 실업만 있는 상태의 실업률

② 구조적 실업만 있는 상태의 실업률
③ 계절적 실업만 있는 상태의 실업률
④ 기술적 실업만 있는 상태의 실업률

(17) 산업구조의 변화에 따라 사양산업에 종사하던 근로자들이 실직자가 되는 것은 어떤 형태의 실업에 해당되는가? ( )
① 마찰적 실업 ② 경기적 실업
③ 구조적 실업 ④ 자발적 실업

(18) 실업이 발생한 경제에서의 균형에 대한 설명중 타당한 것은? ( )
① 생산가능곡선 외부에 위치한다. ② 생산가능곡선 내부에 위치한다.
③ 생산가능곡선 선상에 있다. ④ 위의 어느 경우도 가능하다.

(19) 다음 중 인플레이션을 발생시키는 원인이 아닌 것은? ( )
① 원자재의 가격상승 ② 유가상승
③ 생산성증가 ④ 흉작

(20) 다음 중 스태그플레이션을 초래하는 요인으로 볼 수 없는 것은? ( )
① 노동조합의 임금인항 ② OPEC의 유가인상
③ 이상 한파로 인한 농작물 피해 ④ 한국은행의 통화공급감소

(21) 다음 중 잠재적 GNP와 관련이 깊은 실업률은? ( )
① 잠재적 실업률 ② 비자발적 실업률
③ 마찰적 실업률 ④ 자연실업률

[2] 아래 설문에 답하시오.

(1) 필립스는 가로축에 실업률을, 그리고 세로축에 무엇을 나타내었는가?

(2) 프리드만은 어떤 이유에서 (1)의 세로축이 무엇으로 바뀌어야 한다고 주장했는가?

(3) 필립스곡선이 케인즈학파에게 환영받은 이유는?

(4) 필립스곡선이 붕괴하게 된 이론적, 실증적 이유는?

[3] 아래 설문에 답하시오.

(1) 인플레이션에 대하여 케인즈학파와 통화론자의 원인분석과 해결방안이 달라진 계기는 무엇인가?

(2) 케인즈학파가 필립스곡선의 등장을 환영한 주된 이유는 무엇인가?

C: What is the main reason for Keynesians to hail the emergence of Original Version of Phillips Curve?

(3) 통화론자가 대두된 시대적 배경과 대표적 학자와 그의 글을 설명하시오.

(4) 프리드만이 (3)에서 지적한 하늘이 무너져도 임의로 낮출 수 없다고 지적한 경제변수 두 가지는 무엇인가?

(5) 어떤 학파가 필립스 곡선이 유일한 형태가 아니라 일시적인 현상이라고 주장하는가? 이 주장의 논리적인 전개는 무엇인가?

C: Which school reckons the Phillips curve as transitory phenomenon instead of unique one? And what is the sequence of logic of this argument?

(6) 자연실업률은 불황기에 일반적으로 증가하게 되는가, 아니면 감소하게 되는가?

(7) 위장실업(disguised unemployment)을 설명하시오.

[4] 아래 글을 우래 말로 번역하고 주된 주장(main contention)을 간략하게 적어 보시오. 그리고 다른 형태로 rewrite 해 보시오.

The belief that the Phillips curve is faced with a stable and inverse relationship between inflation and unemployment will clearly convince a government that it has some considerable room for monoeuvring on making decisions upon its preferred combinations of inflation and unemployment. Such a freedom is denied by the authorities if the adherence of expectations hypothesis, who deny the existence of a non-vertical Phillips curve in the long run, are correct.

[5] Fill up the blanks with suitable words.

(1) (　　)(　　) inflation occurs when too much spending chases too few goods.

(2) The major redistribute impact of inflation arise from (　　) effects on the real value of people's wealth.

(3) The Fisher theorem is important because it implies that (　　) inflation is neutral in its impact on portfolios and capital markets. it recognizes that a sudden change in the expected inflation rate bestows positive outcomes on debtors and impose negative ones on lenders.

(4) Inflation ( ) occurs when the inflation rate reacts slowly to changes in policy that reduce the steady-state inflation rate.

(5) It is called expectations-augmented wage-Phillips curve; that is, it is the original Phillips curve augmented or adjusted to take into account the expected ( ).

[6] Answer the following questions in English.

(1) What are two main economic agents which bring forth cost-push inflation from the point of Keynesians?
T: 케인즈 학파의 비용인상 인플레이션과 관련된 두 개의 중요한 경제주체는 무엇인가?

(2) Explain the policy implication of original version of Phillips Curve?
T: 원래의 필립스곡선이 제시하는 정책시사점은?

(3) To what extent the expectations-augmented PC is different from the original version of PC?
T: 기대가 첨가된 필립스곡선은 원래의 필립스곡선과 어떻게 다른가?

(4) What is the natural rate of unemployment? Is it a fixed figure? Or alternatively can it be changed over time by the provision of unemployment benefits?
T: 자연실업률은 무엇인가? 자연실업률은 고정된 수치인가, 아니면 시간이 지나면서 실업수당의 제공에 의하여 변화하기도 하는가?

Answer

[1] (1) 2 (2) 4 (3) 4 (4) 1 (5) 1 (6) 3 (7) 4 (8) 3 (9) 1 (10) 2 (11) 1 (11) 4 (13) 2 (14) 1 (15) 3 (16) 1 (17) 3 (18) 2 (19) 3 (20) 4 (21) 4

E: (5) 완전고용수준에서 총수요가 총공급을 초과하는 부분을 인플레이션 갭이라고 하고, 이 같은 인플레이션 갭이 있으면 물가상승이 발생하게 된다고 설명한다.

[2] (1) 세로축은 명목임금 변화율로 나타내었다.

(2) 노동시장의 균형은 실질임금에 의하여 결정되므로 세로축은 명목임금의 변화율이 아니 실질임금의 변화율로 바뀌어야 한다.

(3) 케인즈학파가 모형 I, II. III에서 구체적으로 규명하지 못한 물가의 변화와 균형국민소득과의 관계를 규명할 수 있었기 때문에 환영받았다. 실업률은 경제전체의 조업률을 나타내기 때문에 실업률과 균형국민소득은 반비례가 된다. 환영받은 이유를 다르게 설명하면 케인즈학파의 분석은 수량조정에 대한 분석이 대부분이었기 때문에 가격의 변화를 나타내는 필립스곡선은 그들에게 마치 미완성교향곡을 완성교향곡으로 바꾸어 준 듯이 느껴졌기 때문이다.

(4) 이론적 이유는 자연실업률 가설과 기대가 첨가된 필립스곡선이고, 실증적 이유로는 우상향하는 형태를 가진 스태그플레이션의 대두이다.

[3] (1) 케인즈학파는 총수요가 과다하여 인플레이션이 발생한다고 보고, 통화론자는 통화량이 적정통화량보다 많이 발행되어서 인플레이션이 발생한다고 주장한다. 수요가 과다하여서 인플레이션이 발생한다고 한 점은 두 학파가 비슷하다고 볼 수 있다. 두 학파가 인플레이션의 원인과 대책에 대하여 의견이 나누어진 계기는 통화론자의 주장대로 필립스곡선이 수직선의 형태가 된다면 케인즈학파의 재량적 개입이 효과가 없어지기 때문에 케인즈학파가 인플레이션의 원인을 수요가 아닌 공급측면에서 독점력을 가진 노동조합 또는 석유생산기구(OPEC)가 생산성보다 임금과 물가를 더 인상하기 때문에 발생한다고 지적하면서부터 이론적으로 대치하게 되었다.

(2) 모형III에서 물가가 상승하면 선형적으로 산출량이 증가하거나, 아니면 선형적으로 실업이 감소한다는 설명에 대하여 전적으로 동의하기를 주저하면서 물가상승과 산출량 또는 물가상승과 실업률 간에 어떤 관계가 있는지 궁금해 하였는데, 필립스가 이 관계를 명확하게 설명하였기 때문에 환영을 받게 되었다. 다른 이유로는 재량적 정책개입을 할 수 있다는 선택의 여지를 보여준다는 측면에서도 케인즈학파의 환영을 받게 되었다. 이에 대하여 통화론자의 대표인 프리드만은 세로축을

명목임금이 아닌 실질임금으로 나타낼 경우 필립스곡선은 수직선이 되기 때문에 이 필립스곡선을 "바보 모형"(fooling model)이라고 하였다.

(3) 통화론자는 1960년대 중반에 인플레이션이 두 자리 숫자로 증가함에 따라서 인플레이션으로 인하여 발생하는 경제교란을 막기 위하여 대두되었다. 대표적인 학자로는 프리드만과 존슨을 들 수 있고, 프리드만이 1966년 미국경제학자 회장 수락연설에서 발표한 "금융정책의 역할"(The Role of Monetary Policy)이 대표적인 글이다.

(4) 자연이자율과 자연실업률이다. 그리고 자연실업률을 인위적으로 감소시키고자 하는 정부의 정책은 가속화되는 인플레이션을 초래하게 된다고 강조하였다.

(5) 필립스곡선의 형태에 대한 논쟁은 필립스곡선이 유일한가, 아니면 일시적 형태인가라는 논쟁으로 볼 수도 있다. 케인즈학파는 필립스곡선이 유일한(unique) 형태라고 주장하는 반면에, 통화론자들은 필립스곡선이 일시적(transitory) 현상이라고 주장한다. 즉, 물가상승의 기대가 0이면 필립스곡선은 그대로 있고(standstill), 플러스(+)이면 상방으로 이동하고, 마이너스(-)이면 하방으로 이동하게 된다고 주장한다. 다르게 표현하면 화폐환상이 있으면 필립스곡선은 우하향하고, 화폐환상이 없으면 수직선이 된다고 할 수 있다.[24)]

(6) 불황기에는 실질임금이 하락하고, 설령 취업하더라도 이력현상 등으로 인하여 전과 동일한 상태로 작업하기가 어렵기 때문에 자연실업률은 불황기에 일반적으로 증가하게 된다.

(7) 외관상으로는 고용된 듯이 보여도 노동의 한계실물산출량이 거의 0에 가까운 노동자자 있는 경우를 뜻한다. 예를 들어 10인의 노동자가 생산하는 곡물 10가마를 5인을 다른 직장으로 보내고도 여전히 곡물 10가마를 생산할 수 있다면 다른 직장으로 이직한 노동자의 실물산출량은 0이 되고 이 같은 실업을 위장실업이라고 한다. 그리고 경제발전론에서는 잉여노동(surplus labor)이라고도 한다. 이 개념은 자본축적과정에서 잉여노동이 있다면 임금인상이 발생하지 않게 된다는 주장을 하기 위하여 소개되었다.

E: (5) sequence of logic은 논리의 일관성인데, 이 글에서는 편의상 문맥상 논리의 전개라고 하였다.

[5] T: 필립스 곡선이 인플레이션과 실업 간에 안정적이고 반비례 관계에 있다는 믿음은 정부가 선호하는 인플레이션과 실업의 조합을 결정하는데 상당한 운신의 폭을 가지고 재량적으로 할 수 있다는 확신을 부여하였다. 만일 장기적으로 수직

24) 모형 III에서 총공급곡선의 형태는 화폐환상이 있다면 우상향하고, 화폐환상이 없으면 수직선이 된다는 주장과 유사하다고 할 수 있다.

선의 형태를 지니지 않은 원래의 필립스곡선(original version of Phillips Curve)의 존재를 부정하는 기대가 첨가된 가설을 준수하는 것이 옳다면 정부는 인플레이션과 실업 간에 정부가 원하는 조합을 선택할 수 있다는 자유도 없어지게 된다.

Rewriting: The original version of Phillips curve has been hailed by Keynesians because it, somehow, supplements the missing role of price adjustment on the process of employment generation. Most Keynesians have appreciated the open choice between unemployment and price inflation by fully making use of the unique existence of Phillips curve. But they are doomed to be entrapped by the transitory phenomenon of Phillips curve which shifts upwards if price expectations are positive and vice versa. Monetarists argue that the Phillips curve has a vertical shape if the vertical axis is denoted in real wage rates instead of nominal one. Or alternatively it will become vertical shape at the natural rate of unemployment after making adjustment on price expectations. Under such circumstances, Keynesians put forward the case of cost-push inflation which may be caused by the increased leverage effects of market power. The OPEC in oil crisis in 1970s and the sporadic labor disputes in the Western Europe in the 1970s well exemplify such cases.

E: 물가상승률과 실업률 간에 반비례 관계를 나타내는 필립스 곡선은 정부가 재량적으로 완전고용과 물가안정의 조합을 선택을 할 수 있다는 것을 보여줌으로써 케인즈학파로부터 환영을 받았다. 그러나 통화론자는 기대가 첨가된 경우 필립스곡선은 장기적으로 자연실업률수준에서 수직선의 형태를 갖게 된다고 주장함으로써 자연실업률 이하로 실업을 감소시키고자 하는 정부의 정책은 인플레이션만 가속화시킨다고 주장하였다. 이 같은 상황에서 케인즈학파는 시장지배력을 가진 경제주체가 생산성보다 더 큰 폭으로 임금과 물가를 인상하기 때문에 물가상승이 야기된다는 비용인상 인플레이션을 주장하게 되었다.

[6] (1) Demand, pull (2) unanticipated (3) anticipated (4) inertia (5) inflation

T: 인플레이션 관성은 인플레이션율을 안정적으로 감소시키고자 하는 정책의 변화에 인플레이션이 느리게 반응할 때 나타난다.

(4) 피셔이론은 예상된 인플레이션은 포트폴리오와 자본시장에 아무런 영향을 주지 않는다는 점을 암시한다는 측면에서 중요하다. 기대된 인플레이션의 갑작스런 변화는 채무자에게 긍정적인 결과를 채권자에게는 부정적인 결과를 가져온다.

(5) 이것을 기대가 첨가된 필립스 곡선이라고 한다. 다르게 표현하자면, 원래의 필립스 곡선에다 기대되는 인플레이션을 고려하여 첨가하거나 수정한 것이다.
[6] (1) They are labor unions and OPEC which insist on charging higher wages and prices compared with their productivity increases.
(2) There is an inverse relationship between full employment and price stability.
(3) Its shape becomes vertical due to the adjustment of labor supply by laborers on expected inflation with a certain time lag in the long run.
(4) The natural rate of unemployment refers to the employment level which accommodates all voluntarily unemployed laborers. It is not a fixed figure because it can be increased if the government provides generous unemployment benefits.
T: (1) 그들의 생산성 향상과 비교하여 더 높은 임금과 가격을 요구하기를 고집하는 노동조합과 OPEC이다.
(2) 완전고용과 물가안정은 반비례관계이다.
(3) 장기에는 시차를 두고 기대 인플레이션에 대하여 노동자들이 노동공급을 조정하기 때문에 수직선의 형태를 갖게 된다.
(4) 자연실업률은 모든 자발적 실업을 수용하는 고용수준을 말한다. 이것은 정부가 관대한 실업급여를 제공하는 경우 증가하기 때문에 고정된 숫자가 아니다.
E: (4) 마찰적 실업만이 있는 경우를 완전고용이라고 한다.

제 6 장 신화폐수량설과 인플레이션에 대한 정책

케인즈는 고전학파의 화폐이론을 발전시켰다. 프리드만은 고전학파의 화폐이론의 미비점을 보완하고, 케인즈학파의 편중된(biased or tilted) 화폐이론을 수요의 일반이론을 적용하여 보편타당하게 발전시켰다. 제5장에서 설명한 바와 같이 원래의 필립스곡선을 기대가설과 자연실업률 가설을 가지고 격파하고, 통화론자 입장에서의 정책대안을 제시하는 기조는 신화폐수량설이다. 물론 영국의 칼도(N. Kaldor)와 미국의 토빈(J. Tobin)과 같은 케인즈학파는 이 신화폐수량설에 대하여 다시 그들의 입장에서 이론적으로 반격하게 된다. 그럼에도 불구하고 신화폐수량설은 경제이론뿐만 아니라, 신자유주의와 함께 정부의 역할을 축소하고 개인의 자유를 적극적으로 도모하는 정책의 이론적 근거이기 때문에 그 내용을 객관적으로 이해할 필요가 있다.

6.1 통화론자의 대두와 신화폐수량설

통화론자는 케인즈학파가 자세하게 다루지 않았던 통화량과 물가와 균형국민소득간의 관계를 가격기구를 통하여 분석하는 특징이 있다.

(1) 신화폐수량설

프리드만은 명목화폐수요는 이자율의 영향을 별로 받지 않고 항상소득과 물가수준의 영향을 받기 때문에 안정적이라고 주장한다. 통화론자는 화폐수요함수가 소비함수나 투자함수와 같은 거시경제함수 중에서 가장 안정적인 함수라고 지적하고, 이로부터 통화공급은 명목국민소득에 직접적이고 비례적인 변화를 가져오게 된다고 주장한다. [그림 6-1]에서 M_d는 화폐에 대한 수요, M_s는 화폐공급, Y는 명목국민소득을 나타낸다. M_d는 명목소득에 비례하기 때문에 원점을 지나는 직선으로 나타나 있고, M_d와 M_s가 만나는 점에서 균형국민소득은 Y_0가 된다. 만일 정부가 통화공급을 M_{s1}에서 M_{s2}로 증가시키면 초과통화공급이 발생하여 이를 지출하는 과정에서 총수요가 증가하게 되어 새로운 균형국민소득은 Y_1이 된다. 그런데 만일 화폐수요가 불안정하여 화폐수요함수가 M_{d1}에서 M_{d2}로 이동하게 되면 균형국민소득은 Y_0에 그대로 머무르게 된다. [그림 6-1]은 화폐수요함수의 안정성은 통화공급과 명목국민소득은 장기적으로 비례한다는 통화론자의 주장에 결정적으로 중요한 역할을 하고 있음을 보여준다.

[그림 6-1] 신화폐수량설

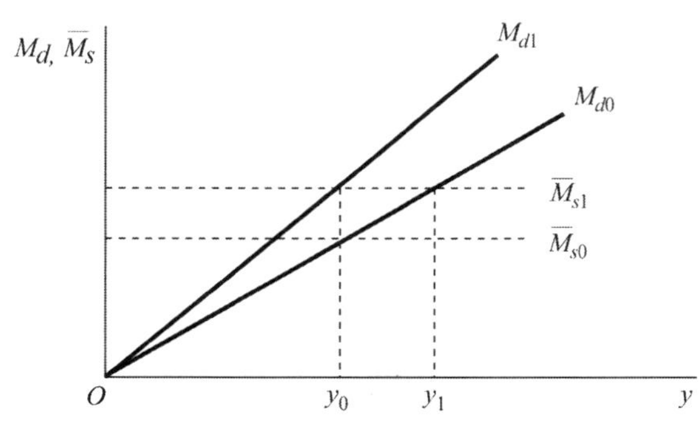

(2) 富의 개념

고전학파는 화폐 이외에 다른 자산을 보유할 경우의 대체적인 수익률에 대한 연구가 없었는데, 프리드만은 부의 개념을 구체적으로 정의하고 화폐를 보유할 경우의 기회비용인 다른 자산의 수익률을 구체적으로 분석하였다. 만일 노동소득이 있는 사람은 노동소득에 대한 청구권을 팔아서 얻은 소득을 가지고 보유하는 화폐량을 증가시킬 수도 있다. 따라서 어떠한 근원으로부터 얻게 되는 소득도 부에 대한 수익으로 간주될 수 있고, 富라는 것은 이러한 소득흐름의 현재가치에 불과하다는 것을 알 수 있다.

(3) 실증적 분석

신화폐수량설은 화폐에 대한 수요를 결정하는데 있어서 잠재적으로 중요한 요인을 몇 가지 변수들로 구체화하고, 또한 화폐에 대한 수요가 이러한 변수들과 가지는 관계의 부호(sign)를 구체화시킨 이론이다. 그러나 신화폐수량설은 이들 변수들 간의 관계가 얼마나 중요하고, 얼마나 비중이 큰가에 대해서 언급하는 바가 없고, 이러한 상대적 중요성과 비중에 대한 설명을 모두 실증적 분석에 맡기고 있다.

프리드만의 실증적 분석은 富가 가장 중요한 변수임을 발견하고, 부란 개념으로부터 항상소득(permanent income)이란 개념을 소개한다. 항상소득이란 사람들이 보유하고 있는 인적 및 비인적 부의 합계로서 평균적으로 얻게 되리라고 기대되는 소득이며, 총체적인 부(total wealth)와 일정한 비례관계가 있게 된다. 고전학파의 화폐수량설과 프리드만의 신화폐수량설을 비교하면 화폐수요는 전자의 경우에는 소득에 비례하고, 후자의 경우에는 항상소득에 비례한다. 화폐의 유통속도는 전자의 경우에는 고정적 계수이나, 후자의 경우에는 부의 영향을 받아 비교적 안정적이다.

케인즈의 유동성선호설과 프리드만의 신화폐수량설은 화폐의 가치저장기능을 강조하고, 화폐보유의 기회비용을 비교한 점에서 크게 다른 점이 없다. 케인즈는 이자율이 가장 중요한 변수이고, 투기적 동기에 의한 화폐수요는 이자율과 반비례한다고 주장한다. 프리드만은 화폐수요는 이자율의 영향을 받지만 이자율은 이차적으로 중요하고, 가장 중요한 변수는 부(富)나 항상소득이라고 주장한다.

(4) 자산선택이론과 富의 조정이론

통화론자는 케인즈학파가 금융정책을 중요하지 않게 평가하는 이유는 투자지출의 이자율탄력성이 크다는 것을 발견하지 못했기 때문이라고 지적한다. 통화론자는 통화량과 지출과는 더 직접적인 관계가 있으며 이를 실질잔고효과라고 한다.

(가) 실질잔고효과

실질잔고효과의 가장 오래된 형태는 불황기에 낮은 물가로 인하여 실질화폐잔고가 증가하게 되는 피구효과이다. 실질잔과효과는 피구효과보다 더 일반적 현상으로 실질현금잔고를 바람직한 실질현금잔고 수준으로부터 벗어나게 하는 통화증가는 실질현금잔고가 균형이 아닌 한 지출의 변화를 가져온다. 통화량이 증가한 경우 경제 전체적으로 명목화폐잔고의 보유를 감소시키지 못하기 때문에 초과된 실질현금잔고는 명목화폐공급이 명목화폐수요와 일치할 때까지 물가수준이나 실질소득의 증가를 통하여 제거된다.

(나) 자산선택이론(portfolio balance approach)

화폐수요에 대한 자산선택이론은 토빈의 유동성선호설[1])을 확장하여 발전시킨 것이다. 포트폴리오에 포함시킬 수 있는 자산은 채권뿐만 아니라 단기금융자산, 다양한 장기금융자산, 실물자산과 화폐 등이다. 통화공급의 변화나 실물 내지 금융자산이 변화는 포트폴리오의 구성을 바꾸게 한다. 화폐에 대한 자산수요는 이자율과 반비례관계를 유지하지만, 화폐는 자산구성을 조정하는 유일한 수단이 아니기 때문에 케인즈학파는 화폐에 대한 수요함수는 이동하기 쉽고 잠재적으로 불안정하다고 주장한다.

(다) 부의 조정이론(wealth adjustment approach)

통화론자는 통화공급의 변화에 따른 부의 변화는 명목소득에 즉각적이고 예측할만한 효과를 가져오게 된다고 주장한다. 이러한 결론은 화폐가 대체가능한 유

1) 토빈은 케인즈의 투기적 동기에 의한 화폐수요에 불확실성을 추가하였다. 그는 불확실성을 채권을 보유함으로써 얻게 되는 예상수익률의 분산으로 나타내었다.

일한 자산이고, 화폐공급의 변화에 따른 부의 효과는 화폐가 경제활동에 직접 접촉을 가져온다는 가정에 기초하고 있다. 부의 조정이론은 실질잔고효과와 같으나, 화폐를 대체가능한 유일한 자산으로 명시하는 점에서 다르다고 할 수 있다.

(5) 정책시사점과 통화공급의 준칙

통화론자는 신화폐수량설을 기초로 하여 다음 두 가지 정책시사점을 제시한다. 첫째, 통화당국은 어떤 상황에 따라서는 통화공급이 내생적 요인에 의하여 영향을 받을 수 있기 때문에 통화공급을 통제하기 위하여 이자율이나 환율을 안정시키기 위한 정책을 포기해야 한다고 주장한다. 둘째, 통화당국은 통화공급을 통제하는 방법으로 재량적 정책보다 준칙을 따라야 한다는 것이다. 통화론자도 케인즈학파와 같이 수요관리를 하지만 재량적 개입이 아닌 '준칙'에 의한 수요관리를 한다는 점에서 다르다.

6.2 통화론자의 정책시사

(1) 화폐수요함수의 안정성

프리드만은 명목화폐수요자는 이자율의 영향을 별로 받지 않고 항상소득과 물가수준의 영향을 받기 때문에 안정적이라고 주장한다. 다르게 표현하면 케인즈학파는 화폐수요의 이자율탄력성이 크다고 주장하는 반면에, 통화론자는 화폐수요의 이자율탄력성이 작다고 주장한다.

통화론자는 화폐수요함수가 소비함수나 투자함수와 같은 거시경제함수 중에서 가장 안정적인 함수라고 지적하고, 이로부터 통화공급은 명목국민소득에 직접적이고 비례적인 변화를 가져오게 된다고 주장한다. 통화론자는 화폐에 대한 수요와 공급이 일치하는 수준에서 명목국민소득이 균형을 이루고, 만일 화폐공급이 화폐에 대한 수요를 초과하게 되면 총수요가 증가하기 때문에 명목국민소득은 증가한다. 이와 반대로 화폐에 대한 수요와 화폐공급을 초과하면 총수요가 감소하게 되어 명목국민소득도 감소하게 된다.

[그림 6-1]에서 화폐에 대한 수요는 명목소득에 비례하기 때문에 원점을 지나는 직선으로 나타나 있고, 화폐공급은 외생적으로 주어진다고 가정하기 때문에 수평선으로 나타나 있다. M_{d0}와 M_{s1}가 만나는 점에서 균형국민소득은 Y_0가 된다. 정부가 통화공급을 M_{s1}에서 M_{s2}로 증가시키면 초과통화공급이 발생하여 이를 지출하는 과정에서 총수요가 증가하게 되어 새로운 균형국민소득은 Y_1이 된다. 그런데 만일 화폐수요가 불안정하여 화폐수요함수가 M_{d1}에서 M_{d2}로 이동하게 되면 균형국민소득은 Y_0에 그대로 머무르게 된다. [그림 6-1]은 화폐수요함수의 안정성은 통화공급과 명목국민소득은 장기적으로 비례한다는 통화론자의 주장에 결정적으로 중요한 역할을 하고 있음을 보여준다.

(2) 금융정책의 전달과정

케인즈학파는 화폐는 다양한 금융자산의 하나이므로 화폐공급의 변화는 가계의 금융자선구성을 변화시키는데 그치고, 재화와 용역에 대한 지출에 직접 영향을 미치지 못하게 된다고 주장한다. 이에 반하여 통화론자는 화폐는 대체가능한 유일한 금융자산이기 때문에 화폐공급의 증가는 부의 조정과정을 통하여 금융자산뿐만 아니라 실물자산의 구성에도 직접적인 영향을 미치기 때문에 총지출의 즉각적인 증가를 가져오게 된다고 주장한다.

(3) 금융정책의 지표로서의 총통화

케인즈학파는 화폐수요의 이자율 탄력성이 크다고 보았기 때문에 이자율을 금융정책의 지표로 사용한다. 케인즈학파는 이자율의 인하를 가져오기 위해서는 중앙은행이 공개시장에서 채권을 매입하게 되면 채권의 시장가격을 상승시킴으로써 이자율이 하락하게 된다고 보았기 때문에 금융정책의 지표로 이자율이 적합하다고 간주한다.

그러나 통화론자들은 다음과 같은 이유로 명목이자율이 아닌 총통화(M_2)가 금융정책의 지표로 적합하다고 주장한다. 첫째, 기업가가 투자를 결정하는 기준은 명목이자율이 아닌 실질이자율[2])이다. 둘째, 통화공급변화에 대한 명목이자율의 변화방향이 일정하지 않기 때문에 명목이자율은 지표로 적합하지 않다. 셋째,

통화량의 증가 및 감소는 항상 국민경제에 있어서 총지출과 같은 방향으로 움직이기 때문에 금융정책의 지표로서 적합하다.

(4) 통화공급의 준칙

통화론자는 다음과 같은 이유에서 준칙을 주장한다. 첫째, 통화당국은 어떤 상황에 따라서는 통화공급이 내생적 요인에 의하여 영향을 받을 수 있기 때문에 통화공급을 통제하기 위하여 이자율이나 환율을 안정시키기 위한 정책을 포기해야 한다. 둘째, 실질경제성장률과 비례하는 일정률로 통화를 공급하게 되면 준칙은 자동적 안정장치(built-in-stabilizer)의 역할을 수행하게 된다. 예를 들어, 실제성장률이 적정성장률보다 크게 되면 긴축적 효과를 가져 오고, 이와 반대로 실제성장률이 적정성장률보다 작게 되면 확장적 효과를 가져 온다. 셋째, 통화공급의 변화는 장기적으로 명목국민소득을 같은 방향으로 비례적으로 변화시키게 되지만, 정보나 지식의 부족으로 금융정책의 효과의 정도와 시기를[3] 알 수 없기 때문에 적극적으로 완전고용과 성장을 달성할 수 없지만, 준칙에 따라서 통화량과 이와 관련된 변수를 안정적으로 증가시켜 가면 안정을 해치는 요인의 제거가 가능하다. 넷째, 통화론자의 철학적 배경인 신자유주의는 정부의 개입을 극소화하자고 주장하고, 준칙에 바탕을 둔 금융정책은 이 같은 소기의 목적을 달성시켜 준다.

(5) 케인즈학파의 비판

(4)와 같은 통화론자의 주장에 대하여 케인즈학파는 다음과 같은 문제점들을 제기한다. 첫째, 대량실업 또는 가속화되는 인플레이션과 같은 불안정한 요소를 무시하고 준칙을 따르게 되면 경기변동의 진폭을 완화하기가 어렵게 된다. 둘째, 통화의 공급은 통화당국뿐만 아니라 상업은행이나 민간인의 행동에 의하여 영향을 받기 때문에 적어도 단기적으로는 통화의 공급을 조절하기가 어렵다.[4] 셋

2) 실질이자율은 명목이자율에서 물가상승률을 차감한 이자율이다. 예를 들어 명목이자율이 연 10%이고, 물가상승률이 연 15%라면 실질이자율은 연 마이너스 5%가 된다.

3) 금융정책은 재정정책에 비하여 시차가 길다.

4) 특히 파생금융상품이나, 사모기금(private equities)이 활성화되면서 통화량의 크기를 파악하고 통제하기가 더 어려워졌다.

째, 정치적 이유에서 실업 또는 인플레이션을 완화시킬 필요가 있을 때 통화당국이 계속하여 준칙을 지키기가 현실적으로 어렵다.

케인즈학파는 통화론자의 노동시장분석을 순진하다고 보고, 재정정책의 효력이 약하다는 주장은 충분하게 검토되지 않았고, 그리고 통화팽창의 다양한 원인들을 하나로 묶어서 논의하는 것은 중대한 과오라고 지적한다. 다르게 표현하면, 가격의 신축성과 정보이용의 완전성이 확보되는 장기에는 통화론자 주장이 맞겠지만, 가격의 하방경직성, 정보이용의 비대칭성이 존재하고, 독점내지 과정의 형태를 갖춘 이해자 집단은 생산물시장과 생산요소시장에서 교섭력을 행사할 수 있다는 제약들을 고려하게 되면 통화론자의 이론이 정치하기는 하지만 다차원의 세계를 1차원의 세계로 파악하고 이론과 정책을 전개하는 것은 문제가 있다고 볼 수도 있다. 그러나 이 같은 비현실적 분석에도 불구하고 통화론자는 케인즈가 시작은 하였지만 다하지 못한 화폐이론을 크게 발전시킨 점과 실물세계도 중요하지만 화폐의 역할도 역시 중요하다는 것을 입증한 공헌은 크다고 할 수 있다.

6.3 통화론자의 인플레이션에 대한 정책

(1) 이론적 주장

통화론자들은 인플레이션을 억제할 수 있는 유일한 방법은 인플레이션을 감당할 만큼 통화를 공급하고 통화공급의 증가율을 실제 경제성장률과 일치할 때까지 점차적으로 감소시켜야 한다고 주장한다. 이 같은 긴축금융정책의 실시는 불가피하게 실업률을 일시적으로 자연실업률 이상으로 증가시키게 되지만 점차적으로 자연실업률로 돌아와서 물가안정이 달성될 수 있다고 설명한다. 통화론자는 긴축적 금융정책이 바람직하지 않은 부작용을 감소시키기 위한 방법의 하나로 물가연동제(indexation)를 주장한다.[5]

5) 모든 명목계약들이 과거에 경험한 인플레이션율을 반영할 만큼 효과적으로 물가와 연동되

(2) 실증적 주장

프리드만은 미국경제의 실질 GNP의 증가율은 연 3%, 화폐의 유통속도 증가율은 연 1% 임을 추산하여, 통화공급의 증가율을 연 4%로 통제하면 물가상승율이 0%가 되리라고 설명한다. 그리고 1%의 오차 폭을 허용하여 통화공급의 증가율을 연 3-5%로 고정시키는 준칙에 따라서 증가시켜야 한다고 주장한다.

(3) 이론적 문제점

자연실업률이 완전고용의 속성을 지니고 있지 않다면 통화론자의 주장이 틀릴 수도 있다. 만일 화폐에 대한 수요함수가 소득에 대하여 안정적이 아니라면 통화공급이 증가하더라도 균형국민소득은 변하지 않거나 또는 감소할 수도 있다. 더 나아가 화폐공급이 외생적 요인이 아닌 내생적 요인으로 결정될 경우에는 통화공급의 증가는 비례적인 국민소득의 증가를 가져오지 않게 된다. 케인즈학파는 화폐공급은 정치적 요인이나 기타 필요에 의하여 증가하게 된다고 지적한다.[6)]

(4) 실증적 문제점

미국의 경우에도 통화량에 대한 보다 엄격한 규제는 실시되었지만 실업문제를 해결하기 위하여 여전히 총수요관리정책을 실시해 왔다. 영국의 경우에도 대처행정부가 시작된 1979년부터 1980년대 중반까지 통화론자와 공급측 경제학의 주장을 실시하였으나, 국제수지의 적자가 급증하는 경우에는 해외자본을 유치하기 위하여 이자율을 인상하는 정책을 실사하였다. 케임브리지 정책집단(Cambridge Economic Policy Group)은 상당히 강도 높은 케인즈학파의 주장을 전개하였다. 그들은 작은 정부를 반대하고, 가격기구가 국내 및 외국의 정책적인 왜곡으로 인하여 제 기능을 발휘하지 못할 경우에는 국가가 적극적으로 경제에 개입해야 한다고 주장하였다. 더 나아가 그들은 가격기구에만 의존할 경

어 있다면, 개인들이 인플레이션율을 예상해서 경제활동을 최적화해야 되는 압력은 그만큼 감소하게 된다.

6) Money supply accommodates itself to the demand for money.

우에는 영국의 산업이 국제경쟁력을 상실할 가능성을 지적하고, 국제경쟁력의 향상과 수출을 증가시키기 위하여 산업조정정책을 수립하여 국가가 보조금을 제공하거나, 수입을 규제하면서 잠재적 경쟁력을 지닌 산업을 육성할 필요가 있다고 강조하였다. 줄여서 표현하면, 대량실업과 무역 분쟁이 심화될수록 통화주의에 입각한 정책의 효력은 상대적으로 감소하게 된다.

6.4 케인즈학파의 반론

(1) 필립스곡선의 형태에 대한 반론

케인즈학파는 [식 5-4]에서 $\dot{P}^e$ 계수 α가 1이 아니고, 1과 0 사이에 있다고 주장한다. 즉 0< α<1인 경우에는 [식 5-4]로부터 수직선이 아닌 필립스곡선이 나타나게 된다. 즉, 실업과 인플레이션은 반비례관계에 있게 된다. $\dot{P}^e$의 변화를 쉽게 알기 위해서 [식 5-4]를 변형하면 다음과 같다.

$$\dot{P}^e = f(U)/(1-\alpha) \qquad [식\ 6\text{-}1]$$

[식 6-1]은 어떤 특정한 α의 값의 범위 내에서 임의적으로 선택한 실업률에 대하여 시간이 흐름에 따라서 $\dot{P}$와 $\dot{P}^e$ 간의 괴리가 없어지게 되면 결국에는 인플레이션율이 $f(U)/(1-\alpha)$이 된다는 것이다. 그렇게 되면 자연실업률 이외도 플러스(+)의 실업률은 고정된 인플레이션율을 가지게 된다. 토빈(J. Tobin)은 노동공급에서 나타나는 화폐환상을 동태적으로 나타낸 것이 필립스곡선이라고 설명한다. 그렇다면 [식 6-1]의 분모에 위치한 (1-α)는 동태적 화폐환상(dynamic money illusion)을 가져오는 요인이라고 할 수 있다.

케인즈학파는 인플레이션에 대한 대책은 오직 통화규제라는 통화론자의 주장을 다음과 같은 이유에서 반대한다. 첫째, 실증적으로 자연실업률 자체가 시간이 지나면서 서서히 변화하기 때문에 자연실업률을 발견하기가 쉽지 않다는 것이다. 둘째, [식 6-1]에서 P^e의 계수 α가 1보다 작고 0보다 큰 경우에는 수직선이 아닌 필립스곡선이 성립하게 되어 실업과 인플레이션 간에 상쇄관계가 있게 된다. 셋째, 화폐공급이 외생적으로만 결정되는 것이 아니라 다른 경제변수의 영향을 받게 된다는 내생성(endogeneity)이다.

(2) 신화폐수량설에 대한 케인즈학파의 반론

만일 화폐에 대한 수요함수가 소득에 대하여 안정적이 아니라면 통화공급이 증가하더라도 균형국민소득은 변하지 않거나 또는 감소할 수도 있다. 더 나아가 화폐공급이 외생적 요인이 아닌 내생적 요인으로 결정될 경우에는 통화공급의 증가는 비례적인 국민소득의 증가를 가져오지 않게 된다. 케인즈학파는 화폐공급은 정치적 요인이나 기타 필요에 의하여 증가하게 된다고 지적한다.

6.5 케인즈학파의 인플레이션 정책

필립스곡선이 통화론자의 주장대로 수직선의 형태라면 정책수립자의 운신의 폭이 작아질 수밖에 없다. 이 같은 상황에서 케인즈학파는 인플레이션의 주된 원인이 수요측면이 아닌 공급측면에서 야기된다고 주장하게 되었다. 케인즈학파는 더 나아가 통화론자의 이론적 기반인 신화폐수량설도 화폐공급이 외생적으로 결정되지 않기 때문에 신화폐수량설을 분석이 타당하지 않다고 지적하였다.

(1) 가격 및 소득정책

장기 필립스곡선이 수직선의 형태를 갖게 된다는 통화론자의 주장은 정책수립자로 하여금 완전고용과 물가안정의 조합에 대한 운신의 폭이 전혀 없음을 시사한다. 이 같이 정책수립의 범위가 축소되는 난관에 직면한 케인즈학파는 인플레이션의 원인이 수요견인보다는 비용인상측면에서 야기된다고 지적하고, 이를 해결하기 위해서는 가격 및 소득정책을 실시해야 한다고 주장한다. 케인즈학파는 독점력을 가진 석유수출기구(Organization of Petroleum Exporting Countries; OPEC) 또는 노동조합이 생산성보다 가격 또는 임금을 크게 인상한 결과 인플레이션이 야기된다고 보고, 이 같은 인플레이션을 완화 또는 저지하기 위해서는 산업별로 생산성에 비례하여 가격과 임금을 인상해야 한다고 주장한다.

가격 및 소득정책을 실시하면 물가하락과 실업의 감소를 가져오기 때문에 단기 필립스곡선은 원점방향으로 이동하고, 총공급곡선은 남동방향으로 이동하게 된다. 그러나 인플레이션이 총수요의 과다로 인하여 발생한다면 소득정책은 초과수요를 제거하는 정책대안이 될 수 없다. 이와 같은 상황에서는 소득정책은 기껏해야 노동시장을 인위적으로 배분함으로써 임금인상을 잠정적으로 견제하게 되거나, 상대가격변화의 신축성을 감소시킴으로써 자원배분을 악화시킬 수도 있게 된다.

(2) 실증적 주장

많은 실증적 연구들은 가격정책과 소득정책이 인플레이션을 억제하는데 효과가 없음을 보여주었다. 그럼에도 불구하고, 가격 및 소득정책은 수요관리정책 집합의 한 부분으로 사용된다면 인플레이션을 억제하는데 중요한 역할을 할 수 있다. 예를 들어, 가격 및 소득정책은 인플레이션 기대를 더 빠르게 소멸하기 위한 물가연동제(indexation)를 지원하기 위하여 대단히 유용하게 사용되어질 수 있다. 만일 가격 및 소득정책이 인플레이션 기대를 낮추는데 괄목할 만큼 성공하게 되고, 물가연동제가 모든 명목계약에 적용되어 있다면, 통화팽창률을 감소시키는 정책이 가져오는 대량의 경제적 손실을 크게 완화할 수 있게 된다.

(3) 이론적 문제점

소득정책은 다음과 같은 문제점을 가지고 있다. 첫째, 가격기구의 매개변수적 기능에 제한을 가함으로서 자원배분의 효율성을 저해하기 쉽다. 둘째, 각 산업별로 노동생산성에 비례하여 임금을 인상시키기 때문에 개인별 소득분배가 오히려 악화될 수도 있다. 셋째, 모든 산업에서 노동생산성이 비슷한 크기로 증가한다면 임금도 같은 크기로 상승하게 되고, 제품가격은 안정적이 되므로 물가안정이란 목적은 달성할 수 있다. 그러나 이 같은 상황에서는 생산요소가 보다 더 효율적인 산업으로 이동하지 않게 됨에 따라서 자원배분이 효율성이 감소하게 된다. 넷째, 모든 가격과 임금을 통제한다는 것은 불가능하기 때문에 소득정책의 대상은 독과점기업의 중요한 제품가격과 노동조합에 가입한 노동자의 임금으로 소득정책의 대상범위가 제한되어진다. 다섯째, 인플레이션의 발생원이 공급측면이 아니고 수요측면인 경우에는 소득정책은 효력이 없게 된다.

(4) 실증적 문제점

실증적 문제점은 다음과 같다. 첫째, 기업을 산업별로 구분하는 데 어려움이 따른다. 둘째, 기업가나 노동자들은 경제전체의 평균노동생산성 증가율이란 개념에 별다른 관심을 가지고 있지 않다. 셋째, 소득정책은 정부가 강제성을 가지고 임금과 물가의 상승을 통제하는 것이 아니고, 설득을 통하여 기업과 노동조합의 자발적 협조를 얻는 방법에 의존하여 임금과 물가의 상승을 억제하고자 하므로 기업과 노동조합이 협조를 거절하여도 실효가 있는 방법을 강제적으로 시행하기 어렵다. 넷째, 노동생산성을 측정하는데 잘못이 있거나 소득정책 실시시기에 시차가 있는 경우에는 자원배분의 왜곡이 더 악화되기 쉽다. 다섯째, 소득정책은 가격 벡터(vector)를 고정시키므로 가격기구의 매개변수적 기능을 저하시켜서 자원배분을 비효율적으로 되게 한다. 따라서 소득정책을 수요관리정책 집합의 한 부분으로 단기적으로 사용하면 효과를 발휘할 수 있으나, 장기적으로 사용할 경우에는 자원배분의 효율성을 저하시킬 수도 있다.

(5) 가격 및 소득정책에 대한 비판 및 통화론자의 대책

통화론자들은 가격 및 소득정책이 인플레이션을 억제하는데 일시적 역할을 할 수 밖에 없다고 보기 때문에 수요관리정책을 기조로 하면서 가격 및 소득정책을 보조정책으로 사용하여야 한다고 주장한다.

통화론자들은 인플레이션을 억제할 수 있는 유일한 방법은 인플레이션을 감당할 만큼 통화를 공급하고 통화공급의 증가율을 실제 경제성장률과 일치할 때까지 점차적으로 감소시켜야 한다고 주장한다. 이 같은 긴축금융정책의 실시는 불가피하게 실업률을 일시적으로 자연실업률 이상으로 증가시키게 되지만 점차적으로 자연실업률로 돌아와서 물가안정이 달성될 수 있다고 설명한다. 통화론자는 긴축적 금융정책이 바람직하지 않은 부작용을 감소시키기 위한 방법의 하나로 물가연동제(indexation)를 주장한다.[7)]

6.6 신경제학자의 임금물가지표정책

(1) 신경제학자

1950년대에 미국 대통령의 경제자문위원회에서 일했던 케인즈학파의 경제학자이었던 헬러, 토빈(J. Tobin), 아클레이(G. Ackley), 엑스타인(O. Eckstein), 애로(K. Arrow), 오쿤(A. Okun) 등의 신경제학자(new economist)라고 한다. 신경제학자들은 경제정책이 첫 번째 목표를 완전고용에 두고, 두 번째 정책 목표를 물가안정에 두었다. 신경제학자들은 예산을 실제적 GNP가 아닌 잠재적 GNP를 기준으로 편성하는 것이 낫다고 보고 재정정책의 주된 목표는 GNP 갭을 보전하는 데 있다고 보았다. 신경제학자들은 완전고용 예산잉여를 실제적 GNP에서의 잉여가 아니고, 잠재적 GNP에서의 잉여의 뜻으로 사용하였다.

(2) 재정장애(fiscal drag)와 재정배당(fiscal dividend)

조세수입의 증가율보다 정부지출의 증가율이 작은데 비례하여 경제성장이 억제되는 효과를 재정장애라고 한다. 재정장애 효과를 상쇄하기 위하여 정부지출을 증가시키거나, 세율을 인하시키는 정책을 재정배당이라고 한다.

---

7) 모든 명목계약들이 과거에 경험한 인플레이션율을 반영할 만큼 효과적으로 물가와 연동되어 있다면, 개인들이 인플레이션율을 예상해서 경제활동을 최적화해야 되는 압력은 그만큼 감소하게 된다.

(3) 임금물가지표정책(wage price guidepost)

임금물가지표정책[8]은 임금과 물가를 노동생산성의 증가율과 비례되는 비율만큼 인상 내지 인하를 제시하는 정책이다. 예를 들면, 이 정책은 특정산업의 명목임금상승률이 그 산업의 노동생산성의 증가율의 범위 내에서 이루어져야 함을 제시한다. 크게 보면 임금물가지표정책은 비용인상 인플레이션을 억제하기 위한 소득정책의 일환이다.

물가안정을 위하여 실업률을 증가시키게 되면 GNP손실을 가져오고, 이와 반대로 실업을 감소시키기 위하여 GNP를 증가시키면 물가상승이 유발된다. 이와 같은 물가안정과 완전고용의 상쇄관계를 해결하고자 제안된 정책이 임금물가지표정책이다. 이 정책은 임금과 물가를 상승시키도록 조정하기 때문에 실업의 감소와 물가안정을 동시에 달성할 수 있다. 즉, 단기필립스곡선을 원점방향으로 이동시키게 된다.

(4) 인력정책

인력정책은 노동에 대한 수요와 공급 간의 괴리에서 나타나는 구조적 실업을 해결하기 위하여 노동의 공급을 변화하는 노동의 수요에 적응시키는 정책이다. 인력정책은 노동의 이동성(mobility)을 증가시키기 때문에 장기적으로 보면 물가안정에 기여한다.

6.7 인플레이션의 동태적 진행과정

(1) 인플레이션 예상과 동태적 인플레이션

동태적 인플레이션이라 함은 인플레이션에 대한 예상이 경제행위의 의사결정에 반영되어 총수요곡선과 총공급곡선의 형태에 영향을 미치고, 이와 같은 총수

8) 임금물가지표정책(wage-price guidepost)은 영국에서 사용되는 가격 및 소득정책과 유사한 정책이다.

요와 총공급이 상호작용하여 결정되는 균형점의 동태적 적응을 의미한다. 거시경제의 여러 가지 관계가 물가수준과 관련지어 설명하기 보다는 인플레이션율과 관련지어 설명하는 것이 더 안정적이고 명확하기 때문에 모형 Ⅲ에서의 세로축을 물가수준으로 나타내는 것보다 인플레이션율로 나타내는 것이 더 유용한 분석이 될 수 있다.

[그림 6-2]에 나타난 인플레이션예상하의 거시경제균형은 $\dot{P}^e$라는 변수가 도입되었고, 분석평면이 (y, P)에서 $(y, \dot{P})$평면으로 바뀐 것 이외에는 모형 Ⅲ가 유사한 점들이 많다. 예를 들어 총수요곡선이 우하향하고, 총공급곡선이 우상향하고, 두 곡선이 교차하는 점에서 균형이 이루어지고, 장기의 총공급곡선이 수직선이 되는 것 등이다. 그러나 인플레이션예상 하에서의 적응과정은 그렇지 않은 경우에 비하여 단조롭지 아니하고 진동하거나 복잡한 과정을 거쳐서 장기균형점으로 이동한다. 이 같은 차이점은 어떤 특정 기간의 소득수준과 인플레이션율은 전기의 소득, 정부지출의 변화량, 통화정책의 변화율, 예상인플레이션율 및 예상인플레이션의 변화량에 의하여 결정되고, 특히 예상인플레이션율이 총수요와 총공급과 함께 영향을 미치는 중요한 내생변수가 되었기 때문에 야기된다.

총수요곡선과 총공급곡선은 외생적 충격이 없어도 예상인플레이션율의 변화에 적응하면서 장기균형에 도달할 때까지 [그림 6-2]의 단기 총수요곡선과 단기 총공급곡선과 같이 여러 기간에 걸쳐서 이동하고, 단기균형점들은 $E_0 \rightarrow E_1 \rightarrow E_2 \rightarrow E_3$ 등으로 이동하게 된다. [그림 6-2]에서 인플레이션의 동태적 적응과정은 총수요곡선과 총공급곡선의 이동방향에 따라서 단조적 내지 진동을 하면서 장기 균형점에 도달하게 된다. 동태적 진행경로는 차분방정식의 계수에 의하여 결정된다.

[그림 6-2] 총수요부문의 충격과 인플레이션의 진행과정

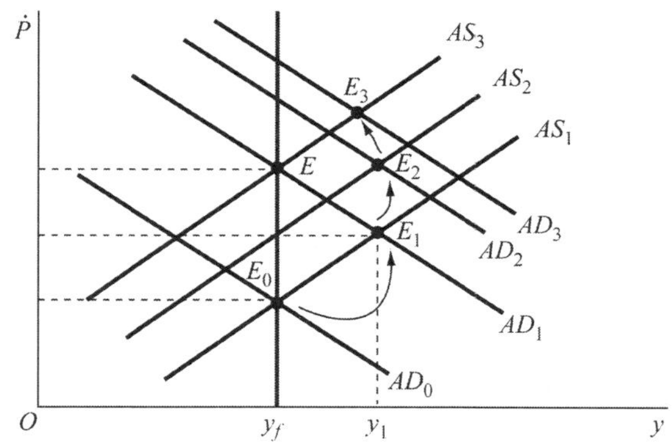

[그림 6-3]은 인플레이션의 동태적 진행경로를 연속하여 그려본 것이다. 동태적 진행과정 중에 $E_2 \rightarrow E_3 \rightarrow E_4$의 구간에서 인플레이션과 경기침체가 동시에 진행되는 스태그플레이션이 나타남을 알 수 있다. 스태그플레이션은 인플레이션 예상하에서 경제가 장기균형으로 이동하는 동태적 적응과정을 나타내는 단기적 현상으로 이해할 수 있다.

[그림 6-3] 인플레이션의 동태적 진행경로와 스태그플레이션 및 과잉적응

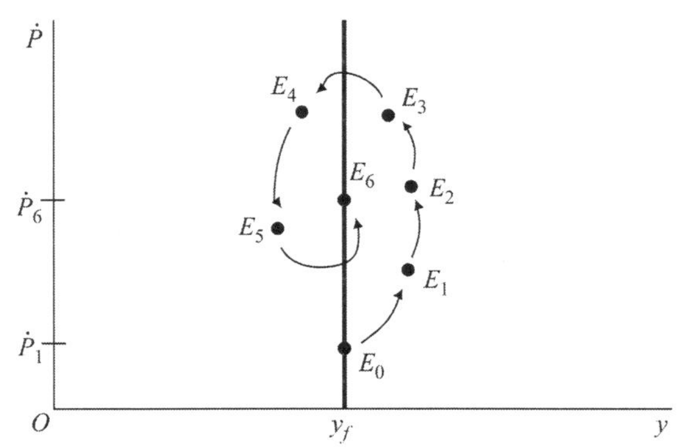

(2) 스태그플레이션과 과잉적응(overshooting)

스태그플레이션은 [그림 6-3]에서와 같이 과다한 총수요창출정책을 결과로

발생하는 경우와 일시적인 공급충격에 의하여 발생하는 경우가 있다. 후자의 경우는 1970년대 초에 석유파동이나 자원부족 등으로 공급측면에서의 장애로 인하여 석유와 원자재가격이 상승하면서 인플레이션 기대율에 영향을 미치게 되어 이를 반영하는 총공급곡선이 북서방향으로 이동하면서 발생하게 된다. [그림 6-3]의 동태적 적응과정에서 E_3점과 같이 국민소득과 인플레이션율이 장기균형점의 국민소득이나 인플레이션율보다 높게 되는 과잉적응이 나타나기도 한다. 스태그플레이션과 마찬가지로 과잉적응도 인플레이션이 가져다주는 문제들 이외에 불확실성을 증가시키기 때문에 이 같은 충격을 완화시킬 정책이 요구된다. 이에 따라 먼저 수요관리정책을 설명하고, 이어서 공급관리정책을 설명한다.

6.8 수요관리정책, 공급관리정책과 물가안정목표

(1) 수요관리정책

어떤 경제가 인플레이션율이 연 10%이고 정부가 인플레이션율을 연 5%로 낮추기 위하여 인플레이션 억제정책(disinflation policy)을 수립하기도 하였다고 가정하자. 디스인플레이션 정책의 기본방향은 총수요의 증가율을 감소시켜서 단기 총수요곡선을 하방으로 이동시키면서 불경기(recession)의 규모를 작게 하는 것이다.

모형III에서 총수요곡선을 크게 하방으로 이동시키면 물가는 크게 하락하겠지만, 산출량은 크게 감소하게 된다. [그림 6-4]의 〈가〉와 같은 급진적 긴축통화정책(cold turkey policy)이 초래하는 큰 폭의 산출량의 감소는 큰 폭의 실업의 증가를 뜻한다. 점진적 긴축통화정책(gradualism)은 이 같은 충격을 완화하고자 [그림 6-5]의 〈나〉와 같이 총수요곡선을 작은 크기로 하방으로 이동시키는 정책이다.[9]

9) 점진적 긴축통화정책을 대중매체(mass media)에서는 '연착륙'(soft landing)이라고도 한다.

[그림 6-4] 인플레이션 완화정책

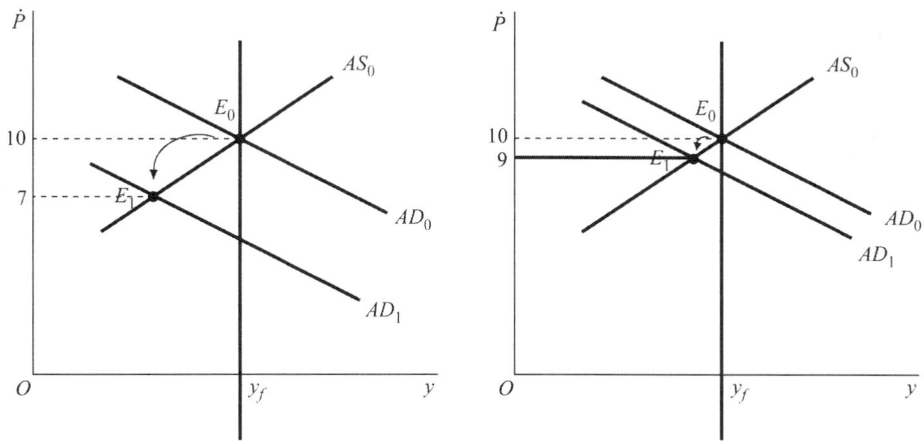

〈가〉 급진적 긴축통화정책 〈나〉 점진적 긴축통화정책

(2) 공급관리정책

공급관리정책은 다른 조건이 동일할 때 생산량이 증가하여 단기 총공급곡선이 하방으로 이동하는 것이 경제의 내재적 적응과정에 의탁함으로써 야기되는 문제들의 심각성을 약화시킬 수 있다는데 착안하여 공급측면에 중점을 두고 공급의 적응을 신축성이 있게 하는 정책들을 포함한다. 이 같은 정책으로는 소득정책, 조세유인정책, 미시적 효율성 증진을 위한 정책 등이 있다.

(가) 소득정책

인플레이션을 억제하는 정책은 물가 내지 임금수준을 낮추는 과정을 필요로 하기 때문에 시간이 소요되고 그 같은 과정에서 실업을 가져오게 된다. 소득정책은 디스인플레이션 정책의 실시에 상대적으로 시간이 소요되는 늦은 과정을 임금 및 물가통제법이나 설득으로 단축시키는 목적을 가지고 있다.

소득정책이 실제로 성공한 경우가 드문 이유 중의 하나는 소득정책이 적절한 수요관리정책과 같이 실시되지 않았기 때문이다. 총수요곡선이 총공급곡선과 같이 하방으로 이동하게 되면 인플레이션율은 낮아지고, 그 상태를 유지할 수 있다. 그러나 총공급곡선이 하방으로 이동하고 총수요곡선에 변화가 없다면, 임금 및 가격통제는 물가상승을 억제하기보다는 인상하는 방향으로 작동하게 된다.

(나) 조세유인정책

조세유인정책은 노동자와 기업가에게 조세유인을 제공함으로써 임금과 물가의 상승을 억제하는 정책이다. 조세를 증가시키면 단기 총공급곡선은 상방으로 이동하고, 조세를 감소시키면 단기 총공급곡선은 하방으로 이동하게 된다. 소득정책도 단기 총공급곡선을 하방으로 이동시키는 정책이다. 조세유인에 순응하는 것이 민간부문에게 이익을 보장되게 하는 소득정책을 조세에 근거한 소득정책(tax-based incomes policy)이라고 한다. 이 같은 정책은 민간부문의 자발적 참여를 기대할 수 있게 한다는 장점을 지니고 있다.

(다) 미시적 효율성 증진을 위한 정책

생산요소 투입량이 동일하다고 하더라도 요소사용을 더 활발하게 하여 공급을 증가시키고자 하는 정책을 미시적 효율성 증진을 위한 정책이라고 한다. 경제주체의 최적화행위를 저해하는 요인, 특히 정부에 의한 규제를 극복하는데 중점을 둔다. 이 같은 정책으로는 노동시장에서의 최저임금제의 폐지, 자본시장에서의 물가연동채권(indexed bond)에 의한 실질수익보장, 그리고 인플레이션과 연동화 된 조세제도가 있다.

(3) 물가안정목표(Inflation Targeting)

통화론자는 '준칙'에 따라서 통화량을 아주 엄격하게(stringent) 통제한다. 이에 반하여 케인즈학파는 '재량적 개입'에 따라서 너무 안이하게(lenient) 통화량을 통제한다. 이 같이 상반된 견해는 현실세계에서 너무 획일적 엄격성내지 너무 방만한 성격을 지녔다고 볼 수 있다. 루카스(R. Lucas)와 같은 새고전학파는 정부가 자의적으로 정책을 변경하면 금융정책에 대한 신뢰성이 감소한다고 보고 인플레이션의 상한선과 하한선을 정한 구간에서 통화량 조정을 도모하는 물가안정목표를 실시하는 것이 동태적 불일치성(dynamic inconsistency)을 방지하는 정책으로서 바람직하다고 주장하였다.

6.9 남은 문제에 대한 새로운 탐방

우리는 기초이론, 실업이론, 인플레이션이론에 대하여 이론과 정책에 대하여 살펴보았다. 남은 문제는 개별경제주체가 소비, 투자, 화폐에 대한 수요가 있고, 정부 또는 중앙은행 측면에서 재정정책과 금융정책에 대한 이해가 필요하고, 궁극적으로 성장을 확대시키면서 경기변동의 진폭을 예방시키거나 감소시키기 위한 경기안정화정책에 대한 이해가 필요하다. 개방경제하에서의 균형은 범위가 광범위해서 [부록 A]에서 기본이 되는 내용만을 전달하고자 한다. 3부에서는 남은 문제를 해결하는 과정에서 자주 마주치게 되는 다른 학파간의 논쟁을 시장을 신뢰하는 학파와 시장에 대한 신뢰가 적어서 정부개입이 필요하다는 학파로 나누어서 설명함으로써 남은 문제를 탐방하는데 야기될 수 있는 마찰을 가급적 줄일 수 있다고 판단되어서 거시경제학의 논쟁을 설명하고자 한다.

연 습 문 제

[1] 맞는 답을 선택하여 기입하시오.

(1) 통화주의자들의 주된 주장은 무엇인가? ( )
① 통화량은 이자율에 따라서 변동한다.
② 통화량은 소득수준에 따라서 변동한다.
③ 명목소득은 통화량에 따라 변동한다.
④ 명목소득은 재정정책에 따라 변동한다.

(2) 금융정책의 전달과정에 대한 케인즈학파의 설명으로 타당한 것은? ( )
M: 통화량, r: 이자율, I: 투자지출, Y: 총생산
① M증가 → r하락 → I증가 → Y증가
② M증가 → I증가 → Y증가
③ M증가 → Y증가
④ M증가 → Y하락 → 소비자재 생산자재 상대가격변화 → 생산구조의 변화

(3) 다음 중 통화론자의 주장에 속하지 않는 것은? ( )
① 명목GNP를 결정하는 가장 중요한 요인은 통화량이다.
② 재량적 금융정책은 경제를 불안정하게 만든다.
③ 화폐의 유통속도는 안정적이다.
④ 재정정책은 금융정책보다 총지출을 관리하는데 더 유효하다.

(4) 소득정책이란 무엇을 뜻하는가? ( )
① 소비와 투자지출을 줄이고 정부지출을 증가시키는 정책
② 소득증가율과 산출량 증가율을 일치시키려는 정책
③ 누진소득세를 통하여 소득재분배를 달성하고자 하는 정책

④ 고용수준을 낮추지 않고 인플레이션을 수습하려는 정책

(5) 오쿤의 법칙(Okun's Law)이란 다음 가운데 어떤 변수간의 관계를 보여주는가? ( )

① 인플레이션과 실업률 ② GNP gap과 인플레이션
③ GNP gap과 실업률 ④ 물가수준과 실업률

(6) 구조적 실업을 감소시키기 위한 대책은? ( )

① 정부지출의 증가
② 인플레이션
③ 기술적으로 실직한 사람들의 재훈련
④ 엄격한 물가안정

(7) 자연실업률 이론에 의하면 노동자들이 가장 관심을 가지는 사항은? ( )

① 인플레이션 ② 인플레이션의 변화율
③ 실질임금 ④ 명목임금

(8) 물가예상이 적응적(adaptive)이라면, 예상인플레이션율은? ( )

① 관찰된 인플레이션율에 의하여 결정된다.
② 인플레이션율이 증가하면 따라서 증가한다.
③ 전기의 예상인플레이션율에 의하여 결정된다.
④ 이상의 모두에 의하여 결정된다.

(9) 우상향하는 총공급곡선을 도출할 때 가장 중요한 가정은 무엇인가? ( )

① 임금과 물가는 완전신축적이다.
② 단기에는 실질소득이 일정하다.
③ 단기에는 노동공급이 일정하다.
④ 단기에는 대체로 생산요소비용이 고정되어 있다.

(10) 다음 중 자동화된 통화정책(automated monetary policy)에 해당되는 것은? ( )

① 호황기에는 통화공급을 증가시키고, 불황기에는 감소시키는 정책
② 불황기에는 통화공급을 증가시키고, 호황기에는 감소시키는 정책
③ 통화공급을 통화당국의 재량에 위임하는 정책
④ 준칙에 의거하여 통화공급을 일정 증가율로 계속 유지하는 정책

(11) 통화주의자의 주장에 해당되는 것은? ( )

① 정치적으로 보수적이며 재정정책의 중요성을 강조한다.
② 정치적으로 진보적이며 재정정책의 중요성을 강조한다.
③ 정치적으로 보수적이며 화폐에 대한 수요함수가 안정적이라고 주장한다.
④ 정치적으로 진보적이며 화폐에 대한 수요함수가 불안정적이라고 주장한다.

(12) 프리드만의 신화폐수량설은 장기적으로 명목국민소득에 가장 큰 영향을 미치는 요인은 무엇이라고 주장하는가? ( )

① 정부지출의 크기 ② 이자율수준
③ 통화량의 크기 ④ 민간소비수준

(13) 다음 중 신경제학파(New Economics)에 속하는 학자는? ( )

① Laffer, Gilder ② Lucas, Sargent
③ Ackley, Okun ④ Friedman, Johnson

(14) 신용가용성이론(credit availability theory)에 대한 설명으로 옳은 것은? ( )

① 통화량이 증가해도 모두 화폐수요로 전환되어 이자율이 하락하지 않는 것을 말한다.
② 은행이 예금액 중 일부만을 지급준비금으로 남겨 놓고 나머지를 대출함으로써 또 다른 예금이 창출되는 과정을 말한다.
③ 화폐공급이 경기상황, 국제수지, 재정적자 등의 경제내부의 요인에 의해 영향을 받는 것을 말한다.

④ 화폐공급의 증가가 이자율의 변화를 통하지 않고 투자에 직접 영향을 미칠 수 있는 것을 말한다.

(15) 실질이자율이 1%감소하고 기대물가상승률이 2% 증가한다면 피셔효과(Fisher effect)에 의해 이자율은 어떻게 되는가? ( )

① 2% 증가 ② 1% 증가
③ 2% 감소 ④ 1% 감소

(16) 다음 중 수요견인(demand-pull) 인플레이션의 요인은? ( )

① 임금의 상승 ② 정부지출의 증가
③ 국제유가의 인상 ④ 수요독점적 노동시장의 존재

(17) 통화론자의 신화폐수량설에 의하면 중앙은행의 통화공급 감소정책이 실업에 미치는 영향은? ( )

① 단기에는 불변이나 장기에는 상승한다.
② 단기와 장기 모두 하락한다.
③ 단기에는 감소하고 장기에는 자연실업률로 복귀한다.
④ 단기에는 증가하고 장기에는 자연실업률로 복귀한다.

(18) 자연실업률가설에 대한 설명으로 전혀 타당하지 않는 것은? ( )

① 경제안정화정책이 장기에도 효과가 있다.
② 단기에는 화폐환상이 존재할 수 있지만, 장기에는 존재하지 않게 된다.
③ 장기 필립스곡선은 자연실업률에서 수직선이 된다.
④ 단기에는 완전고용과 물가안정간에 반비례관계가 있지만, 장기에는 반비례관계가 없어진다.

(19) 어떤 국가가 심각한 스태그플레이션에 직면해 있는 경우 이 같은 문제를 해결할 수 있는 정책은? ( )

① 조세증가 ② 기업의 연구개발에 대한 투자지원
③ 통화량 증가 ④ 정부지출 증가

(20) 통화주의자들의 주장에 해당되지 않는 것은? (　)

① 화폐는 중요하다.　　② 화폐수요함수는 안정적이다.

③ 재량적 정책이 바람직하다.　　④ 화폐공급은 외생적으로 결정된다.

(21) 동태적 비일관성(time-inconsistency)의 문제에 대한 설명으로 틀린 것은? (　)

① 정책당국자들의 정책공시와 일반인들의 기대형성에 대한 문제이다.

② 정책의 결정은 이익집단의 영향력에 의하여 좌우된다는 주장이다.

③ 통화정책에 있어서 재량적 정책보다 준칙에 따른 정책이 더 좋다는 주장의 논거로 사용된다.

④ 일반인들의 기대가 정책효과에 영향을 미치기 때문에 발생한다.

[2] 아래 설문에 답하시오.

(1) 신화폐수량설의 기본 주장은 무엇인가?

C: What is the basic proposition of new quantity theory of money?

(2) 아래 글을 한국어로 번역하시오. 이 글은 통화론자의 주장인가 아니면 통화론자를 비판하는 학파의 주장인가?

C: Translate the sentence below into Korean. Is this the contention of Monetarist or its critics?

"The money supply accommodates itself to the needs of trade: rising in response to expansion and vice versa."

(3) 만일 인플레이션의 원인이 수요측면에서 야기된다면 소득정책의 효과는?

[3] 아래 설문에 답하시오.

(1) 케인즈가 얘기한 진정인플레이션(true inflation)이란?

(2) 케인즈학파는 1970년대의 인플레이션의 주된 원인이 무엇이라고 보았는가?

(3) (2)의 해결방안은?

(4) 소득정책을 사용하면 모형 III에서 총공급곡선은 어느 방향으로 이동하게 되는가?

[4] (1)과 (2)를 우리말로 번역하고, (3) - (5)의 질문에 답하시오.

(1) It should be recognized, however, that, if inflation was indeed a response to the pressure of demand, the incomes policy approach was not a real alternative to a policy which was designed to eliminate excess demand.

(2) The high rate of unemployment, with the accompanying necessity to accept much involuntary unemployment, is a central flaw of modern mixed capitalism.

(3) 소득정책은 인플레이션의 원인이 수요와 공급 측면 중 어느 쪽에 있는 경우에 효력이 있는가?

(4) 만약 소득정책을 사용한다면 필립스곡선은 단기에 어느 방향으로 이동하게 되는가?

C: Which direction will the Phillips curve be shifted in the short run if incomes policy is implemented?

(5) 소득정책에 대한 실증적 연구는 소득정책이 인플레이션을 억제하는데 별 효과가 없음을 보여주었다. 어떤 정책을 소득정책과 같이 사용하면 인플레이션을 억제하는 효과가 증가하게 되는가?

[5] 아래 설문에 답하시오.

(1) 화폐에 대한 수요가 안정적이 아니라면 통화공급이 명목국민소득을 비례적으로 변화시킨다는 통화론자의 주장은 어떻게 되는가?

(2) 화폐공급이 명목잔고에 대한 수요에 영향을 미치는 명목소득과 명목이자율에 의하여 영향을 받게 되면 통화공급이 명목국민소득을 비례적으로 변화시키게 된다는 통화론자의 주장은 맞게 되는가, 아니면 틀리게 되는가?

[6] 아래 설문에 답하시오.

(1) 인력정책(manpower policy)이란 무엇인가?

(2) 통화론자가 주장하는 물가연동제(indexation)이란 무엇인가?

(3) (2)의 장점 및 단점은 무엇인가?

[7] Fill up the blanks with suitable words.

(1) According to the Classical school, exogenous change in the supply of money causes a proportionate change in the (   ) price level.

(2) Monetarism is a reformulation of the quantity theory of money, which counters Keynesian support for (   ) policy and reaffirms the thesis that money is (   ) and has no effect on the real sector.

(3) When trying to evaluate the stance of monetary policy, a (   ) would tend to at the behavior of the rate of interest whereas a (   ) would tend to look at the behavior of money supply.

(4) According to the contention of Monetarist, what constrains people in the holding of assets is not income, but (　　　).

(5) (　　　　　) believe that a fixed growth rate of money would eliminate the major instability in modern economy caused by capricious and unreliable shifts of monetary policy

(6) Famous (　　　): From tulip-mania in seventeenth-century Holland to Russia.　　　　　　　(Blanchard, p. 164)

(7) Investors are already beginning to fret over whether the Fed will be able to mop up the excess (　　　) it is pumping into the economy.

(8) Milton Friedman views money as an (　　　) and regards it as simply one way of holding wealth.

(9) The main differences between the demand functions derived from the modern quantity theory and the Keynesian approach are the quantity theory's inclusion of (　　　　) as opposed to current income, and the omission of any unstable element, such as implied by the (　　　　) demand for money.

(10) In a monetarist world, only (　　　　) matters.

(11) The implementation of a policy of (　　　) of nominal contracts, that is the provision of escalator clauses in money contracts which guard price increases which occur after the date of commencements of that of the monetarist view.

(12) Deflation, wage (　　　　　), and crisis measures: The central tenet of

the monetarist faith is that the real economy is inherently stable --- with a tendency to full employment --- but that this equilibrium is liable to be dislocated by monetary disturbance.

[8] Choose correct answers.

(1) Cost-push inflation occurs when ( ).
① consumers use their market power to push up prices
② resource owners use their market power to push up prices
③ aggregate supply increases at a faster rate than aggregate demand
④ aggregate demand increase at a faster rate than aggregate supply

(2) The problem with wage-price controls is that they ( ).
① imply an increase in the rate of unemployment
② may lead to an inefficient allocation of resources
③ harm lenders
④ worsen the balance of payments

Answer

[1] (1) 3 (2) 1 (3) 4 (4) 4 (5) 3 (6) 3 (7) 4 (8) 4 (9) 4 (10) 4 (11) 3 (12) 3 (13) 3 (14) 4 (15) 4 (16) 2 (17) 4 (18) 1 (19) 2 (20) 3 (21) 2

E: (21) 총공급곡선이 북서방향으로 이동한 경우에 확장적 재정정책을 사용하면 국민소득은 증가하지만 물가는 더 상승하게 되어서 가급적이면 총공급곡선을 우측으로 이동시키는 정책을 사용하게 되고, 구체적 수단은 생산성 향상, 기술혁신, 조직개선 등이다. 소득정책을 사용할 경우에도 단기 필립스곡선은 원점방향으로 이동하고, 총공급곡선은 남동방향으로 이동하게 된다.

(22) 동태적 비일관성은 최적정책이 일관되게 추진되지 못하는 현상으로 재량에 의한 정책의 한계를 지적하고 준칙에 의한 정책의 타당성을 제시하는 근거로 사용된다. 이 문제는 통화론자와 새고전학파 중간에 위치해 있다고 볼 수 있다.

[2] (1) 화폐수요함수는 명목국민소득에 대하여 안정적 함수이고, 외생적으로 결정되는 화폐공급은 명목국민소득을 비례적으로 증가시킨다.
(2) 거래가 확장될 경우에는 화폐공급이 증가하고, 거래가 축소될 경우에는 화폐공급이 감소하게 된다. 즉, 화폐공급은 화폐수요의 변화에 따라서 같이 변화하게 된다.
(3) 약해지거나 효력이 없어지게 된다.
E: (1) basic tenet(기조)가 더 좋은 표현인데 익숙하지 않을 것 같아서 basic proposition이라고 하였다.
(2) 이 글은 케인즈학파의 선두주자에 해당되는 케임브리지대학 교수이었던 칼도(N. Kaldor)의 주장이다.[10] 통화론자에 의하면 화폐공급은 외생적으로 주어지고 화폐수요는 이자율의 영향을 받기 보다는 부(wealth)의 영향을 받고 안정적이기 때문에 명목국민소득은 통화량에 비례하게 된다. 그러나 칼도는 화폐공급이 노사분규 또는 크리스마스 시즌에 증가하는 수요를 충족시키기 위하여 증가되기도 하기 때문에 통화의 공급은 외생적으로 결정되지 않고 내생적으로 결정된다고 주장한다. 그리고 더 나아가 화폐수요함수도 이자율의 변화에 의하여 영향을 받기 때문에 불안정하다고 지적한다.[11]
[3] (1) 완전고용의 국민소득에서 총수요가 총공급을 초과하여 발생하는 인플레이션이다.
(2) 공급측면의 장애로 오는 비용인상 인플레이션을 주장한다.
(3) 가격 및 소득정책
(4) 남동방향으로 이동한다.

[4] (1) 만약 인플레이션이 수요압력에 대한 반응이라면 소득정책은 초과수요를 억제 또는 감소시키기 위하여 고안된 정책의 실질적 정책대안이 아니라는 것을 인지하여야 한다.
(2) 비자발적 실업을 반드시 동반하는 높은 실업률은 근대 혼합자본주의의 결정적 결함이라고 할 수 있다.
(3) 공급측면에 있을 때 효과가 있게 된다.

---

10) 그는 "통화론자는 무엇이 잘못되었는가?"라는 글도 발표하였다. What has gone wrong with Monetarism?

11) 케인즈학파는 통화론자와 같이 총통화량에 우선순위를 주는 것은 운전수가 전적으로 속도계에 의존해서 운전하는 것과 유사하기 때문에 경제 불황 또는 추돌하는 교통사고를 유발할 위험일 크다고 비판한다.

(4) 소득정책은 노동의 생산성에 비례하여 임금의 인상을 허용하는 정책이기 때문에 단기 필립스곡선은 원점방향으로 이동하게 된다.
(5) 총공급곡선을 하방으로 이동시키기 위하여 긴축적 총수요관리정책과 같이 사용해야 효과가 있게 된다.
[5] (1) 만일 화폐수요가 이자율의 영향을 받아서 불안정하다고 하면 통화공급은 명목국민소득을 비례적으로 변화시키게 된다는 통화론자의 주장은 틀리게(invalid) 된다.
(2) 화폐공급이 외생적으로 결정되지 않고 화폐수요에 영향을 미치는 명목소득의 변화에 따라서 영향을 받게 되면 화폐공급곡선이 수평선이 될 수 없기 때문에 통화론자의 주장은 틀리게 된다. 화폐공급이 외생적으로 결정되지 않는 경우는 제2장에서 설명한 독립투자만 있는 경우가 아니고, 유발투자도 있는 경우와 유사하다고 할 수 있다.
[6] (1) 인력정책은 노동의 공급이 노동에 대한 수요 변화에 적절하게 적응하지 못하기 때문에 발생하는 구조적 실업에 대한 대책으로서 노동의 구조적 측면을 고려하여 노동에 대한 수요구조의 변화에 맞추어 노동공급의 구조를 변화시키는 정책이다. 인력정책은 직업소개, 전업소개 등의 취업알선, 이를 위한 교육 및 직업훈련, 장래의 노동수요에 대한 예측 및 정보의 전파, 그리고 노동자의 지역적 이동의 보도와 같은 것을 포함한다.
(2) 물가연동제는 임금계약, 대부계약(loan agreement) 등에 물가상승이 발생할 경우에 이 같은 변동을 자동적으로 계약에 반영하도록 물가연동조항을 삽입하는 것을 뜻한다. 물가연동제는 인플레이션 충격을 완화시키는 수단이 되지만, 전적으로 인플레이션을 억제하거나 예방하는 수단은 되지 못한다.
예를 들면 고용계약을 할 때 고용주와 고용인 사이에 문제가 되는 것은 실질임금의 인상 폭이다. 고용주와 고용인이 일 년 동안에 사전에 명목임금으로 이루어지기 때문에 계약기간 중의 인플레이션율이 중요한 역할을 한다. 만일 예상 인플레이션율이 6%라면 4%의 실질임금인상을 달성하기 위하여 명목임금인상율은 10%가 되어야 한다. 만일 물가상승률이 예상했던 대로 6%이었다면 실질임금은 4% 상승하게 되어 아무런 문제가 발생하지 않게 된다. 그러나 실제물가상승률이 예상물가상승률 6%보다 크거나 작으면 문제가 야기된다. 만일 실제물가상승률이 연 10%라면 명목임금의 합의사항인 10%에다 예상과 실제물가상승률의 차인 4%를 추가해서 명목임금이 14%가 되게 한다. 따라서 완전한 물가연동제를 실시하게 되면 모든 계약이 물가변화와 연동되어서 명목이 아닌 실질구매력으로 평가한 계약의 가치는 불변이 된다.

(3) 이 제도의 장점으로는 첫째, 인플레이션율이 높은 경우에 실질자산이 높은 쪽으로 자원이 편중되는 현상을 방지함으로써 배분적 효율(allocative efficiency)을 증가시킨다. 둘째, 물가연동제는 예상하지 못했던 인플레이션으로부터 입게 되는 자본적 손실이나 근로자의 실질소득 감소를 방지해 주기 때문에 분배적 형평(distributive equity)을 증가시킬 수 있다.
물가연동제의 단점으로는 첫째, 인플레이션의 원인이 수입원자재 가격의 상승 또는 노동조합의 교섭력 강화 등과 같이 외생적 충격(exogenous impulses)이 있는 경우에는 물가연동제가 오히려 인플레이션을 가속화시키게 된다. 둘째, 물가연동제 관리에는 비용이 소요된다. 셋째, 경제 전체적으로 물가연동제를 실시하는 데는 기술적 어려움이 따르기 때문에 기존의 계약은 물가연동제에서 제외되는 경우가 있다.

[7] (1) absolute (2) discretionary, neutral (3) Keynesian, monetarist (4) wealth (5) Monetarist (6) bubbles (7) liquidity (8) asset (9) wealth, speculative (10) money (11) indexation (12) indexation
T: (1) 고전학파에 따르면 화폐공급의 외생적 변화는 절대가격 수준의 비례적 변화를 가져온다.
(7) 투자자는 이미 중앙연방은행이 경제에 유입시킨 초과 유동성을 제거할 수 있을지 여부에 대하여 초조해하기 시작했다.
(8) 밀튼 프리드만은 화폐를 자산으로 보았으며 부를 축적할 수 있는 단순한 한 방법으로 본다.
(12) 디플레이션, 임금지표정책, 위기정책들: 통화론자의 믿음의 중심적 기조는 실제경제가 완전고용을 하고자 하는 특성과 더불어 안정적이라는 것이다. 그러나 이러한 균형은 화폐적 교란으로 인하여 균형에서 벗어날 가능성이 높다.
E: (1) 고전학파는 실물과 화폐부문이 분리되어 있고, 통화량의 증가는 절대가격의 비례적 변화를 가져온다고 강조한다.
(8) 케인즈학파는 화폐를 특수재로 취급하여 화폐를 보유하고자 하는 동기를 중요시한데 반하여, 통화론자는 화폐를 일반재로 취급하여 화폐에 대한 수요에 미치는 요인을 분석한다. 전자는 이자율이 영향을 미치는데 반하여 후자는 부(wealth)가 가장 중요한 요인이라고 주장한다.
(9) 근대화폐수량설에서 파생된 화폐에 대한 수요함수들과 케인즈적 화폐수요에 대한 분석방식의 중요한 차이점은 경상수입에 반대되는 부의 포함과 투기적 동기에 의한 화폐수요와 같은 불안정한 요인의 생략이라고 할 수 있다.
(10) 고전학파 세계에서는 상대가격의 변화가, 케인즈학파 세계에서는 국민소득의

변화가, 통화론자의 세계에서는 총통화량이 가장 중요한 변수로 취급된다.
(12) wage indexation을 sliding scale 임금제도라고도 한다.
[8] (1) 2 (2) 2
E: (1) 케인즈학파가 인플레이션의 원인이 수요측면보다 공급측면에서 발생한다고 지적하면서 시장지배력을 행사하는 OPEC과 노동조합의 생산성보다 물가 또는 임금의 인상을 요구하기 때문에 발생한다고 강조하였다.
(2) 가격의 매개변수적 기능을 마비시키기 때문에 자원배분이 왜곡될 우려가 있다.

제 3 부

거시경제학의 논쟁

거시경제학은 미시경제학과 달리 논쟁(controversy)이 많은 편이다. 미시경제학은 제약조건하에서 최적화* 또는 크게 보면 비용편익분석이라고 할 수 있기 때문에 분석방법은 소비자이론, 생산자이론, 시장이론, 생산요소시장, 일반균형이론이 목적함수에 차이가 있을 뿐 최적화하는 과정은 거의 비슷하다고 할 수 있다. 그러나 거시경제학은 고전학파에 대한 케인즈의 실업이론, 케인즈학파에 대한 통화론자의 인플레이션이론이 있다. 그 후에도 그 이전의 학파의 특징을 이어서 발전시키거나, 아니면 반박하는 학파들이 대두되었다. 이론과 정책이 불가분한 관계에 있는 거시경제학의 논쟁을 이해하기 위해서는 가격기구를 신봉하는 학파와 가격기구를 보완해야 할 필요가 있다는 학파가 어떤 이유에서 자신들의 주장을 전개하는가를 바르게 이해하지 않으면 균형이 잡힌(impartial) 판단을 하기가 어려울 수도 있다.

통화론자의 적응적 기대가설을 비판하면서 합리적 기대가설로 대치하여 합리적 기대가설학파라고 불리우는 새고전학파, 케인즈이론을 재해석하는 과정에서 대두된 불균형거시이론, 총수요관리정책으로 인하여 저축과 투자에 대한 유인이 감소하였다고 지적하면서 대두된 레거노믹스라고 불리우는 공급중시경제학이 있다. 실물적 균형경기변동학파는 제14장에서 경기변동이론을 설명할 때 새케인즈학파와 구체적으로 대비하면서 전개하기 때문에 3부에서는 간략하게 전체적인 윤곽만을 전하고자 한다.

* 효용극대화이론 또는 이윤극화이론은 모두 'optimization subject to constraints'라고 할 수 있다.

제 7 장 합리적 기대가설, 공급중시경제학과 균형경기변동학파

통화론자와 마찬가지로 정부의 개입을 반대하는 학파로는 합리적 기대가설을 사용하는 새고전학파와 이보다 더 적극적으로 시장기구를 신봉하는 균형경기변동학파를 들 수 있다. 그리고 공급중시경제학은 이론적 기반은 약하지만 케인즈학파가 수요관리를 지나치게 하여 경제에 문제가 발생한다고 보고 공급측면으로 중심을 돌리면서 경제주체로 하여금 유인을 더 크게 제공하자는 공급중시경제학을 들 수 있다. 학문적 계열로 보면 고전학파, 통화론자, 새고전학파, 균형경기변동학파는 동일한 선상에서 발전과정으로 볼 수 있는데 반하여, 공급중시경제학은 케인즈이론에 대한 반대라고 볼 수는 있지만, 그렇다고 고전학파와 통화론자와 이론적 발달을 같이 한다고 보기는 어렵다.

7.1 새고전학파

(1) 새고전학파와 정책무력성의 정리

합리적 기대론자는 경제주체들이 필요한 정보를 적기에 얻고, 수리통계적으로 체계적인 기대오류를 피하게 되면 안정화정책은 장기뿐만 아니라 단기에도 산출량과 고용수준에 아무런 영향을 미치지 못하게 된다고 주장한다. 이 같은 주장을 정책무력성의 정리 또는 정책중립성의 정리라고 한다.

합리적 기대론자들은 안정화정책이 장기뿐만 아니라 단기에도 아무런 효과가 없다고 주장하는 점에서 고전학파와 유사하기 때문에 이들의 주장을 케인즈학파와 통화론자[1]와 구별하기 위하여 새고전학파(New Classics) 경제학자라고 부른다. 새고전학파는 가격의 신축성과 시장이 연속적으로 청산(clear)된다고 보는 점에서 고전학파와 같은 견해를 가지고 있지만 완전한 정보의 이용가능성에 대해서는 약간 다른 견해를 가지고 있다. 고전학파는 왈라스적 중개인이 완벽한 예견력(perfect foresight)을 가지고 있다고 보는 데 반하여, 새고전학파는 완전한 예견력이 처음부터 주어지는 것이 아니고 경제주체가 합리적 기대를 가지고 행동하면 평균적으로 고전학파와 동일한 결과에 도달할 수 있다고 주장한다.

(2) 적응적 기대가설과 합리적 기대가설

(가) 적응적 기대가설

적응적 기대가설은 기대가 첨가된 필립스곡선과 같이 개별경제주체가 현재의 기대를 수정함에 있어서 과거의 예상오차에 대한 정보를 이용한다고 가정하는 내생적 기대수정이론이다. 이를 식으로 나타내면,

$$P_t^e = P_{t-1}^e + \alpha(P_{t-1} - P_{t-1}^e) \quad \text{[식 7-1]}$$
$$(\text{단, } 0 < \alpha < 1)$$

적응적 기대가설은 전적으로 과거지향적이다. 따라서 가까운 장래에 인플레이션을 초래할 만한 사건의 발생이 예상되더라도 기대치를 도출하는 [식 7-1]의 조정계수 α가 어떻게 결정되는가를 설명하지 않기 때문에 합리적이라고 할 수 없다. 따라서 α의 크기가 고정되어 있는 한 예상값과 실제값 간에 괴리가 있더라

1) 케인즈학파는 정부의 정책이 단기 및 장기에 걸쳐서 모두 유효하다고 주장하고, 통화론자는 적어도 단기에는 유효하지만 장기에는 효과가 없다고 주장한다.

도 이를 시정하지 못하기 때문에 기대를 형성함에 있어서 동일한 오류를 반복하게 된다. 즉, 조정계수가 고정되어 있다고 보기 때문에 자의적으로(capriciously) 체계적인 기대오류(systematic expectations error)를 범하게 된다. 여기서 체계적이라 함은 연속되는 기간에 있어서 지속되는 오류를 의미한다.

(나) 합리적 기대가설

뮤스(J. Muth)는 경제주체들은 가계의 효용극대화 또는 기업의 이윤극대화에 따른 합리적 행동을 고려하여 모든 정보를 가장 효율적으로 사용하여 기대를 형성하게 된다고 주장한다. 이러한 합리적 기대의 개념은 1970년대에 와서 루카스(R. Lucas), 사전트(T. Sargent), 월리스(N. Wallace) 등에 의하여 이론적으로 발전되었고, 경제정책에 응용되면서 크게 발전하여 합리적 기대가설 학파를 형성하였다.

합리적 기대론자들은 경제주체가 현재의 기대를 형성함에 있어서 경제사회의 실상에 대한 정보와 정책당국의 정책에 대한 모든 정보를 효율적으로 이용하고 체계적인 기대오류를 범하지 않는다고 간주한다. 따라서 정책당국이 어떤 특정한 정책을 실시하게 될 때 경제주체들은 특정한 정책이 가져오게 될 결과에 대해서도 정확한 예상을 할 수 있게 된다. 합리적 기대가 가진 다른 장점으로는 다른 어떤 기대형성방법보다 예상오차의 분산(variance)이 작다는 것이다. 이 같은 특징은 기대의 예상치와 실제치의 괴리가 다른 예상형성방법을 사용하는 경우보다 작을 가능성이 크다는 것을 의미한다.

7.2 루카스(Lucas)의 총공급곡선과 경기변동

(1) 루카스의 총공급곡선

1970년대 초 루카스는 합리적 기대가설에 기초한 '루카스 공급곡선'(Lucas Supply Curve)를 제시하였다. 그는 어떤 특정기업이 생산하는 제품의 가격만이 상승한 경우에는 산출량을 증가시켜 이윤을 극대화시킬 수 있지만 일반물가수준이 상승하여 특정기업이 생산하는 제품의 가격과 생산요소구입가격이 동일한 크기로 상승한 경우에는 산출량을 변화시키지 않아야 이윤을 극대화시킬 수 있다고 지적한다. 이 같은 상황에서 불완전정보에 직면한 각 기업들은 주어진 정보를 최대한으로 활용하여 일반물가수준을 합리적으로 예상한다는 합리적 기대를 도입하여 다음과 같은 공급곡선을 제시한다.

$$y_t^e = y_t^* + \gamma(p_{t} - p_t^e),\ \gamma > 0 \qquad [식\ 7\text{-}2]$$

(여기서 y_t : 개별기업의 산출량, y_t^*: 정상적 산출량, p_t : 일반물가수준, e는 기대치, y_t : i는 개별기업을 나타낸다.)

[식 7-2]는 개별경제주체가 일반물가수준의 변화와 자사상품의 상대가격변화를 정확하게 구분하지 못할 때 예상하지 못한 물가의 변동이 산출량의 변화를 가져올 수 있음을 보여준다. 예를 들어 예상치 못한 물가의 상승$(p_t - p_t^e)$이 있다면 산출량은 정상적 수준으로 증가한다. 따라서 통화량과 물가의 비례관계를 상정하면, 예상하지 못한 통화량의 변동은 물가(p_t)의 변동을 초래하여 산출량의 변동을 가져올 수도 있음을 시사한다. 이와 반대로 예상되는 통화량의 변동은 물가예상에 그대로 반영되어 예상오차 $(p_t - p_t^e)$의 값이 0이 되기 때문에 예상되는 통화량의 변동은 산출량에 아무런 영향을 미치지 않음을 보여주기도 한다.

루카스는 완전한 정보이용이 가능하여 가격과 예상가격 간에 괴리가 없으면 균형국민소득이 완전고용의 국민소득과 같게 된다. 그러나 완전한 정보이용이 이용가능하지 않을 경우에는 그렇지 않을 수도 있다고 지적한다. 예를 들어, 경제주체들이 예상 인플레이션율과 실제 인플레이션율을 동일한 크기만큼 조정하는 경우에는 통화당국이 체계적으로 통화공급을 증가시키더라도 화폐환상이 게재될 여지가 없기 때문에 고용과 산출량은 변하지 않게 되어 총공급곡선은 완전고용하의 국민소득수준에서 수직선의 형태를 갖게 된다. 그러나 통화당국이 돌발적 방법으로 통화공급을 변화시키게 되면 경제주체들은 정보의 부족으로 인하여 합리적 기대를 형성할 수 없기 때문에 교란이 야기됨에 따라서 고용과 산출량이 완전고용수준에 미치지 못할 수도 있다.

(2) 경기변동의 존재

새고전학파의 주장이 맞다면 모든 예상오류는 시간적으로 무작위하게 분포되어 있기 때문에 산출량과 실업도 시간적으로 상관관계가 없게 되어 경기변동이 없어야 한다. 그러나 현실세계는 경기변동이 지속적으로 발생하고 있다. 이와 같이 호황과 불황이 반복되는 상태를 루카스는 정보이용의 시차를 사용하여 설명하려 하였지만 별다른 설득력이 없었다. 그 후 새고전학파 중의 일부학자들은 제14장의 균형경기변동이론을 사용하여 경기변동을 설명한다.

7.3 새고전학파의 정책무력성의 명제

(1) 연속적인 시장균형과 정책무력성의 정리

합리적 기대란 경제주체들이 이용가능한 정보를 효율적으로 사용한다고 가정하기 때문에 기대형성이 평균적인 의미에서 정확하고, 체계적으로 잘못된 기대형성을 하지 않음을 의미한다. 다르게 표현하면 합리적 기대론자들은 미래의 일을 고전학파와 같이 완전하게 알고 있는 것이 아니라 평균적으로 알고 있다는 뜻이다. 통계적으로 표현하면 합리적 기대란 수학적 기대치를 의미하고, 기대치(평균치)에는 분산(variance)이 있는데 이 같은 분산이 경제의 단기적 변동을 설명한다고 지적한다. 이 같은 새고전학파의 즉각적 적응에 대한 가정은 가격과 임금이 단기적으로 하방경직성을 지닌다는 케인즈학파의 가정과 정반대의 성격을 지닌다.

사젠트-왈라스의 정책무력력성의 명제를 자연실업률 수준에 위치한 경제가 확장적 금융정책을 실시할 경우를 예로 들어 설명하고자 한다. 통화당국이 통화공급을 증가시킨다는 정보가 사람들에게 알려지면, 사람들은 통화공급 증가로 인하여 물가가 얼마만큼이나 상승하게 될 것인가를 예상한다. 그 결과 명목임금

상승률은 예상인플레이션율과 동일하게 된다. 합리적 기대가설에 따르면 이 같은 예상은 평균적으로 실제인플레이션율과 완전히 일치하기 때문에 화폐환상이 작동하지 않게 되어 실제산출량수준에 아무런 변화가 발생하지 않게 된다.

정책무력성 명제에 내포된 가정들로 인하여 정책무력성 명제는 다음과 같은 한계점을 지닌다. 첫째, 공급은 상대가격의 증가함수이지 일반물가수준의 증가함수는 아니다. 둘째, 경제주체들은 합리적 기대를 한다. 셋째, 정책당국과 민간부문은 동일한 정보집합을 가진다.

(2) 수직선의 형태를 가진 루카스의 총공급곡선

새고전학파는 합리적 기대의 가정에다 연속적이고 즉각적인 시장균형의 가정을 추가함으로써 정부의 안정화정책은 장기뿐만 아니라 단기에도 효과가 없기 때문에 필립스곡선은 장기뿐만 아니라 단기에도 수직선의 형태가 된다고 주장한다. 같은 맥락에서 루카스의 총공급곡선도 수직선의 형태를 갖게 된다. 가격의 즉각적인 적응에 의하여 시장의 균형이 이루어진다는 가정은 수요와 공급이 일치하지 않을 경우엔 상대가격이 변화하여 수요와 공급의 균형을 가져오게 된다는 고전학파의 주장과 일치한다.

[그림 7-1]의 단기 총공급곡선과 총수요곡선을 사용하여 루카스의 총공급곡선을 설명하고자 한다. 처음에 AD_0 곡선과 $SAS(P_0^e)$곡선이 교차하여 물가는 P_0, 국민소득은 완전고용의 산출량(자연산출량) Y_N에서 균형을 이루고 있다. 이 때 정부가 확장적 재정정채 또는 확장적 금융정책을 사용하여 총수요곡선을 AD_1으로 이동시켰다고 하자. 적응적 기대가설에 의존하는 통화론자에 의하면 이 같은 확장정책은 당기에는 E_0'점에서, 적응적 기대가 형성되는 차기에는 E_1' 점에서 균형을 이루게 되고, 새로운 장기 균형점은 E_1이 된다.

[그림 7-1] 새고전학파의 정책무력성 명제

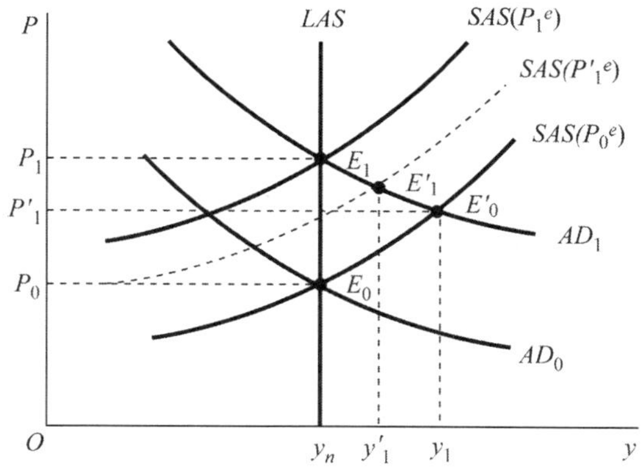

케인즈학파는 화폐환상이 없어져야, 그리고 통화론자는 상당한 시간이 지나가야 새로운 균형점 E_1이 되는데 반하여, 새고전학파모형에선는 노동자들이 물가상승을 평균적으로 정확하게 예측하고, 실질임금 감소에 대하여 즉각적으로 노동공급을 감소시킴으로써 총공급곡선을 $SAS(P_1^e)$로 이동시킨다. 따라서 확장적 재정 및 금융정책은 장기뿐만 아니라 단기에도 국민소득에 영향을 미치지 못하고 물가상승만을 가져오게 된다.

(3) 루카스 비평(Lucas Critic)

기대가 가져오는 중요한 역할이 부각되기 이전에는 경제학자들은 경제를 기계와 마찬가지로 일정한 경제정책에 대해 항상 일정한 반응을 보이는 수동적인 시스템으로 보았다. 이와 같은 견해를 대표하는 것이 거시계량경제모형(macroeconomic model)에 의한 정책효과의 평가이다. 케인즈학파는 이와 같은 거시계량모형을 이용하여 정책의 효과를 미리 예측하고 분석할 수 있다고 보았다.

그러나 합리적 기대를 거시경제분석에 도입한 새고전학파는 정책시행에 따른 경제주체의 기대형성과 반응을 고려하지 않고 기존의 통계자료를 사용하여 정책의 효과를 평가하는 전통적 분석방법에 문제가 있음을 발견하였다. 특히 루카스는 새로운 정책이 시행되면 사람들이 기대를 형성하는 방법이 변화되고 그 결과 행태방정식의 계수 값이 변할 것이기 때문에 기존의 거시계량모형을 이용하여 정책효과를 분석할 경우 실제 정책효과를 제대로 파악할 수 없게 될 수도 있다고 주장한다. 이와 같은 기대형성을 고려하지 않은 정통적 경제정책효과의 평가방법에 대한 비판을 루카스 비평이라고 한다. 루카스 비평은 경제정책의 시행은 기계와 같은 수동적인 시스템을 최적으로 통제(optimal control)하는 것이 아니라 정책당국과 민간부문의 경제주체 간에 진행되는 전략적 게임으로 인식할 필요성을 지적한다.

(4) 새고전학파와 통화론자의 비교

토빈(J. Tobin)은 루카스의 총공급곡선이 프리드만의 자연실업률 가설에다 합리적 기대를 추가하여 도출되었음을 인지하고, 새고전학파를 제2의 통화론자라고 분류한다. 새고전학파는 가격기구를 신봉한다는 점에서는 통화론자와 유사하지만 다음과 같은 다른 특징을 지니고 있다. 첫째, 통화론자는 화폐수요의 안정성을 전제로 하고 있으나, 새고전학파는 즉각적이고 연속적인 시장균형을 가정한다. 둘째, 통화론자는 적응적 기대를 가정하는 반면에 새고전학파는 합리적 기대를 가정한다. 셋째, 통화론자는 준칙에 따른 금융정책이 안정화정책으로 효과가 있다고 보지만, 새고전학파는 경제주체가 정부의 정책을 알고 대응방안을 마련하기 때문에 금융정책의 효과가 없다고 본다.

(5) 새고전학파의 문제점과 평가

새고전학파의 문제점은 합리적 기대가설 자체에 대한 것이 아니라 정책무력성 정리의 현실적합성에서 야기된다. 첫째, 합리적 기대의 형성과정은 정책무력성의 전제조건이지만 현실적합성이 적다. 사람들이 기대치를 형성하는 과정은 반드시 합리적이지 않고, 설사 합리적이라 하더라도 상당한 기간을 거쳐야 합리적이 될 수 있다. 둘째, 대부분의 경우 정책당국이 보유한 정보는 개인이 보유한 정보에 비하여 양도 많고, 질도 높기 때문에 정책당국이 체계적으로 정책을 수행하더라도 안정화정책은 단기적으로 유효하게 된다. 셋째, 정책무력성 정리는 합리적 기대가설과 가격의 완전신축성을 전제로 하고 있는데, 현실세계에서 독과점 가격의 경직성과 자본시장의 불완전성이 존재하기 때문에 연속적인 시장균형이 이루어진다는 가정을 그대로 받아들이기 어렵다. 넷째, 대량의 실업이나 스태그플레이션에 직면한 정책당국이 새고전학파의 정책시사와 같이 아무런 정책을 실시하지 않기는 현실적으로 어렵다고 할 수 있다.

새고전학파의 기여는 다음과 같다. 첫째, 새고전학파는 명시적으로 효용의 극대화를 전제로 하고 있다는 점에서 예상형성에 대한 다른 어떤 이론보다도 우월하다는 장점을 지니고 있다. 합리적 기대가설은 경제인(homo economicus)의 행동규범과 거의 일치한다. 둘째, 새고전학파는 각 경제주체의 합리적 예상을 거시경제학의 미시적 기초로 도입할 것을 주장함으로써, 거시적 성격이 강한 통화주의 이론에 미시적 분석방법의 적용을 확대하여 통화주의의 이론적 발전에 크게 기여하였다.

7.4 공급중시 경제학(Supply-side Economics)

공급중시 경제학은 수요관리정책이 가져오는 비효율성을 감소시킬 필요성을 제기하고, 장기적으로 보면 공급측면이 중요하다는 점을 지적한 점에서는 올바른 주장이라고 할 수 있다. 그런데 1980년대 초 레이건 대통령의 경제철학이라고도 하였으나, 학파로서는 확고하게 자리를 잡지는 못하였다. 고전학파가 자본축적이나 공급이 중요하다고 강조하였기 때문에 고전학파를 공격하면서 발달한 케인즈학파는 수요관리측면을 중요시하였다. 극단적으로 정부의 개입이 적어야 한다고 주장하는 통화론자도 수요관리를 하는 측면에서는 케인즈학파와 동일하다. 차이점이 있다면 케인즈학파는 재량적으로 하는데 반하여 통화론자는 준칙에 따라서 개입을 한다는 점이다. 만일 공급중시 경제학이 필요하다면 산업구조조정정책 측면에서 성장잠재력이나 핵심역량증가 측면에서는 중요하다고 할 수 있고, 역설적으로 구체적 정책수단은 기술혁신, 조직개선과 같은 미시경제정책이어서 미시경제와 거시경제를 연결시킬 수 있는 정책수단을 필요로 한다.

(1) 조세의 유인효과와 정부지출의 축소

공급중시 경제학은 수요관리정책이 생산측면에서 가져오는 유인의 감소를 지적하고 '공급측면에서 조세유인'을 강조한다. 적정세제가 아닌 불합리한 세제와 높은 한계세율은 노동자의 근로의욕, 저축의욕 및 자본가의 투자의욕을 저하시키게 되어 노동생산성과 자본형성의 증가율을 감소시키게 되었다고 주장한다.

이 학파는 1970년대 이후에 서방국가들이 겪고 있는 스태그플레이션의 심화와 낮은 생산성은 근로의욕의 저하로 야기되었다고 보고 소득재분배정책에 반대 입장을 표시한다. 공급중시 경제학자는 감세와 정부지출의 축소를 통하여 충분한 유인을 제공하게 되면 경제성장이 이루어지게 된다고 주장한다. 따라서 그들은 경제정책의 우선순위를 형평보다는 효율에, 분배보다는 성장에, 개입보다는 경제적 자유에 두고 있다.

(2) 총공급관리정책

공급중시경제학은 스태그플레이션에 대한 대책으로 총수요관리정책보다는 공급증대를 위한 '총공급관리정책'을 중시하고, 조세감면과 이에 따른 조세수입증가는 부차적 내용으로 볼 수도 있다. 따라서 공급중시 경제학의 본질은 근로자와 기업가로 하여금 생산성증가를 실현하기 위하여 다양한 유인의 제안과 운영에 있다고 볼 수 있다.

(3) 주류학파와 급진학파

공급중시 경제학이 대두되기 이전에 유인이 중요하다고 지적한 학자들로는 신경제학자를 들 수 있다. 공급중시 경제학은 레이건(Ronald Reagan) 행정부의 첫 해인 1981년에 번성하였고, 그들은 높은 세율이 낮은 생산성의 원인이 된다는 점에서는 공통되는 견해를 가지고 있지만, 소득재분배정책과 정치경제적 문제에 비중을 두는 정도의 차이에 따라서 펠드슈타인(M. Feldstein)과 보스킨(M. Boskin)과 같은 주류학파와 래퍼(A. Laffer)와 길더(G. Guilder)와 같은 급진학파로 나눌 수 있다.

펠드슈타인은 조세의 부정적 역할을 간과하는 전통적 수요관리정책은 공급부문의 위축을 가져와서 큰 오류를 초래할 수 있음을 지적하고, 이에 대한 정책대안으로 적극적 유인을 제공하는 재정정책과 실질이자율의 상승을 방지하기 위한 긴축적 통화정책을 제시한다. 주류학파와는 달리 레퍼와 같은 급진학파는 조세감면은 근로의욕을 자극하는데 강한 효력을 가지고 있어 조세수입의 증가를 가져오게 된다고 강조한다. 더 나아가 조세감면은 공급측에 유인을 제공하여 산출량의 증가를 가져옴으로써 인플레이션을 완화시키는 역할을 한다고 주장한다.

(4) 레퍼곡선(Laffer curve)과 금지영역(prohibited zone)

레퍼곡선은 [그림 7-2]와 같이 어떤 특정세율을 초과하게 되면 세율이 증가하더라고 근로, 저축, 투자의욕의 감소로 인하여 조세수입이 감소함을 보여주는 곡선이고, 이 특정세율의 오른쪽 구간을 금지영역이라고 한다. 레퍼는 1981년 미국경제의 세율이 이와 같은 금지영역 안에 위치하였기 때문에 공급측면에서의 유인부족으로 인하여 높은 고용수준과 안정된 물가, 높은 생산성이 실현되지 않았다고 지적한다.

[그림 7-2] 레퍼곡선

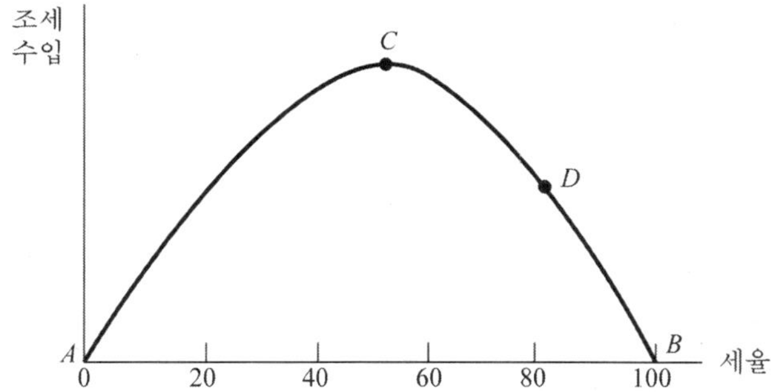

(5) 레이거노믹스(Reagonomics)

1981년 레이건 정부는 공급중시 경제학에 입각한 낮은 인플레이션과 높은 성장을 목표로 낙관적인 계획을 실시하였다. 이 계획에 의하면 세율이 상당히 인하되더라도 급속한 성장에 힘입어 예산은 균형이 되리라고 예측되었다. 따라서 공급중시 경제학은 레이거노믹스를 수식사적으로 지지하는 용어로 자리를 잡게 되었다. 그러나 공급중시 경제학과 통화주의가 레이거노믹스의 주축을 구성하였다는 주장과는 달리 실제로 1980년대 전반에 실시된 정책은 통화량 감축과 재정지출증대와 같은 전통적 수요관리정책에 더 가까웠다는 반대주장도 있다. 공급중시 경제학이 학파로서 안정적 위치를 확보하지 못한 점을 보면 후자의 주장이 더 타당할지도 모른다.

7.5 실물적 균형경기변동이론

계량경제학이 발달하면서 경기변동의 원인을 탐색하는 과정에서 금융적 균형경기변동이론이 대두되었다. 이 이론에 의하면 경제는 외부충격이 오더라도 언제나 균형점으로 수렴하게 작동하고, 균형점에서 이탈하였다면 그 원인이 금융부문의 일시적 교란이라고 주장한다. 그러나 더 많은 실증분석을 함에 따라서 금융부문이 아닌 실물부문에서 기술혁신과 제도개선으로 경기가 호황으로 이어지다가, 이따금 발생하는 기술퇴보로 불황이 발생하기는 하지만 균형점으로 수렴한다는 경제기구의 내재적 특성으로 인하여 불황은 일시적 현상이라고 주장한다. 기술이 퇴보한다는 것은 실제로 설명하기 어렵기 때문에 이 학파의 주장에 의하면 쯔나미 현상, 대홍수 또는 가뭄에 의한 식량생산의 급격한 감소[2)]를 들고 있다. 프레스코트(E. Prescott), 넬슨(C. Nelson), 플로서(C. Plosser)는 이 같은 주장의 대표자이고, 이 학파는 가격기구를 신봉하는 고전학파, 통화론자, 새고전학파보다 더 강하게 가격기구를 신봉한다.

2) The silent tsunami: The food crisis and how to solve it.

연 습 문 제

[1] 맞는 답을 선택하여 기입하시오.

(1) 다음 중 합리적 기대가설의 내용으로 부적절한 것은? (　)

① 정부의 안정화정책은 국민이 경험을 통하여 그 내용에 대하여 합리적으로 예견하는 경우에는 효과가 없다.

② 화폐란 본질적으론 자원의 배분에 관하여 중립적이다.

③ 개별경제 주체는 정보를 효율적으로 사용하고 그들의 기대에 있어서 체계적인 실수를 하지 않는다고 가정한다.

④ 시장이 항상 청산되지 않는다고 가정한다.

(2) 다음 중 공급중시 경제학과 관련이 없는 것은? (　)

① Laffer 곡선　　② 증세정책

③ Regonomics　　④ 역진소득세

(3) 케인즈학파와 새고전학파의 거시모형에서 가장 중요한 차이점은? (　)

① 총수요곡선의 기울기　　② 화폐의 유통속도

③ 노동에 대한 수요　　④ 물가에 대한 예상

(4) 통화량을 감소시켜서 인플레이션을 억제하려고 할 때, 물가예상에 대한 다음 어느 가정하에서 그 효과가 가장 신속하게 나타나는가? (　)

① 합리적 기대　　② 적응적 기대

③ 완전비탄력적 기대　　④ 모두 같다

(5) 합리적 기대가설에 따르면 정부의 확장적 재정정책은? (　)

① 효과가 있다.

② 비공개적으로 비밀리에 시행될 때만 효력이 있다.

③ 공개적으로 시행할 때만 효과가 있다.

④ 사전에 공개해야 효과가 있다.

(6) 다음 중 공급중시 경제학의 내용이 아닌 것은? (　　)

① 레퍼곡선　　② 생산성의 증가

③ 정부역할의 축소　　④ 총수요관리정책의 유지

(7) 통화주의와 새고전학파의 차이점은? (　　)

① 장기 필립스곡선의 기울기

② 장기 총공급곡선의 기울기

③ 민간부문이 정부의 정책변화에 적응하는 속도

④ 장기에 있어서 재정정책의 효과

(8) 스태그플레이션을 해결하기 위하여 공급중시 경제학이 제안하는 정책은? (　　)

① 조세율의 인상과 정부지출의 감소

② 조세율의 인하

③ 조세율의 인상

④ 물가-임금통제

(9) 공급측 경제학의 비판에 해당되는 것은? (　　)

① 레퍼곡선　　② 생산성의 증가

③ 정부역할의 축소　　④ 총수요관리정책의 유지

(10) 합리적 기대가설에 대한 비판에 해당되는 것은? (　　)

① 정보수집에 소요되는 비용을 과소평가하고 있다고 본다.

② 정보수집에 소요되는 비용을 과대평가하고 있다고 본다.

③ 정보의 정확성을 과소평가하고 있다고 본다.

④ 사람들의 합리성을 과소평가하고 있다고 본다.

(11) 새고전학파모형에서 예상하지 못한 독립투자의 감소가 발생하면? ( )

① 물가수준은 하락하지만 산출량은 불변이다.

② 산출량은 감소하지만 물가수준은 불변이다.

③ 물가수준과 산출량 모두 감소한다.

④ 물가수준과 산출량 모두 불변이다.

(12) 고전학파와 신고전학파의 차이점은? ( )

① 전자는 명목임금의 신축성을 가정하고, 후자는 명목임금의 하방경직성을 가정한다.

② 전자는 비개입주의를 주장하지만, 후자는 개입주의를 주장한다.

③ 물가수준에 대하여 전자는 완전한 정보를, 후자는 합리적 기대를 가정한다.

④ 전자는 노동공급이 실질임금의 함수라고 가정하고, 후자는 노동공급이 명목임금의 함수라고 가정한다.

(13) 공급측 경제학에 대한 비판에 해당되는 것은? ( )

① 총공급은 물가수준에 영향을 미치지 못한다.

② 레퍼곡선은 수직이다.

③ 조세율의 인하는 재정적자를 증가시키고, 재정적자는 물가상승을 초래하게 된다.

④ 조세율의 변화는 재정수입에 영향을 주지 못한다.

(14) 공급측 경제학에서 적용하는 정책수단이 아닌 것은? ( )

① 재정지출의 축소 ② 각종 사회보장지출의 증가

③ 자본재의 감가상각연한의 축소 ④ 긴축통화정책

(15) 소득세율을 0%에서 100%로 점차 증가시켜가면 정부의 소득세 수입은 어떻게 변화하게 되는가? ( )

① 0에서 점차 증가하다가 다시 감소하여 결국 0이 된다.

② 0에서 점차 증가하다가 다시 감소하다 0이 되지 않는다.

③ 점차 감소하다가 다시 증가한다.

④ 일정한 양상이 없이 불규칙하게 변화한다.

(16) 석유수입을 전적으로 해외에 의존하고 석유가격이 급등한 경우에 다음 기술 중 타당한 것은? ( )

① 단기에는 물가와 국민소득이 모두 상승한다.

② 긴축적 통화정책으로 대처하는 것이 적절하다.

③ 긴축적 재정정책으로 대처하는 것이 적절하다.

④ 공급중시경제학에 따르면 감세정책으로 대처하는 것이 바람직하다.

(17) 다음에서 공급측경제학을 주장하는 학자들의 견해에 해당되는 것은? ( )

① 재정적 개입과 금융적 개입의 중지

② 금본위제로의 복귀

③ 장기적인 적정통화 증가의 실현

④ 이상의 모두

(18) 다음은 새고전학파의 주장을 열거한 것이다. 옳은 것은? ( )

① 대부분의 실업은 비자발적이다.

② 금융정책은 단기적으로는 효과가 있으나 장기적으로는 효과가 없다.

③ 세율변경과 같은 재정정책은 국회의 동의를 받는데 시간이 많이 소요되기 때문에 별로 그 효과가 없다.

④ 예상된 정책은 모두 효과가 없다.

(19) 다음 중 새고전학파가 안정화정책의 무력성을 주장하는 이유가 아닌 것은? ( )

① 총수요의 증가효과는 단기에 있어서도 물가상승을 예측한 총공급의 감소에 의해 상쇄된다.

② 임금과 물가는 신축적이다.

③ 사람들은 모두 정보를 사용하여 기대를 적응적으로 형성한다.

④ 장기총공급곡선은 수직을 이룬다.

(20) 다음은 새고전학파의 이론에 대한 설명이다. 옳지 않은 것은? (   )

① 정책의 일관성을 중시한다.

② 단기적으로도 필립스곡선이 수직선이 되는 경우가 있다.

③ 완전경쟁시장을 가정한다.

④ 경기변동이 발생하면 개별경제주체들의 후생이 대폭적으로 감소한다고 주장한다.

(21) 다음 설명 중 옳지 않은 것은? (   )

① 고전학파모형에서 이자율은 실물요인에 의해서 결정된다.

② 고전학파모형에서 물가와 명목임금은 완전신축적이다.

③ 통화주의자들은 통화량이 증가하면 명목GNP가 비례적으로 증가한다고 본다.

④ 새고전학파는 경제주체들이 장기에는 물가예측을 할 수 있지만, 단기에는 물가예측을 할 수 없다고 본다.

[2] 아래 설문에 답하시오.

(1) 통화론자가 사용하는 적응적기대가설과 새고전학파가 사용하는 합리적 기대가설중에서 어떤 가설이 과거를 보고 체계적 오류(systematic error)가 지속적으로 남게 되는가? 그리고 새고전학파의 주장을 나타내는 아래 글의 빈 칸을 적합한 단어로 채우시오.

Rational Expectation Hypothesis and (   ) Policy Ineffectiveness

(2) Tobin이 새고전학파를 제2의 통화론자라고 부르는 이유는?

C: On what ground Tobin named the New Classics as the second generation of Monetarist?

[3] 다음 서술이 맞으면 ○표를, 틀리면 ×를 표시하시오.

(1) 통화론자의 총공급곡선은 단기에는 우상향하지만 장기에는 수직선이다. (　　)

(2) 새고전학파는 예상하지 못한 정부정책이 시행될 경우에 단기적으로 총공급곡선은 우상향할 수도 있지만, 장기적으로는 총공급곡선이 수직선이 된다고 주장한다. (　　)

(3) 통화주의학파의 적응적 기대에서 미래에 대한 기대치는 과거 자료의 산출평균치이다. (　　)

(4) 적응적 기대가설에 따르면 금년의 물가상승률은 가장 최근의 과거의 물가상승율과 일치한다. 따라서 적응적 기대가설에 의한 예상을 하게 되면 예측오차는 존재하더라도 체계적 오차는 없게 된다. (　　)

(5) 공급중시경제학자들은 감세, 정부지출의 감소, 정부에 의한 경제통제범위의 축소를 주장한다.

[4] 공급중시 경제학에 대한 아래 질문에 답하시오.

(1) 공급중시 경제학이 해결하고자 중점을 둔 문제들은?

(2) 공급중시 경제학은 경제정책의 우선순위를 형평과 효율, 분배와 성장, 그리고 정부의 개입과 경제적 자유 중에서 어디에 두었는가?

(3) 레퍼곡선(Laffer curve) 이란 무엇인가?

(4) 길더(Gilder)가 『富와 빈곤』이라는 책에서 주장한 내용은?

(5) 펠드슈타인은 복지정책이 경제에 어떤 영향을 미치게 된다고 보는가?

(6) (4)에 대한 펠드슈타인의 대책은?

(7) 더로우(Thurow)가 『제로섬 사회』에서 주장한 내용은?

(8) 공급중시 경제학의 불황에 대한 대책은?

(9) 공급중시 경제학의 인플레이션에 대한 대책은?

(10) 공급중시 경제학의 문제점은?

[5] 갈브레이드(K. Galbraith)가 The New industrial State에서 주장하는 내용을 하이에크(F. Hayek)는 찬성하는가, 아니면 반대하는가?

[6] Fill up the blanks with suitable words.

(1) People have (　　　) expectations when their forecasts are unbiased and they use all available information.

(2) The New Classics assumes that prices are (　　　) and all markets(　　　) at all times.

(3) The rational expectations equilibrium approach to aggregate supply assumes that wages and prices are (　　　) but that workers and firms have different information about the aggregate price level. The Lucas supply function then implies that the position of the aggregate supply curve depends on the (　　　) price level

(4) The rational expectations approach to policy making emphasizes the (　　　) of policies as an important factor in determining policy success or failure.

T: 합리적 기대론자들은 정책이 신뢰성이 정책의 성공과 실패를 결정하는데

중요한 역할을 한다고 강조한다.

(5) (   ) curve shows that tax revenue will be reduced after a certain level of tax rates. Such a region is called as a (   ) zone.

(6) In the long run, supply-side policies are still important, but the elimination of large slumps may be important if (   ) leads to permanent effects on long-run equilibrium.

(7) Real business cycle models assume that output is always at its (   ) level.

Answer

[1] (1) 4 (2) 2 (3) 4 (4) 1 (5) 2 (6) 4 (7) 3 (8) 2 (9) 4 (10) 1 (11) 3 (12) 3 (13) 3 (14) 2 (15) 1 (16) 4 (17) 4 (18) 4 (19) 3 (20) 4 (21) 4

E: (16) 공급중시경제학은 감세를 통하여 기업의 투자의욕, 근로자의 근로의욕을 재고시켜 총공급곡선을 우측으로 이동시킬 수 있다고 주장한다.

(20) 새고전학파의 균형경기변동이론에 따르면, 경기변동이란 외부에서 충격이 야기되었을 때 경제주체들이 최적화하는 과정에서 발생하기 때문에 경기변동이 발생한다고 해서 경제주체들의 후생수준이 감소하는 것은 아니다.

(21) 새고전학파는 경제주체들이 합리적 기대를 사용하기 때문에 단기적으로도 평균적으로 정확하게 물가를 예상할 수 있다고 가정한다.

[2] (1) 통화론자가 사용하는 적응적 기대가설은 과거의 경험에 비추어 최적을 모색하기 때문에 체계적 오류가 지속적으로 남게 된다. 합리적 기대가설은 개별경제주체가 합리적 기대를 한다고 가정하기 때문에, 자연실업률 이하로 실업률을 줄이려는 정부정책은 아무런 효과가 없다고 주장한다. Stabilization

(2) 토빈이 이 같은 주장하는 것은 새고전학파는 자연실업률가설에 사용된 적응적 기대를 합리적 기대로 대체하여 인플레이션 요소가 첨가된 총공급곡선을 도출하였기 때문이다.

E: (1) 합리적 기대가설과 안정화정책의 무효성

C: (2) It is because that the New Classics has just replaced the adaptive expectation hypothesis with the rational one by augmenting inflation factors on the procedure of formulating aggregate supply curve while retaining the natural rate of unemployment which has been introduced by Milton Friedman.

[3] (1) ○ (2) ○ (3) ○ (4) × (5) ○

E: (1) 화폐환상이 소멸됨에 따라서 수직선에 가까워진다. 기대가 첨가된 필립스 곡선이 수직선이 되는 것과 같은 논리이다.

(3) 산출평균치가 아니고 가중평균치이다.

(4) 합리적 기대가 아닌 한 체계적 오차(systematic error)는 남게 된다.

[4] (1) 스태그플레이션, 생산성증가율의 둔화, 국제자원파동

(2) 효율, 성장, 경제적 자유

(3) 세율의 변화가 경제주체에게 주는 유인의 변화를 통하여 조세수입에 미치는 효과를 나타내는 곡선이다.

(4) 소득재분배정책을 반대하고 근로자에게 유인을 제공하기 위하여 누진소득세를 주장하였다.

(5) 복지정책이 빠른 속도로 진행되면 적자재정을 가져오고, 이에 따른 인플레이션과 세율의 인상은 개인저축률의 감소를 가져와서 투자재원이 감소하게 되므로 스태그플레이션과 낮은 생산성을 초래한다.

(6) 적극적 유인을 제공하는 재정정책과 실질이자율 하락을 방지하기 위한 긴축적 금융정책을 제시한다.

(7) 대부분의 공급측 경제학자들이 케인즈학파의 진보주의 사상에 대하여 신보수주의 입장을 견지하였으나, 더로우는 케인즈학파의 총수요관리정책의 유효성을 인정하고 낮은 생산성을 제고하기 위하여 공급측 경제학이 필요하다고 주장하고, 이를 위하여 정부의 모든 규제를 완화하거나 철폐할 것을 주장한다.

(8) 공급중시 경제학은 불황에 대한 대책으로 세율인하와 정부지출의 축소를 주장한다. 그들은 세율인하는 생산이 확대되어 소유자에게 유인을 제공하여 노동의 공급, 저축 및 투자의 증가를 가져와서 생산이 확대되어 경기가 회복된다고 주장한다. 공급중시 경제학자는 정부지출의 증가는 적자재정을 가져오고, 적자재정이 증가하게 되면 투자와 저축에 마이너스(-) 유인을 가져온다고 보기 때문에 불황임에도 불구하고 정부지출의 축소를 주장한다.

(9) 세금감면과 정부지출축소

(10) ① 내생적 설명변수의 부족 ② 복지국가 실현과 소득재분배정책에 어긋난다. ③ 실증적 뒷받침이 부족하다.

[5[자본국가의 운영을 자유방임의 원칙이나 자본가 계층에 위임하게 되면 사적 이윤만 추구하기 때문에 공적 성격을 가진 기술개발이나 공공재의 생산이 적정수준에 미치지 못하게 될 우려가 있다고 보고, 자본가 계층이 아닌 각 직종별로 전문가가 나와서 국가운영에 참여하는 것이 필요하다고 주장한다. 각 분야의 전문가를 technocrat라고 하고, 일본이 서구자본주의국가들보다 산업조정능력에서 앞선 이유를 일본의 technocrat 계층이 적절한 시기에 사적 이윤의 추구보다 공적 이윤을 추구하는 능력이 앞섰기 때문이라고 주장한다.
하이에크는 어떤 형태의 국가개입도 개인의 자유를 감소시키고 노예로 만들기 때문에 A Road to Serfdom이란 책에서 갈브레이드의 주장을 정면으로 반대한다.
하이엑과 프리드만은 개인의 자유가 중요하다는 신자유주의를 신봉하기 때문에 정부의 개입을 반대하고, 갈브레이드는 조작된 수요로 인하여 소비자 주권이 보장되지 않고, 시장의 불완전성으로 인하여 특정한 공공재와 기술혁신을 달성하기 위하여 정부가 개입할 필요가 있다고 주장한다.
[7] (1) rational (2) flexible, clear (3) flexible, expected (4) credibility (5) Laffer, prohibited (6) hysteresis (7) natural
T: (4) 합리적 기대론자들은 정책이 신뢰성이 정책의 성공과 실패를 결정하는데 중요한 역할을 한다고 강조한다.

제 8 장 케인즈이론의 재해석과 새케인즈학파

케인즈이론의 재해석과 새케인즈학파는 시장이 원활하게 자원배분을 하지 못한다고 보는 점에서는 동일한 견해를 갖고 있다. 다만 그 원인은 케인즈학파는 명목임금의 하방경직성에, 케인즈이론의 재해석은 불완전한 정보에 있다고 보고, 새케인즈학파는 이 같은 가격의 경직성이 시장구조 또는 경제적 합리성에서 야기된다고 주장한다. 이 장에서는 명목수요와 구별되는 유효수요 대신에 실현된 수요를 유효수요라고 하는 케인즈이론의 재해석을 설명하고, 이어서 현재 미국 연방은행과 유럽에서도 중요한 역할을 하면서 동태적 일관성(dynamic consistency)를 강조하는 새케인즈학파를 설명한다.

8.1 불균형거시이론

불균형거시이론을 케인즈이론의 재해석 또는 일시적 균형(temporary equilibrium)[1]이라고도 한다. 스웨덴의 레이온후프(A. Leijonhuvud)[2]가 UCLA

1) 여기서 일시적 균형은 수량할당(quantity rationing)의 성격을 내포하고 있다.
2) 저자 황해두가 황해도에서 온 것과 마찬가지로 이름을 굳이 해석하면 사자의 머리이다.

대학의 박사학위논문을 출판한 『케인즈혁명과 케인즈의 경제학』[3])을 읽으면서 우리들은 약간 혼란에 빠져들기도 한다. 가장 큰 이유로는 자본주의 사회에서 정부의 재량적 개입과 혼합경제(mixed economy)를 주도한 거장이기도 하고, 다른 한편으로는 공산주의사회에서는 극단적으로 비판의 대상이 되는 케인즈혁명이 무엇이 잘못되었는가 하는 의구심을 야기하기 때문이다. 그러나 불균형거시이론을 점차적으로 이해해 가면서 새롭게 알게 되는 사실은 실제로 케인즈가 의도한 부분은 충분하게 설명되지 않았고, 잘못 해석된 부분이 크게 과장되었기 때문에[4]) 어느 정도의 재해석이 필요하다 점이다.

케인즈혁명은 우리가 자주 얘기하는 승수이론과 유동성선호설을 뜻하고, 케인즈의 경제학은 케인즈 혁명의 상당한 부분이 원래의 케인즈의 의도를 그릇되게 해석하였다고 비판하면서 케인즈의 경제학의 특징을 한 마디로 표현하라면 왈라스의 일반균형에서 왈라스적 경매인(Walrasian auctioneer)만 제거하면 된다고 설명한다.

(1) 클라우어(Clower)의 재결정가설

노동공급에 대한 가계의 최초결정(primal decision)은 경쟁적 노동시장에서 결정된 균형임금수준으로 노동을 공급하는데 아무런 제약이 없다는 가정 하에서 하게 된다. 그러나 만일 불경기로 인하여 노동시장에서 노동의 초과공급이 발생하고, 이러한 노동의 초과공급이 없어지기까지 시간이 소요되리라고 판단되면 가계는 노동의 공급과 상품에 대한 수요를 재결정하게 된다. 가계는 제1단계에서는 가격정보에 의하여 의사결정을 한다. 그러나 상품시장의 수요 또는 공급측면에서 수량제약에 직면하게 되는 제2단계에서는 가계는 가격정보에 의해서만 이루어진 제1단계의 의사결정을 수량정보를 이용하여 다시 수정하게 된다. 가계는 노동시장에서 사전에 의도한 노동공급량을 실현시키지 못하게 되면 사전에 인지된 임금수준(perceived labor-income)에 미치지 못하게 되는 실현된 임금소득(realized labor-income)으로 주어진 제약을 고려하여 상품에 대한 수

3) Axel Leijonhufvud, *On Keynesian Economics and the Keynesian Economics*, Oxford University Press, 1968.

4) overstate or exaggerate되었다는 의미이다.

요를 결정하게 된다. 이와 같이 수량제약을 고려하는 수요를 유효수요[5]라고 한다. 이 이론은 시장거래가 언제나 청산된다는 시장의 지속적인 균형을 전제하지 않고 현재의 시장에 존재하는 수량제약 하에서 경제주체의 최적행위를 분석하기 때문에 '수량제약 하에서의 일시적 균형이론'(theory of temporary equilibrium with quantity rationing)이라고도 한다.

예를 들어 한 달에 200만원을 버는 미장이가 이번 달 수입을 가지고 100만원짜리 냉장고를 2대 구입하기로 하였다고 하자, 그런데 비가 보름동안 와서 수입인 100만원만 되어서 최초의 결정하였던 2대를 1대로 줄여서 구입하기 되는 것을 이중계약가설이라고 한다, 여기서 최조의 결정을 월급을 모두 냉장고 2대를 구입하기로 의사결정을 최초의 결정(primal decision), 제약조건하에서 다시 내린 결정을 재결정(dual decision)이라고 한다. 여기서 유효수요는 실현된 소득을 뜻한다.

(2) 배로(R. Barro)와 그로스만(Grossman)의 불완전고용하의 균형이론

배로와 그로스만은 클라우어와 같이 임금율과 가격은 고정되어 있다고 가정하고, 재정정책 또는 금융정책과 같은 외생적 요인에 의하여 야기된 불균형은 파급효과와 수량할당(quantity rationing)에 의하여 누적적 승수(cumulative multiplier effect)를 가져와서 비자발적 실업을 포함하는 불완전고용하의 균형을 이루게 된다고 주장한다.

배로와 그로스만은 높은 실질임금이 실업을 가져오게 된다는 고전학파의 주장과 재화에 대한 유효수요의 부족이 실업을 가져오게 된다는 케인즈의 주장을 명확하게 구분한다. 그들은 자발적 실업이 명목임금의 하방경직성에 의해서만 야기되는 것이 아니고, 초과공급상태로 인한 연쇄적인 파급효과와 수량할당에 의하여 발생하면, 생산물시장과 생산요소시장 간에 누적적 승수효과에 의하여 더 악화될 수 있음을 보여준다. 그들은 불균형거시모형에 실업과 인플레이션에 대한 이론을 포함시킴으로써 국민소득결정과 고용에 대한 케인즈이론을 보다 명확하게 구분하는 데 기여하였다.

---

5) 케인즈혁명에서 언급되는 유효수요는 구매력이 수반된 수요를 뜻한다.

(3) 불균형거시모형

배로와 그로스만은 [표 8-1]과 같이 재화시장과 노동시장에서 초과공급이 있어서 공급이 제약을 받는 경우 이외에도 초과수요가 있어서 잠재수요(notional demand)가 실현되지 않는 경우도 포함시켜서 불균형거시모형을 발전시켰다. [표 8-1]의 이중쐐기도표에서는 재화시장과 노동시장에서의 가계와 기업의 행동을 고정가격기법(fixed price method)으로 분석한다. 가격이 고정되어 있는 단기를 고려하기 때문에 가격 대신에 수량변수가 조정역할을 수행한다.

불균형상태가 존재하고 있는 경우에 수량조절은 수량할당에 의하여 이루어진다. 예를 들어 노동시장에 비자발적 실업이 존재한다는 것은 이 시장이 초과공급상태에 있다는 것을 나타내며, 이 같은 상태에서는 초과분만큼의 노동공급자들이 고용기회를 갖지 못하기 때문에 직업은 할당(rationing)되는 것이다. 불균형거시모형에서의 할당방식은 실제 거래가 유효수요와 유효공급 가운데 최소치와 일치되도록 해 주는 것이다. 여기서 말하는 최소조건(minimum condition)이라 함은 초과유효수요가 존재할 때는 공급측면만 충족되고 수요측면은 할당되고, 초과유효공급이 발생할 때에는 수요측면만 충족되고 공급측면은 할당된다는 의미이다.

유효수요·공급에서 최소조건을 선택하기 전에 잠재(notional)수요·공급의 개념과 수량제한적(quantity-constrained) 수요·공급을 구별할 필요가 있다. 잠재수요·공급은 다른 시장의 수량제약이 없을 때 주어진 가격 및 임금수준에서 사전적을 계획되는 수량인 반면에, 수량제한적 수요·공급은 다른 시장에서의 수량제한적 수요·공급 가운데 어느 것이 유효수요·공급이 되는가는 시장여건에 달려 있다. 다른 시장의 제약이 없는경 우에는 잠재수요·공급이 그대로 유효수요·공급이 된다. 그러나 노동시장과 재화시장에서 잠재수요수요·공급과 수량제한적 수요·공급이 일치하지 않는 경우에는 수량제한적 수요·공급이 각기 유효수요·공급으로 전환된다. 이것을 전환조건(switching condition)이라고 한다.

실제로 실현되는 유효수요와 유효공급은 가격뿐만 아니라 수량할당에 의해서도 결정되고, 유효수요와 유효공급이 일치하지 않을 경우에 실현되는 거래량은 최소조건에 의하여 수요량과 공급량 가운데 작은 값을 취하게 된다. [표 8-1]은 최소조건과 실현되는 거래량의 관계를 나타내고 있다. [표 8-1]과 같은 과정이 반복되어 실현된 거래량이 어느 시장에서도 변하지 않는 것을 '일시적 균형'(temporary equilibrium)이라고 한다. 이 균형은 유효수요와 유효공급이 일치하지 않는다는 점에서 불균형이라고 할 수 있지만, 거래량이 변하지 않고 안정적이라는 점에서 균형이라고도 할 수 있다.

[표 8-1] 최소조건과 실현되는 거래량

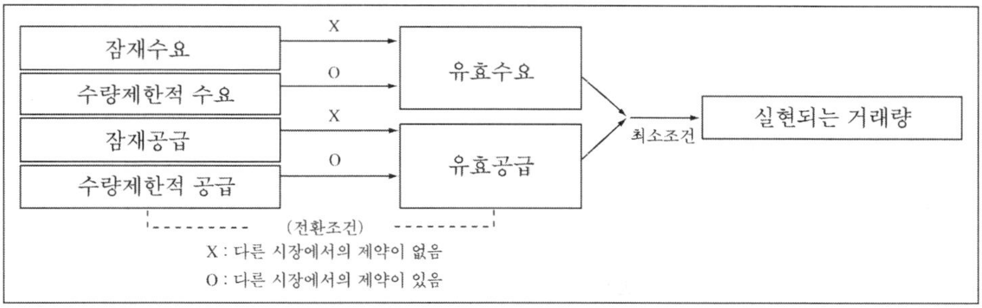

8.2 불균형거시이론의 특징과 평가

(1) 불균형거시이론의 특징

마샬은 가격조정이 수량조정보다 빠르게 진행된다고 가정한 반면에, 케인즈는 산출량과 고용과 같은 수량조정이 임금을 포함한 가격조정보다 빠르게 진행한다고 주장한다. 왈라스적 세계에서는 균형점 이하로 소득과 산출량이 감소하는 교란이 있으면 경매인이 괴리를 상쇄하는 압력을 가하는 반면에, 케인즈의 세계에서는 세이의 법칙을 공격하기 위하여 괴리를 크게 하는(amplify) 도구로서 승수가 사용된다. 소비자들은 미래에 어떤 특정한 상품을 주문하는 대신에 저축을 통한 부의 축적을 하게 되고, 생산자들은 소비자들이 이 같은 부(wealth)를 언제 어떤 상품을 구매하는지에 대한 정보를 생산자에게 전달해 주지 않기 때문에 (potentiality of consuming an unspecified article at an unspecified time) 생산자들은 불황에 직면하여 투자를 미루게 된다. 의사소통의 실패로 나타나는 불황은 경제가 유동자산을 '완충저량'(buffer stock)으로 가지고 있으면 발생하지 않게 된다. 따라서 대공황도 '유동성 위기'(liquidity crisis)의 산물이라고 볼 수 있다.6)

(2) 불균형거시이론의 평가

이 이론이 기여한 바는 다음과 같다. 첫째, 미시경제학 최적화이론을 도입하여 거시경제학의 미시경제적 기반을 다지게 되었다. 둘째, 수량할당이 되지 않는 경우에는 고전학파의 가격조정이 그대로 적용될 수 있음을 보여 주었다. 셋째, 전지전능한(omnipotent) 왈라스적 경매인이 없는 경우에는 수량조정이 가격조정보다 신속하게 진행됨을 보여주었다. 넷째, 명목임금이 하방경직적인 경우 이외에도 재화시장에서의 유효수요(실현되었다는 의미)의 부족으로 말미암아 비자발적 실업이 발생할 수 있음을 보여주었다. 마지막으로 경제학에서 정보의 중요성을 부각시키고, 정보의 획득 및 전파에 비용이 소요되는 경우에 불확실성을 감소시키는 방법을 연구하게 하는 계기를 마련하였다.

이 이론에 대한 비판은 단기적인 경제문제를 설명하는 데는 상당한 설득력이 있으나 장기적인 경제문제를 설명하기에는 가격이 장기적으로 신축적이 되기 때문에 한계가 있다는 점이다. 그리고 수량조정이 어떤 이유에서 가격조정보다 신속한지, 그리고 합리적으로 행동한다고 가정되는 경제주체가 수량조정에 어떻게 대응하는지에 대한 구체적 설명이 부족하다. 이 부분은 4절의 새케인즈학파에서 설명하고자 한다.

6) 불균형거시이론은 통화량이 적정통화량에 비하여 1/3로 축소되어서 대공황이 발생하였다고 지적하는 점에서는 통화론자와 동일한 견해를 가지고 있다.

8.3 말렝보(Malinvaud)의 실업의 유형

말렝보는 재화와 노동, 화폐라는 상품만이 있는 경우에 실업을 [표 8-2]와 같이 케인즈적 실업, 고전학파적 실업, 억압된 인플레이션으로 구분한다. 네 가지 형태의 실업의 구분이 가능하지만 재화시장이 구매자시장이고, 노동시장이 판매자시장이 되는 경우는 큰 관심의 대상이 아니다. 노동이 완전고용된 상태에서 산출량은 단기적으로 노동의 공급에 의하여 결정된다. 기업의 노동에 대한 수요가 할당되기 때문에 기업은 그렇지 않은 경우보다 많은 산출량을 공급하지 못하게 된다. 따라서 그들은 수량할당을 받는 판매자로 분류되지 않게 된다.

케인즈적 실업은 공급이 재화시장과 노동시장에서 할당(ration)되는 경우에 나타나는 실업으로 기업은 유효수요의 부족으로 더 이상 생산하지 못하게 된다. 고전학파적 실업은 노동이 완전히 고용되어 있지 않지만 기업이 자신의 공급을 모두 팔 수 있는 경우엔 나타나는 실업이다. 억압된 인플레이션은 재화시장과 노동시장에서 수요가 공급을 초과하여 인플레이션 압력이 있으나 단기적으로 가격이 경직적인 경우에 나타나는 실업이다.

[표 8-2] 시장형태에 따른 실업의 유형

노동시장 \ 재화시장	구매자시장(초과공급)	판매자시장(초과수요)
구매자시장(초과공급)	케인즈실업	고전학파적 실업
판매자시장(초과수요)	-	억압된 인플레이션

가계부문은 케인즈적 실업인 경우에는 노동시장에서, 억압된 인플레이션일 경우에는 재화시장에서, 그리고 고전학파적 실업인 경우에는 노동시장과 재화시장에서 수량할당을 받게 된다. 케인즈적 실업에 대한 처방은 조세감면을 통하여 가계의 가처분소득을 증가시켜서 수요의 증가를 가져오게 하거나, 정부지출을

증가시켜서 초과공급을 감소시키는 정책이 필요하다. 고전학파적 실업의 경우에는 노동시장에는 비자발적 실업이 존재하고, 재화시장에는 초과수요가 존재하기 때문에 조세감면이나 정부지출의 증가는 실업을 감소시키지 못하고 초과수요만 확대시키게 된다. 이 같은 경우에는 고전학파가 주장한 바와 같이 실질임금의 인하가 효과적인 대책이 된다. 억압된 인플레이션인 경우에는 가격과 실질임금이 모두 낮아서 가계가 소유하고 있는 자산의 구매력이 크고, 자발적 수요가 많아서 충족되지 않는 초과수요가 있는 만큼 노동자들이 노동보다 여가를 선호하게 될 가능성이 크다. 억압된 인플레이션에 대한 대책은 초과수요를 자극하지 않는 범위에서 실질임금과 물가를 인상시키는 정책이 필요하다.[7)]

8.4 새케인즈학파의 대두

(1) 케인즈학파와 불균형거시이론, 새케인즈학파

케인즈학파는 명목임금과 가격이 하방경직적이라고 가정하기 때문에 개별 명목임금과 가격은 총수요의 증가에 느리게 반응하고, 외부 충격에 의한 조정과정을 통해 생산량이 증가하게 된다고 주장한다. 불균형 거시이론에서는 재화와 생산요소의 가격이 주어진 경우에, 각각의 시장에서 공급량을 초과하는 수요에 직면할 때 제한된 공급량을 어떻게 할당(ration)할 것인가를 정하고, 할당방법에 따라서 다른 형태의 일반균형이 성립함을 보았다. 그러나 불균형 거시이론은 단기적으로는 수량조정이 가격조정보다 신속하게 진행되고 정보의 불완전성으로 인해 실업이나 과소고용이 발생할 수 있음을 보여주지만, 가격과 임금의 경직성에 대한 미시적 분석이 취약하기 때문에 어떤 근거로 경제주체가 수량조정을 하는지에 대한 설명이 부족하다고 할 수 있다. 새케인즈학파는 이 같은 미비점을 극복하기 위하여 새고전학파의 합리적 기대와 미시적 분석방법을 받아들인

7) 말렝보는 실업에 대한 대책은 실업의 유형에 따라서 달라야 효과가 있다고 주장한다. Cure depends on causes.

다. 그러나 새고전학파와는 달리 불완전경쟁시장하에서의 최적화행위에 기초하여 가격과 임금이 경직적임을 증명함으로써 경기변동을 설명하고자 한다.

(2) 새고전학파와 새케인즈학파

새케인즈학파는 완전경쟁시장에서의 균형은 필요충분적으로 파레토최적을 실현하게 된다는 일반균형이론이 현실적으로 임금과 가격의 경직성으로 인하여 실현될 수 없다고 강조한다. 고전학파와 새고전학파는 가격기구가 가격유인을 가지고 있지만 필요한 정보가 비대칭적으로 이용가능하거나, 정보이용에 비용이 소요된다고 가정한다. 새케인즈학파는 가격기구가 가격유인은 가지고 있지만 필요한 정보의 이용이 비대칭적이거나 정보이용에 비용이 소요된다고 가정한다. 새케인즈학파는 가격유인은 가지고 있지만 필요한 정보의 이용이 비대칭적이거나 정보이용에 비용이 소요된다고 가정한다. 새케인즈학파는 가격조정에 소요되는 비용, 불완전경쟁적 시장구조, 임금과 가격의 시차적 조정 내지 조정의 실패를 강조한다. 임금과 물가가 경직성을 보이는 이유를 미시경제학을 사용하여 설명하고 안정화정책의 유효성과 필요성을 주장하는 케인즈학파이론을 새케인즈학파라고 한다. 새케인즈학파(New Keynesian)로는 테일러(J. Taylor), 피셔(S. Fischer), 아커로프(G. Akerlof), 맨큐(G. Mankiw), 블랑샤드(O. Blanchard), 스티글리츠(J. Stiglitz), 고든(R. Gorden)을 들 수 있다.

(3) 새케인즈학파의 주된 주장

새케인즈학파는 경제주체들이 가격조정보다 수량조정을 선호하는 이유를 합리적으로 설명하기 위하여 다음 두 문제의 분석을 시도한다. 하나는 명목가격과 명목임금의 경직성 또는 실질가격이나 실질임금의 경직성이 경기변동에 어떤 영향을 미치는가 하는 문제이다. 다른 하나는 구체적으로 노동시장과 재화시장, 신용시장에서 나타나는 불완전성의 본질에 대한 문제이다. 첫 번째 문제는 가격의 경직성과 안정화정책의 효과에 대한 분석으로 설명하고, 두 번째 문제는 노동시장에서의 효율임금가설, 재화시장에서의 메뉴비용과 신용시장에서의 정보의 비대칭성과 신용할당으로 설명한다.

8.5 임금 · 가격의 경직성과 효율임금가설

(1) 임금 · 가격의 경직성과 안정화정책의 효과

피셔(S. Fischer)는 임금계약에 의해 임금이 시장변화에 즉각적으로 반응하지 못하고 천천히 반응한다는 가정이 비현실적이고 자의적이라는 주장을 일축하였다. 피셔는 임금 및 가격의 경직성을 효율 및 이윤극대화원리를 사용하여 설명할 수 있다고 주장한다. 새케인즈학파는 완전한 가격신축성에 의한 시장청산이라는 새고전학파의 기본가정을 비판하면서 정부가 체계적으로 정책을 수행하더라도 정부와 개인의 정보수집능력에 차이가 있으면 단기적으로는 안정화정책이 작동하게 된다고 주장한다. 만일 정보의 획득에 비용이 소요된다면 사람들은 비용-편익분석을 통하여 그 정보를 획득하는 것을 포기할 수도 있기 때문에 경제주체 간에 정보의 비대칭성이 존재할 수도 있다. 새케인즈학파는 대량실업이 존재하는 경우에 정책무력성을 주장하는 새고전학파의 주장대로 정부가 아무런 조치를 취하지 않는 것은 현명한 정책이 아니라고 지적한다. 케인즈학파가 재량적 개입을 주장한 반면에 새케인즈학파는 정부개입을 신중하게 하여야 한다고 강조한다.

(2) 암묵계약가설

효율임금가설이 소개되기 전에 임금의 경직성을 설명하는 이론으로는 중장기에 걸친 노동계약, 노동조합의 임금인하 반대운동과 위험기피적인 노동자의 태도를 설명하는 암묵계약가설(implicit contract hypothesis)이 있다. 이 가설에 의하면 임금률은 노동에 대한 보상일 뿐만 아니라 소득변화에 대한 보험의 성격까지 포함한다.[8] 예를 들어 석유파동이 발생하여 다른 물가가 상승할 경우에

8) 특히 노동자가 전직하는 동안에 소득변화의 충격을 완화할 수 있는 자금시장이 필요한 만큼 이용가능하지 않을 경우에는 임금계약은 변화에 대한 보험의 성격을 포함하게 된다.

실질임금은 시차를 두고 작은 폭으로 상승하게 된다. 그러나 기업가가 고용주뿐만 아니라 보험자(insurer)로 행동할 경우에 석유파동이 있더라도 고용인(employed)의 임금을 일정수준으로 유지하는 것을 선호하게 된다.[9)]

(3) 효율임금가설(Efficient Wage Hypothesis)

테일러와 피셔는 노동계약이 1년 내지 2년 동안 지속되는 점에 착안하여 임금이 계약기간 중에 경직적이면 노동자들이 비록 합리적 기대를 형성한다고 하더라도 안정화정책이 효과가 있음을 보여주었다. 아커로프(G. Akerlof)는 노동자의 생산성이 실질임금에 의존한다는 가정하에 기업들이 시장임금보다 다 높은 실질임금을 지불하는 것이 기업의 이윤극대화와 합치된다는 효율임금가설을 제시하였다.

효율임금가설은 개별 노동자에 대한 업무노력과 생산성에 대한 평가비용을 고려함으로써 야기되는 임금의 경직성을 설명하는 이론이다. 노동자들은 기업가가 노동자들이 얼마나 열심히 작업하는가를 파악하는 데에는 비용이 소요됨을 알고 적절한 업무량보다 적게 일하기도 한다. 그러나 기업가들은 항상 노동자의 업무태도를 감독하지는 못하지만 이따금 감독하는 과정에서 노동자가 게을리 일하는 것(shirking)을 발견하면 기업가는 노동자를 해고시키게 된다. 노동자의 해고되는 기회비용은 현재 고용되어 있는 기업에서 받는 임금률(wage rates)과 다음에 얻게 되는 직장에서 받게 되는 임금률의 차이와 직장을 찾기까지 소요되는 탐색비용(search cost)과 시간이다. 유능한 노동자를 지속적으로 있게 하기 위해서는 기업가는 시장에서 결정되는 임금률보다 다소 높은 임금률을 지불하는 것이 유능한 노동자를 유치하고, 유인을 제공하는 측면에서 유리하다고 판단하게 된다. 이와 같이 임금은 생산성과 플러스의 상관관계를 가지고 있기 때문에 기업가는 생산성을 유지하기 위하여 불황이 오더라도 임금을 인하하는 것을 꺼려한다. 이 같은 임금의 경직성으로 인하여 불황이 올 경우에 임금의 변화보다 고용량의 변화가 더 크게 된다. 기업가는 다소 높은 임금을 지불함으로

9) 피셔(S. Fischer)는 임금은 임금계약 때문에 시장변화에 즉각적으로 반응하지 못하고 보다 천천히 반응하고, 이 같이 임금이 천천히 반응하는 것은 비현실적인 자의적인 가정이 아니고 효용 및 이윤극대화원리에 의하여 설명될 수 있다고 주장한다.

써 노동자의 생산성을 증가시킬 수 있을 뿐만 아니라 다른 기업에 비하여 더 유능한 노동자를 고용할 수 있게 된다.

(4) 내부자-외부자 이론(Insider-Outsider Theory)

린드백(Assar Lindbeck)과 스노우어(Dennis Snower)의 내부자-외부자이론은 임금협상에 있어서 내부자와 외부자 간의 협상력의 차이로 인하여 비자발적 실업이 발생한다고 주장한다.10) 여기서 내부자라 함은 이미 기업에 고용되어 있는 노동자들을 의미하며 외부자는 실업자들을 의미한다. 기업에 고용되어 있는 노동자들은 임금협상과정에서 우월한 협상력을 생사할 수 있기 때문에 노동시장을 균형시키는 실질임금수준보다 높은 수준의 임금으로 기업과 계약을 체결하게 된다. 효율임금이론은 비자발적 실업의 원인을 기업에 있다고 보는 반면에, 내부자-외부자 이론은 실질임금의 경직성과 비자발적 실업의 원인을 노동자에서 야기된다고 본다.

내부자들이 우월한 협상력을 갖게 되는 이유는 기존의 노동자가 그만 둘 경우 기업은 새로운 노동자를 구해야 하는데 빈 일자리에 적합한 노동자가 이직할 경우 기업은 새로운 노동자를 구해야 하는데 빈 일자리에 적합한 노동자를 구하고 훈련시키는 데에서 상당한 시간과 비용이 소요되기 때문이다. 노동조합이 있는 경우 임금은 완전경쟁에서 노동의 수급에 의하여 결정되는 것이 아니라 노동조합과 기업 간의 단체협상(collective bargaining)에 의하여 결정된다. 이미 고용되어 있는 노동자의 이익을 대표하는 노동조합이 기업과 임금협상을 할 때에는 현재의 고용수준을 위협하지 않는 범위 내에서 가장 높은 실질임금을 확보하고자 노력한다. 이 같은 협상이 결과는 낮은 실질임금을 수용하고 고용을 원하는 실업자의 이익과는 상충된다. 그러나 실업자는 임금협상과정에 참여할 수 없는 외부자이기 때문에 실질임금이 균형임금보다 높게 결정되는 것을 방지하기는 어렵다.

10) Assar Lindbeck and Demmis Snower, *The Insider-Outsider Theory of Employment and Unemployment*, M.I.T. Press, Cambridege, Mass. 1988.

(5) 신용시장의 불완전성[11)]

새케인즈학파는 직접 투자활동에 참가하는 차입자가 대여자보다 정확한 정보를 가지는 것이 일반적인 현상이다. 새케인즈학파는 이 같은 비대칭적 정보는 이자율의 가격기능을 제약하고 경우에 따라서 신용할당(credit rationing)이 이자율의 자원배분기능을 대체할 수도 있다고 지적한다. 이 같은 정보의 비대칭성뿐만 아니라 담보가 없거나 불확실성을 지닌 자금수요자는 신용시장에서 상대적으로 자금을 확보하기 어렵게 된다.

8.6 메뉴비용

경제학자들은 가격을 변화시키는데 소요되는 비용을 메뉴비용이라고 한다. 만일 가격변화를 공시하거나 조정하는데 소요되는 비용이 가격을 인상하였을 경우에 추가로 얻게 되는 수입보다 크다면 생산자는 가격을 인상하지 않게 된다. 이 같이 생산자가 메뉴비용을 고려하여 가격을 변화시키지 않게 되면 산출량과 고용량의 변화가 그렇지 않을 경우보다 크게 된다. 독점적 경쟁, 과점 또는 독점과 같은 불완전경쟁시장에서는 불경기에 가격을 인하하면 다른 기업들도 연쇄적으로 가격을 인하하는 가격인하경쟁의 위험이 메뉴비용이 된다. 만일 통화량의 증가로 인하여 새로운 균형가격이 그 전의 균형가격에서 크게 벗어나지 않을 경우, 메뉴비용을 고려한 기업가는 계속해서 이윤을 극대화시키는 가격으로 변경시키고자 하는 유인이 감소하게 된다. 메뉴비용에 의한 임금의 경직성을 효율임금가설과 결합하면 고정임금-고정물가모형이 된다. 이 모형에서 물가(P)가 고정된다면 실질임금(W/P)을 효율임금수준으로 유지하기 위해서는 명목임

11) 자본시장의 불완전성을 새케인즈학파가 지적하기 전에 영국의 Flemming이 항상소득가설이 타당하기 위해서는 자본시장의 불완전성이 없어야 한다고 지적하였고, 자본시장의 불완전성은 자금조달비용을 증가시키게 된다고 지적하는 금융심화(financial deepening) 과정을 설명할 때도 논의되어 왔다. 자본시장의 불완전성은 효율성 임금이론, 메뉴비용과 함께 새케인즈학파가 객관적 이유로 가격의 경직성을 설명할 때 자주 인용된다.

금(W)도 고정되어야 한다.

[그림 8-1] 메뉴비용이 존재할 때 통화량 증가의 효과

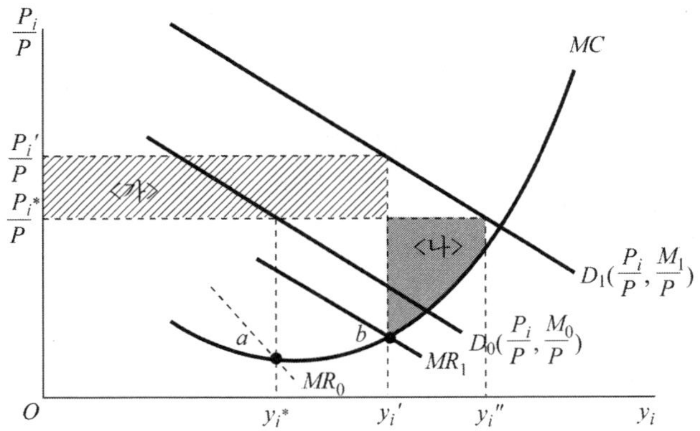

[그림 8-1]을 사용하여 매뉴비용이 있는 경우 불완전경쟁시장에서의 통화량 증가가 가져오는 효과를 설명하고자 한다. 통화량이 M_0일 때 한계수입곡선() (MR_s)과 한계비용곡선(MC)은 a점에서 교차한다. 따라서 생산자가 선택하는 가격과 산출량은 각각 P_i^*/P와 y_i*가 된다. 통화량을 M_0에서 M_1으로 증가시키게 되면 생산자 i가 직면하는 수요곡선은 D_1이 된다. D_1과 상응하는 한계수입곡선 MR_1과 MC는 b점에서 교차하기 때문에 생산자 i와 새로운 최적가격과 산출량은 각각 P_i'/P와 y_i'가 된다. 그러나 생산자 i가 메뉴비용을 인식하고 처음의 가격 P_i^*/P을 고수한다면 산출량은 y_i''가 될 것이다. 통화량이 M_1으로 증가하였음에도 불구하고 생산자가 가격을 P_i^*/P로 유지한다면 생산자가 입게 되는 손해는 [(가) - (나)]가 된다. 통화량이 M_1일 때 최적선택이 P_i'/P이므로 [(가) - (나)]는 항상 0보다 크다(손해를 본다). 따라서 가격을 인상함으로써 입게 되는(incurring) 메뉴비용이 [(가) - (나)]보다 더 크다면 기업은 가격을 인상시켜서 새로운 수요를 충족시키기보다는 총이윤을 되도록 크게 유지하기 위하여 가격을 변경시키지 않게 된다. 따라서 통화량 증가는 산출량을

y_i*에서 y_i''로 증가시키게 된다. 다르게 표현하면 메뉴비용을 고려하게 되면 화폐는 더 이상 실질변수에 대해 중립이지 않고, 정부는 통화정책을 통하여 국민소득에 영향을 미칠 수 있게 된다.

8.7 새케인즈학파의 정책시사와 평가

(1) 정책시사

새고전학파의 정책무력성 명제에 의하면 정부의 예견된 정책은 아무런 효과를 나타내기 못하고 단지 예견되지 못한 정책만이 단기적 효과를 가질 뿐이다. 이에 반하여 새케인즈학파는 정부개입의 필요성을 주장한다. 정부의 정책은 산출량에 영향을 미치며 침체기의 임금하락은 기업의 이윤증대나 고용증대를 가져오기 어렵다고 지적한다. 특히 독점적 경쟁시장은 시장의 불완전성으로 인하여 완전경쟁시장에 비하여 높은 가격으로 적은 상품을 생산하는 시장이기 때문에 가격의 상승이 없는 산출량의 증가는 사회의 복지를 증가시킨다고 볼 수도 있다. 따라서 불황기에 통화정책을 통한 수요확대정책은 사회전체의 입장에서 바람직하다고 평가한다. 새케인즈학파는 시장기능은 시장 그 자체에 존재하는 불확실성과 불확실성으로 인하여 효율적인 자원배분을 할 수 없기 때문에 정부의 개입을 통하여 보다 개선된 상태로의 이동이 가능하고, 이 같은 개입은 정당화될 수 있다고 주장한다.

새고전학파는 인간을 이성을 가진 자율적인 존재로 보기 때문에 과거의 경험으로부터의 학습과 합리적인 의상결정을 통하여 가격기구가 지닌 불완전성과 불확실성을 극복할 수 있으리라고 믿는다. 그러나 새케인즈학파는 세상은 불확실성이 많이 존재하고 인간은 이 같은 불확실성을 극복하기에는 미약한 존재라고 본다. 따라서 새고전학파와 같이 자유방임에 경제운용을 위임하게 되면 실업과 인플레이션이 약화되기 쉽기 때문에 자본주의 경제의 자기조정능력이 취약하다고 보고 정부개입의 필요성과 정당성을 주장한다.

(2) 평가

새케인즈학파는 불완전한 시장구조의 가격변수의 경직성의 원인을 규명함으로써 가격과 임금의 경직성에 대한 설명을 보다 구체화시켰다. 이들은 효율임금가설, 메뉴비용과 신용할당과 같은 불균형현상은 전통적인 미시이론과 양립할 수 없음을 지적하고, 블확실성이 반영된 현실에 가까운 모형을 이용하여 분석한 미시이론을 경기변동과 같은 거시경제 분석에 활용한다. 새케인즈학파는 자본주의사회의 가격기구는 자유방임에 위임하기에는 자기조정능력이 취약하기 때문에 정부가 실업과 인플레이션 문제를 해결하기 위하여 개입할 필요가 있다고 주장한다. 케인즈학파가 재량적 개입을 주장한데 반하여 새케인즈학파는 파급효과를 고려하여 신중하게 개입해야 한다고 주장한다.

연 습 문 제

[1] 신고전학파와 거시불균형이론의 비교에 대하여 답하시오.

(1) 신고전학파종합이 주장하는 분석방법은?

(2) 신고전학파의 가정은?

(3) 불균형거시이론은 (2)의 가정을 어떻게 수정하였는가?

[2] 불균형거시이론의 특징에 대한 질문에 답하시오.

(1) 케인즈이론을 재해석한 클라우어는 어떤 이유에서 가계행동에 대한 고전학파이론이 잘못되었다고 지적했는가?

(2) 부당가격(false price)이란 무엇인가?

(3) 케인즈이론을 재해석한 학자들의 공헌은 무엇인가?

(4) 불균형거시이론의 특징은 무엇인가?

[3] 아래 설문에 답하시오.

(1) 불균형거시이론이 일반균형과 다른 점을 균형가격, 적응속도, 정보획득비용 측면에서 설명하시오.

(2) 클라우어의 재결정가설(dual decision hypothesis)이란 무엇인가?

(3) 새케인즈학파는 케인즈 혁명과 불균형거시이론과 어떤 점에서 같고 어떤 점에서 다른가?

[4] 맞는 답을 선택하여 기입하시오.

(1) 고전학파의 주장을 왈라스의 모색과정을 통하여 볼 때 적절하지 않은 거래 형태는? ( )

① 완전한 정보의 이용가능성

② 거래비용이 소요되지 않음

③ 균형점으로의 조정은 수량조정에 의하여 이루어진다.

④ 균형가격 이외에서는 거래가 발생하지 않는다.

(2) 새케인즈학파의 임금경직이론이 아닌 것은? ( )

① 효율성임금이론 ② 탐색이론

③ 내부자-외부자이론 ④ 장기계약이론

(3) 다음 서술 중 새케인즈학파의 이론이 아닌 것은? ( )

① 가격변경에 따른 비용 때문에 현실의 불완전 경쟁기업들은 시장수요의 변동에 따라 즉각적으로 가격을 변경시키지 않는다.

② 기업가는 근로자의 생산성을 향상시키고 유능한 인력을 확보하기 위하여 시장균형임금보다 높은 임금을 지급한다.

③ 근론자의 화폐환상으로 인하여 명목임금은 하방경직성을 지닌다.

④ 노동시장이 노동조합에 의하여 주도되어 균형임금보다 높은 수준의 임금의 유지된다.

(4) 효율성임금이론에 따르면 어느 경우에 임금이 유보임금(reservation wage)을 크게 초과하게 되는가? ( )

① 실업률이 높은 경우

② 근로자의 감시가 어려운 경우

③ 특별한 훈련이 필요없는 직종인 경우

④ 노동수요가 적은 경우

(5) 장기실업이 가져오는 사회적 · 경제적 문제는? ( )
① 장기실업은 낮은 실업률로 이어질 수도 있다.
② 장기실업은 노동의 간접비용을 증가시키게 된다.
③ 장기실업은 비용인상 인플레이션을 가져오게 된다.
④ 장기실업은 노동자의 기술과 노동습관을 상실시킬 수도 있다.

(6) 다음 중 불균형거시이론에 해당되지 않는 것은? ( )
① 균형가격 이외에서도 거래가 이루어진다.
② 정보의 획득 및 확산에는 아무런 비용이 소요되지 않는다.
③ 적어도 단기에는 수량조정이 가격조정보다 신속하게 이루어진다.
④ 정보의 획득 및 확산에는 어느 정도의 비용이 소요된다.

(7) 불황국면에서 새케인즈학파는 어떤 경제정책을 실시하고자 하는가? ( )
① 감세조치 ② 실질임금의 인하
③ 확장적 재정정책 ④ 이자율의 인하

(8) 다음 새케인즈학파에 대한 설명중 옳지 않은 것은? ( )
① 새고전학파가 사용하는 합리적 기대가정을 수용한다.
② 현실세계는 불완전경쟁이 일반적 현상이라고 본다.
③ 새고전학파의 정책무력성의 정리가 성립하지 않는다고 본다.
④ 가격의 경직성이 발생하는 원인을 거시경제적 토대에서 분석하고자 한다.

(9) 노동시장에서 임금이 단기적으로 완전신축적으로 반응하지 않는 이유가 아닌 것은? ( )
① 묵시적 노동계약 ② 효율성 임금
③ 물가임금연동제 ④ 명목임금확정 장기노동계약

[5] 다음 서술이 맞으면 ○표를, 틀리면 ×를 표시하시오.

(1) 새케인즈학파에 의하면 예상된 정책이 실시될 경우에는 총공급곡선이 수직이고 정부정책은 효과가 없게 되지만, 예상하지 못한 정책이 실시될 경우에는 총공급곡선이 우상향하고 정부정책은 효과가 있게 된다. ( )

(2) 불균형거시이론에 의하면 가격이 신축적이라도 정보가 불완전하면 실업이 발생할 수 있다고 주장한다. ( )

(3) 자본시장이 불완전하더라도 프리드만의 항상소득가설은 작동한다고 볼 수 있다. ( )

(4) 새케인즈학파의 주장은 동태적 일관성을 추구하기 위하여 상황적합이론(contingency theory)의 적용이 필요하다고 주장한다. ( )

[6] To what extent the reinterpretation of Keynesian economics is different from the general equilibrium?

[7] Fill up the blanks with suitable words.

(1) Clower has analyzed what this involves for the optimizing transactor as a "( ) decision hypothesis".

(2) Dual Decision Hypothesis: Dual decision of households is constrained by the ( ) income whereas primal decision is free from such constraint.

(3) In situations of insider-outsider hypothesis, the equilibrium level of unemployment may be ( ) than society as a whole would regard as

optimal.

(4) If the (　　　　　) wage is above the market-clearing real wage, employment is determined by labor demand.

(5) New Keynesians try to provide microeconomic foundations for Keynesian macroeconomics. Menu costs may explain nominal price (　　　　　).

(6) (　　　　) Cost Model: They might hold their prices constant even as demand fell if they perceived a cost of changing price that outweigh the benefit of not losing sales.

(7) Such models get their names from the Greeks word (　　　　　), meanings "lagged effect." Put it another way, the normal intensity of uses of labor is affected by the actual intensity of uses.

(8) The New Keynesian has accepted the challenge of the rational expectations equilibrium approach to develop (　　　　　) foundation for Keynesian macroeconomics. For this purpose it has built on efficient wage theory, the small menu cost, and the role of (　　　　) information in the capital market.

(9) Why aren't all prices and wages adjusted more often? In tackling these issues, Akerlof and Mankiw have derived a surprising and important result often referred to as the (　　　　　) cost explanation of output fluctuations.

(10) New Keynesian economists are exploring more formally the role of market (　　　　) in fluctuations

Answer

[1] (1) 가격이 경직적이거나 정보이용이 완전하지 않을 경우에는 케인즈학파의 이론이 맞고, 그 외의 경우에는 고전학파이론이 맞게 된다는 분석방법이다.
(2) ① 완전하고 신속한 가격조정, ② 균형가격에서만 거래가 성립하게 된다는 왈라스적 모색과정, ③ 정보의 수집에 비용과 시간이 소요되지 않는다.
(3) ① 왈라스적 모색과정을 가정하지 않고 균형가격이 아닌 가격에서도 거래가 성립한다. ② 수량조정의 속도가 가격조정의 속도보다 빠르다. ③ 정보의 수집에 비용과 시간이 소요된다.
[2] (1) 독립된 변수로서 가격뿐만 아니라 수량까지도 포함한 시장의 초과수요함수를 소개하고, 이 같은 초과수요함수는 완전고용의 경우를 제외하고는 왈라스의 법칙을 충족시키지 않기 때문에 가격이 시장의 수요 및 공급을 제대로 나타내는 신호가 될 수 없다고 지적한다. 따라서 잠재수요 대신에 유효수요가 고려되어야 하고 왈라스의 법칙은 과소고용하의 균형을 나타내는 보다 일반적이 법칙으로 대체되어야 한다고 주장한다.
(2) 요구되는 모든 거래의 실현이 허용되지 않는 가격이다.
(3) 케인즈이론을 정당화하기 위해서는 고전학파이론에서 사용되는 가정들 중에서 왈라스적 경매인을 제거하는 것 이외에는 어떠한 제한도 요구되지 아니한다. 그들의 공헌은 고전학파의 일반균형이론을 연장시켜서 케인즈 주장의 유효성을 설명하는데 성공하였다는 점이다.
(4) 적어도 단기에는 수량조정이 가격조정보다 빠른 속도로 진행되므로 단기에 있어서 조정변수는 가격이 아니고 수량이다. 수량제약하에서 균형가격 이외에서도 거래가 성립한다고 가정하기 때문에 경제주체가 계획한 거래량과 실현된 거래량과는 일치하지 않을 수도 있다. 그리고 균형가격체계가 회복될 때까지 정보수집비용과 시간이 소요됨을 고려하여 고정가격 하에서 이루어지는 수량조정이 다른 시장에 미치는 연쇄적 파급효과를 분석하는 특징을 가지고 있다.
[3] (1) 왈라스의 일반균형은 균형가격에서만 거래가 이루어지고, 관련된 정보는 아무런 비용이 소요됨이 없이 즉각적으로 확산된다. 그러나 불균형거시이론에서는 균형가격 이외에서도 거래가 발생하고, 정보의 확산에는 시간과 비용이 소요된다. 다른 특징으로는 적어도 단기적으로는 가격조정보다는 수량(소득)조정이 더 빠르게 진행된다는 점이다.
(2) 파틴킨(D. Patinkin)이 상품시장에서의 불균형이 노동시장으로 파급되어 노

동시장의 불균형이 발생한다고 지적한 반면에, 클라우어는 노동시장의 불균형이 상품시장으로 파급되어 상품시장의 불균형을 가져온다고 지적한다. 노동공급에 대한 가계의 최초결정(primal decision)은 경쟁적 노동시장에서 결정된 균형실질임금수준으로 노동을 공급하는데 아무런 제약이 없다는 가정 하에서 하게 된다. 그러나 불경기로 인하여 노동시장에서 노동의 초과공급이 발생하고, 이 같은 노동의 초과공급이 없어지기까지 시간이 소요되리라고 판단되면, 가계는 노동공급과 상품에 대한 수요를 재결정(dual decision)하게 된다. 즉, 가계는 노동시장에서 사전에 인지한 임금소득에 미치지 못하는 실현된 임금소득의 제약을 고려하여 상품에 대한 수요를 고려하게 된다. 이 과정에서 노동시장에서의 비자발적 실업은 상품시장의 비자발적 과소소비를 가져오게 된다.

(3) 세 학파가 모두 같은 점은 외부 충격이 왔을 때 경제가 균형에서 벗어나게 되고, 수렴하기보다는 확산한다고 주장한다. 그 원인에 대하여 케인즈 혁명은 노동조합이 명목임금이 어느 수준이하로 하락하는 것을 반대한다는 사회적 요인이라고 보았고, 레이욘후프는 가격이 신축적이라 할지라도 정보이용이 완전하지 않을 경우에서 실업이 발생할 수 있다고 보았다. 새케인즈학파는 가격의 하방경직성이 있을 경우에는 균형가격에서 벗어나게 가격을 설정하는 것이 합리적 의사결정임을 보여준다. 효율적 임금이론과 메뉴비용은 좋은 예가 될 수 있다.

[4] (1) 3 (2) 2 (3) 3 (4) 2 (5) 4 (6) 2 (7) 3 (8) 4 (9) 3

E: (2) 탐색이론은 실업자가 노동시장에 대한 완전한 정보가 이용가능하지 않기 때문에 보다 나은 직장을 구하기 위하여 마찰적 실업상태에서 합리적인 탐색활동을 연구하는 이론으로 가격과 임금의 경직성을 설명하기는 하지만, 다른 한편으로 마찰적 실업이 비효율적이 아니고 크게 보면 노동시장의 유연성을 증가시키고자 하는 이론이기

때문에 효율성임금이론, 장기계약이론, 내부자-외부자 모형과 다르다. 다르게 표현하면 유연성을 추구하다가 결과는 임금이 균형가격보다 높은 수준에서 경직성을 지님을 보여준다.

(5) 블랑샤드(O. Blanchard)가 강조하는 이력현상에 대한 질문이다. 실직이 장기화되면 노동자의 숙련도가 감소하게 되어 재취업이 어렵게 됨을 지적하는 질문이다.

(7) 새케인즈학파는 가격의 경직성은 미시경제적 토대에서 분석한다.

(9) 임금이 물가에 연동되어 있다면 물가가 변화할 때 임금도 이 같은 변화에 맞추어 신축적으로 변화하게 된다.

[5] (1) ○ (2) ○ (3) × (4) ○

E: (1) 새케인즈학파는 합리적 기대를 사용하는 점은 새고전학파와 마찬가지이지만, 가격이 단기적으로 경직적이기 때문에 예상된 정책을 실시하더라도 총공급곡선은 단기적으로 우상향한다고 주장한다.
[6] It is different from the general equilibrium in that there no Walrasian auctioneer. Put it another way, the under-equilibrium of national income can be realized even if the price flexibility is fully guaranteed.
[7] (1) dual E: 이중계약가설 (2) realized (3) higher
E: 내부자-외부자모형은 조합원들의 담합으로 임금인상이 발생한다고 설명한다.
E: 노동조합이 폐쇄적인 경우에는 실업률이 그렇지 않은 경우보다 증가하게 된다는 설명이다. 이 같은 모형은 유연생산체제(flexible management system)를 실시하기 위하여 노동자가 다기능(multi-function)을 수행하는 과정을 저해하기도 한다.
(4) efficiency (5) rigidity (6) Menu E: 이 같은 모형을 경직적 가격모형(sticky price model)이라고도 한다.
(7) hysteresis 이력현상 또는 기억효과 (8) microeconomic, imperfect (9) menu (10) imperfections

제 4 부

개별경제주체의 의사결정과 정부의 역할

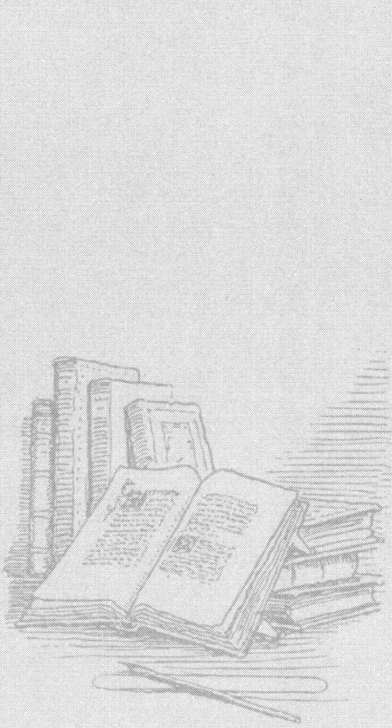

총수요의 구성인자로 취급해온 소비와 투자는 개별주체가 주어진 경제상황과 이용가능한 자원, 제약조건을 고려하여 소비와 투자에 대한 의사결정을 하게 된다. 화폐공급은 정부, 특히 중앙은행에 의하여 이루어지고, 가계, 기업, 정부와 같은 경제주체가 화폐에 대한 수요를 갖게 된다. 그리고 총수요를 구성하는 정부지출도 복지국가를 지향과 비례하여 그 역할도 증가해 왔고, 다른 한편으로는 재정적자 문제를 가져오게 되었다. 제4부는 이 같은 개별경제주체의 소비와 투자에 대한 의사결정과정과 정부의 역할에 대하여 설명하고자 한다.

제 9 장 소비함수

소비함수는 소비가 어떻게 결정되는 가를 설명하는 이론이다. 제2장에서 당기 소비는 당기소득에 의존한다는 케인즈학파의 절대소득가설을 설명하였다. 케인즈 이전에는 소비함수를 따로 구분하지 않았다. 케인즈는 소득이 없어도 소비를 하고, 소비는 소득에 비례한다고 주장하였다. 케인즈학파는 제2차 세계대전이 종식되면 유효수요의 감소로 인하여 산출량과 국민소득이 감소하기 때문에 실업이 증가하고, 소비는 크게 감소하리라고 예상했었다. 그러나 이와 같은 케인즈 학파의 예측이 어긋나게 되자 케인즈의 절대소득가설에 의문에 제기되면서 부(wealth)의 축적이 소비함수에 대하여 미치는 영향에 대한 관심이 증가하게 되었다.

9.1 케인즈의 절대소득가설과 쿠즈네츠의 실증분석

(1) 고전학파의 대부자금설과 소비함수

소비함수는 소비가 어떻게 결정되는가를 설명하는 이론이다. 고전학파의 대부자금설에 의하면 저축과 투자는 이자율에 의하여 결정된다. 소비는 소득에서 저축을 차감한 부분이기 때문에 소비도 이자율에 의하여 결정된다고 할 수 있다. 고전학파는 별도의 소비함수가 없었다.

(2) 케인즈의 절대소득가설

케인즈는 소득이 없어도 소비를 하고, 소비는 소득에 비례한다고 주장하였다. 그리고 이 같은 소비함수는 디플레이션 갭과 승수이론을 전개하는데 중요한 역할을 해 왔다. 케인즈의 소비함수는 여러 수준의 가처분소득(disposable income; DI)에 대응되는 사전의 소비수준을 연결하여 도출한 것으로 다음 세 가지 명제를 가지고 있다. 첫째, 소득이 증가하면 소비도 증가하게 되지만, 소비의 증가율은 소득의 증가율보다 작게 된다. 즉, 한계소비성향이 0보다는 크고 1보다는 작다는 것을 의미한다. 둘째, 소득가운데 소비가 차지하는 비율인 평균소비성향은 소득이 증가함에 따라서 감소한다.[1] 다르게 표현하면, 한계소비성향이 평균소비성향보다 작게 된다. 셋째, 절대소득가설에 의하면 소비함수가 직선의 형태로 그려져 있지만, 실제로는 소득이 증가할수록 한계소비성향은 감소한다.

케인즈의 소비함수는 편의상 아래와 같이 나타낼 수 있다.

$$C = C_0 + bY_d \qquad [식\ 9\text{-}1]$$

[식 9-1]에서 C는 당기의 소비, b는 한계소비성향, 그리고 C_0는 가처분소득이 0일 때의 소비를 나타낸다. 케인즈는 비소득결정인자인 C_0가 장기적으로는 소비의 형태에 영향을 미칠지 모르지만, 단기적으로는 중요성이 없다고 보았다. C_0는 다시 주관적 요인과 객관적 요인으로 구분된다. 전자는 심리적 선호도이고, 후자는 개인별 소득분포, 소비자 할부금융제도, 자산의 저량과 이자율을 포함한다.

1) 케인즈의 소비함수는 비례적이 아닌 반면에, 전후의 소비함수는 비례적이다.

(3) 富의 축적과 소비함수

케인즈학파는 제2차 세계대전이 종식되면 유효수요의 감소로 인하여 산출량과 국민소득이 감소하기 때문에 실업이 증가하고, 소비는 크게 감소하리라고 예측했었다. 그러나 이와 같은 케인즈학파의 예측이 어긋나게 되자 케인즈의 절대소득가설에 의문에 제기되었다. 전후의 소비가 감소하지 않고 증가된 원인으로는 유동자산형태의 富의 축적과 전시 중에 억제되거나 미루어 온 수요의 실현을 들 수 있다.

(4) 쿠즈네츠(S. Kuznets, 1946)의 실증분석

쿠즈네츠는 미국의 1869년부터 1919년까지의 자료를 분석한 결과 횡단면과 단기 시계열로는 한계소비성향이 평균소비성향보다 작다는 케인즈의 소비함수가 잘 맞지만 장기 시계열로는 한계소비성향과 평균소비성향이 일치하는 경향이 있다는 사실을 발견하였다.

[그림 9-1] 쿠즈네츠의 소비함수

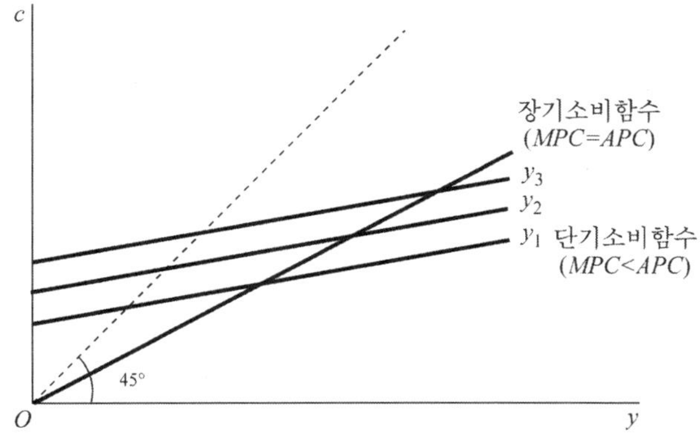

[그림 9-1]은 케인즈의 단기소비함수는 플러스의 절편가지고 우상향하는 직선이지만, 쿠즈네츠가 발견한 시계열 장기소비함수는 원점을 통과하는 직선이 된다. 따라서 전후에 대두된 소비함수들은 어떤 이유에서 한계소비성향과 평균소비성향이 일치하는가를 규명하는데 중점을 두게 되고, 이 소비함수를 검토하

는 과정에서 횡단면 분석(cross-section analysis)은 타당한데, 시계열 분석(time-series analysis)이 맞지 않게 되면서 쿠즈네츠가 문제점을 제기하게 되었다. 이 과정에서 다기간 소비자선택모형과 부(wealth)의 효과에 초점을 맞추게 되었다.

9.2 부(wealth)와 다기간 소비자선택모형

케인즈학파의 소비함수는 일정기간의 소득흐름에 대응되는 소비를 유량(flow)개념을 사용하여 설명한다. 전후의 소비함수는 富라는 저량개념을 소비함수에 포함시킴으로써 富와 소득제약하에서의 소비의 선택을 다른 시점 간에 할 수 있다고 가정한다. 편의상 당기와 차기만 있다고 가정하면 두 기간의 富와 소득제약 하에서의 소비자의 선택을 아래와 같이 나타낼 수 있다.

$$C_0 + C_1/(1+r) = PV = a_0 + y_0 + y_1/(1+r) \qquad \text{[식 9-2]}$$

C_0는 금기의 소비, C_1는 차기의 소비, r은 이자율, PV는 현재가치, a_0는 금기의 자산, y_0는 금기의 소득, y_1는 차기의 소득을 나타낸다.

[그림 9-2]에서 예산제약선은 가로축의 PV와 세로축의 $(1+r)PV$를 연결하는 직선이 된다. 만일 당기의 소득과 자산의 합인 현재가치가 1,000만원이고, 이자율이 연 20%라면 차기의 현재가치는 1,200만원이 된다. A점은 어떤 소비자의 자산 및 소득의 구성상태를 나타내고 있다. 그는 초기에 a_0라는 자산과 y_0이라는 소득을 갖고 있으며 1기에는 y_1이라는 소득을 얻게 된다. 이 소비자의 균형점은 B점이 된다. 따라서 $\triangle AOB$에서 OB만큼 당기에 차용하고, 차기에 OA만큼 상환하게 된다. 다기간 소비자선택모형에서의 소비자 균형은 소비자의 전 생애에 걸친 총자산의 현재가치와 관계가 있고 자원이 획득되는 시간

이나 순서와는 관계가 없다.

[그림 9-2] 두 기간의 소비자선택

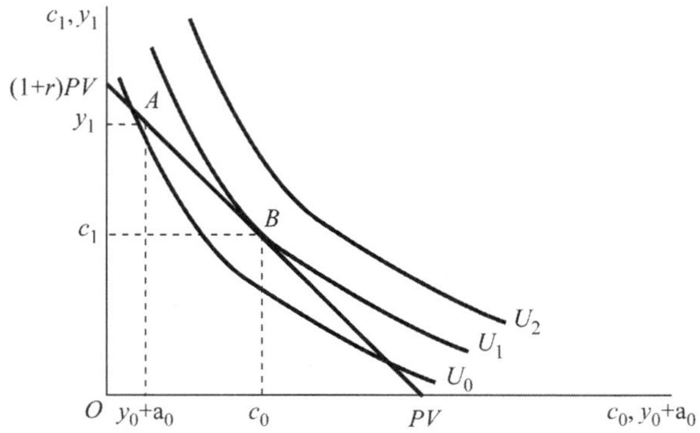

9.3 항상소득가설

프리드만의 항상소득가설과 모딜리아니, 브람버그와 앤도(MBA)의 생애주기 가설은 피셔(I. Fisher)의 다기간 소비자선택모형과 유사하게 소비자가 전생애에 걸쳐서 얻어지는 부와 소득의 합계를 가지고 다른 기간에 적절하게 나누어 소비한다고 주장한다. 케인즈의 절대소득가설이 소득이라는 유량에 비례하여 소비가 이루어진다고 주장한 반면에 프리드만의 항상소득가설은 부(wealth)라는 저량에 비례하여 소비가 이루어진다고 주장한다.

(1) 항상소득과 임시소득

프리드만은 어떤 사람의 일정기간에 걸친 소득은 [식 9-3]과 같이 항상소득과 임시소득으로 구성된다고 설명한다. 항상소득은 어떤 사람의 부(wealth)를 결정하는 여러 요인들의 효과를 더한 합계이다. 다르게 표현하면 정규적으로 받는 월급 이외에 그 사람이 소지하고 있는 비인적자본, 훈련, 능력, 개인적 특성과 직업적 특성으로 얻게 되는 수입을 포함한다. 임시소득은 어떤 사람이 사고나 우연히 발생한 사건으로부터 얻게 되는 모든 소득을 포함한다. 항상소득과 임시소득의 구분은 소비단위의 실제행위를 설명하기 위하여 사용된다. 따라서 항상과 임시의 구성요소의 명확한 구분은 무엇이 소비단위의 행동에 부합되는가 하는 판단보다도 소비에 대한 자료로부터 판단되어야 한다 (M. Friedman, 1957).

$$y = y_p + y_t \qquad \text{[식 9-3]}$$

(2) 항상소비와 임시소비

일정기간 동안 측정된 소비도 [식 9-4]와 같이 항상소비와 임시소비로 구성된다. [식 9-4]에 나오는 '측정된', '항상' 그리고 '임시'란 개념은 [식 9-3]에서 사용된 개념과 동일하다.

(3) 항상소득과 항상소비와의 관계

항상소득가설은 항상의 구성요소와 측정된 크기와의 관계를 나타내는 [식 9-3], [식 9-4]와 항상소득과 항상소비의 관계를 나타내는 [식 9-5]로 구성된다.

$$c_p = k(r, w, u)y_p \qquad \text{[식 9-5]}$$

[식 9-5]는 항상소득에 대한 항상소비의 비율은 항상소득의 크기에 대해서는 독립적이지만, 다음 세 가지 변수에 의존함을 보여준다: ① 소비단위가 빌려주거나 빌려주는데 적용되는 이자율 r ; ② 재산과 비재산의 상대적 중요성을 나타내기 위하여 소득에 대한 비인적 부의 비율을 나타내는 w ; 그리고 ③ 소비를 할 것인가, 아니면 富를 증가시킬 것인가에 대한 소비자의 기호와 선호도를 나타내는 u이다. [식 9-3], [식 9-4], [식 9-5]로부터로부터 소비형태를 설명

하기 위하여 [식 9-6]의 가정을 추가한다. 이 가정은 소득과 소비의 '임시' 구성요소들은 상관관계가 없으며 임시적 구성요소들은 이들과 대응되는 '항상'의 구성요소들과도 상관관계가 없음을 보여준다.

$$\rho(y_{t,} y_p) = \rho(c_{t,}\ c_p) = \rho(y_{t,} c_t) = 0 \qquad [식\ 9\text{-}6]$$

(단, ρ는 괄호 안의 변수들 간의 상관계수이다.)

[식 9-6]에다 [식 9-7]을 추가하면 항상소득가설의 간단하고 특수한 경우가 된다. [식 9-7]은 소득과 소비의 임시적 구성요소의 평균이 0임을 보여준다.

$$\mu(y_t) = \mu(c_t) = 0 \qquad [식\ 9\text{-}7]$$

(4) 측정된 소비와 소득과의 관계

항상소득은 비인적인 富(자본자산)와 인적인 富(소득을 벌 수 있는 능력)를 반영한다. 이에 반하여 실제로 측정된 소득은 본질적으로 랜덤(random)한 변동에 따라서 변화하는 모든 다른 소득요소를 포함한다. 마찬가지로, 소비도 항상소득에 의하여 결정되는 항상소비와 랜덤(random)한 요소로 구성된 임시소비(transitory consumption)로 나누어진다. 항상소비는 항상소득의 고정된 비율인 k로 나타낼 수 있고, 각 소비자의 k의 값은 富와 이자율과 기호(taste) 등을 포함하는 다양한 요인에 의하여 결정된다.

항상소득가설로부터 측정된 소비와 측정된 소득과의 관계를 알기 위하여 [식 9-3], [식 9-4], [식 9-5]를 [식 9-6]에 대입하면 다음과 같다.

$$c - c_t = k(r,\ w,\ u)(y - y_t) \qquad [식\ 9\text{-}8]$$

[식 9-8]에서 편의상 $(r,\ w, u)$가 일정하다고 가정하고, c_t를 우변으로 이항시키고, 양변을 y로 나누어 주면

$$y = k[(y - y_t)/y] + c_{t/}y \qquad [식\ 9\text{-}9]$$

[식 9-9]에서 임시소득 c_t는 [식 9-7]의 가정에 의하여 0이 된다. 따라서 [식 9-9]는 [식 9-10]과 같이 나타낼 수 있다.

$$c/y = k[(y - y_t)/y] = k(y_p/y) \qquad [식\ 9\text{-}10]$$

[식 9-10]에서 k가 상수이기 때문에 측정된 소득 중에서 임시소득의 비중이 클수록 평균소비성향의 크기는 작게 된다.

(6) 시계열자료 및 횡단면자료 분석

임시소득의 변화로 장기소비함수를 설명하면 소득이 감소할 때에는 임시소득이 작기 때문에 [식 9-10]으로부터 평균소비성향이 크게 된다. 이와 반대로 소득이 증가할 때에는 임시소득이 많기 때문에 평균소비성향이 작게 된다. 그러나 장기적으로 보면 [식 9-7]로부터 임시소득이나 임시소비의 변동은 상쇄되고 0에 가깝게 되기 때문에, 장기소비함수는 원점을 지나는 직선이 되고 한계소비성향과 평균소비성향은 일치하게 된다.

임시소득과 임시소비는 상호간에 상관관계가 없으며, 이들은 항상소득과 항상소비와도 상관관계가 없다는 가정하에서 소비자들을 횡단면으로 조사하면 k보다 작은 한계소비성향의 값을 발견하게 된다. 측정된 한계소비성향이 하향으로 편중된 것에 대한 경제적 설명은 소득이 높은 계층은 임시소득이 플러스(+)의 크기를 가진 사람들을 포함한다. 임시소비가 랜덤적이라고 가정하면, 각 개인의 소비는 각 개인의 실제소득보다 낮은 항상소득을 기초로 하여 결정된다. 따라서 소득이 많은 계층은 실제 저축이 높다는 특징을 지니게 된다.

(7) 정책시사

프리드만은 항상소득이 당기소득과 전기소득에 부분적으로 의존한다고 가정한다. 이 가정으로부터 어떤 특정기간의 소비는 당기소득과 전기소득수준에 의하여 결정된다고 추론된다.[2] 항상소득가설이 안정화정책에 제시하는 정책시사는 조세정책의 변화는 측정된 소득이 아닌 항상소득을 기초로 수립해야 더 효과가 있게 된다는 것이다. 예를 들어, 일시적인 감세정책에 대한 소비단위들의 반응은 임시소득에 의한 임시소비를 증가시키기보다는 저축을 증가시키기가 쉽다. 따라서 조세정책이 효과적으로 실시되기 위해서는 소비단위의 항상소득에 영향을 미칠 수 있도록 수립되어야 한다.

9.4 모딜리아니, 브람버그. 앤도(AMBA)의 생애주기 가설(life-cycle hypothesis)

앤도(A. Ando)와 모딜리아니(F. Modigliani)는 사람이 전생애에 걸쳐서 소비형태가 균일하지 않음을 파악하여 생애주기가설을 주장하였다(Ando and Modigliani, 1963). 그들은 나이에 따라서 소득 및 소비의 분포가 [그림 9-3]과 같이 주어진다는 가정을 가지고 횡단면 분석자료를 설명한다.

소비는 전생애에 걸쳐서 서서히 증가하는 형태를 나타내고 있다. 소득은 중년기에 가장 많고 유년기와 노년기에는 작아진다. 따라서 중년기에는 저축률이 높고 유년기나 노년기에는 [그림 9-3]의 빗금 친 부분과 같이 저축률이 마이너스(-)의 값을 갖게 된다. 횡단면 분석에서 고소득층에 해당되는 소비단위는 중년층이 많고, 저소득층에 해당하는 소비단위는 유년층이나 노년층이 많게 된다. 그리고 중년층의 저축률이 노년층의 저축률보다 높기 때문에 소득이 높아질수록 저축률이 증가하게 된다. 다르게 표현하면 소득수준이 높아질수록 한계소비성향이 평균소비성향보다 작게 되는 관계가 성립한다.

2) 항상소득가설에는 적응적 기대가설(adaptive expectation hypothesis)이 사용된다.

[그림 9-3] 앤도와 모딜글리아니의 소비함수: 횡단면분석

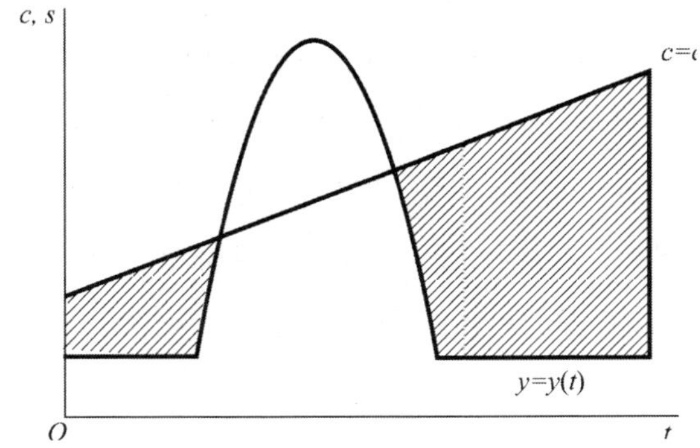

(1) 생애주기가설의 횡단면분석

만일 생애주기가설이 맞고 랜덤하게 인구의 표본을 선택하여 그들의 예산을 조사하여 표본을 소득수준에 따라서 분류하면, 고소득집단은 중년기에 위치해 있기 때문에 소득이 평균소득보다 높은 사람들을 포함하게 되고, 이들의 평균소비성향은 상대적으로 작게 된다. 마찬가지 이유로, 저소득집단은 연령분포에 있어서 후기에 있기 때문에 소득이 평균소득보다 작은 사람들을 상대적으로 더 많이 포함하게 되기 때문에 저소득층의 평균소비성향은 상대적으로 크게 된다. 이 같이 소득이 증가함에 따라서 평균소비성향이 감소함을 보여주는 생애주기가설의 횡단면분석은 절대소득가설이 제시하는 한계소비성향이 평균소비성향보다 작다는 결과($MPC < APC$)와 일치한다.

(2) 생애주기가설의 시계열분석

그들은 소비함수가 당기의 소득에 의해서 뿐만 아니라 미래의 기대소득에 의해서 결정된다는 가정을 가지고 시계열분석을 설명한다. 즉, 생애주기가설은 각 시점에서 소비와 저축에 대한 의사결정을 하는 소비단위가 자신의 전 생애를 통하여 선호되는 방향으로 소비를 분포시키려는 다소 의식적인 노력을 한다는 가정에서 출발하고 각 소비단위가 전 생애를 통하여 얻게 되는 소득에 의하여 제약을 받게 된다.

그들은 소비가 미래 소득흐름의 현재가치의 함수라고 보고 소득을 자산소득

과 노동소득으로 구분함으로써 소득흐름의 현재가치를 계산한다. 그들은 소비는 현재의 소득과 자산만을 기초로 하여 이루어지지 않고 남은 생애동안 기대되는 평균예상노동소득의 영향도 받게 된다고 지적한다. 따라서 생애주기가설의 평균예상노동소득은 항상소득가설의 항상소득에 대응되는 개념이라고 할 수 있다.

단기적으로 자산가치는 상당히 안정적이기 때문에 평균소비성향은 실제소득과 반대방향으로 변화한다($MPC < APC$). 그러나 장기적으로는 자산가치가 실제소득과 동일한 비율로 증가하고, 노동소득도 실제소득과 동일한 비율로 증가하기 때문에 한계소비성향과 평균소비성향은 일치하게 된다($MPC = APC$).

실증적 연구에서 가정을 바르게 하고, 타당하게 인과관계를 연관지우는 것이 중요한 기법인데, 생애주기가설은 이 같은 기법을 상당히 훌륭하게 소비함수에 적용한다. 즉, 현재가치(present value; PV) 항목을 노동으로부터 기대되는 소득 y^L과 자산(asset)이나 재산(property)으로부터 기대되는 소득 y^p로 구분함으로써 PV항목의 변화를 고찰할 수 있게 한다. 그들이 미국의 연도별 자료를 이용하여 산출한 노동소득(y^L)과 자산소득(y^p)의 계수는 아래와 같다.

$$c_t = 0.7y_t^L + 0.06a_t \qquad [식\ 9\text{-}11]$$

(t는 전 생애 T 중에서 남은 기간으로 0부터 t기까지가 되고, 자산소득 y^p를 a로 표시하였다.)

[식 9-11]의 소비함수를 노동소득에 대한 소비함수로 나타낸 것이 [그림 9-4]이다. 이 함수의 기울기는 노동소득의 한계소비성향을 나타내는 y^L의 계수이다. 자산이 상당히 고정적인 단기에는 소비와 소득은 하나의 소비-소득함수를 따라서 변화한다. 장기적으로 저축이 자산을 증가시키기 때문에 a_t가 증가함에 따라서 소비-소득함수는 상방으로 이동하게 된다. 따라서 시간이 지남에 따라서 [그림 9-4]의 OX선을 따라서 나타나는 실질소득과 소비의 조합들을 관찰할 수 있게 된다.

[그림 9-4] 앤도와 모디글리아니의 소비함수: 시계열분석

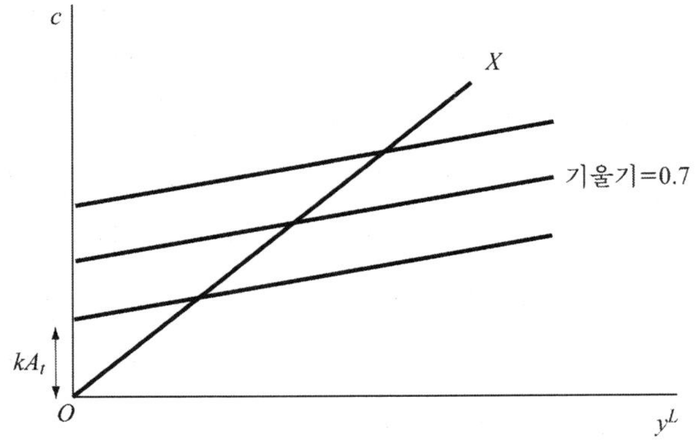

[식 9-11]을 총실질소득으로 나누면 [식 9-12]와 같이 평균소비성향이 산출된다.

$$c_t/y_t = 0.7y_t^L/y_t + 0.06a_t/y_t \qquad [식\ 9\text{-}12]$$

만일 [식 9-12]에서 시간이 지남에 따라서 소득이 증가하게 되고, c/y비율이 일정하다면, 평균소비성향 c/y를 나타내는 OX선은 [그림 9-4]의 원점을 지나게 된다. 만일 총소득 중에서 노동소득이 차지하는 비율(y^L/y)과 총소득 중에서 자산 또는 자본이 차지하는 비율(a/y)이 경제가 성장함에 따라서 일정하다면, c/y비율도 일정한 값이 된다. 그들이 미국의 자료들을 사용하여 y^L/y와 a/y 항목을 조사한 결과 이들 항목이 안정적임을 발견하였다.

(3) 생애주기가설의 정책시사

생애주기가설은 전후에 관찰된 소비현상의 세 가지 특성을 모두 설명하고 있다. 첫째, 가계예산의 횡단면분석으로 $MPC < APC$의 관계를 설명한다. 둘째, [그림 9-4]의 단기소비함수에서 소비-소득비율이 소득의 증가에 반비례함을 보여주고, [식 9-12]에서 평균소비성향 c/y가 장기적으로 고정적임을 보여준다.

생애주기가설은 피셔가 처음으로 시도한 다기간에 걸친 최적화모형과 매우

유사하다. 더 나아가 생애주기가설은 집계적 소비형태의 경향에서 인구통계학(demographics)의 중요성을 강조한다. 그러나 생애주기가설은 당기소득의 변화가 당기소비의 크기에 보다 직접적인 영향을 미치게 된다는 문제점을 가지고 있다.

(4) 항상소득가설과 생애주기가설의 비교

두 이론 모두 개인의 소비와 현재가치의 관계로부터 소비자효용의 극대화관점에서 소비함수를 분석한 점에서는 유사하다. 두 이론은 횡단면분석과 단기시계열분석을 통하여 한계소비성향이 평균소비성향보다 작다고 설명하거나, 장기시계열분석에 있어서 평균소비성향과 한계소비성향이 일치한다고 지적한 점에서 유사하다. 항상소득가설은 항상소득을 결정짓는 요인으로 자산을 묵시적으로 나타낸 점에서 취약하다. 이에 반하여 생애주기가설은 소득을 측정하기 용이한 노동소득과 자산소득으로 구분하는 장점을 지니고 있다. 그러나 생애주기가설은 당기소득의 변화에 의하여 미래의 평균예상소득의 흐름이 변화하게 된다고 가정함으로써 당기의 소비가 당기의 소득변화에 크게 의존하게 된다고 분석하는 결함을 지니고 있다. 이에 반하여 생애주기가설은 소비형태를 설명하기 위한 변수로서 자산을 명백하게 포함시키고 소득을 관찰하기 용이한 노동소득과 자산소득으로 구분하는 장점을 지니고 있다. 그러나 생애주기가설은 당기소득의 변화에 의하여 미래의 평균예상소득의 흐름이 영향을 받게 된다고 가정함으로써 당기의 소비가 당기의 소득변화에 크게 의존하게 된다는 결함을 지니고 있다.

두 모형이 지닌 유사점은 다음과 같다. 항상소득가설에서 높은 임시소득을 가진 계층은 생애주기가설에서 중년층에 해당되고, 마이너스의 임시소득을 가진 계층은 노년층에 해당된다. 그리고 생애주기가설의 평균예상노동소득은 개념적으로 프리드만의 항상소득에 해당된다.

9.5 듀젠베리의 상대소득가설

(1) 상대소득가설의 명제

듀젠베리(J. Duesenberry)는 한 개인의 소비형태를 타인의 소비행위에 영향을 주기도 하고, 타인의 소비행위에 의하여 영향을 받기도 하는 것을 발견하고 이 같은 소비행위를 소비의 전시효과(demonstration effect)라고 하였다. 그는 케인즈의 절대소득가설과 마찬가지로 소득이 증가함에 따라서 평균소비성향과 한계소비성향이 감소한다고 지적하였다. 그러나 소득의 증가율이 일정하고 과거의 최고소득수준이 바로 전기의 소득과 같다면 장기적으로 평균소비성향이 일정하게 되어 한계소비성향과 평균소비성향이 일치하게 된다는 그의 주장은 항상소득가설과 생애주기가설의 주장과 동일하다.

(2) 톱니효과(ratchet effect)

케인즈는 소득의 변화는 비례적인 소비의 변화를 가져오게 된다고 보았으나, 듀젠베리는 일단 증가된 소비는 소득이 감소할 때 비례적으로 감소하지 않게 된다고 지적한다. [그림 9-5]에서 장기소비함수는 원점을 통과하는 *OG*로 그려져 있다. 소득이 매년 일정한 비율로 증가할 경우에는 소비가 *OG*선을 따라 증가하지만, 일시적으로 소득이 감소하는 경우에는 과거의 최고소득수준의 영향을 받는 단기소비함수를 따라서 감소하게 된다. 이와 같이 소득이 증가하여 소비가 증가한 사람은 소득이 감소하더라고 과거의 최고소득수준에서의 소비수준의 영향으로 소비를 줄이지 못하고 상대적으로 소비를 적게 줄이게 되고, 이 같은 현상을 톱니효과라고 한다.

[그림 9-5] 상대소득가설: 듀젠베리의 톱니효과

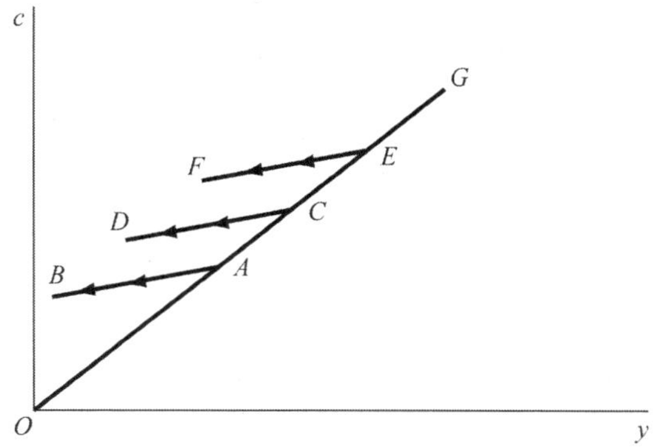

9.6 유동자산가설에 의한 소비함수

토빈(J. Tobin, 1951)은 소비자가 유동자산을 많이 보유하고 있는 경우에는 유동자산을 소비에 사용함으로써 소득 이상의 소비를 할 수 있다고 보고, 개인의 소비지출은 당기소득뿐만 아니라 그가 보유하고 있는 유동자산의 크기에도 의존하게 된다고 주장한다. 토빈은 케인즈의 절대소득가설에 가계가 보유하고 있는 유동자산의 실질가치를 설명변수로 도입함으로써 쿠즈네츠가 장기시계열분석에서 발견한 평균소비성향이 일정하다는 사실을 장기저축성향이 일정하게 됨을 보여줌으로써 설명한다.

토빈은 듀젠베리의 상대소득가설에 의존하지 않고 케인즈의 절대소득가설에 자산이론을 보충함으로써 미국에서 흑인가계의 저축률이 백인가계의 저축률보다 높은 이유를 설명할 수 있다고 주장한다. 즉, 가계의 적자지출을 충당하기 위해서는 유동자산에 의존해야 하는데 흑인가계는 유동자산이 없기 때문에 백인가계에 비하여 저축률이 상대적으로 높게 된다.

9.7 합리적 기대가설에 기초한 소비함수

항상소득가설은 항상소득을 측정하는데 적응적 기대나 시행착오를 통하여 익히는 방법을 사용한다. 따라서 실제소득이 증가한 경우에 서서히 그들의 항상소득을 상향조정한다. 홀(R. Hall, 1978)은 프리드만의 항상소득가설에서 사용되는 적응적 기대가설을 합리적 기대가설로 대치하여 전 생애에 걸쳐서 얻게 되리라고 예상소득의 현재가치와 당기소비의 관계를 설명한다.

홀은 사람들이 최선의 이용가능한 자료를 사용하여 미래의 소득과 소비에 대한 기대를 형성한다고 가정한다. 합리적 기대가설에 기초한 소비함수는 항상소득의 측정에 관계되는 과거소득의 값에 포함된 모든 정보는 이미 고려되었기 때문에 실제소득에 대한 새로운 정보만이 측정된 항상소득의 변화를 가져온다. 다르게 표현하면, 당기소비의 변화는 과거에 예상하지 못했던 당기소득의 변화에 의하여 영향을 받게 되고, 과거소득의 크기의 변화에 의해서는 영향을 받지 않게 된다.

홀의 분석방법의 결함은 유동성 제약[3]으로 인하여 소비가 최근 및 당기의 소득변화에 상당히 예민하게 반응한다는 점이다. 그러나 이 같은 결함에도 불구하고 예상된 소득과 예상되지 못한 소득의 구분은 소비함수의 연구에 기여하였다. 이 같은 분석방법에 의하면 예상하지 못했던 소득과 자산보유의 변화만이 소비에 영향을 미치고, 과거에 예상되었던 소득과 자산보유의 변화는 소비에 아무런 영향을 미치지 못하게 된다. 따라서 세율의 변화가 전혀 예상되지 않은 경우에 실시될수록 재정정책이 소비에 미치는 영향이 크게 될 수 있다. 그러나 홀이 합리적 기대를 도입한 랜덤워크가설을 사용하여 전기소비에 의하여 미래소비를 예측할 수 있다고 주장하였음에도 불구하고 그의 주장은 실증분석에서 빈

3) 유동성 제약(liquidity constraint)이라 함은 금융기관들이 가계의 예상소득이 대출금을 상환하기에 충분하더라도 가계로 하여금 그들의 예상소득의 범위내에서 원하는 만큼 대출을 해 주기 않기 때문에 야기되는 제약을 뜻한다.

번하게 기각되어 왔다. 이 같은 결과는 이론과 실제에 상당한 괴리가 있음을 보여준다.

9.8 자산효과가 반영된 소비함수와 금융정책의 효과

항상소득가설, 생애주기가설, 유동자산가설, 합리적 기대에 기초한 소비함수는 가계가 보유하고 있는 실질자산의 가치가 소비에 대한 의사결정에 영향을 미칠 수 있음을 시사한다. 가계는 자산이나 富를 축적하기 위하여 저축을 한다. 따라서 부의 증가가 있게 되면 저축을 해야 할 필요성이 감소하게 되므로 저축은 실질자산 증가에 따라서 감소하게 된다.

[그림 9-6] 자산효과가 반영된 금융정책의 효과

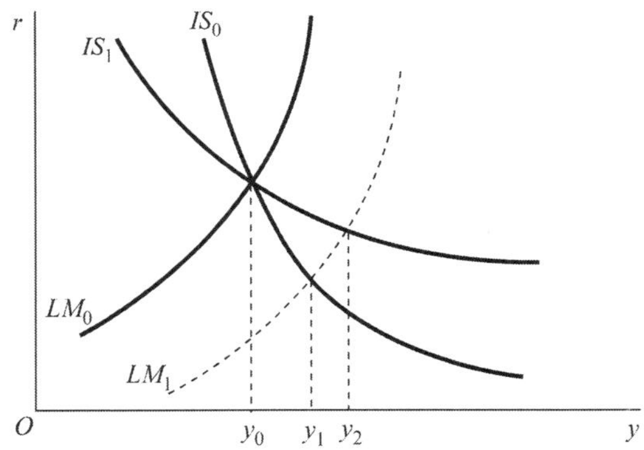

가계의 자산이 자본저량과 통화와 정부채권으로 구성되어 있다면, 이자율의 변화는 정부채권의 실질가치에 영향을 미쳐서 소비와 소득수준의 변화를 가져온다. 확장적 금융정책을 사용하여 이자율이 하락하게 되면 투자가 증가되고, 이자율의 하락은 정부채권가치의 상승을 통해서 보유하고 있는 실질자산의 가치를 증가시키게 된다. 이에 따라서 소비가 자극되어 균형국민소득은 더욱 증가하게 되어 [그림 9-6]과 같이 IS_0에서 IS_1으로 이동하게 된다. 그 결과 IS곡선의 기울기는 더 완만해지게 된다. 따라서 동일한 크기의 *LM*곡선의 이동도 자산효과가 반영된 *IS*곡선의 경우에는 국민소득을 더 큰 폭으로 증가시키게 된다.

[그림 9-6]에서 자산효과가 반영된 경우에 금융정책은 이자율을 인하시키고, 투자뿐만 아니라 소비도 증가시키게 되어 국민소득은 y_0에서 y_1이 아닌 y_2까지 증가하게 된다. 이와 반대로 확장적 재정정책은 이자율을 상승시키게 되어 실질자산가치의 하락을 가져오고, 그 결과 소비를 감소시키게 되어 소득증대효과가 부분적으로 상쇄되기 때문에 자산효과를 고려하지 않았던 경우보다 국민소득증가효과가 약해지게 된다.

연 습 문 제

[1] 다음 서술이 맞으면 ○표를, 틀리면 ×를 표시하시오.

(1) 절대소득가설에서는 항상 평균소비성향(APC)이 한계소비성향(MPC)보다 크다. ( )

(2) 쿠즈네츠의 횡단면 분석결과에 따르면 $APC = MPC$이며, 소득이 증가해도 APC와 MPC는 일정하다. ( )

(3) 프리드만은 항상소득은 항상소비를 변화시키고, 임시소득은 임시소비를 변화시킨다고 주장한다. ( )

(4) 생애주기가설은 차입제약이 존재하는 경우에도 잘 적용된다. ( )

(5) 가계가 부를 축적하여 유동자산을 보유하고 있으면 경기가 하강할 때 완충제 역할(liquidity buffer)을 하기 때문에 승수효과가 상대적으로 약해지게 된다. ( )

(6) 같은 맥락에서 자산효과가 소비함수에 반영되면 금융정책의 소득증대효과가 재정정책의 소득증대효과에 비하여 상대적으로 감소한다. ( )

(7) 단기소비함수의 평균소비성향은 가처분소득이 증가함에 따라서 감소한다. ( )

(8) 정부가 조세를 단기간에 변화시키는 것이 장기간 변화시키는 것에 비하여 재정정책의 효과가 더 크게 된다. ( )

[2] 맞는 답을 선택하여 기입하시오.

(1) 한계소비성향이 0과 1사이에 있는 어떤 사람이 복권에 당첨되어 상금으로 50만원을 받았을 때, 복권에 당첨되기 전과 비교하여 이 사람의 소비지출은? ( )

① 절대소득가설하에서도 항상소득가설하에서도 50만원만큼 증가한다.

② 절대소득가설하에서도 항상소득가설하에서도 전혀 변화가 없다.

③ 절대소득가설하에서는 50만원만큼 증가하나 항상소득가설하에서는 50만

원보다 적게 증가한다.

④ 절대소득가설하에서는 50만원보다 적게 증가하나 항상소득가설하에서는 거의 증가하지 않는다.

(2) 생애주기가설에 따르면 소비는 무엇에 의존하는가? (　　)

① 현재소득과 과거의 최고소득의 비율　② 현재소득 뿐
③ 노동소득의 현재가치와 富　④ 富에만 의존함

(3) 상대소득가설에 의하면 현재의 소득이 과거의 최고소득보다 높아지면 한계소비성향(MPC)과 평균소비성향(APC)과의 관계는? (　)

① $MPC > APC$　② $MPC = APC$
③ $MPC < APC$　④ 경우에 따라 달라진다.

(4) Ando-Modigliani의 생애주기가설에 의하면 APC가 가장 낮은 연령층은? (　)

① 소년기　② 청년기
③ 장년기　④ 노년기

(5) 제2차 세계대전 이후에 소개된 소비함수의 장기시계열분석에 따르면? (　)

① 장기의 APC는 증가한다.
② 장기의 APC는 감소한다.
③ 장기의 APC는 일정하지만 MPC는 감소한다.
④ 장기의 APC와 MPC가 일정하고 서로 같다.

(6) 실증적 자료에 의하면 소비와 소득의 장기적인 관계는? (　)

① $APC = 1$　② $APC > 1$
③ $MPC > 1$　④ $APC < 1$

(7) 우리나라 국민계정 항목에서 가장 큰 비중을 차지하는 것은? (　　)

① 국내총투자　② 민간소비지출
③ 정부소비지출　④ 고정자본소모분

(8) 케인즈의 소비함수에서 틀린 설명은? (   )

① 가처분소득이 증가하면 소비는 소득의 증가분보다 적게 증가한다.

② 단기에서의 소비변화를 잘 설명한다.

③ 평균소비성향이 한계소비성향보다 작다.

④ 평균소비성향은 소득이 증가함에 따라서 감소한다.

(9) 어떤 사람에게 일천만원짜리 복권이 당첨되었을 경우, 항상소득가설에 의하면 이 사람의 평균저축성향은 어떻게 변화하게 되는가? (   )

① 감소한다. ② 증가한다.

③ 증가하다가 감소한다. ④ 감소하다가 증가한다.

(10) 물가하락은 민간이 보유하고 있는 금융자산의 실질가치를 증가시켜 소비지출의 증대를 가져온다. (   )

① 피구효과(Pigou effect) ② 구축효과(crowding-out effect)

③ 전시효과(demonstration effect) ④ 톱니효과(ratchet effect)

(11) 프리드만의 항상소득가설에 대한 설명 중 옳지 않은 것은? (   )

① 소득은 항상소득과 임시소득으로 구성된다.

② 소비는 항상소득에 비례한다.

③ 일시적인 소득세율의 인하는 항상소비증가를 초래한다.

④ 호황기에는 임시소득만 증가한다.

(12) 생애주기이론(life-cycle theory)에 의하면, 평균수명에는 변화가 없으나 노령층 인구의 비중이 커지면 총저축률은? (   )

① 상승한다. ② 변화가 없다.

③ 하락한다. ④ 하락한 후 상승한다.

(13) 전시효과(demonstration effect)와 톱니효과(ratchet effect)로서 소비를 설명하는 이론은? (   )

① 절대소득가설 ② 상대소득가설

③ 항상소득가설　　　　　④ 라이프사이클가설

(14) 소비함수에 대한 다음 설명 중 틀린 것은? ( )

① 케인즈(Keynes)의 절대소득가설은 가계지출에 대한 횡단면 자료를 유의적으로 설명할 수 있다.

② 듀젠베리(Duesenberry)는 소비의 독립성과 소비함수의 가역성을 부정하고 소비행위의 상호의존성을 강조하였다.

③ 프리드만(Friedman)의 항상소득가설에 따르면 경기하강시 평균소비성향이 낮아진다.

④ 안도-모딜리아니(Ando-modigliani)의 평생소득가설에서는 부 또는 재산이 소비에 미치는 영향을 중시한다.

(15) 다음 중 상대소득가설의 톱니효과를 설명하는 것으로 옳은 것은? ( )

① 소비행위의 의존성　　　　　② 소비행위의 독립성

③ 소비행위의 가역성　　　　　④ 소비행위의 비가역성

(16) 소비에 대한 2기간모형에서 '갑돌이'라는 소비자가 현재기에 저축을 하고 있었다고 하자. 이 때 이자율이 상승하면 '갑돌이'의 현재기의 소비는 어떻게 변화하게 되는가? ( )

① 증가한다.

② 감소한다.

③ 증가할 수도 있고, 감소할 수도 있다.

④ 변화가 없다.

(17) 소비에 대한 2기간 선택모형에서 '을순이'라는 소비자가 현재기에 차입을 하였다고 하자. 이 같은 경우에 이자율이 상승하면 '을순이'의 현재기의 소비는 어떻게 변화하게 되는가? ( )

① 증가한다.

② 감소한다.

③ 증가할 수도 있고, 감소할 수도 있다.

④ 변화가 없다.

(18) 다른 시점에 걸친 대체효과(inter-temporal substitution effect)에 대한 설명 중 타당하지 않은 것은? (　)

① 이 같은 대체효과는 소비뿐만 아니라 여가선택과 생산의 변화를 가져온다.
② 동일재화에 대한 현재가격과 미래가격의 상대적 변화를 중요시 한다.
③ 새고전학파의 경기변동이론에 대한 중요한 이론적 기반이 된다.
④ 이자율상승으로 인하여 현재의 소비를 증가시키고 미래의 소비를 감소시키는 것을 소비에 있어서 대체효과라고 한다.

(19) 가처분소득이 1,500에서 2,000으로 증가함에 따라서 저축이 50에서 20으로 증가하였다. 만약 가처분소득과 저축이 선형관계라면 한계소비성향을 크기는? (　)

① 0.8　　② 0.7
③ 0.6　　④ 0.3

(20) 항상소득가설에서 조세부과가 일시적이 아니고 영구적으로 실시된다면? (　)

① 조세부과기 일시적인 경우보다 소비지출을 더 많이 감소한다.
② 조세부과가 일시적인 경우보다 소비지출을 더 적게 감소한다.
③ 소비지출은 변화하지 않는다.
④ 정부지출의 크기에 따라서 달라진다.

(21) 케인즈의 절대소득가설을 보완하여 유동자산가설을 주장한 학자는? (　)

① M. Friedman　　② J. Duesenberry
③ H. Hall　　④ J. Tobin

(22) 생애주기가설에서 소비형태를 설명하는데 가장 중요한 요인은? (　)

① 인구성장률　　② 경제성장률
③ 인구의 연령별 구조　　④ 소비재산업과 자본재산업의 비교

[3] 아래 설문에 답하시오.

(1) 전후의 소비함수의 특징은 평균소비성향과 한계소비성향이 같다는 점에 있다. 이 같은 분석은 횡단면 분석과 시계열 분석 중에서 어느 쪽의 분석에 해당되는가?

(2) 평균소비성향과 한계소비성향이 같은 크기가 되는 전후의 소비함수를 설명하기 위하여 발전된 소비함수이론과 중요한 결정변수를 설명하시오.

[4] 아래 설문에 답하시오.

(1) 자산효과를 소비함수에 도입하게 되며 재정정책과 금융정책 중 어느 정책이 더 효과가 커지게 되는가?

(2) 차입의 역할(role of borrowing)을 강조하는 소비함수는?

(3) 프리드만의 항상소득의 개념을 앤도-모디글리아니의 생애주기가설은 어떤 개념으로 대체하였는가?

[5] (1) 항상소득가설과 생애주기가설을 비교·설명하시오.

(2) 토빈의 유동자산가설에 기초한 소비함수의 내용은?

(3) 프리드만의 소비함수가 경제안정화정책에 제시하는 정책시사는?

(4) 홀(Hall)의 합리적 기대가설에 기초한 소비함수는 프리드만의 항상소득가설과 어떻게 다른가?

[6] Fill up the blanks with suitable words.

(1) Under the permanent income hypothesis, a change in income that was expected to be (   ) would have very little effect on the current level of consumption.

(2) Keynes' short-run focus has suggested that current consumption is principally a function of current (   ) income.

(3) Duesenberry thought it reasonable to present a household's consumption function as $C=f(Y_{c,} Y_{pp})$, where Yc represents current income and Y_{pp} previous (   ) income.

(4) If income changes are considered permanent, the marginal propensity to consume permanent income equals the (   ) propensity to consume. If the change in income is considered transitory, the (   ) propensity to consume is zero.

(5) The ratchet effect is related with the (   ) income hypothesis.

[7] Choose the correct answers.

(1) If a straight-line consumption function intercepts the vertical axis, ( ).

① the MPC is constant and the APC rises as the level of disposable income increases.

② the MPC and the APC rise as the level of disposable income increases

③ the MPC is constant and the APC falls as the level of disposable income increases

④ the MPC and APC fall as the level of disposable income increases

(2) According to the relative income theory? (   )

① the APC is constant

② the APC is always rising

③ the APC is always falling

④ the APC may change if there are fluctuations in the level of income

(3) Milton Friedman's theory of consumption as developed in the book A Theory of the Consumption Function, is termed (   )

① relative income hypothesis ② permanent income hypothesis

③ aggregate income hypothesis ④ transitory income hypothesis

(4) The 'ratchet effect refers to the situation where ( ).

① in good times prices rise, but in bad times they also fall

② in good times prices fall, but in bad times they also fall

③ in good times prices rise, but in bad times they do not fall

④ in good times prices fall, but in bad times they do not fall

(5) According to the permanent income theory, all increase in ( ).

① permanent income are saved ② permanent income are consumed

③ transitory income are saved ④ transitory income are consumed

Answer

[1] (1) ○ (2) × (3) × (4) × (5) ○ (6) × (7) ○ (8) ×
E: (2) 횡단면 분석은 케인즈의 분석과 동일한 결과이기 때문에 $MPC<APC$가 된다.
(3) 임시소득과 임시소비와는 상관관계가 없다.
[2] (1) 4 (2) 3 (3) 2 (4) 3 (5) 4 (6) 4 (7) 2 (8) 3 (9) 2 (10) 1 (11) 3 (12) 3 (13) 2 (14) 3 (15) 4 (16) 3 (17) 2 (18) 1 (19) 2 (20) 1 (21) 4 (22) 3
E: (7) 최근에 와서 정부지출이 증가하였으나 그 이전에는 국내총생산에서 소비가 70%, 투자와 정부지출이 각각 15%를 차지하였다.
(16) 대여자에 대한 이자율상승은 현재소비를 감소시키는 대체효과와 이자소득의 증가를 가져오는 소득효과를 가져온다. 만일 소득효과가 대체효과보다 크다면 소비는 감소하고, 대체효과가 소득효과보다 크다면 소비는 증가하게 된다.
(17) 차입자에 대한 이자율상승은 현재소비를 감소시키는 소득효과와 이지지급증가를 가져오는 소득효과를 야기하기 때문에 현재소비는 감소하게 된다.
(18) 이자율상승은 저축을 증가시키기 때문에 현재소비를 감소시키고, 미래소비를 증가시킨다.
[3] (1) 쿠즈네츠는 전후의 소비함수를 분석한 결과 횡단면 분석과 3개월까지의 단기 시계열 분석은 케인즈의 절대소득가설과 같이 $MPC<APC$가 적용됨을 발견하였다. 그러나 3개월 이상의 장기시계열 분석은 $MPC = APC$가 됨에 따라서 원점을 통과하는 직선의 형태임을 발견하게 되었다.
(2) 케인즈의 절대소득가설에서는 당기소득이 소비결정의 중요한 결정변수이었다. 평균소비성향과 한계소비성향이 같은 크기가 된다고 지적하는 전후의 소비함수로는 항상소득가설, 생애주기가설, 상대소득가설이 있다. 전후 소비함수의 중요한 결정변수로는 항상소득가설에서는 항상소득, 생애주기가설에서는 인구분포(demographics), 상대소득가설에서는 전시효과와 전기의 최고소득수준을 들 수 있다.
[4] (1) 금융정책 (2) 항상소득가설 (3) 평균예상노동소득
[5] (1) 두 이론은 장기시계열분석에 있어서 평균소비성향과 한계소비성향이 일치한다고 지적한 점에서 유사하다. 항상소득가설은 항상소득을 결정짓는 요인으로 자산을 묵시적으로 나타낸 점에서 취약한데 반하여 생애주기가설은 소득을 측정하기 용이한 노동소득과 자산소득으로 구분하는 장점을 지니고 있다. 그러나 생애주기가

설은 당기소득의 변화에 의하여 미래의 평균예상소득의 흐름이 변화하게 된다고 가정함으로써 당기의 소비가 당기의 소득변화에 크게 의존하게 된다고 분석하는 결함을 지니고 있다.

(2) 소비자가 유동자산을 많이 보유하고 있는 경우에는 유동자산을 소비에 사용함으로써 소득 이상의 소비를 할 수 있다고 보고, 개인의 소비지출은 당기소득뿐만 아니라 그가 보유하고 있는 유동자산의 크기에도 의존하게 된다는 설명한다.

(3) 항상소득가설이 안정화정책에 제시하는 정책시사는 조세정책의 변화는 측정된 소득이 아닌 항상소득을 기초로 수립해야 더 효과가 있게 된다는 것이다. 예를 들어 일시적인 감세정책에 대한 소비단위의 반응은 임시소득에 의한 임시소비를 증가시키기 보다는 저축을 증가시키기 쉽다. 따라서 조세정책이 효과적으로 실현되기 위해서는 소비단위의 항상소득에 영향을 미치도록 수립할 필요가 있다.

(4) 홀(R. Hall)은 프리드만이 항상소득가설에서 사용한 적응적 기대가설을 합리적 기대가설로 대치하여 전생애에 걸쳐서 얻게 되리라고 예상소득의 현재가치와 당기소비의 관계를 설명한다.

[6] (1) transitory (2) disposable (3) peak (4) average, marginal (5) relative

T: (1) 항상소득가설에서 임시소득이라고 예상되는 소득의 변화는 소비의 현재수준에 아주 미미한 영향을 미칠 뿐이다.

(5) 톱니효과는 상대소득가설과 관련된다.

E: (5) 타인의 소비형태에 의한 전시효과와 당사자의 전기최고소득수준의 영향으로 인하여 야기되는 소비의 비가역성을 지적하는 용어이다.

[7] (1) 3 (2) 4

E: (1) 플러스의 절편을 가지고 우상향하는 직선에서 MPC는 일정한 값을 가지고, APC는 원점에서 멀어질수록 작아지게 된다.

제10장 투자함수

생산의 주체인 기업은 자본과 노동과 같은 생산요소를 투입하여 생산물을 만들게 된다. 투자란 기계나 공장과 같은 내구적 생산요소와 같은 자본을 유지하거나 증가시키기 위하여 사용되는 생산물이다. 투자는 생산물의 공급능력을 증가시키는 역할을 하지만, 동시에 투자를 하기 위하여 생산물을 사용해야 하기 때문에 총수요의 일부를 구성하게 되는 이중적 측면을 지니고 있다. 투자함수가 총수요에서 차지하는 비중은 소비함수보다 작지만 경기변동에 따라서 불안정하게 큰 폭으로 변화한다. 투자함수는 크게 고전학파의 순현재가치법과 케인즈학파의 자본의 한계효율, 근대적 가속도원리, 신축적 가속도원리로 나눌 수 있다.

10.1 투자의 개념과 투자의 종류

(1) 투자의 개념

투자는 우회생산을 하기 위한 자본재를 유지하거나, 증가시키는 기업의 활동이라고 할 수 있다. 일상생활에서는 증권이나 부동산의 구입과 같이 수익을 증가시키기 위한 지출을 모두 투자라고 하지만, 이 같은 투자는 이미 존재하는 재화나 자산의 소유권이 이전이기 때문에 이전지출이라고 할 수 있다. 거시경제학에서는 국민경제적 측면에서 생산능력의 증가와 관련된 실물자본(physical capital)의 형성을 투자라고 한다.

(2) 투자의 종류

투자는 크게 고정투자(fixed investment)와 재고투자(inventory investment)로 구분된다. 기업의 생산비를 고정비용과 변동비용으로 구성된다. 평균가변비용, 한계비용, 평균비용을 나타내는 곡선은 수확체감의 법칙이 작동하는 생산물을 뒤집은 형태이기 때문에 U자형이 된다.[1] 고정비용은 매몰비용(sunk cost)이기 때문에 산출량이 증가할수록 분산되게 된다. 가로축에 산출량, 세로축에 비용을 나타내면 평균고정비용곡선은 직각쌍곡선의 형태를 갖게 된다. 재고투자는 팔리지 않은 최종생산물뿐만 아니라 기업이 보유하고 있는 원자재와 생산과정의 물품들까지 포함한다. 기업의 입장에서는 적정재고를 유지하는 것이 바람직하다. 불경기와 같이 재고가 많게 되면 투자한 비용이 회수되지 않아서 비용의 증가로 인하여 이윤이 작아지게 되고, 호경기와 같이 재고가 없어서 판매를 하지 못하게 되면 기업의 잠재적 현금흐름이 실현되지 않기 때문이다.[2]

고정투자는 분류방식에 따라서 기업고정투자와 주택투자로 구분하게 된다. 기업의 고정투자는 기업이 생산에 사용하기 위하여 구입하는 각종 기계, 장비와 건축물을 뜻하고, 주택투자는 사람들이 거주하기 위하여 구입하거나 임대하는 신축주택을 뜻한다. 우리나라의 국민계정은 고정투자를 설비투자와 건설투자로 구분하고 있다. 즉, 기계와 설비 등은 설비투자에 포함시키고, 공장이나 상업용 건물은 주택과 함께 건설투자에 포함시키고 있다.

*GNP*에서 감가상각비를 차감하면 *NNP*가 된다, 어떤 공장의 시설장비에 대한 투자가 구입초기에 100억원이고, 이 장비를 10년간 사용할 수 있다고 하고

1) 비용과 생산성은 반비례관계에 있다. 비용이 증가하면 생산성은 낮게 되고, 비용이 감소하면 생산성은 증가하게 된다.
2) 일본 Toyota 자동차가 적정재고를 유지하면서 적기에 조달하고 불량품을 감소시키는 생산방식을 채용한 것을 Lean Production이라고 한다.

폐기할 시기에는 가격이 0원이 된다고 하자. 마손되는 비용을 감가상각비라고 하는데 10년동안 균등하게 감가상각을 하는 정액법을 사용할 경우에 감가상각비는 매년 10억원이 된다. 이 기업이 1년 지나서 30억원을 투자할 경우에 총투자는 30억원, 감가상각비에 해당되는 대체투자는 10억원, 순투자는 20억원이 된다. 만일 이 기업의 영업실적이 부진해서 10억만 투자하였다면 총투자는 10억원, 대체투자는 10억원, 순투자는 -10억원이 된다. 이 같은 경우에 자본이 감소하기 때문에 자본잠식이 발생하였다고 하고, 워낙 이 같은 자본잠식의 정도가 심각할 경우에는 산업은행이 이 기업의 주식을 구입하면서 부채를 감소시켜주었다고 하자. 이 같은 현상을 부채-주식교환(debt-equity swap)이라고 하고, 기업의 지배구조(corporate governance)에 변화가 오게 되고 산업은행에서 법원에 법정관리인을 신청하거나, 아니면 산업은행 직원을 이사로 파견하게 된다. 거시경제에서 중요한 부분은 투자에 따른 순자본의 증가여부이기 때문에 매기의 감가상각률을 δ라고 할 때, 식 [10 - 1]에서 $\triangle K$는 순투자, 총수요 구성항목인 I는 총투자를 나타내고, 마모되는 자본량인 δK는 대체투자를 나타낸다.

$$\triangle K = I - \delta K \qquad [식\ 10\ -\ 1]$$

10.2 고전학파의 투자이론

(1) 순현재가치법

피셔(I. Fisher)가 고안한 투자의 현재가치법은 기업이 투자계획을 수립하는 과정에서 이윤극대화를 위하여 투자의 시행여부와 우선순위를 결정하는데 사용되는 평가방법이다. 현재가치[3]라 함은 미래 수익의 흐름을 현재의 시점에서 평

3) 현재가치의 정확한 의미는 'present value'보다 'present discounted value'이다. 즉, 할인(discounted)이 들어가야 정확한 의미가 된다. 쉽게 표현하면 사람들은 10년 뒤의 100만원보다는 현재의 100만원을 선호하게 된다는 뜻이다.

가한 가치이다. 기업이 기계설비를 구입할 경우에 기업가는 두 가지 요인을 고려하게 된다. 하나는 기계설비가 폐기될 때까지 가져오는 수익의 흐름을 이자율로 할인한 현재가치이다. 다른 하나는 기계설비의 구입비용이다. 만일 전자가 후자보다 크다면 기업가는 이윤을 확보하게 되므로 투자를 하게 되고, 이와 반대로 후자가 전자보다 크게 되면 기업가는 손실을 입기 때문에 투자를 하지 않게 된다.

예를 들어 기업가가 어떤 기계를 1,000만원에 구입하고, 이 기계가 매년 150만원의 수입을 7년간 제공한다고 하자. 기업가의 입장에서 비용은 1,000만원이 되고, 수입의 흐름을 이자율로 할인하여 더한 미래소득흐름의 현재가치가 1,280만원이라면 기업가는 투자를 하게 된다. 편의상 기계의 가치이고 7년 뒤에는 0이라고 가정하였다. 기업가는 투자계획의 순현재가치가 큰 사업순서대로 투자하게 된다. 이 사업은 순현재가치가 280만원이고, 다른 사업의 순현재가치가 500만원이라면 다른 사업이 우선순위를 갖게 된다.

(2) 현재가치와 투자계획

t기에 비용 C가 소요되는 투자가 있고, 투자로부터의 예상수익이 투자시점부터 n년 후까지 $R_t,\ R_{t+1},\ R_{t+2},\ \cdots,\ R_{t+n}$이고, 시장이자율이 r이라 하면, t기에 실시되는 투자의 순현재가치(NPV_t)[4]는 [식 10-2]와 같이 나타낼 수 있다.

$$NPV_t = -C + R_t + \frac{R_{(t+1)}}{1+r} + \cdots + \frac{R_{(t+n)}}{(1+r)^n} \qquad \text{[식 10-2]}$$

[식 10-2]에서 NPV_t가 플러스의 값을 갖게 되면 예상수익의 현재할인가치가 투자에 소요된 비용을 초과하므로 이러한 투자사업은 실시되고, 이와 반대로 NPV_t가 마이너스의 값을 갖게 되면 기업이 투자사업을 실시함으로써 손실을 보게 되므로 이 같은 투자사업은 포기하게 된다. [식 10-2]로부터 NPV는 이

4) 순현재가치(net present value)라 함은 어떤 투자계획의 현재가치에서 투자비용을 차감한 가치를 뜻한다.

자율에 대하여 반대방향으로 변화한다. 만일 다른 조건이 일정하고 이자율만 상승하게 되면 예상수익의 현재가치가 감소하게 되고 그 결과 모든 투자계획의 NPV가 감소하여 결국에는 NPV가 마이너스(-)인 투자계획은 투자고려대상에서 제외된다. [그림 10-1]에서 NPV를 나타내는 곡선은 이자율이 상승함에 따라서 원점방향으로 이동한다. 따라서 기업이 최대한으로 실시할 수 있는 투자는 OA에서 OB로 감소하게 된다. [그림 10-1]로부터 투자는 이자율의 감소함수임을 알 수 있다.

[그림 10-1] 순현재가치와 투자계획

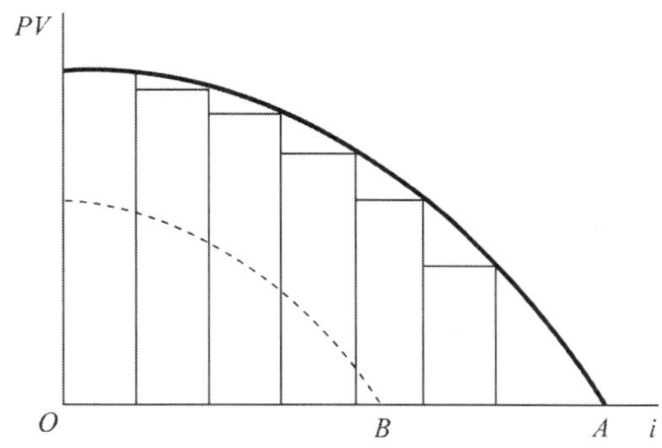

10.3 케인즈학파의 투자이론

(1) 자본의 한계효율

자본의 한계효율(marginal efficiency of capital: MEC)은 기업의 투자계획에 소요되는 비용과 이 투자계획으로부터 얻게 되는 미래 소득흐름의 현재가치를 일치되게 하는 할인율을 의미한다. 다르게 표현하면 투자계획의 순현재가치(net present value)를 0으로 하는 할인율이다. [식 10-1]의 r을 α로 바꾼 [식 10-2]에서 α가 자본의 한계효율이 된다. [식 10-2]에서 얻게 되는 α의 크기가 큰 순서대로 배열하면 [그림 10-3]과 같은 자본의 한계효율곡선이 도출된다.

$$0 = -C + R_t + \frac{R_{(t+1)}}{1+\alpha} + \cdots + \frac{R_{(t+n)}}{(1+\alpha)^n} \qquad [식\ 10\text{-}3]$$

[그림 10-2] 자본의 한계효율곡선

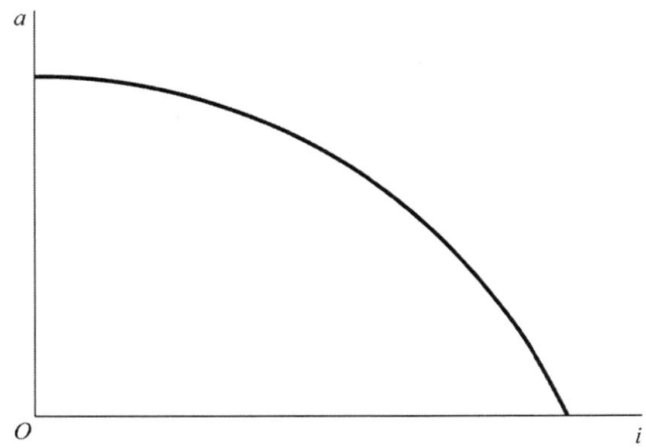

자본의 한계효율은 ① 투자계획의 비용; ② 투자계획의 예상수익; 그리고 ③ 투자계획 기간에 걸친 예상수입의 분포에 의하여 결정된다. 투자계획에 소요되는 비용이 감소하거나, 투자계획의 예상수익이 증가하거나, 그리고 이 같은 예상수익이 빠른 시일 내에 실현될수록 *MEC*의 값은 증가하게 된다. *MEC*는 시장이자율과는 전혀 관계가 없다. 예상수익률은 기업의 주관적 평가에 의하여 결정되기 때문에 *MEC*는 주관적으로 기대되는 수익률이라고 할 수 있다. 예를 들어, 불황이 되어 기대수익률이 낮아지면 *MEC*를 나타내는 곡선은 원점방향으로 이동하게 되고, 이와 반대로 기대수익률이 높아지면 이 곡선은 원점과 반대방향으로 이동하게 된다. 이와 같이 *MEC*는 객관적인 시장이자율에 의하여 영향을 받지 않고 주관적인 기대수익률에 의하여 영향을 받는다는 의미에서 내부수익률(internal rate of return)이라고도 한다.

(2) 한계효율법과 투자계획

현재가치법에서는 NPV의 값이 클수록 투자계획이 되지만 한계효율법에서는 MEC의 값이 크다는 것이 반드시 유리한 투자계획을 의미하지는 않는다. 그 이유는 현재가치방법은 시장이자율의 변화에 따른 투자우선순위의 변동을 고려하는 반면에 자본의 한계효율방법은 시장이자율의 변화에 따른 투자우선순위의 변동을 고려하지 않기 때문이다. 투자는 자본의 한계효율이 투자재원을 빌리는데 요구되는 이자율과 같은 수준이 될 때까지 이루어진다. [그림 10-3]에서 주어진 이자율 r_0 수준에서는 투자가 i_0 수준까지 이루어진다. 그러나 이자율이 r_0에서 r_1으로 상승하게 되면 투자는 i_0에서 i_1으로 감소하게 된다. 이로부터 한계효율법도 현재가치법과 마찬가지로 투자는 이자율과 반비례관계에 있음을 알 수 있다. 즉 투자는 이자율에 대한 감소함수이다.

[그림 10-3] 자본의 한계효율과 투자계획

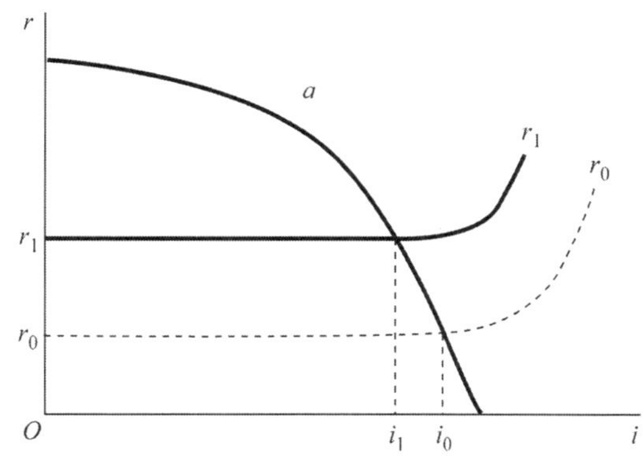

(3) 투자의 한계효율

자본의 한계효율은 기존 자본에 추가되는 자본의 효율인 반면에 투자의 한계효율(marginal efficiency of investment; MEI)은 자본을 형성하기 위한 추가적 투자활동의 효율이다. 자본의 한계효율(MEC)는 저량인 반면에, 투자의 한계효율(MEI)는 유량의 개념이다. 자본의 한계효율을 도출할 때에는 자본재를 생산하는 산업은 일정한 평균비용으로 새로운 자본재를 무한히 공급할 수 있다고 가정한다. 이 같은 가정하에서 자본재의 공급곡선과 *MEC*를 나타낸 것이 [그림 10-4]의 〈가〉의 S_1곡선과 〈나〉의 MEC_1이다. 그러나 자본재의 공급량을 증가시킴에 따라서 자본재 생산에 사용되는 생산요소가 희소해져서 생산요소의 가격이 상승하고 이에 따라 자본재의 평균생산비가 상승하게 되는 것이 일반적인 현상이기 때문에 일정한 평균비용으르 새로운 자본재를 무한히 공급할 수 있다는 가정은 비현실적이라고 할 수 있다. 만일 자본재의 생산량이 증가함에 따라서 자본재의 평균생산비가 상승하게 된다는 가정을 받아들인다면 모든 추가적 투자계획의 *MEC*는 감소하게 될 수밖에 없으며, *MEC*를 집계화한 *MEI*의 기울기는 자본재의 공급비용이 고정적인 경우보다 더 가파르게(steeper) 된다. 이와 같이 자본재 공급가격의 상승으로 인하여 투자계획의 예상수익률이 감소한 것을 집계화하여 나타낸 것을 투자의 한계효율이라고 하고, 이 같은 관계를 나타낸 것이 [그림 10-4]의 〈가〉의 S_2공급곡선과 〈나〉의 MEI_2이다. 투자의 한계효율곡선은 기업가들의 경기전망에 대한 기대가 낙관적이거나, 이자비용이 감소하게 되면 오른쪽 방향으로 이동하게 된다.

[그림 10-4] 자본재 공급가격상승과 투자의 한계효율

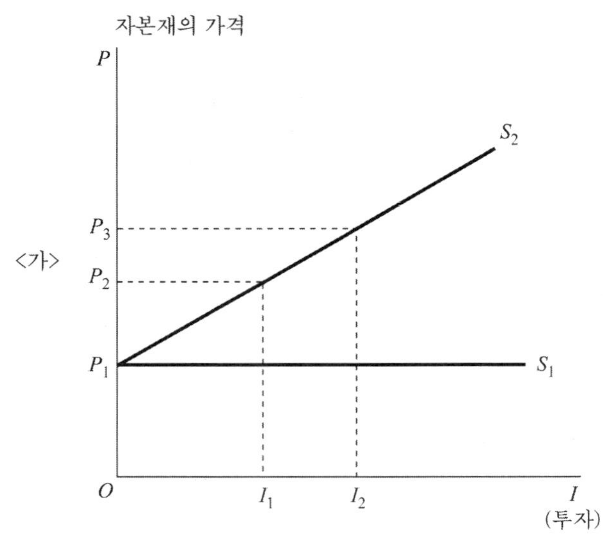

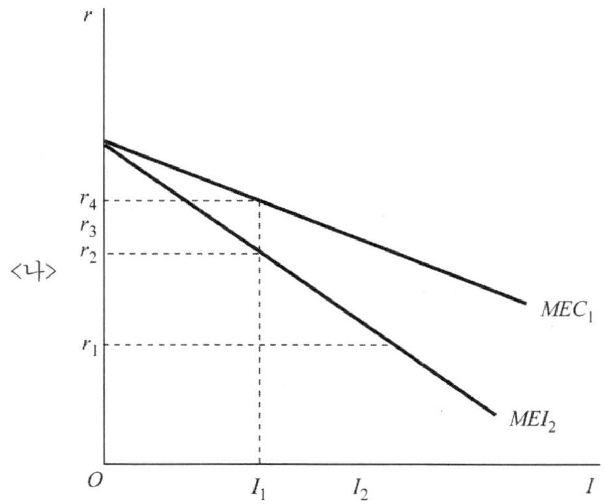

(4) 투자의 이자율탄력성

투자의 현재가치법이나 한계효율법에 의하면 투자는 이자율의 감소함수이다. 그러나 실증적 자료에 의하면 투자의 이자율탄력성이 매우 낮게 나타난다. 이와 같이 투자의 이자율탄력성이 이론적으로는 높으나 실증적으로는 낮게 나타나는 이유는 자본재공급의 가격탄력성이 자본재수요의 이자율탄력성에 영향을 미치기 때문이다. [그림 10-5]에서 K_d곡선은 주어진 이자율에서의 자본재의 가격P_k와 자본수요량 K와의 관계를 나타내는 자본재의 수요곡선이다. 예상수익의 현재가치가 자본재의 공급과 일치하는 가격을 P_{k0}라고 가정하자. 이자율이 r_0이고 자본재의 공급가격이 P_{k0}라면 균형자본량은 K_0에서 결정된다. 만일 이자율이 r_0에서 r_1으로 하락하게 되면 예상수익의 현재가치가 증가하게 되어 자본재의 수요곡선이 $K_d(r_0)$에서 $K_d(r_1)$으로 이동하게 된다. 이러한 상황에서 자본재의 가격이 P_{k0}로 유지된다면 균형자본량은 K_1까지 증가하게 된다. 그러나 (3)에서 설명한 바와 같이 자본재의 공급이 증가함에 따라서 자본재의 공급가격이 상승하게 된다면 자본재의 공급곡선은 K_0를 지나서 비탄력적으로 된다. 이와 같이 자본재공급의 가격탄력성까지 고려하면 이자율이 r_0에서 r_1으로 하락하더라도 자본량은 k_0에서 k_1이 아닌 k_2까지만 증가하게 된다.

[그림 10-5] 투자의 이자율탄력성

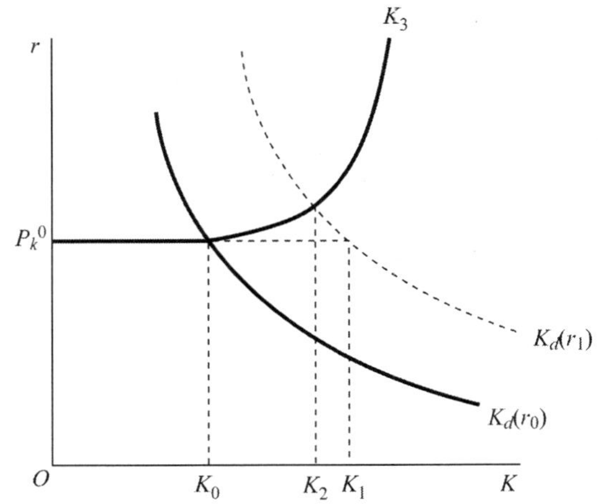

10.4 근대적 가속도원리와 최적자본량

(1) 고전적 가속도원리

총소비 증가의 관점에서 순투자의 크기를 설명하는 고전적 가속도원리에 따르면 총투자의 변화율의 진폭은 총산출액의 진폭보다 크고, 투자의 증가나 감소의 분기점이 소비의 분기점보다 선행하면 순투자의 증가내지 감소는 단순히 소비의 변화방향이 아닌 소비의 변화율에 의하여 결정된다. 이 원리에 대한 비판은 재고나 유휴시설이 있는 경우에는 소비의 변화가 반드시 투자의 증가를 가져오지 않는다는 점이다. 이러한 비판에도 불구하고 투자의 불가분성 때문에 소비의 변화율이 순투자의 크기에 가속도적인 영향을 미치는 경우가 나타나게 된다.

(2) 유발투자와 근대적 가속도원리

자본설비는 내구성을 가지고 있으므로 투자계획은 수립할 때는 현재뿐만 아니라 미래의 생산계획까지 고려해야 한다. 독립투자는 기업가의 예상이나 선호의 변화에 의하여 이루어지고, 승수효과는 이와 같은 독립투자의 변화에 의하여 발생한다. 이에 반하여 유발투자는 소득의 변화에 따라서 발생하는 투자로서 소득이 증가하면 소비지출이 증가하게 되고, 소비의 증가는 생산을 자극하게 된다. 증가된 소비를 충족시키기 위하여 기업은 기존의 생산설비를 확대해야 하며 이는 투자를 통하여 이루어진다. 소득증가에 따른 생산증가와 유발투자의 관계를 설명하는 이론이 근대적 가속도원리이다.

(3) 최적자본량과 순투자

자본량은 순투자를 통하여 변화하고 순투자는 총투자에서 감가상각을 차감한 것이다. 따라서 자본량을 K, 총투자를 I_g, 감가상각률을 d라고 표시하고 이들 관계를 나타내면 [식 10-4]가 된다.

$$K_t = K_{t-1} + I_{g(t-1)} - dK_{t-1} \qquad \text{[식 10-4]}$$

[식 10-4]로부터 K의 크기는 시간에 걸친 순투자를 더하면 자동적으로 산출할 수 있기 때문에 순투자를 결정짓는 문제만 해결하면 되리라고 생각하기 쉽다. 그러나 순투자를 결정짓는 가장 중요한 요인은 자본량 K이기 때문에 순투자만을 고려하는 방법은 논리에 어긋나게 된다.

(4) 근대적 가속도원리

고전적 가속도원리를 발전시킨 근대적 가속도원리는 소득의 변화가 투자의 변화를 가져오는 과정을 설명한 것이다. 가장 단순한 형태는 소득 y와 균형자본량 K^* 사이에 비례관계가 있다고 가정하는 것이다. 균형자본량일 때 자본의 소득에 대한 비율 K^*/y를 자본계수라고 하는데 이를 v로 표시하고, 현재의 자본량 K는 바로 전기에 형성되었을 것이므로 현재의 자본량 K는 [식 10-5]의 최적자본량과 [식 10-6]의 실제자본량으로부터 [식 10-7]과 같은 소득의 변화와 순투자의 크기의 관계를 나타낼 수 있다.

$$K^* = vy \qquad [식\ 10\text{-}5]$$

$$K^* = K_{t-1} = vy_{t-1} \qquad [식\ 10\text{-}6]$$

투자는 균형자본량 K^*와 실제자본량 K사이에 괴리가 발생하였을 때 이를 보전하는 과정으로 볼 수 있기 때문에 [식 10-7]과 같이 나타낼 수 있다.

$$i = K^* - K \qquad [식\ 10\text{-}7]$$

[식 10-5]와 [식 10-6]을 [식 10-7]에 대입하고 $y - y_{t-1} = \Delta y$로 표시하면

$$\underline{i} = v(y - y_{t-1}) = v\Delta y \qquad [식\ 10\text{-}8]$$

[식 10-8]은 자주 사용되는 형태의 가속도원리이다.

(6) 근대적 가속도원리의 문제점

전통적인 투자이론이 이자율을 중심으로 분석하는데 반하여 근대적 가속도원리는 수요측면에 중점을 두고 투자의 변화를 분석하기 때문에 다음과 같은 문제점을 지니고 있다.

① 단순가속도원리는 금기의 산출량이 전기의 실제산출량과 언제나 같다고 가정한다. 그러나 시행착오나 적응적 기대가설로 인하여 기대산출량의 일부분만이 전기의 산출량을 기초로 산출된다.

② 단순가속도인자는 실제자본량이 최적자본량보다 작은 경우에 기업은 그 차이에 해당되는 투자를 즉시 할 수 있다고 가정한다. 그러나 최적자본량(K^*)과 실제자본량(K) 사이에 괴리가 발생하는 경우에는 이 괴리를 보전하기 위하여 투자계획을 수립하고 실시하기까지는 상당한 시간이 소요되기 마련이다.

③ 가속도원리는 자본량이라는 저량변수와 소득 또는 투자라는 유량변수와의 관계를 나타낸다. 투자는 일정기간을 단위로 측정할 수 있지만 자본량은

시간을 단위로 측정할 수 없다. 최적자본량과 실제자본량과의 괴리가 얼마만큼의 시간을 소요해서 보전되는가에 따라서 시간을 단위로 측정한 투자의 크기는 달라질 수도 있다.

④ 자본계수가 고정적이라고 가정하는 것은 생산요소의 상대적 가격비율이 변화할 때 기업이 생산을 효율적으로 하지 못함을 뜻한다. 이 같은 관계를 등량곡선으로 나타내면 [그림 10-6]과 같이 L자형의 등량곡선이 된다.5)

[그림 10-6] L자형의 등량곡선과 생산계수의 고정성

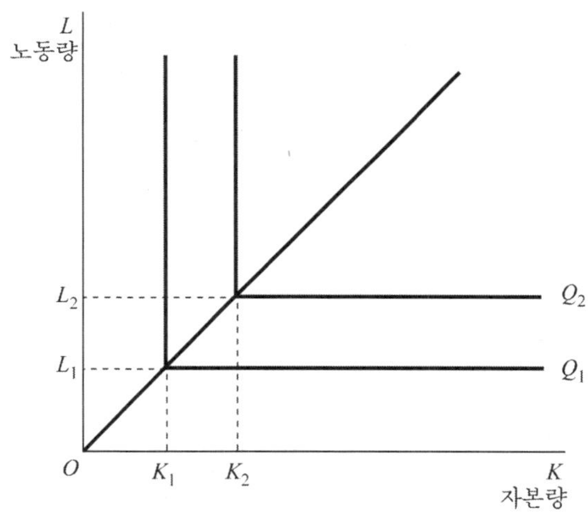

10.5 신축적 가속도원리

(1) 자본스톡조정모형

단순가속도원리의 결함을 보완하기 위하여 발달한 것이 신축적 가속도원리로

5) 등량곡선은 노동의 자본을 투입하여 동일한 양을 생산할 수 있는 두 생산요소의 여러 가지 조합을 나타낸 곡선이다. 요소 간에 대체가 완전하면 직선이 되고, 대체가 전혀 되지 않는다면 L자형이 된다.

서, 기대되는 산출량에 대한 자본의 적정비율인 가속도인자가 자본의 사용자비용에 의하여 영향을 받게 된다고 가정한다. 신축적 가속도원리는 유량인 투자보다 저량인 필요자본량의 크기에 중점을 두기 때문에 스톡조정모형(stock adjustment model)이라고도 한다. 이 모형에서는 [식 10-9]의 자본계수(v) 값이 다 충족되지 아니하고 최적자본량[6]과 실제자본량의 차이 중 일부분만이 조정된다고 가정하기 때문에 [식 10-9]와 같이 v 앞에 조정속도를 나타내는 α를 조종계수로서 추가한다.

$$I = \alpha v \triangle Y \quad (\text{단, } 0 < \alpha < 1) \qquad [\text{식 } 10\text{-}9]$$

자본량을 중심으로 분석하기 위하여 [식 10-7]을 시차가 있는 실제자본량과 최적자본량으로 표시하면 [식 10-10]이 된다.

$$\triangle K^* = K_t^* - K_{t-1} \qquad [\text{식 } 10\text{-}10]$$

K_t^*는 금기의 최적자본량, K_{t-1}은 전기의 실제자본량을 나타낸다. 그러나 소요자본증가량 $\triangle K^*$가 전부 투자되지 않고 일부인 β만큼 투자된다고 보는 것이 현실에 가깝다. 따라서 금기에 실제로 실시된 투자량 i_t는 [식 10-11]과 같이 나타낼 수 있다.

$$i_t = \beta(K_t^* - K_{t-1}) \qquad [\text{식 } 10\text{-}11]$$

(2) 최적자본량의 결정

자본의 한계생산수입을 [식 10-12]와 같이 나타내고 사용자비용을 C라고 하면, 최적자본량은 자본의 한계수입생산과 한계비용이 일치하는 점에서 이루어지

6) 최적자본량이라고도 하고 자본의 한계실물생산($MPPK$)과 사용자비용이 일치하는 수준에서 결정된다. 이와 같이 결정된 자본량을 소망자본량이라고도 한다.

므로 최적자본량이 되기 위한 조건을 [식 10-13]과 같이 나타낼 수 있다.

$$MRP_k = MPP_k \cdot P \qquad \text{[식 10-12]}$$

(여기서, $MPP_k = \frac{\partial y}{\partial K}$)

$$P\frac{\partial y}{\partial K} = C \qquad \text{[식 10-13]}$$

최적자본량을 산출하기 위하여 [식 10-14]의 콥-더글라스 생산함수가 자주 사용된다.

$$y = AL^{\alpha}K^{\beta} \qquad \text{[식 10-14]}$$

(단, $\alpha+\beta=1$)

자본의 한계실물산출량(MPP_k)은 [식 10-14]을 K에 대하여 편미분해서 구한다.

$$\frac{\partial y}{\partial K} = \frac{\beta AL^{\alpha}K^{\beta}}{K} = \frac{\beta y}{K} \qquad \text{[식 10-15]}$$

[식 10-15]를 [식 10-13]에 대입하면

$$P\frac{\beta y}{K} = C \;\therefore\; \frac{\beta y}{K} = \frac{C}{P} \qquad \text{[식 10-16]}$$

[식 10-16]로부터 최적자본량 K는

$$K = \frac{\beta y}{C/P} \qquad \text{[식 10-17]}$$

[식 10-17]로부터 최적자본량은 소득 y가 증가함에 따라서 증가하고 자본의 실질사용비용 C/P가 증가함에 따라서 감소한다. 다르게 표현하면 최적자본량은 소득과 물가수준에는 비례하고 자본의 사용자비용에는 반비례한다.

(3) 최적자본량의 변화

구두수선공을 고용한 구두공장의 사장은 구두수선공의 노동의 한계실물산출량이 실질임금과 같을 때까지만 고용을 하게 된다, 만일 한계실물산출량이 실질임금보다 적을 경우에는 조업시간을 줄이게 된다. 이 회사의 사장이 자본을 사용할 경우에는 자본의 한계실물산출량이 자본의 실질사용자비용과 같을 때까지만 투자하게 된다. [그림 10-7]은 가로축에 자본량, 세로축에 사용자비용을 나타내면 자본의 한계실물생산은 비용과 반비례하기 때문에 우하향하는 곡선으로 나타나고, 이 곡선과 수평선의 형태로 나타난 사용자비용과 교차하는 점에서 최적자본량 결정됨을 보여준다.

[그림 10-7] 최적자본량의 결정

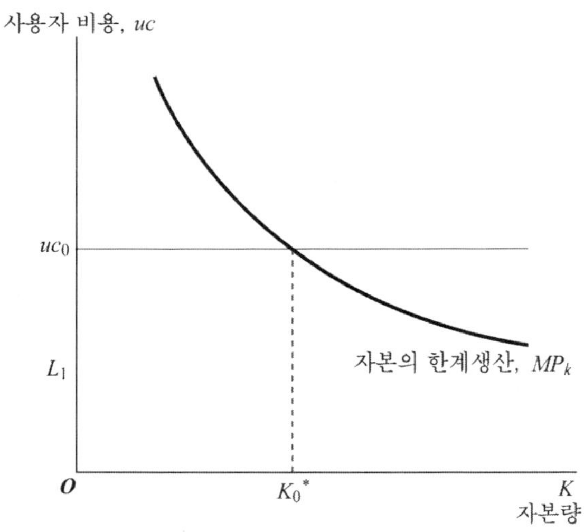

최적자본량의 수준에 변화가 없다면 대체투자만 이루어진다. 이자율의 변화 또는 기술진보와 같은 외생적 변화가 있게 되면 최적자본량에 변화가 있게 된다. [그림 10-8]의 〈가〉는 이자율이 하락한 경우, 〈나〉는 기술진보가 발생한 경우에 최적자본량이 증가하게 됨을 보여준다. 그림에서 순투자의 크기는 K_1^*에서 K_0^*을 차감한 크기가 된다.

[그림 10-8] 이자율 하락과 기술진보에 의한 자본생산성 증가

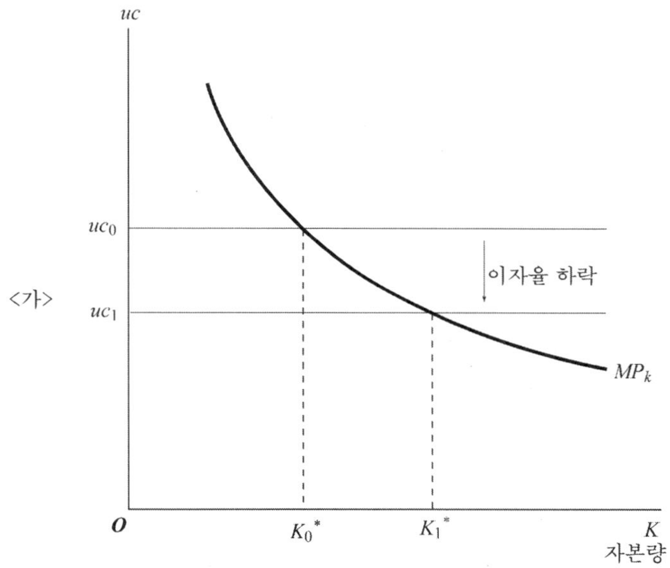

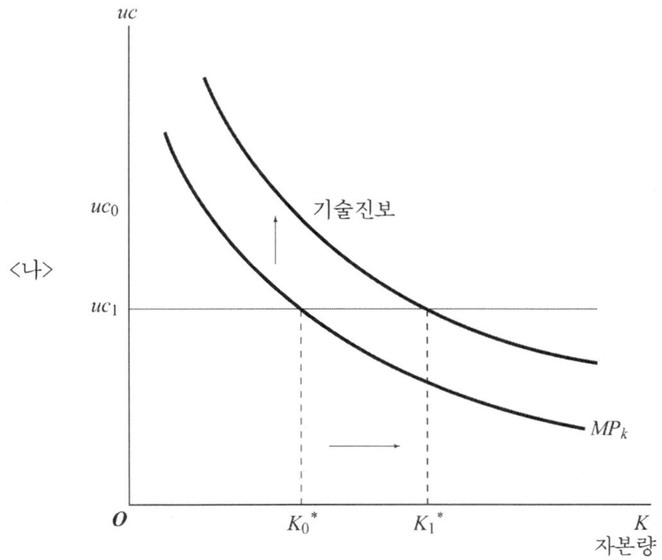

가로축에 투자량, 세로축에 이자율을 나타내면 이자율과 반비례관계에 있는 투자수요곡선은 [그림 10-9]와 같이 우하향하게 된다. 기술진보에 의하여 자본생산성이 증가하게 되면 투자수요곡선은 $I(r)_1$과 같이 오른쪽으로 이동하게 되고, 이와 반대로 원자재 가격이 상승 또는 노사분규로 인하여 자본의 한계생산성이 감소하게 되면 자본수요곡선은 $I(r)_2$와 같이 왼쪽으로 이동하게 된다.

[그림 10-9] 투자수요곡선의 이동

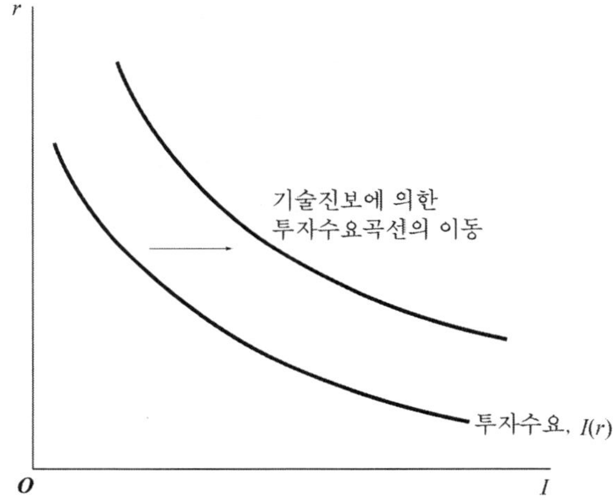

10.6 소득이 반영된 투자수요함수

(1) 투자수요함수

투자는 균형자본량을 유지 또는 증가시키기 위한 것으로 순투자와 대체투자로 나누어진다. 순투자는 자본량을 증가시키기 위한 투자이고, 대체투자는 자본량을 일정한 수준으로 유지하기 위한 것으로 자본의 감가상각비와 같은 크기가 된다. 투자함수를 [식 10-18]과 같이 일반적인 함수형태로 나타낼 수 있다.

총투자 i_g는 소득과 소득의 증가분과는 비례관계가 있으면, 자본의 사용자비용과는 반비례관계에 있다.

$$i_g = f(y,\ \triangle y, C,\ P) \qquad [식\ 10\text{-}18]$$

(여기서 y는 소득, $\triangle y$는 소득의 증가분, C는 자본의 사용자비용, P는 물가를 나타낸다.)

(2) 투자함수와 *IS*곡선의 기울기

투자가 이자율뿐만 아니라 국민소득의 함수가 되면 이자율의 하락은 독립투자(autonomous investment)의 증가를 가져오고, 증가된 소득은 유발투자(induced investment)를 가져옴으로써 국민소득은 소득이 반영되지 않은 투자수요함수보다 더 크게 증가한다. 이 같은 경우에 *IS*곡선의 기울기는 그렇기 않은 경우에 비하여 더 완만하게 된다.

(3) 투자함수에 소득이 반영될 경우에 확장적 재정정책의 효과

투자가 이자율만의 함수일 경우 확장적 재정정책은 이자율을 상승시켜 투자의 감소를 초래하게 된다. 그러나 투자가 이자율뿐만 아니라 소득의 함수일 경우에는 확장적 재정정책은 이자율의 상승과 소득의 증가를 가져오게 되기 때문에 투자의 이자율에 대한 탄력성과 투자의 소득에 대한 탄력성의 상대적 크기에 의하여 투자의 증감방향과 크기가 결정된다. 투자함수에 소득이 반영될 경우의 *IS*곡선의 기울기는 그렇지 않을 경우의 *IS*곡선의 기울기에 비하여 더 완만한 기울기를 갖게 된다. 만일 전자와 후자의 효과가 동일하다면 *IS*곡선은 수평선이 되고, 후자의 효과가 전자의 효과보다 크다면 *IS*곡선은 우상향하는 형태를 갖게 될 수도 있다.

(4) 사용자비용을 고려한 안정화정책

정책수립자는 총투자를 결정짓는 중요한 요인인 자본의 사용자비용을 조정함으로써 투자를 조정할 수 있다. 정부가 총투자를 증가시킬 필요가 있다면 이자율을 낮추거나 감가상각비 부담을 감소시켜 주면 된다. 확장적 재정정책은 실질 이자율을 상승시키고 투자의 구축효과를 가져오게 된다. 이와 반대로 확장적 금융정책은 실질이자율의 하락을 가져와서 투자를 증가시킨다. 확장적 금융정책과 긴축적 재정정책의 실시는 실질이자율과 자본의 사용자비용의 인하를 가져와서 투자를 증가시키게 된다.

세계화가 진행되면서 해외자본을 유치하기 위하여 법인세 인하를 실시하는 국가가 증가하고 있다. 법인소득세는 기업의 이윤에 대한 세금이다. 기업은 세금을 공제하고 난 후의 이윤을 극대화를 도모하기 때문에 법인세는 투자를 위축시키는 효과를 가져 온다. 법인세율의 인상은 이윤의 감소를 가져오기 때문에 투자를 위축시키게 된다.

정부가 투자를 활성화시키기 위해서는 법인세율을 인하하면 되고, 특히 투자를 활성화시키기 위해서는 투자세액공제(investment tax credit)를 실시하기도 한다. 자본재 구입에 사용된 금액의 일부를 기업이 내야 하는 조세에서 삭감해주는 투자세액공제는 기업으로 하여금 투자에 투입된 비용이 일부를 조세부담의 완화로 보전받기 때문에 이 제도는 자본이 구매가격을 낮추어주는 효과를 가져 온다. 기업이 비용으로 처리하는 감가상각에 대한 공제(depreciation deductions)를 확대하거나, 가속감가상각을 허용하는 것도 기업의 입장에서 수입에서 비용을 차감한 기업의 이윤을 증가시킨다는 점에서 투자활성화에 기여할 수 있다.

10.7 투자의 불확실성과 토빈의 q 투자이론

(1) 투자이론의 변화

고정투자수준의 결정요인에 대한 질문은 소비수준의 결정요인에 대한 질문보다 논쟁이 더 많다. 케인즈의 투자이론은 특별하게 새로운 이론이 아니고, 자본의 한계효율이 이자율보다 커야만 이윤을 극대화하고자 하는 기업이 투자를 하게 된다는 친숙한 고전학파의 견해에 기초를 두고 있다. 이와 같은 분석방법은 이윤의 크기로 나타낸 투자기회를 큰 순서대로 나타내지만, 시간이 흐름에 따라서 변화하는 투자의 흐름을 설명하는 데는 한계가 있다. 하벨모(T. Haavelmo, 1950)는 이 같은 문제를 다음과 같이 지적한다.

"이윤을 극대화하는 고전학파의 생산자 행위로부터 투자에 대한 수요곡선을 도출할 수 있다는 순진한 사고는 배격되어야 한다. 투자에 대한 수요는 단순히 자본에 대한 수요로부터 도출될 수 없다. 자본저량에 일정량의 자본추가에 대한 수요는 자본사용자의 반응속도에 대한 추가적인 가설에 따라서 0에서 무한대까지의 투자율이 될 수 있다."

만일 비교정학적 분석만 한다면 이 같은 문제는 야기되지 않는다. 경기전망에 대한 신뢰와 기대와 반응속도가 일정하게 주어진 상황에서 이자율이 높은 경우보다 낮은 경우에 투자가 많아지게 된다. 그러나 투자를 동태적으로 보게 되면 하벨모가 제기한 주장은 아래와 같은 맥락에서 유효하다고 할 수 있다.

'바람직한' 자본량과 이자율 간에 기본적인 관계가 있다는 데 동의하고, 어떤 일정 기간에 이루어진 투자는 바람직한 자본량과 실제의 자본량과의 갭의 일부를 보전한다고 가정하는 것이 투자문제를 본질을 보여준다고 할 수 있다. 이 같은 가정도 투자율과 이자율 간에 반비례관계가 있음을 보여주지만, 크게 보아서 투자이론의 발전방향은 투자율이 이자율에 의하여 영향을 받는다는 설명의 대체적 설명을 추구하고 있다. 다르게 표현하면 투자의 주된 결정요인을 이자율로부터 가속도원리 또는 기대로 이동시키고 있다.

산출량과 소득수준을 결정짓는 투자는 미래에 나타날 수 있는 불확실한 요인에 의하여 상당히 큰 폭으로 변화될 수 있다. 왈라스적 경매인이 없고, 기술혁신이 신속하게 진행되고, 국제간에 무역전쟁이 심화되는 불확실한 상황에서 기업가는 미래의 예상수익을 지금까지의 설명한 투자이론의 내생적 변수에 의하여 투자를 결정하기 보다는 불확실성을 포함한 외생적 변수에다 주관적 기대의 가중치를 주고 투자를 결정하게 된다.

투자는 지금까지 설명한 투자이론에 의하여 결정되는 측면도 있지만, 다른 한편으로는 불확실한 미래에 대한 기업가의 장기적 기대에 의하여 결정되기도 한다. 케인즈가 지적한 바와 같이 기업가가 지니고 있는 야성적 충동(animal spirit)에 의하여 장기적 기대가 형성되고, 이 같은 장기적 기대에 기초하여 투자가 이루어지기 때문에 투자는 불확실하고 가변적인(volatile) 특징을 지니고 있다.

(2) 토빈의 q투자이론

토빈의 q투자이론은 이자율과 같은 설명변수가 담고 있지 않은 투자유인에 대한 정보를 q라는 포괄적인 개념을 도입하여 투자함수를 도출한다. 기업의 투자의사 결정은 화폐금융시장에서의 이자율 이외에도 화폐금융시장을 포함하는 자본시장에서의 q에 의하여 이루어진다. 토빈의 한계 q는 [식 10-19]와 같이 나타낼 수 있다.

$$q = \frac{\text{자본저량의 추가적증가에 의한 전기까지 할인된 당기의 기업가치}}{\text{전기의 자본정량의작은 증가분을 증가시키는데 소요되는 비용}}$$

[식 10 - 19]

만일 기업이 최적자본량을 확보하고 있다면 q의 값은 1이 된다. 이 같은 경우에 자본저량을 추가적으로 증가시키는 데 소요되는 비용보다 기업의 자산가치를 더 크게 증가시키는 모든 투자는 실현된 것으로 볼 수 있다. 토빈의 q투자이론은 저량분석을 하기 때문에 신축적 가속도원리의 연장이라고 볼 수 있다.

설명을 쉽게 하기 위하여 규모에 대한 수익이 불변인 생산함수가 적용된다고 가정하면, 평균산출량과 한계산출량이 비례적으로 되기 때문에 토빈의 한계 q는 기업의 총비용에 대한 기업의 총자산평가의 비율인 평균 Q와 일치하게 된다. [식 10 - 20]은 평균 Q를 나타낸다.

$$Q = \frac{\text{총발행주식의 시장가액}}{\text{기업의 실물자본의 대체비용}}$$

[식 10 - 20]

[식 10-20]에서 실물자본의 대체비용이란 그 기업이 현재 보유하고 있는 실

물자본과 동인한 실물자본을 새로이 구입하여 설치하는데 소요되는 비용을 뜻한다. 총발행주식의 시장가액은 주식시장에서 그 회사 주식에 대한 수요와 공급에 의하여 결정되는 시장가격에 발생주식 수를 곱한 금액이다.

토빈은 한계 q의 값에 따라서 투자량이 결정된다고 주장한다. [식 10-19]에서의 평균 Q는 자본시장에서 평가된 기업의 시장가치가 실물자본 대체비용에서 차지하는 비중을 나타낸다. 만일 Q가 1보다 크다면 기업의 총자본에 대한 주식시장의 평가가치가 기업의 총자본으로 대체하는데 소요되는 비용보다 크다는 것을 의미하기 때문에 실물자본에 대한 투자가 증가하게 된다. 그러나 고려하는 기업이 평균 Q가 1보다 작다면 그 기업을 구입해서 기존의 자본을 사용하는 방안이 동일한 실물자본재를 구입하는 방안보다 싸게 된다. 기업의 시장가치는 전기의 자본저량의 증가함수이고, 실물자본으로의 대체비용은 전기 자본저량의 감소함수이다. 이러한 점에서 토빈의 q투자 이론은 신축적 가속도 원리의 연장이라고 볼 수 있다.

이자율 r이 화폐시장과 실물시장을 연결하는 교량역할을 하는 것과 같이 q는 자본시장과 실물시장을 연결하는 매개변수라고 볼 수 있다. 토빈의 q이론이 갖는 장점은 q가 설치된 자본으로부터 발생하는 현재의 이윤뿐만 아니라 장래의 기대이윤에도 의존한다는 점이다. q투자이론은 직관적으로 기업으로 하여금 기존의 이용가능한 자료를 가지고 주식을 구입하여 다른 기업을 구입하거나, 아니면 공장이나 기계류에 직접 투자하는 방안 중에서 어떤 방안이 더 나은지를 판단하게 해 주는 장점을 지니고 있다. 이 이론의 단점으로는 주식가격은 그릇되게 변할 수도 있기 때문에 기업의 자산가치를 바르게 반영하지 못할 수도 있다. 예를 들어 자본시장에 거품(bubble)이 존재할 경우 q이론은 투자를 할 경우에 이 같은 문제점을 고려해야 한다. 고르지 않게 진행되는 인플레이션도 유사한 성격의 문제를 야기하게 된다.

(3) 투자의 불확실성

고전학파와 케인즈학파의 투자이론은 투자가 이자율의 감수함수라고 가정한다. 이에 반해 근대적 가속도원리에서는 투자는 이자율의 감소함수이면서 소득의 증가함수라고 본다. 근대적 가속도원리와 신축적 가속도원리는 투자에 대한 내생변수로서 이자율 또는 이자율과 소득을 반영한 투자함수로부터 도출된다. 그러나 현실에서의 투자는 이자율과 소득 이외의 변수에 의해서도 영향을 받을 수 있기 때문에 단순히 이자율과 소득의 함수로부터 도출되기에는 다소 무리가 있다. 투자는 미래의 불확실성에 의하여 상당히 큰 영향을 받을 수 있을 수 있다. 즉, 불확실성에 대한 투자자의 의사결정 태도에 따라서 투자는 큰 폭으로 변화된다.

(4) 불확실성을 고려한 투자

공장을 짓거나 자본재를 구입한 경우에 호경기가 되어서 공장이 정상조업률로 가동된다면 투자비용이 회수되겠지만, 불경기에서 회복되지 못할 경우에는 생산을 위한 투입비용이 회수되지 못하고 매몰비용(sunk cost)이 되기 쉽다. 공장이나 자본재를 매각할 수 있겠지만 상당한 자본적 손실을 피하기는 거의 불가능하게 된다. 투자의 비가역성(irreversibility)을 고려하게 되면 공장이나 자본재에 대한 투자를 하기보다는 기다리면서 전반적 경제여건과 투자시기를 검토하는 방안이 이 같은 자본적 손실을 회피하거나 감소시킬 수 있다.

딕싯(A. Dixit)과 핀다익(R. Pindick)은 불확실성에 직면한 기업이 투자시점은 연기하는 것은 마치 콜 옵션을 보유한 상태와 유사하다고 한다. 콜 옵션은 어떤 대상 증권을 지정된 행사가격(exercise price)에 구매할 수 있는 권리이다. 콜 옵션의 보유자는 실제가격이 행사가격보다 상승하면 권리를 행사하여 이득을 얻게 되고, 아닌 경우에는 콜 옵션을 구매하는데 소요된 비용(option premium)만큼 손해를 보게 된다. 기업이 경제상황이 복잡다기하여 불확실성이 큰 경우에는 투자를 연기하게 되고 투자를 연기하는 비용은 옵션 프리미엄과 유사하다고 할 수 있다. 만일 옵션 프리미엄의 가치도 투자비용에 포함시키게 되면 예상되는 투자의 수익이 자본이 사용자비용보다 상당히 높아야만 투자를 하게 된다.

(5) 불완전한 정보와 투자

중소기업은 담보(collateral)가 부족하거나, 신용등급(credit rating)이 낮아서 금융시장에서 대출을 확보하기가 쉽지 않다. 새로운 기술혁신을 달성하여다 하더라도 신주공모발행(initial public offering) 또는 회사채 발행으로 자금을 확보하기도 쉽지 않다. 이 같은 자본시장의 불완전성은 시장실패의 원인 중의 하나이고, 1960년대에 영국의 플레밍(M. Fleming)이 지적하였고, 최근에 와서 새케인즈학파가 가격의 경직성을 설명하는데 자주 사용되어진다. 신고전학파모형은 자본시장이 완전하다고 가정하고 있기 때문에 현실적으로 투자모형을 고려할 때 불완전한 정보로 인하여 야기되는 차입제약을 반영하지 않고 있다. 만일 이 같은 차입제약을 고려하게 되면 중소기업은 불경기에 더 혹심한 자금난에서 벗어나기 어렵게 된다. 이 같은 차입제약이 전반적으로 확산되고 심화되는 현상을 신용경색(credit crunch)이라고 한다. 경기가 가장 저점(trough)에 근접해 가는 상황에서 신용경색이 발생하면 경기하강국면이 장기화 되고 투자에 대한 수익도 급감하게 되면서 경제는 장기적인 경기침체 또는 단기간의 회복기를 거치고 다시 경기가 곤두박질하는 이중경기침제(double dip)에 빠지게 된다.

연 습 문 제

[1] 다음 서술이 맞으면 ○표를, 틀리면 ×를 표시하시오.

(1) 투자는 자본량의 크기이므로 저량이다. ( )

(2) 케인즈학파에 따르면 투자는 기업가의 장래 투자전망과 이자율의 함수이다. ( )

(3) 케인즈학파에 따르면 투자의 이자율탄력성은 매우 크다. ( )

(4) 토빈의 q가 1보다 크면 실물자본에 투자가 증가한다. ( )

(5) 균형자본량은 소득과 물가에 비례하고, 이자율, 자본재 가격, 감가상각비와 같은 사용자비용에 반비례한다. ( )

(6) 주어진 이자율에서 자본의 한계생산성이 증가하면 투자수요는 감소한다. ( )

(7) 기업의 주가는 경기변동과 밀접한 관계가 있다. ( )

(8) 신고전학파 모형에서 고용의 증가는 자본생산성을 증가시켜 투자가 증가한다. ( )

(9) 사후적 투자와 사후적 저축이 일치할 때에만 완전고용 균형국민소득이 달성된다. ( )

[2] 맞는 답을 선택하여 기입하시오.

(1) 고전학파의 이론에 따르면 저축과 투자는 무엇에 의하여 일치하게 되는가? ( )

① 임금의 신축성　② 물가의 신축성
③ 이자율의 신축성　④ 통화량의 증감

(2) 투자의 가속도모형에 관한 설명으로 옳은 것은? ( )

① 투자는 국민소득수준에 의존한다.
② 투자는 이자율에 의존한다.
③ 투자는 투자의 한계효율에 의존한다.

④ 투자는 국민소득수준의 변화에 의존한다.

(3) 감가상각이 총투자보다 클 때 나타나는 현상은? ( )

① (-)의 신투자　　② 국민총생산증가

③ (+)의 신투자　　④ 국내총고정자본량 증가

(4) 투자의 한계효율이란? ( )

① 투자자산의 공급가액　　② 투자자산의 수요가액

③ 투자자산의 기대수익률　　④ 투자자산의 현재가치

(5) 투자에 대한 설명으로 맞지 않는 것은? ( )

① 투자의 한계효율이 0보다 크면 투자가 이루어진다.

② 투자수익의 현재가치가 투자비용보다 클 때 투자가 이루어진다.

③ 자본재 가격의 변화는 투자의 한계효율에 영향을 미친다.

④ 가속도원리에 따르면 투자는 소득의 증가함수이다.

(6) 자본의 한계효율의 크기 결정에 영향을 미치지 않는 것은? ( )

① 자본재의 구입가격　　② 자본재가 가져오는 수익

③ 이자율　　④ 자본재가 가져오는 수익의 분포

(7) 투자에 대한 다음 설명으로 옳지 않은 것은? ( )

① 투자는 이자율의 감소함수이다.

② 가속도 원리에 의하면 투자는 소득 또는 생산의 증가함수이다 .

③ 토빈의 q는 주식시장에서 평가된 기업의 시장가치를 기업의 실물자본 대체비용으로 나눈 값이다.

④ 주어진 이자율에서 자본의 한계생산성이 증가하면 투자수요가 감소한다.

(8) 신고전학파 모형에서 순투자가 증가하는 경우는? ( )

① 자본재의 가격이 상승하는 경우 ② 감가상가률이 상승하는 경우

③ 신기술의 도입이 확산되는 경우 ④ 이자율이 상승하는 경우

(9) 기업투자가 매우 부진하여 경기가 회복되지 않고 있다고 하자. 기업이 투자를 증가시키지 않는 이유를 투자이론의 관점에서 설명한 것 중 옳지 않은 것은? ( )

① 경제 내의 불확실성이 크다.

② 토빈(Tobin)의 q가 충분히 낮지 않다.

③ 금리가 충분히 낮지 않다.

④ 투자자금을 금융시장에서 조달하는 데에 애로가 있다.

(10) 총투자가 증가할 있는 조건으로 타당하지 않는 것은? ( )

① 경기가 좋아질 것으로 예상됨.

② 토빈(Tobin)의 q가 1보다 큰 값을 가짐

③ 자본의 한계효율이 0보다 큰 값을 가짐

④ 투자수익의 한계효율이 투자비용보다 큰 값을 가짐

(11) 투자에 대한 설명중 옳지 않은 것은? ( )

① 투자세액공제는 기업의 투자를 촉진시킨다.

② 재고의 변화는 자본스톡에 영향을 주지 못하기 때문에 투자로 간주되지 않는다.

③ 투자는 변동성이 심하여 경기변동을 초래하는 중요한 요인으로 간주된다.

④ 토빈(Tobin)의 q가 1보다 크다면 기업은 투자를 증가시켜 자본스톡을 증가시키는 것이 유리하다.

(12) 다음 가운데 GNP 추계에서 투자에 포함되지 않는 것은? ( )

① 재고의 증가 ② 새로운 기계의 설치

③ 기존공장의 매입 ④ 공장의 증축

(13) 자본재의 순현재가치(net present value)가 증가하는 경우는?

① 차입금에 대한 이자율의 상승 ② 생산물 가격의 상승

③ 예상판매량의 감소 ④ 생산비용의 증가

(14) 투자에 대한 설명으로 옳지 않은 것은? ( )
① 재고의 변화도 투자로 간주된다.
② 투자는 총수요에 영향을 미친다.
③ 토빈의 q값이 1보다 크다면 투자가 감소한다.
④ 투자가 GDP에서 차지하는 비중이 소비에 비하여 대체로 작다.

(15) 투자의 한계효율(*MEI*)곡선을 이동시키는 요인으로 볼 수 없는 것은? ( )
① 인구증가 ② 이자율상승
③ 기술진보 ④ 자본재 가격의 상승

(16) 가속도원리를 통하여 발생하는 유발투자는 다음 어떤 경우에 작동하지 않는가? ( )
① 이자율이 하락할 때 ② 물가가 상승할 때
③ 국민소득이 증가할 때 ④ 유휴시설이 존재할 때

(17) 투자와 이자율로 나타낸 평면에서 투자수요곡선을 오른쪽으로 이동시키는 요인이 아닌 것은? ( )
① 자본재 가격이 상승 ② 노동생산성의 증가
③ 기술진보 ④ 저축률의 증가

(18) 다음 중 투자가 활성화되는 조건으로 적합하지 않은 것은? ( )
① 산출물에 대한 국내수요와 해외수요의 급증
② 토빈의 q값이 1보다 큰 값을 가짐
③ 자본의 한계생산성이 1보다 큼
④ 투자수익의 현재가치가 투자비용의 현재가치보다 큼

(19) 투자의 한계효율이 이자율보다 낮으면 투자는? ( )
① 증가 ② 감소
③ 불변 ④ 영향을 받지 않음

(20) 가속도원리를 통하여 발생하는 유발투자는 다음 어느 경우에 작동하지 않게 되는가? ( )

① 이자율이 상승할 때 ② 유휴시설이 있을 때

③ 국민소득이 감소할 때 ④ 자발적 투자가 중립적일 때

[3] 아래 설문에 답하시오.

(1) 투자에 대한 고전학파와 케인즈학파의 이론은 무엇인가?

(2) MEI와 MEC중에서 어떤 것이 기울기가 steeper한가? 그 이유는?

[4] 아래 글을 우리말로 번역하고, 약간 더 구체적으로 설명하시오.

Keynes's foremost idea is that all economic decisions are taken under conditions of fundamental uncertainty - not "risk" in the sense that possible events in the future can be fully described by an objective probability distribution known to at least some (and possibly all) participants in the market.

[5] Fill up the blank with suitable words.

(1) In deciding whether to invest in a given project, a firm can utilize a concept known as the ( ) discounted value of future income from the investment.

(2) Another indicator besides net present value of the profitability of an investment project is the ( ) rate of return, which is defined as the interest rate that equates the present value.

(3) The desired capital stock is the level of capital that maximizes expected

(   ). At the desired capital stock the expected future marginal product of capital equals the user cost of capital.

[6] Choose correct answers.

(1) The marginal efficiency of capital addition will fall (   ).

① $APC = 1$ ② $APC > 1$
③ $MPC > 1$ ④ $APC < 1$

(2) Induced investment, acting through the accelerator principle, is likely to be of little importance if (   ).

① autonomous investment is neutral
② no excess capacity exists
③ over-capacity production is occurring
④ idle capacity exists

(3) The accelerator theory of investment relates (   ).

① current rate of investment to the long-term rate of interest
② current rate of investment to the firm's availability of funds
③ current level of investment to the current level of output
④ current level of investment to the change in the level of output

(4) If the aggregate capital/output ratio is 2, then a \$100 increase in aggregate income will result in capital additions of (   ).

① \$50 ② \$80
③ \$100 ④ \$200

(5) According to the accelerator theory of inventory investment, desired changes in the level of inventory are explained by the (   ).

① amount of goods the firm has failed to sell

② amount of goods the firm expects to sell

③ current level of sales

④ change in sales volume

(6) The marginal efficiency of capital addition will fall ( ).

① if there is a reduction in the purchase price of new machines

② if there is an increase in the purchase price of new machines

③ if future flows are distributed in earlier rather than later periods

④ if the corporate income tax is reduced

(7) The desired capital stock is that stock which ( ).

① always obtains

② corresponds to the natural level of output

③ would obtain when net investment is zero

④ firms are always adjusting towards

Answer

[1] (1) × (2) ○ (3) × (4) ○ (5) ○ (6) × (7) ○ (8) ○ (9) ×

E: (1) 투자는 소비와 마찬가지로 유량의 개념이다.

(3) 이자율은 기준이고, 투자에 대한 한계효율이 결정요인이 된다.

(7) 기업수익증가 호황 ⇒ 주가상승 ⇒ q상승 ⇒ 투자증가 ⇒ 호황

(9) 사전투자와 사전저축이 일치할 때 균형국민소득이 달성된다.

[2] (1) 3 (2) 4 (3) 1 (4) 3 (5) 1 (6) 3 (7) 4 (8) 3 (9) 2 (10) 3 (11) 2 (12) 3 (13) 2 (14) 3 (15) 2 (16) 4 (17) 1 (18) 3 (19) 4 (20) 2

E: (1) 대부자금론에 따르면 균형이자율이 결정요인이 된다.

(3) 총투자가 감가상각보다 작으면 자본잠식이 발생하면서 자본량이 감소하게 된다.

(7) 주어진 이자율 수준에서 자본이 한계생산성이 증가하면 자본으로부터의 투자수익률이 증가하기 때문에 자본고용량이 증가하고 투자가 증가한다.

(10) 투자의 한계효율이 자본의 한계효율보다 커야만 투자가 이루어진다.

(11) 재고의 증가는 투자를 증가시킨다. 예를 들어 현대자동차에서 금년에 자동차

재고가 5,000대 증가하였다면 투자의 증가로 간주된다.
(15) 이자율이 상승하면 투자의 한계효율곡선상에서 이동하게 된다.
(16) 소득이 증가하더라도 유휴시설을 활용하게 되면 투자는 발생하지 않게 된다.
[3] (1) 고전학파는 순현재가치할인(net present value) 방법을, 케인즈학파는 자본의 한계효율(marginal efficiency of capital) 방법을 사용한다.
(2) MEI의 기울기가 더 가파르다. 자본의 한계효율은 내부수익률을 0으로 하는 할인율이다. 투자가 많아질수록 생산요소에 대한 수요도 비례하여 증가하기 때문에 생산요소가격이 상승하게 되고, 그 결과 투자의 크기는 작아지게 된다. MEI는 MEC를 수평적으로 더한 값이기 때문에 더 가파른 기울기를 갖게 된다.
[4] 케인즈의 가장 중요한 사고전개는 모든 경제적 결정들은 미래에 발생할 수 있는 사건들은 시장에 있는 적어도 일부 (그리고 아마도 모든) 참여자들에게 알려진 객관적인 확률분포로 완전히 설명될 수 있는 "위험"이 아니라 "불확실성"을 고려하여 이루어져야 한다는 것이다.
E: 케인즈가 언급한 심리적 불확실성 중에서 투자에 대한 불확실성의 비중이 크다고 볼 수 있다. 불황이 되면 경기전망이 어둡기(bleak) 때문에 경제주체는 투자를 꺼려하고, 동시에 불확실성에 대비하고자 화폐를 보유하고자 하는 유동성 선호는 증가하게 된다. 케인즈는 투자의 한계효율이 하락하고, 이자율이 상승하는 상황에서 경기를 활성화하고자 이 같은 움직임을 반대반향으로 전환하고자 노력하였다. 절대소득가설에 의한 소비함수도 불황기에는 감소하게 된다. 이 같은 상황을 더 악화시키는 것은 화폐의 가치저장기능이고 어떤 상품을 언제 얼마큼을 구매할는지를 생산자에게 전달하지 않기 때문에 생산자는 재고를 반값으로 팔기보다는 조업을 감소시켜가고, 이 과정에 노동자는 실직자가 되고, 유동성이 없는 한 소비도 비례하여 감소하게 된다. 스미스(A. Smith), 마르크스(K. Marx), 케인즈(M. Kenes), 슘페터(J. Schumpeter)가 모두 투자의 역동성을 강조하지만, 그들의 이론적 기반과 전개과정은 다르다.
[5] (1) present (2) internal (3) return or profit or yield
T: (2) 투자계획에서 순현재가치의 수익률 외에 다른 지표는 내부수익률이다. 이는 현재가치와 투자비용을 일치시키는 이자율을 말한다.
(3) 필요자본량은 기대수익을 최대화시키는 자본의 수준을 말한다. 필요자본량은 기대되는 자본의 한계 생산과 자본의 사용비용을 일치시키는 것이다.
E: (1) 내부수익률을 0으로 하는 투자를 자본의 한계효율이라고 한다.
(2) 신축적 가속도원리
[6] (1) 2 (2) 3 (3) 4 (4) 4 (5) 4 (6) 2 (7) 4

제11장 화폐에 대한 수요와 화폐의 공급

11.1 화폐의 기능과 관리통화제도

(1) 화폐의 기능

화폐의 기능으로는 교환의 수단, 가치저장의 기능, 회계의 단위, 연불을 수단을 들 수 있다. 이 중에 교환이 수단과 가치저장의 기능이 본질적 기능에 해당되고, 나머지는 파생적 기능이라고 볼 수 있다. 화폐가 소개되기 전에는 물물교환거래제도(barer system)에 의존하였다.

(2) 통화주의와 은행주의(관리통화제도)의 논쟁

영국은 1805년에 나폴레옹 전쟁에 필요한 군비를 조달하기 위하여 영란은행으로 하여금 태환을 정지하고 불환지폐를 발행하게 하였다. 그 결과 물가가 상승하고 환시세는 하락하였으며, 금값은 등귀하고, 경제공황에 처하게 되었다. 이 같은 어려움을 부석하는 과정에서 통화주의와 은행주의가 대립되는 분석을 제시하였다. 지금론자(地金論者)들은 통화량의 과잉발행 때문에 은행권가치의 하락, 지금가치의 등귀, 환시세의 하락을 초래하였다고 주장한 반면에, 반지금론자들은 이 같은 경제적 어려움은 은행권가치하락이 화폐량의 증가 때문이라기보다 금가치의 상승 때문이며 환시세나 지금가격은 은행권의 증감과 아무런 관련이 없다고 주장하였다. 지금론자의 견해를 거의 그대로 받은 주장이 통화주의이고, 반지금론자의 경제사상을 이어받은 주장이 은행주의이다.

통화주의는 금본위제도가 통화정책의 목표가 되어야 하며 은행이 신용창조는 공황의 원인이 된다고 보기 때문에 은행권 발행은 정화준비에 의한 태환을 확보함으로써 금본위제도의 자유조절을 원활하게 해야 한다고 주장한다. 은행주의는 정화준비에 대응되는 통화발행에 대한 규제를 반대하고 발권은행의 자유재량에 의한 통화발행을 주장한다. 당시에는 통화주의가 승리하여 금본위제도로 복귀하였으나, 1930년대 대공황 이후 세계적으로 관리통화제도가 광범위하게 실시됨으로서 오늘날에는 은행주의가 광범위하게 실시되고 있다.

11.2 금융시장의 역할

(1) 금융

금융이란 자본의 흐름을 확보하는 수단을 뜻한다.[1] 재화 또는 서비스가 개입되지 않고 화폐 그 자체의 수요와 공급에 의하여 발생하는 화폐만의 독립적인 유통이 금융이다. 금융에는 자금을 제공하고 이자수입을 얻으려는 공급자와 이자를 지불하고 자금을 차입하려는 수요자가 중요한 구성요소가 된다. 따라서 금융은 이자를 중심으로 이루어지는 자금에 대한 수요와 공급을 의미하고, 금융을 통하여 금융자산이 형성된다. 금융은 직접금융과 간접금융으로 나누어진다. 직접금융은 기업이 주식이나 회사채를 발행하면 증권시장에서 주식과 회사채 등이 매매되는 것처럼 자금의 최종 수요자와 공급자가 직접 자금을 거래하는 자금조달 방식이다. 간접금융은 시중은행이 가계의 예금을 받아서 기업에 대출해 주는 형태로서 자금의 중개기관인 금융기관을 거쳐서 자금의 수요와 공급이 이루어

1) Finance is a means of assuring the flow of capital.

지는 자금조달 방식이다.

(2) 금융시장

금융시장이란 자금거래가 계속하여 이루어지는 조직이나 기구를 뜻한다. 금융시장은 대부기간이 1년 미만인지, 1년 이상인지에 따라 단기 금융시장과 장기 금융시장으로 나누어진다. 단기금융시장으로는 콜 시장(call market)과 할인시장(discount market)이 있다. 콜 시장은 만기가 하루에서 2주 정도의 최단기 금융시장으로써 주로 금융기관 상호간에 일시적인 유휴자금이 거래되는 금융시장이다. 할인시장은 주로 상업어음, 융통어음, 재정증권 등이 거래되는 시장이다. 어음을 소유한 사람이 만기일 이전에 자금을 필요로 할 경우에 그 어음을 제 3자에게 양도하고 자금을 조달할 수 있다. 이 때 어음의 구매자는 어음만기일까지의 금리를 공제하고 어음을 구입하는데 이 같은 거래를 어음할인이라고 한다. 장기금융시장(자본시장)에는 장기대부시장과 증권시장이 있다. 장기대부시장은 기업의 설비자금이나 연불수출과 같은 장기자금이 산업은행이나 수출입은행에 의하여 대부되는 시장을 뜻한다. 증권시장은 증권 발행시장과 증권 유통시장으로 구분된다.

(3) 금융기관

자금의 수요와 공급을 중개하는 기관을 금융기관이라고 한다. 우리나라의 금융기관은 크게 통화금융기관과 비통화금융기관으로 구분된다. 통화금융기관은 통화(M_1)을 공급하거나 창출하는 기관으로써 현금통화를 공급하는 중앙은행과 예금통화를 창출하는 예금은행으로 구성된다. 비통화금융기관은 통화금융기관을 제외한 모든 금융기관을 뜻한다.

(4) 중앙은행

중앙은행은 통화가치의 안정과 화폐의 원활한 유통 및 자금의 효율적 배분을 목적으로 설립된 은행 중의 은행이다. 중앙은행의 가장 중요한 임무는 통화가치의 안정을 도모하는 것이다. 통화가치의 안정을 위하여 중앙은행은 각종 통화금융정책을 사용할 권한을 가지고 있다. 이런 의미에서 중앙은행을 통화당국이라고도 부르며, 우리나라의 중앙은행은 한국은행이다.

중앙은행의 주된 기능은 다음과 같다: (i) 지폐와 주화를 발행하는 발권은행(issuing bank)으로써의 기능을 갖고 있다; (ii) 다른 금융기관에 대해 여신, 수신, 감독을 하는 '은행의 은행'으로써의 기능을 갖고 있다; (iii) 통화금융정책의 집행기관으로써 앞의 두 기능을 통하여 통화를 조절 한다; (iv) 국고금의 출납, 정부에 대한 여신 및 국채의 발행 등 정부의 은행으로써의 기능을 수행한다.

(5) 예금은행: 일반은행과 특수은행

예금은행은 총부채 중에서 요구불예금의 비중이 높아 예금통화의 창출을 주요기능으로 하는 금융기관으로 일반은행과 특수은행으로 구성되어 있다. 일반은행은 은행법에 의하여 설립된 은행으로 일반으로부터 요구불예금을 받아 자금부족부문에 단기대출을 해주는 전통적인 상업금융 업무를 고유 업무로 하고 있다는 점에서 상업은행이라고도 한다. 특수은행은 주로 정책금융자금을 공급하는 일종의 정책은행으로써 특별법에 의하여 설립되고, 정부의 직접적인 감독 하에 있으며, 운영자금의 대부분을 정부출자에 의존하고 있다.

(6) 비통화금융기관

비통화금융기관은 수신업무에 있어 요구불예금의 형태로 자금을 흡수할 수 없고, 출자금, 기금, 보험료, 부금, 계금 등의 형태로 자금을 조달하며 크게 개발기관, 투자기관, 저축기관, 보험기관으로 나누어진다. 벤처 캐피탈(모험자본; venture capital)은 상당한 위험을 부담하면서 기업의 기술계획을 지원하는 금융회사이고, 중소기업은행, 한국장기신용은행, 한국신용보증기금은 모험자본을 취급한다.

(7) 금융연관비율

일반적으로 한 나라의 실물자산에 대한 금융자산액의 비율은 경제가 성장함에 따라서 상승하는데 이를 금융의 심화라고 한다. 금융의 심화를 측정하는 지표로 금융연관비율(financial interrelation ratio: FIR)이 사용되는데 실물자산액의 측정이 어렵기 때문에 실물자산액 대신에 명목 *GNP*를 사용하여 산출한다.

$$금융연관비율 = 금융자산잔액/명목GNP$$

11.3 화폐에 대한 수요이론

고전학파는 화폐가 지닌 교환의 수단으로의 기능을 강조하고, 케인즈학파는 화폐의 가치저장기능을 강조한다. 케인즈학파는 화폐를 특수재로 취급하고 화폐를 보유하고자 하는 동기를 중요시한데 반하여, 통화론자는 화폐를 보통재로 취급하고 수요의 일반이론을 화폐에 대한 수요이론에 적용한다. 전자는 이자율이 영향을 미치는데 반하여 후자는 부(wealth)가 가장 중요한 요인이라고 주장하였다.

화폐의 본원적 기능인 교환의 수단과 가치저장의 기능은 사람들로 하여금 유동성을 선호하게 하였다. 유동성은 화폐만이 지닌 속성은 아니다. 다른 자산도 유동성을 지니고는 있지만 이를 현금화하여 유동성으로 만들기 위해서는 시간과 비용이 소요된다는 점에서 다르다.

(1) 고전학파의 화폐수량설

(가) 피셔의 거래수량설

고전학파의 거래수량설이 강조한 개념은 화폐에 대한 수요라기보다 사람들 간에 화폐가 전달되는 속도의 정도를 나타내는 화폐의 유통속도이다. 피셔(I. Fisher)는 이러한 분석방법과 가장 가까운 태도를 취한 경제학자이었고, 그의 분석은 [식 11-1]과 같이 간단한 항등식으로부터 시작한다.

모든 거래에는 판매자와 구매자가 있고, 경제전체적으로 판매액은 구매액과 일치해야 한다. 판매액은 구매액과 일치해야 한다. 판매액은 일정기간 동안에 발생한 거래횟수에다 평균 거래금액을 곱함으로써 구해진다. 다른 한편으로 구매액은 경제내에 유통되고 있는 화폐량에다 일정기간 동안의 화폐의 유통속도를 곱함으로써 구해진다. 따라서 화폐량을 M, 화폐의 유통속도를 V, 물가수준을 P, 거래량을 T라고 나타내면 거래수량설은 [식 11-1]과 같이 표시할 수 있다.

$$MV \equiv PT \qquad \text{[식 11-1]}$$

화폐의 유통속도 V와 거래량 T가 일정한 값으로 주어진다고 가정하면 물가수준은 전적으로 화폐량의 크기에 비례하여 결정된다. 이 같은 추가적 가정은 거래수량설로 나타나는 항등식을 [식 11-2]와 같이 교환방정식으로 나타나는 등식으로의 전환을 가능하게 한다.

$$M\overline{V} = P\overline{T} \qquad \text{[식 11-2]}$$

화폐에 대한 수요가 거래를 결제하는 수단으로 유용하기 때문에 주어진 거래량을 결제하기 위하여 필요한 화폐량은 어떤 특정한 경제에 존재하는 결제과정에 의하여 결정된다고 볼 수 있다. 피셔는 화폐량과 거래량과의 비율에 대한 분석은 화폐량이 투입(input)이고, 거래량이 산출물(output)인 생산과정과 유사하다고 보기 때문에 화폐의 유통속도는 생산함수와 같이 화폐량과 거래량의 기술적 계수(technical coefficient)라고 취급한다.

(나) 마샬(A. Marshall)의 현금잔고방정식

피서가 주어진 거래량을 결제하기 위하여 필요한 화폐량을 결정짓는 요인을 분석한데 반하여, 마샬은 거래를 결제하기 위하여 화폐를 보유하는 것 이외에 개인이 얼마만큼의 화폐량을 보유하고자 하는 원인을 중점적으로 분석하였다. 따라서 분석의 초점을 미시경제학 측면에서 보게 되었고, 개인의 의사선택 행위 분석에 중점을 두게 되었다. 케임브리지학파는 화폐가 재화와 용역과 쉽게 교환되기 때문에 사람들은 화폐를 보유하기를 원한다고 설명한다. 이 같은 점에서 마샬의 분석은 피셔의 분석과 비슷하지만, 화폐를 보유하기 위해서 가지는 것

(have to hold)보다 화폐를 보유하기를 원하는 점(want to hoard)에 중점을 둔 점에서 다르다. 화폐에 대한 수요는 사람들이 거래를 하기 위하여 계획한 거래량의 영향을 받을 뿐만 아니라 부(wealth)의 수준과 화폐를 보유할 경우의 기회비용과 다른 자산을 보유하기를 포기한 경우에 상실한 소득과 물가수준의 영향을 받게 된다. 마샬은 단기간에는 개인의 부의 수준과 거래의 크기와 소득수준은 상호간에 안정적이라고 가정함으로써 화폐에 대한 수요이론을 [식 11-3]과 같이 단순화하였다. 마샬은 다른 조건이 일정하다면 명목화폐수요는 각 개인마다 명목소득수준에 비례하고, 경제 전체적으로 보아고 마찬가지라고 주장하였다. 피셔는 이자율이 화폐수요에 영향을 미칠 수 없다고 주장한 반면에, 마샬은 이자율이 화폐수요에 영향을 미칠지도 모른다고 주장하였다.[2)]

$$Md = kP_y \qquad [식\ 11\text{-}3]$$

(2) 케인즈의 유동성선호설

케인즈는 사람으로 하여금 화폐를 보유하게 하는 동기(motive)가 무엇인가를 중점적으로 분석하였으며, 그 결과 화폐를 보유함으로써 얻게 되는 편의함의 본질을 더 자세하게 파악하게 되었다.

(가) 거래적 동기 및 예비적 동기에 의한 화폐수요

케인즈는 개인이나 한 나라 전체에 의한 거래량 수준은 국민소득수준에 비례한다고 주장하고, 고전학파와 마찬가지로 거래적 동기에 의한 화폐수요는 국민소득수준에 비례한다고 하였다. 거래적 동기는 수입과 계획된 장기적인 지출과의 격차를 보전하기 위한 필요에서 화폐를 보유하는 제한된 의미로 사용되었고, 계획되지 않거나 정기적 지출이 아닌 거래를 결제하기 위하여 화폐를 보유하는 경우에는 예비적 동기(precautionary motive)에 의한 화폐수요라고 하였다.

케인즈는 사람들이 예측하지 못했던 일이 발생할 경우 보유하고 있는 자산들

2) 화폐수요가 이자율의 영향을 받을지도 모른다는 케임브리지학파의 주장은 화폐가 교환의 기능 이외에 가치저장의 기능을 가지고 있음을 시사한다. 그러나 그들은 화폐의 가치저장 기능을 명시적으로 나타내지는 않았다.

을 적절한 시기에 유동성이 가장 큰 화폐로 바꾸기에 어려움이 있기 때문에 얼마만큼의 화폐를 예비적 동기로 가지게 됨이 분별력이 있는 행위라고 보았고, 예비적 동기에 의한 화폐수요도 국민소득수준에 비례한다고 보았다.

(나) 이자율과 가치저장수단의 선택

채권(bond)은 일정기간마다 일정한 이자를 그 소유자에게 지불할 것을 약속한 자산이고, 채권을 구매하고자 하는 의사결정은 이러한 미래의 소득흐름에 대한 청구권(claim)을 구매하고자 하는 의사결정이라고 볼 수 있다. 채권을 구매하고자 하는 사람은 채권의 형태로 보유한 부(富)의 부분에 대하여 적어도 시장에서의 이자율만큼을 벌기를 원하기 때문에 채권의 시장가격은 이자율에 의하여 크게 영향을 받게 된다. 만일 이자율이 年 5%라면 채권의 구매자는 매년 5원씩의 수입을 주는 영구채권(perpetual bond)에 대하여 100원 이상을 주고 구매하고자 하지 않게 된다. 만일 이자율이 연 10%로 상승하게 된다면, 채권의 구매자는 동일한 채권에 대하여 50원 이상을 지불하지 않게 된다.

(다) 이자율과 투기적 동기에 의한 화폐수요

케인즈는 이자율이 하락하리라고 기대될 경우에는 사람들은 자본적 이득을 기대하고 채권을 보유하고자 하기 때문에 화폐에 대한 수요는 작아지고, 이와 반대로 이자율이 상승하리라고 예상될 경우에는 사람들이 채권을 보유함으로써 야기될 수 있는 자본적 손실을 회피하기를 원하기 때문에 화폐에 대한 수요는 증가한다고 주장한다.

케인즈는 이자율이 정상이자율보다 높다면 사람들이 이자율이 하락하리라고 예상하게 되고, 만일 이자율이 정상이자율보다 낮다면 이자율이 상승하리라고 예상한다고 본다. 현재의 이자율이 낮을수록 사람들은 이자율이 상승하리라고 예상하기 때문에 더 많은 사람들이 그들의 자산을 화폐의 형태로 가지기를 원한다. 같은 논리로 이자율이 높으면 높을수록 투기적 동기에 의한 화폐수요는 작아진다. 만일 각 개인이 보유한 화폐와 채권이 경제 전체의 자산규모에 비하여 작고, 어떤 특정 시점에 이자율의 변화에 대한 예상이 큰 견해 차이를 보이지 않는다면, 투기적 동기에 의한 화폐수요곡선은 현재의 이자율에 대하여 완만한 마이너스(-)의 기울기를 갖는 함수가 된다.

(라) 투기적 동기와 부(wealth)의 관계

투기적 동기에 의한 화폐수요는 일국 경제의 자산 중 얼마만큼을 화폐로 보유할 것인가를 나타내므로 화폐수요는 부의 영향을 받는다고 볼 수 있다. 케인즈의 화폐수요는 [식 11-4]와 같이 나타낼 수 있다.

$$Md = [kY + \alpha(r)W]P \qquad [식\ 11\text{-}4]$$

여기서 Md는 명목화폐수요, Y는 국민소득, r은 이자율, W는 실질 부(富), P는 물가수준을, k는 명목소득중 화폐로 보유하려고 하는 화폐보유비율을, 그리고 α는 투기적 화폐수요와 이자율의 관계를 나타내는 비선형변수를 나타낸다. 이 식의 우측 항변의 괄호안의 첫 번째 항목은 거래적 및 예비적 동기에 의한 화폐수요를 나타내고, 두 번째 항목은 투기적 동기에 의한 화폐잔고를 나타낸다.

(마) 유동성선호설에 의한 이자율의 결정

주어진 화폐공급량에서 소득에 비례하는 거래적 동기 및 예비적 동기에 의한 화폐수요를 제외한 나머지는 이자율에 반비례하는 투기적 동기에 의한 화폐수요이다. 불황이 되어 화폐가 퇴장되는 시기에는 투기적 동기에 의한 화폐수요가 증가하게 되고 유동성선호가 증가하게 되면 이자율이 상승하게 된다. 그리고 동일한 유동성선호에서 화폐공급이 증가하게 되면 이자율은 하락하게 된다.

(3) 프리드만의 신화폐수량설

(가) 수요의 일반이론적용

프리드만은 사람들이 화폐를 보유하는 것을 당연한 것으로 간주하여 화폐를 보유하고자 하는 동기에 대한 관심을 약화시켰다. 그는 화폐도 다른 자산과 마찬가지로 화폐를 보유한 사람에게 용역의 흐름을 제공한다는 가정을 가지고 분석한다. 소비자 이론에서 사과를 많이 소비할수록 사과로부터의 한계효용이 체감하는 것과 마찬가지로 화폐를 더 많이 보유할수록 화폐로부터 얻게 되는 한계효용은 감소하게 된다. 이 같이 수요의 일반이론을 적용하여 발전시킨 이론을 신화폐수량설이라고 한다.

(나) 부(wealth)의 개념

화폐 이외의 다른 자산을 보유함으로써 얻게 되는 수익률은 화폐를 보유하는 경우의 기회비용에 해당되고, 부(富)의 크기는 자산을 보유하고자 할 때 적절한 제약이기 때문에 부의 크기가 화폐에 대한 수요의 제약요인이 된다고 할 수 있다. 만일 어떤 사람이 그가 보유한 내구재, 주식, 채권과 같이 화폐 이외의 모든 자산을 처분하거나 이를 화폐의 형태로 보유할 수 있다고 가정할 경우에 이와 같은 자산의 저량을 부라고 한다. 프리드만은 부의 개념이 노동소득의 현재가치뿐만 아니라 인적자본까지 포함되도록 확대되어야 한다고 강조한다. 다르게 표현하면 어떤 근원으로부터 얻게 되는 소득도 부에 대한 수익으로 간주될 수 있고, 부라는 것은 이 같은 소득흐름의 현재가치를 뜻한다. 프리드만은 실증적 분석을 통하여 부가 가장 중요한 변수임을 발견하고 부라는 개념으로부터 항상소득이란 개념을 소개한다. 항상소득은 사람이 보유하고 있는 인적 및 비인적 부의 합계로부터 평균적으로 얻게 되리라고 기대되는 소득이고, 부의 합계와 일정한 비례관계를 가지게 된다.

(다) 고전학파의 화폐수량설과 케인즈의 유동성선호설

화폐수요는 고전학파의 경우에는 소득에 비례하고, 프리드만의 경우에는 항상소득에 비례한다. 고전학파의 경우 화폐는 교환의 수단으로만 사용된다고 보기 때문에 화폐의 유통속도는 고정계수이다. 그러나 프리드만의 경우에는 화폐가 교환의 수단 이외에 가치저장의 기능을 가지기는 하지만 이자율의 영향이 부의 영향보다 작기 때문에 화폐의 유통속도는 비교적 안정적이다.

케인즈의 유동성선호설과 프리드만의 신화폐수량설은 화폐의 가치저장 기능을 강조하고 화폐보유의 기회비용을 분석한 점에서 크게 다를 바가 없다. 케인즈는 화폐를 특수재로 보고 동기를 중요시하고, 투기적 동기에 의한 화폐수요는 이자율에 반비례한다고 주장하는데 반하여, 프리드만은 화폐수요는 이자율의 영향을 받지만 이자율은 부차적 변수이기 때문에 가장 중요한 변수는 부나 항상 소득이라고 주장한다.

11.4 케인즈화폐이론의 발전

(1) 유동성선호설의 문제점

전통적 케인즈학파의 자산선택이론(portfolio balance approach)은 두 가지 문제점을 가지고 있다. 첫 번째 문제는 케인즈의 화폐이론이 화폐와 장기채권이라는 두 가지 종류의 자산만 존재한다고 가정한다는 점이다. 이와 같은 가정은 현실세계에서의 자산종류의 다양성을 비현실적으로 단순화시킨 문제점이 있다. 이러한 문제점을 현실화시키기 위하여 현대 케인즈학파의 분석은 화폐 및 채권 이외의 다른 자산의 존재를 인정하고, 예금금융기관인 은행 이외에 다양한 금융중개업무를 취급하는 비은행금융기관들이 있다고 가정한다. 케인즈는 금융자산의 선택으로부터 지출을 분리시켰기 때문에 지출 내지 국민소득과 물가와의 관계를 충분히 설명하지 못했다. 현대 케인즈학파는 화폐부문의 분석에 장기채권 이외에 다양한 금융자산을 포함시킴으로써, 위에서 언급한 케인즈의 문제를 보완하였기 때문에 화폐이론을 더 넓은 의미의 금융이론(theory of finance)으로 발전시켰다.

두 번째 문제는 케인즈의 투기적 화폐수요는 개별 투자자들의 미래이자율에 대한 기대에 의하여 결정된다는 점이다.[3] 예를 들어, 정상이자율을 기준으로 본 현재의 이자율이 너무 낮아서 미래에 이자율이 상승하리라고 기대되면 미래에 채권가격이 하락하게 될 경우에 채권을 매입하기 위하여 채권 대신 화폐를 보유하려는 선호가 나타나게 된다. 이와 같은 케인즈 분석의 문제점은 투자자는 화폐나 채권중 어느 한 가지만을 보유하지, 두 가지를 분산하여 보유하지 않는

3) The essentially Keynesian step is to relate the expected rate of change to its current level.

다고 가정이다.

위에서 설명된 케인즈의 자산선택이론의 문제점 이외에 보멀(W. Baumol)과 토빈은 거래적 및 예비적 동기에 의한 화폐수요가 소득수준에 의하여 영향을 받을 뿐만 아니라 이자율에 의하여 영향을 받게 된다고 지적하였다.

(2) 화폐수요에 대한 재고이론적 접근

(가) 화폐에 대한 거래적 수요

케인즈의 거래적 화폐수요는 화폐수요가 소득수준에 비례한다고 하는 점에서는 고전학파의 화폐수량설과 큰 차이가 없다. 거래적 화폐수요는 소득의 수취와 지출 사이에 있는 시간적인 격차를 부드럽게 보전하기 위해서 필요하다. 이처럼 화폐를 보유하는 것은 기업이 제품의 입하와 출하간의 불일치를 조정하기 위한 완충(buffer)으로 어느 정도의 재고(inventory)를 보유하는 것이 적정재고인지를 결정하는 문제와 유사하다. 이러한 점에 착안하여 보멀과 토빈은 화폐보유의 편익과 기회비용을 비교하여 적정화폐보유량을 결정한다는 화폐수요에 대한 재고이론적 접근방법을 발전시켰다.[4] 여기서 편익이라 함은 거래를 하는데 야기될 수 있는 마찰을 적게 하는 유동성의 확보 내지 거래비용의 절감을 의미하고, 기회비용이라 함은 화폐를 보유함으로써 얻지 못하는 이자수입을 의미한다.

채권을 화폐로 자주 전환할수록 채권을 보유하는 기간이 평균적으로 길어지고, 이에 따라 이자수입도 많아지게 된다. 그러나 채권을 화폐로 전환하는 데는 거래비용이 소요되기 때문에 거래의 횟수가 많아짐에 따라서 비용도 증가하게 된다. 따라서 거래의 횟수나 채권 중개인이나 예금은행에 가게 되는 횟수는 채권으로부터 얻게 되는 이자수입과 거래비용의 상쇄관계에 의하여 결정된다. 각 개인의 평균 화폐보유액이나 실질잔고에 대한 수요는 거래의 횟수에 의하여 결정되고, 화폐에 대한 총수요는 이와 같은 대표적 개인의 화폐수요를 반영하게 된다.

---

4) W. Baumol, "The Transaction Demand for Cash: An Inventory-Theoretic Approach," *Quarterly Journal of Economics*, Nov. 1952.
J. Tobin, "The Interest-elasticity of Transaction Demand for Cash," R*eview of Statistics and Economics*, Aug. 1956

(나) 거래의 적정횟수

소비자는 실질소득 y를 한 달의 기간 T일에 걸쳐서 균일하게 구매하며, 한 달에 n회의 거래가 발생한다고 가정하자. 첫 번째 기간에는 소득 y의 $(n-1)/n$ 만큼을 채권을 구입하거나, 이자수입을 얻을 수 있는 저축성 예금구좌에 저축을 하고, 소득 y의 $1/n$만큼에 해당되는 부분을 그 달의 첫 번째 기간에 사용하기 위하여 화폐의 형태로 소지하게 된다. 그리고 남은 $(n-1)$회의 거래를 결제하기 위하여 매 기간마다 y/n의 금액을 현금으로 바꾸게 된다. 따라서 한 달의 각 기간은 T/n이 된다. 각 개인은 매 기의 초에는 y/n의 현금을 보유하고, 각 기간의 말에는 현금보유가 0에 가까워져서 y/n만큼 채권을 현금으로 바꾸거나, 저축성 예금을 인출하여 현금을 보유하게 된다.

대표적 소비자 i의 현금흐름은 [그림 11-1]의 〈가〉와 같이 톱니같이 그려져 있다. 가로축에는 시간이, 세로축에는 화폐보유액이 나타나 있다. 구체적으로 설명하기 위하여 그 달 처음에 1/6의 소득을 현금으로 보유하고, 나머지 5/6의 소득을 채권으로 가지고 있고, 나머지 기간에 5회에 걸쳐서 채권을 현금으로 교환하였다고 가정하자. 소비자는 각 작은[5] 기간(subperiod)마다 y/n의 실질잔고를 가지고 시작하고 0의 실질잔고를 가지고 각 작은 기간을 마치게 된다. [그림 11-1]의 〈가〉와 같은 톱니양식에서의 평균화폐보유량 m_i는 분명히 $y/2n$이 된다. 이에 대응되는 채권보유의 양식은 [그림 11-1]의 〈나〉에 그려져 있다. 소비자는 처음에 $[(n-1)/n]\cdot y$를 채권으로 가지고, 매 작은 기간마다 y/n의 금액만큼 채권을 현금으로 전환하고, 매 작은 기간이 종료될 때에는 현금보유액이 거의 0에 가까워진다. 여기서 예로 든 $(n-1)/n$은 5/6이다.

5) '작은'은 한 달이나, 일 년에 비하여 상대적으로 '작다'라는 의미이다.

[그림 11-1] 재고이론측면에서 본 화폐수요

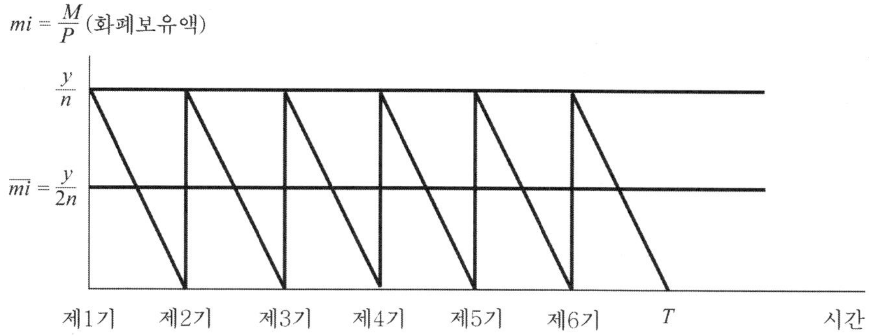

〈가〉

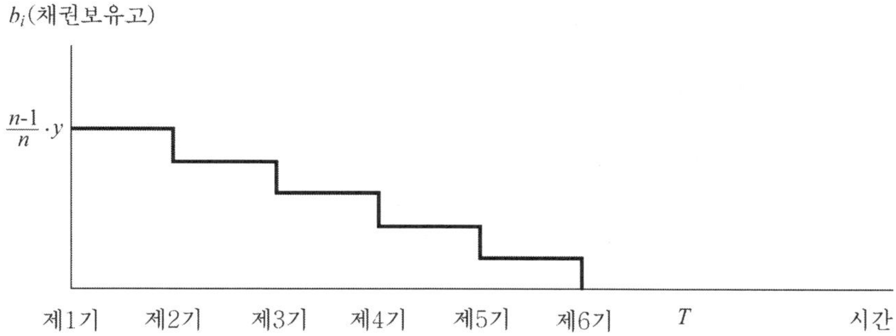

〈나〉

최적거래회수 n을 산출하기 위하여 화폐를 보유하는 비용인 거래비용과 상실한 이자수입을 거래회수 n의 함수로 만들고, 비용을 극소화시키는 n의 값을 구하면 된다. n을 간단하게 산출하기 위하여 각 거래의 고정비용을 a라고 하면 총거래비용은 na가 된다.

편의상 채권이나 저축예금으로부터 얻게 되는 이자율 r은 채권을 보유하거나 저축예금을 한 기간에 비례한다고 가정하자. 처음에 소비자는 y/n을 화폐로 보유하고, $[(n-1)/n] \cdot y$를 채권으로 보유하게 된다. 한 달 기간 T에 걸쳐서 화폐를 보유함으로써 상실한 이자금액은 rTy/n이 된다. 한 작은 기간이 지나면 다시 y/n이 채권으로부터 현금으로 전환된다. 이와 같은 전환은 T기간에 $(n-1)/n$만큼에 해당되는 이자를 상실하게 하여, $rTy(n-1)/n^2$만큼의 이자수입의 손실이 더 발생하게 된다. 다음의 작은 기간에서도 채권으로부터 현금으로의 전환이 이루어지고, 이자수입의 손실은 $rTy(n-1)/n^2$이 되고 이 과정은 여섯 개의 작은 기간이 다 지나갈 때까지 지속된다. 한 달에 걸쳐 상실된 이자수입의 총액은 [식 11-5]와 같다.

$$\begin{aligned} \text{이자비용} &= \frac{rTy}{n} + \frac{rTy(n-1)}{n^2} + \frac{rTy(n-2)}{n^2} + \cdots \\ &= \frac{rTy}{n}[1 + \frac{n-1}{n} + \frac{n-2}{n} + \cdots + \frac{1}{n}] \end{aligned} \qquad \text{[식 11-5]}$$

[식 11-5]의 우변의 마지막 항은 $[n-(n-1)]/n = 1/n$이 된다.

[식 11-5]를 풀기 위해서는 괄호안의 무한등비급수의 수렴하는 값(convergent value)을 구해야 한다. 이를 위하여 1/n을 괄호 밖으로 내면 [식 11-6]과 같이 된다.

$$\text{이자비용} = \frac{rTy}{n^2}[n + (n-1) + (n-2) + \cdots + 1] \qquad \text{[식 11-6]}$$

[식 11-6]의 괄호안의 1부터 n까지의 모든 숫자의 합이므로 $n(n+1)/2$로 나타낼 수 있다. 최초에 채권으로 전환된 것을 포함하여 n회의 거래를 했을 경우의 이자비용은 [식 11-7]과 같이 나타낼 수 있다.

$$\text{이자비용} = \frac{rTy}{n^2} \cdot \frac{n(n+1)}{2} = \frac{rTy}{2}(1 + \frac{1}{n}) \qquad \text{[식 11-7]}$$

화폐를 보유함으로써 발생하는 거래비용과 이자기회비용의 합인 총비용은 [식 11-8]과 같이 나타낼 수 있다.

$$TC = na + \frac{rTy}{2}(1 + \frac{1}{n}) \qquad \text{[식 11-8]}$$

총비용을 극소화 되게 하는 n의 값을 구하기 위하여 [식 11-8]을 n에 대하여 편미분한 값을 0이 되게 한다.

$$\frac{\partial TC}{\partial n} = a - \frac{rTy}{2n^2} = 0 \qquad [식\ 11\text{-}9]$$

[식 11-9]에서 최적 거래횟수 n^*을 구하면 [식 11-10]과 같이 된다.

$$n^* = (\frac{rTy}{2a})^{1/2} \qquad [식\ 11\text{-}10]$$

거래의 적정횟수는 $\frac{rTy}{2a}$의 제곱근(square root)이다. n^*은 이자율 r과 기간 T 및 실질소득 y가 증가함에 따라서 증가하고, 거래비용 a가 증가함에 따라서 감소하게 된다.

(다) 개별적 화폐수요와 집계적 화폐수요

최적거래회수 n을 구했기 때문에 개별 소비자의 평균화폐수요 $\overline{m}_i$를 구할 수 있다. [그림 11-1]로부터 $\overline{m}_i = \frac{y}{2n}$이다. [식 11-10]에서의 n의 최적 값을 사용하여, 개별 소비자 i의 화폐수요를 [식 11-11]과 같이 구할 수 있다.

$$\overline{m}_i = \frac{y}{2}(\frac{2a}{rTy})^{1/2} = (\frac{ay}{2rT})^{1/2} \qquad [식\ 11\text{-}11]$$

화폐의 실질잔고에 대한 소비자의 수요는 $\frac{ay}{2rT}$의 제곱근이다. [식 11-11]은 보멀과 토빈의 제곱근 법칙을 나타내고 있다. 거래적 화폐수요는 y의 제곱근에 비례하고, r의 제곱근에 반비례한다.

집계적 화폐수요를 구하기 위하여 [식 11-11]의 화폐수요를 가진 대표적 소비자 i에 대응되는 사람이 화폐시장에 있게 된다. 예를 들어, 소비자 i가 화폐보유(money holdings)를 주기적으로 채권으로 전환하는 대표적 기업으로부터 재화를 구매한다고 가정하자. 이 기업의 채권과 화폐를 보유하는 양상(pattern)은 [그림 11-1] 〈가〉에서의 소비자가 채권과 화폐를 보유하는 양상을 반대로 반영하는 경우에 해당된다. 특히 기업의 화폐보유는 [그림 11-1]의 소비자 양식을 보완하는(complementary) 톱니 모양을 가졌음을 알 수 있다. 이것이 의미하는 바는 기업의 평균 화폐보유도 역시 [식 11-11]의 제곱근에 의하여 구해진다는 것이다.

거래적 화폐수요모형에서 집계적 화폐수요는 소비자와 기업의 화폐수요의 합과 같게 된다. 이것이 의미하는 바는 실질잔고에 대한 집계적 화폐수요 m을 구하기 위하여 [식 11-11]에서의 개별소비자 i의 화폐수요인 $\overline{m}_i$을 두 배로 하면 된다.

$$\frac{M}{P} = m = 2\left(\frac{ay}{2rT}\right)^{1/2} = \left(\frac{2ay}{rT}\right)^{1/2} \qquad \text{[식 11-12]}$$

[식 11-12]로부터 집계적 화폐수요는 보멀-토빈의 제곱근 법칙을 따르는 것을 알 수 있다. 소득에 대한 실질잔고 수요탄력도는 0.5이고, 이자율에 대한 실질잔고 수요탄력도는 - 0.5이다. 거래적 화폐수요는 채권을 화폐로 바꾸는 회수의 변화를 통하여 이자율의 변화에 반응한다. 따라서 화폐에 대한 수요가 모두 거래적 동기에 의한 것이라 할지라도 이자율에 대하여 예민하게 된다.

주어진 소득의 흐름에서 실질잔고의 증가는 0.5의 크기로 거래적 화폐수요를 증가시키고, 이자율의 상승은 탄력성 - 0.5의 크기로 거래적 화폐수요를 감소시킨다. 이 같은 주장은 [식 11-13]에 나타난 거래적 및 예비적 화폐수요는 소득에 비례하고, 투기적 화폐수요는 반비례한다는 케인즈의 유동성선호설과 일치한다.

$$\frac{M}{P} = m(y, r); \frac{\partial m}{\partial y} > 0, \frac{\partial m}{\partial r} < 0 \qquad [식\ 11\text{-}13]$$

(M은 통화량, P는 물가수준, y는 소득, r은 이자율을 나타낸다.)

(라) 보멀과 토빈의 거래적 화폐수요와 케인즈의 거래적 화폐수요와의 비교

첫째, 케인즈에 의하면 거래적 화폐수요는 소득에 비례하고 이자율에는 영향을 받지 않게 된다고 하였지만, 보멀과 토빈에 따르면 거래적 화폐수요는 이자율의 감소함수이다. 이러한 주장은 화폐를 보유하는 것은 그렇지 않을 경우에 얻을 수 있는 이자수입의 상실을 의미하기 때문이다.

둘째, 소득에 대한 실질잔고 수요탄력도가 0.5라는 것은 소득의 증가 비율보다 거래적 화폐수요의 증가비율이 작다는 것을 의미한다. 예를 들어 소득이 9배 증가하면 거래적 화폐수요는 9배 증가하지 않고 3배만 증가하게 됨으로써 거래적 화폐수요에 일종의 규모의 경제(economies of scale)가 존재함을 의미한다. 따라서 다른 조건이 일정하다면 거래적 화폐수요는 소득에 비례하게 된다는 케인즈의 주장은 맞지 않게 된다.

셋째, 화폐에 대한 수요에 규모의 경제가 있다는 것은 그렇지 않은 경우에 비하여 금융정책의 효과가 더 강력하다는 것을 의미한다. 중앙은행이 화폐의 공급량을 증가시키게 되면 초과공급이 발생하고, 이에 따라서 소득이 증가하고 소득의 증가는 거래적 화폐수요를 증가시켜서 화폐공급 증가에 따라서 야기된 화폐의 초과공급을 감소시키게 되어 다시 균형에 돌아오게 된다. 화폐수요에 규모의 경제가 있는 경우에는 동일한 크기의 화폐공급의 증가가 있더라도, 그렇지 않은 경우에 비하여 더 많은 소득의 증가가 있어야만 화폐시장의 균형이 회복되기 때문에 금융정책의 효과가 강력해진다.

(3) 토빈의 자산선택이론

(가) 대체적 자산보유의 수익률과 위험분산

토빈은 화폐수요에 대한 개인의 의사결정 과정에 위험이라는 새로운 변수를 도입하여 자산선택이론으로 발전시켰다. 부의 크기가 일정하다면 다양한 종류의 자산들의 대한 수요는 각종 자산에 대한 수익률과 이러한 수익률의 가변성을 나타내는 분산에 의하여 결정된다. 예를 들면 위험을 기피하는 투자자는 다양한 포트폴리오(portfolio) 중에서 예상수익이 가장 크고 수익률의 분산이 가장 작게 되는 포트폴리오의 구성을 선택하게 된다. 이와 같이 포트폴리오에 대한 선택이 이루어지는 과정에서 자산을 구성하는 요소의 하나인 화폐에 대한 선택도 이루어진다. 여기서 화폐에 대한 수요는 각종 자산의 수익률의 평균 및 이러한 수익률의 분산에 의하여 결정되기 때문에 토빈의 이론을 평균-분산(mean-variance)분석이라고도 한다.

(나) 자산선택의 궤적

편의상 화폐와 채권의 두 가지 종류의 자산만 있다고 가정하자. 화폐는 보유에 따르는 위험이 없고 예상수익도 0이다. 화폐와는 달리 채권은 보유에 따르는 위험도 있고 예상수익도 있다. [그림 11-2]의 〈가〉에서 예상수익 π와 예상수익의 표준편차 α의 관계가 직선으로 나타나 있고, OA는 투자자의 화폐와 채권간의 선택 가능한 조합을 나타내는 기회궤적이다. 주어진 이자율 r과 예상수익의 표준편차 α에서 투자자는 OA상의 어떤 점도 선택할 수 있다. 총자산 W 중에서 채권을 αW만큼, 화폐를 $(1-\alpha)W$만큼 보유한다고 하면, O점에서 A점으로 이동해 감에 따라서 화폐의 보유비율 (1-α)는 감소하고 채권의 보유비율 α는 증가하게 된다. O점은 예상수익과 표준편차가 동시에 0이 되는 점, 즉 모든 자산을 화폐의 형태로 보유하는 경우이다. 이와 반대로 A점은 예상수익 및 표준편차 모두 가장 높은 점이며 모든 자산을 채권의 형태로 보유하는 경우이다. 따라서 OA직선이 포트폴리오 선택에 있어서의 제약조건이 된다.

[그림 11-2] 자산선택이론에서 가격선과 무차별곡선

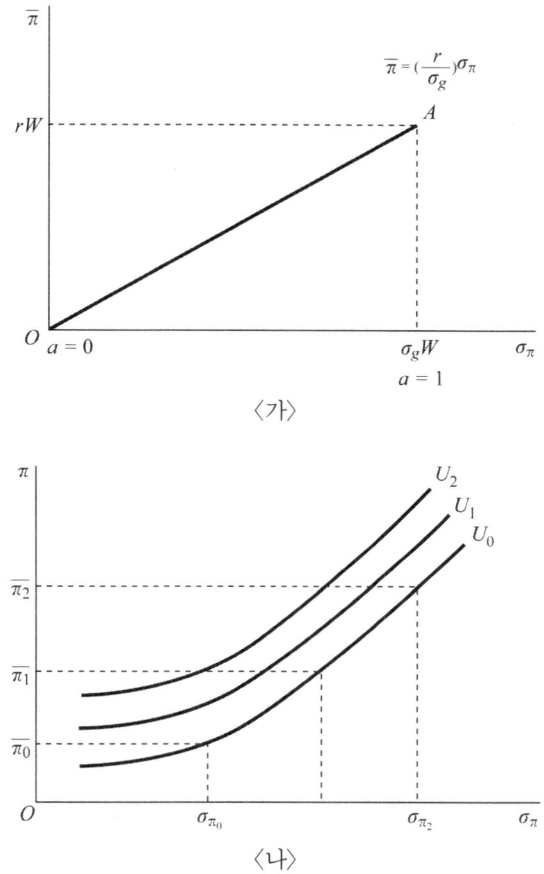

(다) 투자자의 효용함수

일반적으로 예상수익이 클수록 그리고 위험도가 낮을수록 투자자의 효용이 증가하기 때문에 이와 같은 위험기피자의 효용함수의 무차별곡선은 $U_0 \sim U_3$와 같이 우상향 하는 형태를 가진다. [그림 11-2]의 〈나〉에서 위쪽에 위치한 무차별곡선일수록 동일한 위험에 대하여 예상수익이 더 크기 때문에 더 큰 효용을 갖게 된다.

(라) 투자자의 균형

포트폴리오의 선택에 있어서 투자자의 균형, 즉 화폐와 채권의 최적조합비율은 무차별곡선과 기회궤적이 서로 접하는 점에서 이루어진다. [그림 11-3]에서 B점이 투자자 균형점이 되고 총자산 중 화폐와 채권의 비율은 AB: OB가 된다.

[그림 11-3] 투자자의 균형

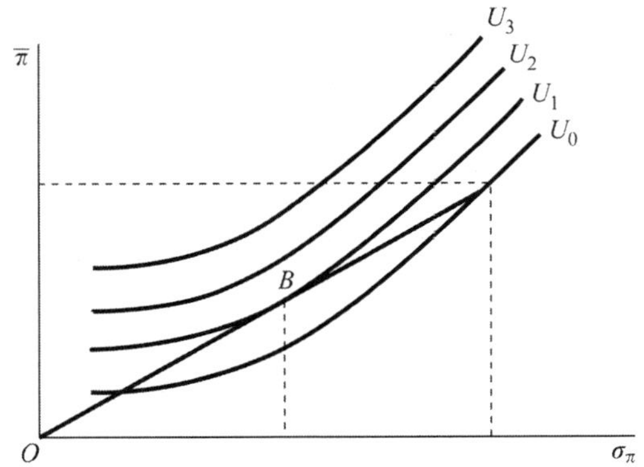

(마) 이자율의 변화와 포트폴리오 선택

이자율의 상승은 예상수익의 증가를 가져오게 되므로 기회궤적의 기울기를 증가시키게 된다. [그림 11-4]에서 기회궤적이 OO_A에서 OO_B로 이동하면 투자자 균형점도 A점에서 B점으로 이동하게 된다. [그림 11-4]에서 〈가〉는 화폐에 대한 수요가 증가하는 경우이고, 〈나〉는 화폐에 대한 수요가 감소하는 경우이다. 이자율이 상승하면 화폐보유의 기회비용이 증가하게 되어 화폐보유를 줄이고 전보다 더 많은 채권을 보유하게 된다(대체효과). 이와 반대로 이자율의 상승이 자산구성으로부터 얻게 되는 소득을 증가시킴에 따라서 위험보다는 안전을 더 선호하게 되고, 이와 같은 위험기피(risk aversion) 가정을 따르면 소득효과는 화폐보유를 증가시키고 채권에 대한 수요의 감소를 가져오게 된다. [그림 11-4]에서 〈가〉는 소득효과가 대체효과보다 큰 경우이고, 〈나〉는 대체효과가 소득효과보다 큰 경우이다.

[그림 11-4] 이자율변화와 화폐수요

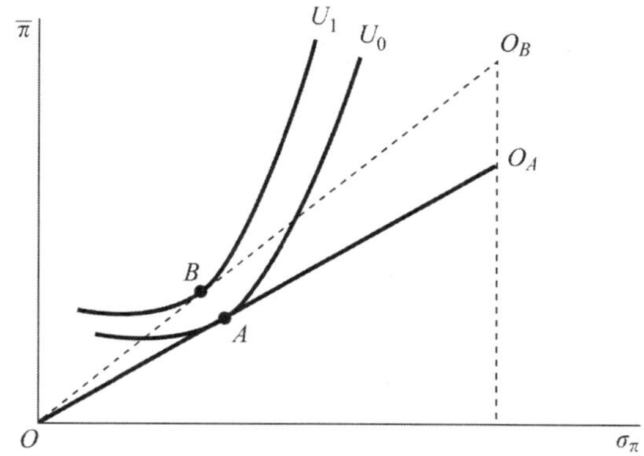

〈가〉

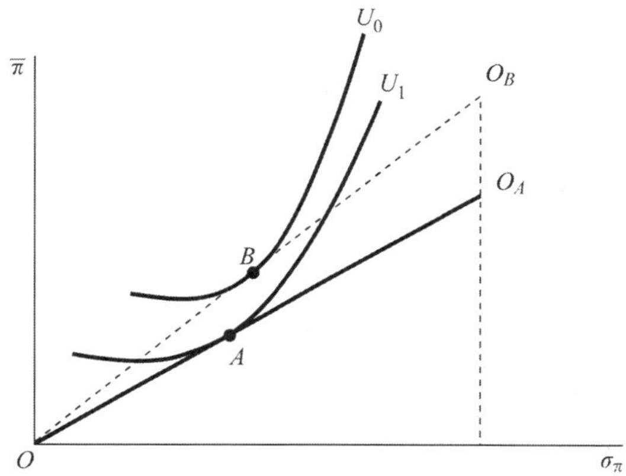

〈나〉

경제 전체적으로 보면 〈나〉의 경우가 〈가〉의 경우보다 더 일반적인 경우이다. 따라서 이자율이 상승할 때 화폐수요를 감소시키는 사람이 그렇지 않은 사람보다 많기 때문에 집계적으로 본 투기적 화폐수요는 이자율과 반대방향으로 움직이게 된다. 이 점은 투기적 화폐수요와 이자율이 역의 관계를 가진다는 케인즈의 주장과 일치한다.

11.5 화폐 및 통화량의 구분방법

(1) 화폐의 정의

화폐란 재화나 서비스 등의 거래에서 화폐의 기능으로 사용되는 모든 것을 말한다. 역사적으로 물품화폐에서 시작하였으나, 금속화폐, 지폐를 거쳐 전자화폐까지 사용되어지고 있다. 본위화폐제도에서는 화폐발행량을 금 또는 은과 연계하여 발행하였으나, 관리화폐제도에서는 중앙은행이 재량적으로 통화량을 결정할 수 있다. 현재 대부분의 국가에서 관리통화제도를 채택하고 있다.

(2) 통화량의 정의 및 구분

통화량은 일정시점에 시중에 유통되는 화폐의 양이다. 통화량은 크게 M_1과 M_2가 있다. M_1은 지급수단으로 이용된다는 화폐의 기능을 중시한 것으로 민간부문이 보유하고 있는 현금잔고(currency in circulation)와 민간부문이 예금은행에 예치한 요구불예금(demand deposit)잔고와 수시입출금식 저축성예금의 합이다. M_2는 M_1보다 넓은 의미의 통화지표로서 M_1에 포함되는 현금과 결제성예금뿐만 아니라 예금취급기관의 준결제성예금까지 포함한다. M_2는 M_1에다 정기예·적금 및 부금, 시장형상품, 실적배당형 상품, 금융채, 기타 투신사 증권저축과 종금사 발행어음까지 더한 지표이다.

미국의 경우 M_2는 M_1에다 여러 형태의 준화폐(near-monies)들을 포함한다. M_1에 해당되는 시장금리부 수시입출금식 예금계좌(Money Market Deposit Accounts: MMDA), 그리고 여행자 수표, 현금 등에다 저축예금, 소액(10만달러 미만)정기예금, 개인이 보유한 단기금융자산투자신탁(Money Market Mutual Fund: MMMF)을 합한 것이다. 미국 연방은행 자료에 의하면 2009년 기준 M_1은 $1조 6,960억, M_2는 총 $6조 8,480억이 발행되었다.

(3) 걸리와 쇼오의 총유동성

금융자산이 자산가치의 손실을 입지 않고 즉시 화폐로 교환될 수 있는 정도를 유동성이라고 한다. 걸리(J. Gurley)와 쇼오(E. Shaw)는 화폐를 생산하는 은행이나 비은행금융기관과 본질적으로 차이가 없기에, 비은행금융기관의 금융자산도 그 유동성 정도에 따라서 화폐로 간주해 한다고 주장한다. 걸리와 쇼오는 지불수단이라는 화폐의 기능보다도 유동성이라는 특성을 지닌 가치저장수단으로서의 기능을 중시한다.

(4) 내부화폐와 외부화폐

걸리와 쇼오는 화폐가 자산이냐 아니냐 하는 문제를 제기하면서 화폐를 내부화폐와 외부화폐로 구분하였다. 한 나라의 경제를 민간부문, 은행부문, 공공부문으로 분류하여 민간부문 전체로 볼 때 순자산의 일부로 간주될 수 없는 내부화폐(inside money)와 순자산으로 간주될 수 있는 외부화폐(outside money)로 구분하여 정의한다.

내부화폐는 민간부문의 은행예금 중 은행의 대출금에 의하여 상쇄되는 몫을 뜻한다. 외부화폐란 민간부문의 부채에 의하여 상쇄되지 않는 민간부문의 자산으로서 공공부문의 부채 또는 공채발행액에 해당되는 정부부문의 순부채라고 할 수 있다.

11.6 본원통화와 신용창조

한 나라의 통화공급량은 중앙은행에 의하여 발행되는 본원적 통화(제1차 통화)와 이것을 기초로 일반은행이 창조하는 파생적 예금통화(제2차 통화)로 구성된다.

(1) 본원통화의 구성

본원통화는 중앙은행의 통화성 부채를 뜻하며 기초통화 또는 고성능화폐(high-powered money)라고도 한다. 본원통화는 민간부문이 보유하는 현금과 은행이 보유한 지급준비금으로 나누어진다. 은행이 보유한 지급준비금은 은행이 일부를 중앙은행에 예치한 지급준비예치금과 은행이 현금으로 가지고 있는 시재금(cash in vault)으로 나누어진다. 민간부문이 보유하는 현금과 은행이 현금으로 가지고 있는 시재금이 화폐발행액이 된다. 따라서 본원통화의 구성은 다음과 같이 나타낼 수 있다.

본원통화 = 화폐발행액 + 예금은행의 지불준비예치금
= 민간보유현금 + 예금은행의 지급준비금
= 민간보유현금 + 예금은행의 시재금 + 예금은행의 지불준비예치금

[식 11-14]

(2) 본원통화의 증감요인

본원통화가 공급되고 이를 기초로 하여 통화량이 결정되므로 본원통화의 증감요인은 통화량 분석에 중요한 역할을 하게 된다. 본원통화의 재원은 차입된 통화와 비차입통화로 구분할 수 있다.

(가) 차입된 통화(borrowed reserve)의 증감요인: 차입된 통화는 중앙은행이 시중은행과 정부에 대부해 준 것으로 금융기관의 입장에서 보면 차입한 금액이 된다.

① 정부에 대한 순여신: 적자재정인 경우에는 중앙은행은 국채를 인수하든가 또는 정부대부금의 증가로 정부에 대하여 순여신을 증가시키게 되므로 본원통화는 증가하게 된다.

② 정부대행기관에 대한 대출은 본원통화를 증가시킨다.

③ 금융기관에 대한 대출이 증가한 경우에는 본원통화는 증가하게 된다

(나) 비차입된(unborrowed reserve) 통화의 증감요인

① 중앙은행이 실물자산을 취득하거나 유가증권을 매입하여 순자산이 증가하면 본원통화는 증가되고, 반대로 순자산을 판매하여 보유량을 감소시키면 본원통화는 감소된다.

② 순외화자산: 외환보유액이 증가하면 본원통화는 증가하게 된다.

(3) 원천별 본원통화의 공급

본원통화의 공급을 쉽게 나타내기 위하여 중앙은행은 정부와 예금은행이 원하는 대로 대출을 해 주고, 대외거래로 인하여 발생하는 모든 해외자산을 매입한다고 가정하면 본원통화의 공급함수를 [식 11-15]와 같이 나타낼 수 있다.

$$\triangle BS = \triangle NCG + \triangle NCB + \triangle NFA \qquad \text{[식 11-15]}$$

NCG: 중앙은행의 순대정부대출(net claims on government)
NCB: 중앙은행의 순대은행대출(net claims on banks)
NFA: 중앙은행의 순해외자산(net foreign assets)
BS: 본원통화의 공급

[식 11-15]에서 정부, 은행 그리고 해외부문이 본원통화의 크기를 주도하고 중앙은행은 파동적으로 이들의 요청을 받아들이는 경우이다. 그러나 대부분의 경우 본원통화는 중앙은행이 정책적으로 결정하는 수준에서 외생적으로 결정된다. 예를 들어 국제수지가 흑자가 되어서 중앙은행의 순해외자산이 증가하면 본원통화도 같은 크기만큼 증가하게 된다. 만일 통화팽창으로 인하여 인플레이션이 야기될 우려가 있다면 정부는 순해외자산이 증가한 만큼 공개시장에서 채권을 매각해서 통화공급을 감소시키는 불태화정책(sterilization policy)을 사용함이 바람직하게 된다.

(4) 본원통화와 통화량과의 관계

통화량의 결정에 영향을 미치는 요인은 본원통화(B)의 크기와 통화승수(m)

의 크기이다. 통화승수의 크기는 현금통화율(cash ratio; c)과 지불준비율(reserve ratio; r)의 크기에 의하여 결정된다. 현금통화율이 증가하면 민간이 예금하기 보다는 현금으로 보유하고자 하는 비율이 크게 되고, 지불준비율이 증가하면 은행이 중앙은행에 더 많은 금액을 예치금으로 두어야 해서 현금통화율이 클수록, 지불준비율이 클수록 파생적으로 예금통화를 창출할 수 있는 능력이 감소하게 된다. 현금통화율과 법정지불준비율은 단기적으로 보면 비교적 안정적이기 때문에 통화당국은 본원통화를 규제함으로써 통화량의 크기를 조절할 수 있게 된다.

본원통화를 B, 통화량을 M, 민간보유현금을 N, 요구불예금을 D, 총지불준비액을 R, 현금통화율(N/M)을 c, 법정지불준비율(R/D)을 r, 그리고 통화승수를 m이라고 하면 $M=mB$가 된다. 한편 통화량은 현금통화(N)과 예금통화(D)의 합계이다. 통화승수 m을 산출하기 위하여 본원통화 B에 대하여 정리하면 [식 11-16]이 도출된다.

$$\begin{aligned} B &= N+R \\ &= cM+rD \\ &= cM+R(1-c)M \\ &= M[c+r(1-c)] \end{aligned} \qquad \text{[식 11-16]}$$

따라서 통화승수는 [식 11-17]과 같이 나타낼 수 있다.

$$M=\frac{1}{c+r(1-c)}B \qquad \text{[식 11-17]}$$

[식 11-17]는 본원통화와 통화량과의 관계를 나타내는 통화공급방정식이다. [식11-17]로부터 통화량의 결정요인은 첫째는 본원통화(B)의 크기이고, 둘째는 통화승수(m)의 크기임을 알 수 있다. 그리고 통화승수의 크기는 현금통화율(cash ration; c)과 법정지불준비율(reserve ratio; r)의 크기에 의하여 결정

됨을 알 수 있다. 한 단위의 본원통화가 공급되었을 경우에 현금통화율이 크면 클수록 금융기관에 예금으로 되돌아오는 부분은 작아지고, 법정지불준비율이 높으면 높을수록 본원통화를 원천으로 하는 파생적 예금통화의 창조능력은 작아지게 된다. 예를 들어 편의상 현금통화율이 0이라고 하고, 본원통화가 1,000이고, 시중은행의 법정지불준비율을 20%로 규정한 경우 시중에는 1000/0.2인 총 5,000의 통화가 풀리게 된다. 따라서 일정한 본원통화를 기초로 하여 파생적 통화를 창조하는 능력은 현금통화율과 법정지불준비율의 크기에 반비례 한다. 현금통화율과 법정지불준비율은 단기적으로 보면 비교적 안정적이기 때문에 통화당국은 본원통화를 규제함으로써 통화량의 크기를 규제할 수 있게 된다.

(5) 신용창조

(가) 법정지불준비율과 초과지불준비금

예금은행은 이윤극대화를 위하여 대출을 극대화해야 하나 대출이자율과 예금이자율의 차이가 크게 나게끔 대출을 극대화하면 예금주들의 인출이 있을 때 지불능력에 제한이 있게 될 수도 있다. 이러한 경우를 대비하기 위하여 지불준비금제도(fractional reserve system)를 실시하고 있다. 실제지불준비금을 A, 법정지불준비금을 R, 초과지불준비금을 E로 나타내면 다음과 같은 관계가 성립한다.

$$E = A - R \qquad [식\ 11\text{-}18]$$

본원적 예금을 기초로 하는 대출금의 증가는 요구불예금의 크기를 자동적으로 증가시킨다. 이와 같이 대출로 발생하는 요구불 예금을 파생적 예금이라고 한다. 파생적 예금이 발생하는 경우는 본원적 예금이 발생하는 경우와 달리 은행의 실제지불준비금은 증가하지 않으나 법정지불준비금이 증가하여 초과지불준비금은 감소하게 된다.

(나) 파생적 예금의 창조과정

파생적 예금의 연속적인 창조과정은 초과지불준비금(E)을 감소시키게 되고, 예금창조는 $E=0$이 될 때까지 가능하게 된다. 파생적 예금을 D_n, 최초의 초과지불준비금을 E, 법정지불준비율을 r이라고 하면 다음과 같이 나타낼 수 있다. 예를 들어 어떤 사람이 국민은행에 10억원을 예금하였다고 하고, 법정지불준비율이 연 10%라고 하면 국민은행은 1억원을 법정지불준비금으로 가지고, 나머지 9억원을 대출해 줄 수 있다. 이 같은 대출을 받은 사람이 외환은행에 9억원을 예금하면 외환은행은 9천만원을 보유하고 나머지 8억 1천만원을 대출해 주게 된다. 이 같은 과정이 초과법정지불준비금이 고갈될 때까지 지속된다. 이 같은 경우에 [식 11-19]를 이용하여 파생적 예금을 산출하면 10억/0.1 = 100원이 된다.

$$\begin{aligned} D_n &= E+E(1-r)+E(1-r)^2+\ldots\ldots+E(1-r)^n \\ &= E[1+(1-r)+(1-r)^2+\ldots\ldots+(1-r)^n] \\ &= E\frac{1}{1-(1-r)}=E\frac{1}{r}=\frac{E}{r} \end{aligned} \qquad [식\ 11\text{-}19]$$

11.7 금융정책의 파급과정

금융정책의 파급과정(transmission mechanism)은 화폐공급이 증가하였을 경우 금융시장에서 어떠한 조정이 이루어지며, 이러한 금융부문의 변화가 어떠한 과정을 거쳐서 실물부문에 파급되는 과정을 뜻한다.

(1) 케인즈의 파급구조

케인즈는 화폐가 실물부문에 직접 영향을 미치는 것이 아니라 이자율의 변화를 통하여 간접적으로 파급된다고 본다. 통화공급의 증가는 화폐부문의 초과공급을 가져오고 화폐의 초과공급은 채권에 대한 초과수요를 유발하여 채권가격을 상승시키고 이에 따라서 이자율이 하락하게 된다. 이자율의 하락은 실물부문의 투자를 증가시키고 투자의 증가는 총수요의 증가를 가져오며 총수요의 증가는 국민소득의 증가를 가져온다.

국민소득의 증가는 다시 거래적 화폐수요의 증가를 가져오고 이는 투기적 화폐수요의 감소를 가져오게 된다. 투기적 화폐수요의 감소는 이자율의 상승을 가져오며 실물부분의 투자를 감소시키고 투자의 감소는 국민소득의 감소를 가져온다.

(2) 케인즈학파의 파급구조: 자산선택이론

케인즈학파는 투자가 단기적으로는 이자율에 민감한 반응을 보이지 않을 수도 있지만, 장기적으로는 시차를 두고 반응을 보이게 된다고 주장한다. 더 나아가 이자율을 통한 파급효과가 작더라도 통화공급의 변동이 사람들의 자산선택의 조정과정을 거쳐서 실물부문에 파급된다고 주장한다. 화폐공급의 증가에 따라 사람들은 금융자산에 대한 수요가 증가하고, 이는 채권가격의 상승과 이자율의 하락을 가져온다. 채권의 한계수익률이 하락하게 됨으로 사람들은 한계수익률이 변화하지 않는 실물자본재의 비율을 증가시킨다. 실물자본재의 수요 증가는 가격의 상승을 가져오고, 단기에서 실물자본재의 원가가 변하지 않고 가격만 상승하므로 이를 생산하는 기업은 투자를 증가시키고, 이 같은 투자의 증가를 실물자본재 원가효과라고 한다. 또한 채권과 실물자본재의 가격상승은 이를 소유한 사람의 부를 증가시키고 이는 소비재를 포함한 재화에 대한 지출을 증가시켜서 총수요와 소득이 증가하게 되고, 이 같은 변화를 자산효과라고 한다. 케인즈는 장기채권 이자율의 변화를 파급과정의 주된 요인으로 보는 반면에, 케인즈학파는 다양한 채권들의 상대가격 변화를 파급과정의 주된 요인으로 본다.

(3) 통화론자의 파급구조: 부의 조정이론

통화론자들은 화폐공급의 변화가 경제에 미치는 파급과정을 자산선택의 조정을 통하여 이루어진다고 보는 점에서 케인즈학파와 견해를 같이한다. 그러나 통화론자는 케인즈학파보다 자산선택의 범위를 넓게 잡는다. 가계나 기업이 소유하는 모든 내구재를 자본자산으로 보아야 한다고 주장한다. 내구재에 사용된 부분은 소비로 보고, 나머지 남은 사용기간 동안 자본재가 제공하는 용역의 흐름을 적당한 이자율로 할인하면 각 자본재의 현재가치를 구할 수 있다고 본다. 통화론자는 가계나 기업이 보유하는 자산의 저량이 자산선택의 균형을 회복하는 과정에서 자산선택의 재조정이 이루어진다고 보고, 가계와 기업은 그들이 보유하는 실물 및 금융자산을 포함한 모든 자산의 현재가치와 자산의 공급가격이 일치하게 될 때 보유하고 있는 자산선택에 만족하게 된다고 주장한다. 여기서 자산의 저량은 현재가치화한 실물자산과 금융자산을 총체화한 개념이며, 통화론자는 이 같은 자산의 저량이 소비지출수준에 직접 영향을 미친다고 주장한다.

통화론자의 파급과정을 공개시장에서 국채를 매입하여 화폐공급이 증가한 경우를 예로 들어서 설명하고자 한다. 프리드만은 부를 보유하는 자산형태를 화폐, 채권, 주식, 실물자산, 인적자본의 5가지 형태로 나누고 부를 극대화하기 위해서는 금융자산의 한계수익률과 실물자산의 한계수익률을 일치시켜야 한다고 주장한다. 만일 채권의 수익률이 실물자산의 수익률보다 높은 경우에는 다른 자산에 대한 수요를 감소시키고 채권에 대한 수요를 증가시키면 부의 크기를 증가시킬 수 있다. 이와 같은 대체행위는 채권가격의 상승을 가져와서 채권의 수익률을 하락시키게 된다. 금융정책의 파급과정은 일차적인 유동성선호와 시차를 두고 발생하는 생산효과와 물가예상효과로 나눌 수 있다.

(가) 유동성효과(liquidity effect)

각종 금융자산의 한계수익률과 실물자산의 한계수익률이 동일하여 각 자산시장에서 수요와 공급이 일치하여 균형이 유지되고, 화폐시장에서의 수요와 공급도 균형을 이루고 있는 상태에서 중앙은행이 공개시장에서 국채를 매입하여 화폐공급을 증가시켰다고 하자. 중앙은행의 국채에 대한 수요의 증가는 국채가격의 상승을 가져오고 이에 따라 국채의 수익률이 하락하게 된다. 그리고 민간부문의 화폐보유량이 증가한 결과 화폐의 한계수익률도 하락하게 된다. 따라서 사람들은 상대적으로 낮아진 화폐의 수익률을 다른 금융자산의 한계수익률과 실물자산의 한계수익률과 일치하도록 하기 위하여 화폐잔고를 감소시키려고 할 것이므로 화폐시장에서 화폐의 초과공급이 발생한다. 사람들은 화폐의 초과공급을 감소시키기 위하여 다른 금융자산 및 실물자산의 구입을 증가시키게 되고, 이에 따라서 다른 금융자산 및 실물자산의 가격이 상승하게 된다. 또한 이들 자산의 보유량이 증가함에 따라서 금융자산의 한계수익률과 실물자산의 한계수익률이 하락하게 되고, 이 같은 과정은 화폐 이외의 다른 자산의 한계수익률이 화폐의 한계수익률과 같아질 때까지 계속된다. 이와 같이 통화량의 증가로 이자율이 하락하는 것을 유동성효과라라고 한다.

(나) 생산효과와 물가예상효과

프리드만은 이자율의 하락으로 조정과정이 종료된 것이 아니라고 주장한다. 다르게 표현하면 케인즈학파는 통화량 증가의 1차적 효과를 강조하는 데 반하여 통화론자는 통화량 증가의 연속적 효과를 강조한다. 프리드만은 다음 두 가지 이유로 인해 화폐에 대한 수요가 증가할 수 있다고 설명한다. 하나는 소득의 증가로 거래적 화폐수요가 증가하여 이자율이 다시 상승하게 되는 것이고, 다른 하나는 인플레이션이 예상되면 물가가 상승하기 전에 상품을 구입하기 위하여 자금을 차입하려 하기 때문에 자금에 대한 수요가 증가하여 이자율이 상승하게 되는 것이다. 전자의 경우를 생산효과, 후자의 경우를 물가예상효과라라고 한다.

(4) 케인즈학파와 통화론자의 비교

두 학파는 통화공급의 증가가 사람들의 자산조정 과정을 통하여 실물부문에 파급된다는 데에는 같은 견해를 가지지만, 다음과 같은 차이점이 있다. 첫째, 케인즈 학파는 화폐공급의 변화와 재정정책의 변동이 총수요와 생산에 영향을 미친다고 보는 반면에, 통화론자는 케인즈학파보다 자산의 범위를 더 넓게 잡고 통화량의 변화만이 총수요의 변화를 통하여 국민소득에 직접적이고도 강력한 영향을 미치게 된다고 주장한다. 둘째, 토빈과 같은 케인즈학파는 통화공급뿐만 아니라 채권공급의 변동도 투자와 소득에 영향을 미친다고 보는 반면에 통화론자는 통화만이 단기적으로 경제에 영향을 줄 수 있는 중요한 정책변수라고 본다. 셋째, 통화공급의 증가가 가져오는 파급효과에 대하여 케인즈학파는 그 효과가 금융자산에만 미친다고 보는 반면에, 통화론자는 그 효과가 금융자산뿐만 아니라 실물자산을 포함한 전체자산에 미친다고 본다. 다르게 표현하면, 케인즈학파는 금융정책의 효과를 신용효과(credit effect)에 국한시키는 반면에, 통화론자는 화폐적 효과(monetary effect)까지 연장시켜서 파악한다.

연 습 문 제

[1] 다음 서술이 맞으면 ○표를, 틀리면 ×를 표시하시오.

(1) 고전학파는 화폐의 가치저장기능을 강조한다. (　　)

(2) 은행이 보유한 현금(시재금)은 현금통화(민간보유현금)에 포함되지 않는다. (　　)

(3) 신용카드사용이 활성화되면 화폐수요가 증가한다. (　　)

(4) 중앙은행은 '은행의 은행'이자 '정부의 은행'이다. (　　)

[2] 맞는 답을 선택하여 기입하시오.

(1) 화폐의 기능이 아닌 것은? (　　)

① 교환의 매개　　② 가치의 저장
③ 신용의 평가　　④ 회계의 단위

(2) 다음 중 협의의 통화(M_1)의 구성항목에 포함되지 않는 것은? (　　)

① 현금통화　　② 은행의 요구불예금
③ 기간물 예·적금 및 부금　　④ 금융기관의 수시입출식 저축성 예금

(3) 앞으로 매년 연말에 2억원씩 영구히 지급받을 수 있는 영구채(perpetual bond)가 있다. 금년 연초에 현재의 이자율이 연 5%이다가 10%로 상승하면 이 영구채의 현재가치는 어떻게 변동하는가?

① 20억원만큼 증가한다.　　② 2억원만큼 증가한다.
③ 2억원만큼 감소한다.　　④ 20억원만큼 감소한다.

(4) 본원통화량이 증가하는 경우를 고르시오. (　　)

① 외국인 주식투자자금의 유출　　② 민간은행의 중앙은행 차입
③ 중앙은행의 국채매각　　④ 재정흑자를 통한 정부예금의 증가

(5) 현금통화 대 예금통화의 비율(현금통화/예금통화)이 높아질 수 있는 경우로 옳지 않은 것은? (　)

① 은행 부도위험의 증가　② 금융소득세의 인상
③ 금융서비스 수수료의 인상　④ 이자율의 상승

(6) 어떤 국가에서 화폐의 유통속도는 일정하다. 실질 경제성장률이 3%이고 물가상승률도 5%이다. 이 같은 경우에 어떤 국가의 통화공급의 증가율은 얼마일 것으로 예상되는가? (　)

① 2%　② 3%
③ 5%　④ 8%

(7) 통화량의 증가가 없이 유동성 선호가 증대하면 어떠한 경향이 발생하게 되는가? (　)

① 이자율이 상승한다.　② 물가상승률이 상승한다.
③ 투자가 증대한다.　④ 수출이 증대한다.

(8) 본원통화(monetary base)는 어떻게 정의되는가? (　)

① 시제금 + 요구불예금　② 대출 + 요구불예금
③ 지급준비금 + 민간보유현금　④ 요구불예금 - 지급준비금

(9) Baumol-Tobin의 재고이론적 화폐수요이론에 따르면 (　)

① 화폐의 유통속도는 이자율과 같은 방향으로 변화한다.
② 화폐의 거래적 수요는 이자율과 반비례의 관계이다.
③ 화폐의 투기적 수요는 이자율과 정비례의 관계에 있다.
④ ①과 ②

(10) 케인즈의 투기적 동기에 의한 화폐수요이론과 Tobin의 자산으로의 화폐에 대한 수요이론의 유사점은? (　)

① 두 이론 모두 자산의 다변화를 설명하지 못한다.
② 두 이론 모두 화폐수요를 이자율의 감소함수로 설명하고 있다.

③ 두 이론 모두 정상이자율의 존재를 가정하고 있다.
④ 두 이론 모두 장래에 이자율이 감소하리라고 예상할 때 화폐를 수요하게 된다고 설명한다.

(11) 예금은행조직이 통화를 창출할 수 있는 통화창출 승수는 무엇의 역수와 같은가? (　　)

① 법정지불준비율　　② 실제지불준비금
③ 초과지불준비율　　④ ①②③ 모두가 틀리다

(12) 다음 중 본원적 통화에 해당하는 것은? (　　)

① 정부예금　　② 예금은행의 지불준비금
③ 외화보유고　　④ 중앙은행자산

(13) 총통화(M_2)에는 무엇이 포함되는가? (　　)

① M_1 + 현금통화　　② M_1 + 요구불예금
③ $M_1$1 + 저축성예금　　④ M_1 - 요구불예금

(14) 토빈(J. Tobin)은 부의 저장수단으로써 화폐에 대한 수요를 어떻게 설명하고 있는가? (　　)

① 화폐현상(money illusion)의 결과
② 자산구성의 위험을 감소시키려는 시도
③ 기업의 파산에 대한 우려
④ 미래의 거래에 대한 불확실성

(15) 다음 가운데 예금은행의 실제지불준비금은 무엇으로 구성되는가? (　　)

① 예금은행의 모든 통화자산　　② 중앙은행 예치금
③ 예금은행보유현금　　④ ②와 ③

(16) 고전학파의 이론에 따르면 저축과 투자는 무엇에 의해 일치하게 되는가? (　)

① 임금의 신축성　　② 물가의 신축성

③ 이자율의 신축성 ④ 통화량의 증감

(17) 법정지불준비율이 감소하면? ( )

① 본원통화가 증가한다. ② 통화량이 감소한다.

③ 통화승수가 증가한다. ④ 현금통화가 감소한다.

(18) 보멀의 거래적 화폐수요이론에 대한 설명에 해당되는 것은? ( )

① 케인즈의 거래적 화폐수요와 동일하다.

② 화폐수요는 소득과 정비례 관계에 있다.

③ 화폐수요는 거래비용이 없기 때문에 정의 값을 가진다.

④ 화폐수요에 규모의 경제가 있음을 보여준다.

(19) 신용카드(credit card)가 널리 보급되면 화폐에 대한 수요는? ( )

① 증가한다. ② 감소한다.

③ 불변이다. ④ 증가하기도 하고 감소하기도 한다.

(20) 영구채권(perpetual bond)의 보유자들에게 시장이자율의 증가는? ( )

① 채권가격의 상승과 자본이득을 의미한다.

② 채권가격의 상승과 자본손실을 의미한다.

③ 채권가격의 하락과 자본손실을 의미한다.

④ 채권가격의 하락과 자본이득을 의미한다.

(21) 이자율 하락의 요인으로 적절한지 않은 것은? ( )

① 저축의 증가 ② 불확실성의 증가

③ 통화공급의 증가 ④ 채권수요의 증가

(22) 화폐수요에 대한 Tobin의 자산선택이론에서 기대수익률의 표준편차가 클수록? ( )

① 기대수익률이 낮다. ② 기대수익률이 높다.

③ 채권이 덜 위험하다. ④ 기대수익률이 동일하다.

(23) 이자율이 하락할 경우 보멀-토빈(Baumol-Tobin)의 화폐수요이론에 따른 화폐의 소득유통속도는? (　)

① 증가한다.　　② 감소한다.

③ 변화가 없다.　　④ 알 수 없다.

(24) 다음 중 총통화에 포함되지 않는 것은? (　)

① 민간은행이 소지한 한국은행권　② 민간은행이 예치한 요구불 예금

③ 민간은행이 보유한 한국은행권　④ 민간이 예치한 정기예금

[3] 아래 설문에 답하시오.

(1) 화폐의 본질적 기능을 설명하고 이를 고전학파의 화폐수량설과 케인즈의 유동성선호설과 연관지어 설명하시오.

C: Explain the intrinsic roles of money and relate them with the Quantity Theory of Money of Classical School and the Liquidity Preference Theory of Keynes.

(2) 아래 글을 번역하고 어떤 문제점을 제기하고 있는지 설명하시오.

Tobin modified the Keynesian speculative demand for money by recognizing that the actual return from bonds may be greater or less than expected, to avert this risk, investors construct portfolios which include money. The amount of money included in a portfolio depends on the degree of uncertainty about the return from bonds and the investor's willingness to assume variability of return.

[4] Fill up the blanks with suitable words.

(1) Your financial wealth, or simply wealth for short, is the value of all your financial assets minus all your financial (　　). In contrast to income or

saving, which are flow variables, financial wealth is a (   ) variable.

(2) Like other bonds, the value of a perpetuity is (   ) related to the interest rate.

(3) Milton Friedman views money as an asset and regards it as simply one way of holding (   ).

(4) According to Gurley and Shaw(1960), the (   ) money refers to the net debt shaped by the issuance of the fiat money by the government.

(5) (   ) between bonds of different maturities implies that the price of a bond is the present value of the payments on the bond, discounted using current and expected short-term interest rates.
(Oliver Blanchard, *Macroeconomics*, p. 183)

(6) The slope of the (   ) curve (equivalently, the term structure) tells us what financial markets expect to happen to short-term interest rates in the future.

(7) The real stock price is the present value of expected future real (   ) by the sequences of one-year expected real interest rates.

[5] Write down the synonyms of the underlined words.

(1) Asset Market: Much of contemporary monetary theory rests on the foundation of a general equilibrium system of perfect <u>auction</u> market for goods, services, and securities. (Arthur Okun, *Prices and Quantities*, p. 53)

(2) It is not surprising that the wealth effect is positive.

[6] Choose correct answers.

(1) Which of the following is a component of M_2 but not of M_1?

① Traveler's checks ② Demand deposits

③ Savings deposits ④ Other checkable deposits

(2) According to Keynes, there is a speculative demand for money because ( )

① people like to speculate in the stock market

② there is considerable risk in holding money

③ bonds may yield less than money

④ people may not wish to buy securities

(3) According to Irving Fisher's writings, the market rate of interest is determined by ( )

① the investment opportunities that present themselves to the owners of funds

② the productivity of capital

③ society's net savings

④ the interaction of people's desire to consume and the opportunities to invest

(4) Both costs and revenues are associated with the investment of idle balances. The optimum number of bond transactions occurs where ( ).

① revenues equal costs

② costs exceed revenues

③ revenues exceed costs

④ revenues less costs are at their maximum

(5) The velocity of money is most affected in the short run by (　　　).

① the interest rate　　② technological changes

③ near money available　　④ payment schedule

(6) Keynes held that money is used (　　　).

① to exchange goods and services

② to meet unexpected contingencies

③ to avoid a negative yield from long-term bonds

④ all of the above

(7) According to Tobin's asset demand for money theory, an increase in the current market yield (　　　).

① has no effect upon the quantity of bonds or money demanded

② increase the quantity of bonds demanded and decrease the quantity of money demanded

③ decrease the quantity of bonds demanded and increase the quantity of money demanded

④ increase the quantity of bonds demanded with no change in the quantity of money demanded

Answer

[1] (1) × (2) ○ (3) × (4) ○
[2] (1) 3 (2) 3 (3) 4 (4) 2 (5) 4 (6) 4 (7) 1 (8) 3 (9) 2 (10) 2 (11) 1 (12) 3 (13) 3 (14) 2 (15) 4 (16) 3 (17) 3 (18) 4 (19) 2 (20) 3 (21) 2 (22) 2 (23) 1 (24) 3
E: (4) 본원통화량이 증가하려면 민간은행에서 중앙은행을 통한 차입이 이루어지는 방법이 있다. ①과 ④는 본원통화량이 아닌 본원통화에서 파생된 통화량의 변화를 가져온다. ③은 국채를 매각하는 경우 본원통화량이 줄어드는 효과를 야기하게 된다.
(5) 이자율이 상승하는 경우 사람들은 보통 은행에 저축을 증가시키고자 하는 성

향이 있기 때문에 오히려 현금통화의 비율이 줄어들게 된다.

(8) 본원통화는 크게 지급준비금(R)과 민간보유현금(C)로 이루어진다.

$(B = C + R)$

(17) 한 단위의 본원통화가 공급되었을 경우에 현금통화율이 크면 클수록 금융기관에 예금으로 되돌아오는 부분은 작아지고, 법정지불준비율이 높으면 높을수록 본원통화를 원천으로 하는 파생적 예금통화의 창조능력은 작아지게 된다.

(21) 불확실성의 증가는 채권수요의 감소를 가져옴으로써 채권 가격의 하락 및 이자율 상승요인이 된다.

(23) 재고이론에 의하면 거래적 화폐수요는 국민소득의 증가함수, 채권이자율의 감소함수, 채권 1회 매매비용의 증가함수이다. 이자율이 하락할 경우 민간 경제주체는 화폐보유를 증가시키게 됨에 따라서 소득유통속도는 감소하게 된다.

(24) 민간은행이 보유한 한국은행권은 지급준비금이며, 이는 M_1 또는 M_2와 같은 통화량에 포함되지 않는다. 민간이 보유한 지급준비금은 본원통화에 포함된다.

[3] (1) 화폐의 본질적 기능은 교환의 수단과 가치저장의 기능이다. 고전학파는 전자만을 강조하고, 케인즈는 후자만을 강조하였다. 따라서 고전학파는 화폐의 유통속도는 일정하고 소득이 증가하면 화폐수요가 증가한다고 보았고, 화폐부문의 실문부문에 아무런 영향을 미치지 못하게 된다고 주장하였다. 그러나 케인즈는 화폐는 다른 재화에 비하여 유동성이 크기 때문에 특수재로 취급하면서 후자의 기능을 강조하였다. 즉 거래적 동기 및 예비적 동기에 의한 화폐수요는 소득에 비례한다는 점은 고전학파와 같지만, 투기적 동기는 이자율에 반비례한다는 투기적 동기에 의한 화폐수요를 강조하였다. 이자율이 매우 낮아서 더 이상 하락하지 않는다고 판단되면 사람들은 이자율이 상승하여 채권가격이 하락할 경우에 채권을 구입하기 위하여 자금을 퇴장(hoard)하게 되고, 이 같은 경우에는 화폐의 유통속도가 0이기 때문에 케인즈는 화폐의 유통속도는 불안정하다고 하였다. 이자율의 기능이 마비되는 유동성함정의 구간에서는 금융정책은 아무런 효과가 없고, 재정정책은 즉시 국민소득을 증가시키는 효과를 발휘하게 된다.

(2) T: 토빈은 채권으로부터 얻게 되는 실제적 수익이 기대보다 클 수도 있고 작을 수도 있고, 이 같은 위험을 회피하기 위하여 투자자들은 화폐를 포함한 포트폴리오를 구성하게 됨은 인지하고 케인즈의 투기적 동기에 의한 화폐수요를 정정하였다. 포트폴리오에 포함되는 화폐의 금액은 채권의 수익에 대한 불확실성의 정도와 이 같은 수익의 변화를 수용하고자 하는 투자자의 의지에 의하여 결정된다.

E: 토빈은 투자가가 화폐와 채권 중에 어느 하나만을 선택하는 것은 불합리하다고 보고, 두 금융자산이 가져다주는 수익률과 지니고 있는 위험을 동시에 분석할

필요가 있다고 보고 두 금융자산을 어떻게 구성해야 투자자의 효용함수가 극대가 되는가를 분석하였다. 화폐에 대한 수요는 각종 자산의 수익률의 평균 및 이러한 수익률의 분산에 의하여 결정되기 때문에 토빈의 이론을 평균-분산(mean-variance)분석이라고도 한다.

[4] (1) liability, stock (2) inversely (3) wealth (4) outside
(5) Arbitration (6) yield (7) dividend

T: (1) 여러분의 금융적 富 또는 단순하게 부는 여러분의 금융자산에서 금융부채를 차감한 가치이다. 유량변수인 소득이나 저축과 달리 금융적 부는 저량변수이다.
(2) 채권과 마찬가지로 영구채권의 가격은 이자율과 반비례한다.
(3) 케인즈학파는 화폐를 특수재로 취급하여 화폐를 보유하고자 하는 동기를 중요시한데 반하여, 통화론자는 화폐를 일반재로 취급하여 화폐에 대한 수요에 미치는 요인을 분석하였다. 전자는 이자율이 영향을 미치는데 반하여 후자는 부(wealth)가 가장 중요한 요인이라고 주장하였다.
(6) 수익률 곡선(또는 조건구조)의 기울기는 금융시장에서 단기 이자율이 미래에 어떻게 변화할지를 보여준다.
(7) 주식의 실제가치는 미래기간에 걸쳐서 연속적으로 기대되는 1년 실질이자율을 사용하여 기대되는 미래의 주식배당을 현재화한 가치이다.

E: (5) arbitration을 차익거래라고 한다.
(6) An upward-sloping yield curve tells us that financial markets expect short-term interest rates to increase in the future. A downward-sloping yield curve tells us that financial markets expects short-term rates to decrease in the future.

T: 우상향하는 수익률 곡선은 금융시장이 단기 이자율이 미래에 상승하리라고 기대함을 보여준다. 이와 반대로 우하향하는 수익률 곡선은 금융시장이 단기 이자율이 미래에 하락하리하고 기대함을 보여준다.

[5] (1) contestable (2) incremental

T: (1) 현대 화폐이론의 상당한 부분은 재화, 용역, 증권에 대하여 완전한 경매시장이 있다는 일반균형체제에 그 기초를 두고 있다.
(2) 부의 효과가 플러스라는 것은 전혀 놀라운 일이 아니다. (당연하다)

E: (1) 그러나 자본시장의 불완전성 및 비대칭적 정보 등으로 인하여 이 같은 가정은 비현실적일 수도 있다.
(2) 미시경제학에서 가격효과는 대체효과와 소득효과로 나누어진다. 소비자 이론에서 "Substitution effect is always negative."라는 글은 "대체효과는 언제나

가격 변화와 반대로 움직인다."라고 해석할 수 있다. 이 글에서의 'negative'는 'inverse relationship'(반비례관계)를 뜻한다. (2)번 문제에서 부의 효과가 'positive'라는 의미는 "많으면 많을수록 좋다."는 '다다익선'으로 해석해도 좋다.

[6] (1) 3 (2) 4 (3) 4 (4) 4 (5) 1 (6) 4 (7) 2

E: (1) M_1은 현금에 준하는 금융자산은 포함하고, 즉시 현금으로 전환되지 않는 저축성 예금은 포함되지 않는다.

(2) 이자율이 낮은 경우에는 이자율이 상승할 경우에 채권을 구매하기 위하여 현금을 퇴장하게 된다.

(3) 대부자금론에 대한 질문이다. 저축을 현재소비를 미래소비로 미룬다고 볼 수 있기 때문에 이 같은 자금에 대한 공급과 이자율에 반비례하는 자금의 수요가 만나는 점에서 이자율이 결정된다.

(4) 보몰-토빈의 재고이론적 분석에 대한 질문이다.

(5) 화폐의 유통속도는 단기적으로 이자율에 의하여 가장 크게 영향을 받는다.

(6) 케인즈는 화폐는 거래적, 예비적, 투기적 동기로 사용하기 위하여 필요하다고 주장한다.

(7) [3]의 (6)에 대한 추가설명(elaboration; E)을 참조하기 바람.

제12장 정부의 재정 및 금융정책

가계와 기업과 마찬가지로 정부도 국가경제에서 매우 중요한 비중을 차지한다. 1970년대에는 총수요가 100이라면 70은 소비로, 투자와 정부지출이 각각 15정도를 차지하였다. 최근에 와서 정부의 역할이 중요함에 따라서 소비는 감소하고, 정부지출은 증가하는 추세를 보이고 있다. 재정학은 케인즈적 수요관리를 하는 데 기여해 왔다. 공공재 생산을 시장에 위임할 경우에는 사회적정량보다 과소생산되기 때문에 시장실패를 가져오게 된다.

정부의 재정지출과 조세수입은 일치할 수도 있지만, 많은 경우 일치하지 않는다. 재정지출이 정부지출을 초과하는 경우 정부는 채권을 발행하여 부족한 재원을 충당하게 된다. 이 같은 맥락에서 조세수입과 정부부채는 서로 대체적 재원 조달수단이라고 할 수 있다.

12.1 정부의 역할

정부는 국민의 후생과 질서를 유지하고 민간의 원활한 경제생활을 보장하기 위하여 다양한 지출을 하고, 이러한 지출에 필요한 자금은 원칙적으로 국민으로부터 거두어들이는 조세로 충당한다. 정부지출은 조세에 의하여 충당되지만, 반드시 동일 기간의 조세수입과 비례하는 것은 아니다. 당기의 정부지출이 전기의 조세에 의하여 수행될 수도 있고, 정부가 조세수입을 초과해 적자재정에 의한 지출을 할 수도 있다.

(1) 재정정책과 금융정책

재정정책은 정부지출과 조세의 변화를 통하여, 그리고 금융정책은 통화량과 이자율의 변화를 통하여 거시경제의 목표를 달성하고자 한다. 재정정책은 정부의 역할에 의존하고, 금융정책은 민간이 보유하는 금융자산의 구성을 변화시키기 때문에 개념적으로 다르지만 양자가 동시에 발생하는 경우에는 이 두 가지 정책이 구별되지 않는 경우도 있다. 적자재정인 경우에 공채를 발행하여 충당하는 경우는 재정정책에 속하고, 통화를 증가시켜서 충당하는 경우에는 재정정책과 금융정책의 양 면을 다 지니게 된다.

재정정책과 금융정책이 보완적 관계임을 국채를 발행하여 적자재정을 충당하는 경우를 예로 들어서 설명하면 다음과 같다. 재정정책의 실시는 국채발행잔고의 크기를 결정하게 되고, 민간이 보유하는 국채의 크기는 공개시장조작과 같은 금융정책에 의하여 결정된다. 중앙은행이 민간으로부터 국채를 매입하면 민간의 국채보유는 감소하게 되고, 그만한 크기로 민간의 화폐보유는 증가하게 된다.

케인즈학파는 중앙은행이 국채를 매입하면 통화량의 증가로 이자율이 하락하게 된다고 주장하고, 통화론자는 인플레이션에 대한 기대심리가 크면 통화량의 증가는 통화량의 증가는 반드시 실질이자율의 하락을 가져오지 않게 된다고 주장한다. 따라서 금융정책 실시방법의 형태로 케인즈학파는 공개시장조작을 통한 이자율의 변화를 중요시하고, 통화론자는 통화량의 증가는 궁극적으로 명목국민소득의 증가를 가져온다고 보기 때문에 화폐우(money rain)에 의한 총통화의 변화를 중요시한다.

(3) 재정부채

1980년대에 들어 미국 정부는 대규모의 재정적자를 지속적으로 경험하였다.

재정적자가 누적됨에 따라서 1980년에 국내총생산의 33%를 차지하였던 재정적자가 12년 사이에 약 3조 달러 증가하여 1992년에는 정부부채규모가 국내총생산의 66%에 이르렀다. 이와 같은 정부부채의 증가속도는 전시를 제외하고는 미국 역사상 유례가 없는 일이다. 이 같이 정부부채가 급속한 속도로 증가함에 따라서 경제학자들 사이에 재정적자와 정부부채의 경제적 효과에 대한 논쟁이 활발하게 진행되고 있다.

(4) 재정정책

재정정책이라 함은 정부지출과 세율의 조정을 통하여 의도적으로 국민소득의 변화를 달성하고자 하는 총수요관리정책의 일환이다. 국민총생산에서 정부부문이 차지하는 비중은 선진공업국일수록 사회복지지출이 많기 때문에 크게 나타난다. 정부지출의 증가는 순투자의 증가와 마찬가지로 순환적 국민소득흐름에서 주입이기 때문에 모형 Ⅲ에서 총수요곡선을 상방으로 이동시켜서 균형국민소득의 증가를 가져온다. 조세의 증가는 저축의 증가와 마찬가지로 누출이기 때문에 총수요곡선을 하방으로 이동시켜서 균형국민소득의 감소를 가져온다.

(가) 재량적 재정정책(discretionary fiscal policy)

재량적 재정정책은 정부가 바람직한 국민소득수준을 달성하고자 정부지출과 순조세수입을 의도적으로 조정하는 것을 뜻한다. 디플레이션 갭이 존재하는 과소고용하의 균형국민소득을 완전고용하의 균형국민소득으로 증가시키기 위해서는 정부지출을 증가시키거나 순조세수입을 감소시킴으로써 디플레이션 갭만큼의 유효수요를 창출하면 된다. 이 같은 정부의 정책은 모형 Ⅰ의 총수요곡선을 상방으로 이동시키고, 모형 Ⅱ의 *IS*곡선을 우측으로 이동시킴으로써 소기의 목적을 달성할 수 있다.

(나) 기능적 재정(functional finance)

고전학파는 조세가 적을수록 바람직하고, 조세의 정부지출이 일치해야 한다는 균형예산(balanced budget)을 주장한 데 반하여, 케인즈학파는 균형예산보다는 완전고용 유지에 더 큰 우선순위를 두는 기능적 재정(functional finance)

을 주장한다. 케인즈는 대량실업과 유휴시설이 지속적으로 존재하는 과소고용하의 국민소득에서는 정부가 자유방임을 포기하고 완전고용의 국민소득을 달성하기 위하여 적극적으로 개입해야 한다고 주장한다. 케인즈는 투자의 이자율탄력성이 작다고 보았기 때문에 재정정책이 금융정책보다 더 효과적으로 완전고용을 가져올 수 있다고 지적하고, 균형예산보다 더 중요한 것은 완전고용이라는 기능적 재정을 주장한다. 기능적 재정은 유효수요가 부족한 디플레이션 갭이 있을 경우에는 적자재정(budget deficit)을 사용하고, 유효수요가 과다한 인플레이션 갭이 있을 경우에는 흑자재정(budget surplus)을 사용해야 한다는 주장이다.

(다) 보정적 재정정책과 한계점

정부지출과 세율을 조정함으로써 디플레이션 갭 내지 인플레이션 갭을 제거하여 완전고용의 국민소득을 유지하고자 하는 정책을 보정적 재정정책(compensatory finance)이라고 한다. 보정적 재정정책의 한계점으로는 구축효과(crowding-out effect)와 시차(time-lag)를 들 수 있다.

① 구축효과(crowding-out effect)

구축효과라 함은 정부가 통화량을 증가시키지 않고 정부지출을 증가시키면 정부지출만큼 민간투자가 감소하게 되어 재정정책에 의한 유효수요 창출의 효과가 없어지고, 따라서 정부개입의 효과가 약화되거나 없어지게 된다는 주장이다. 예를 들어 정부가 통화량의 증가없이 정부지출을 증가시키기 위하여 국채를 발행하여 재원을 마련한 경우에 민간인은 국채를 구입한 만큼 회사채의 구입을 감소시킴에 따라서 기업의 채권을 통한 자금조달이 어려워진다. 다른 한편으로는 국세의 추가적인 공급은 국채의 가격을 하락시키고 이는 이자율의 상승을 가져와서 기업의 투자는 상대적으로 감소하게 된다.

② 시차(time-lag)

보정적 재정정책은 디플레이션 갭이 있을 경우에는 확장적 재정정책(expansionary fiscal policy), 인플레이션 갭이 있을 경우에는 긴축적 재정정책(contractionary fiscal policy)을 사용하여 완전고용을 달성하고자 한다. 다르게 표현하면, 이 같은 정책은 경기변동의 진폭을 완화시키거나(counter-cycle) 예방하는 목적을 지니고 있다. 어떤 시점에 정책입안자가 재정정책의 실시의 필요성을 느껴서 실시할 때까지의 시차를 내부시차라 하고, 실시된 정책이 의도했던 효과를 나타낼 때까지의 시차를 외부시차라고 한다. 내부시차와 외부시차가 길면 길수록 보정적 재정정책의 효과는 적어지고, 시차가 길어서 불황과 호황의 국면이 바뀌게 되면 경기변동의 진폭을 완화(alleviate)시키고자 하는 소기의 목적과는 달리 경기변동의 진폭을 더 심화(exacerbate)시킬 수도 있다. 시차는 재정정책뿐만 아니라 금융정책의 실시에도 나타나는데, 통화론자는 금융정책의 외부시차는 12개월 내지 14개월이라고 주장한다.[1] 통화론자는 정책수립자가 필요한 정보를 적기에 확보하기가 어려운 만큼 재량적 개입은 효과를 거두기가 어렵다고 주장한다.

③ 구축효과를 상쇄하기 위한 수용적 금융정책

[그림 12-1]에서 국민소득을 y_0에서 y_2로 증가시키기 위해서는 모형 Ⅰ에서는 정부지출을 $\triangle G$만큼 증가시키면 된다. 그러나 모형 Ⅱ에서는 동일한 크기의 정부지출 증가는 구축효과로 인하여 y_2에서 y_1으로 감소하게 된다. 이 같은 경우에 이자율 상승의 구축효과를 상쇄시키기 위하여 통화공급을 증가시키는 정책을 수용적 금융정책(accommodative monetary policy)이라고 한다. 이자율 상승으로 야기되는 구축효과를 상쇄하기 위하여 LM_0을 LM_1으로 이동시킬만큼 통화량을 증가시키면 국민소득은 다시 y_0에서 y_1으로 증가하게 된다.

1) 내부시차는 경기가 침체하기 시작한 때부터 경기침체에 대처하는 확정정책을 실시할 필요성을 인식하기까지의 시간을 나타내는 인식시차(recognition period)와 정책당국이 정책을 마련하여 실시할 때까지의 실행시차(implementation period)로 구성된다.

[그림 12-1] 구축효과를 상쇄하기 위한 수용적 금융정책

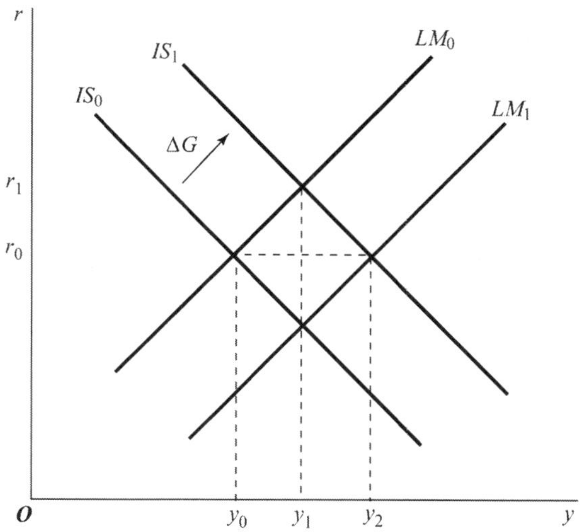

(라) 자동안정장치(built-in-stabilizer)

지금까지는 정부의 조세가 소득과 무관한 정액세만으로만 구성되어 있다고 가정하고 승수효과를 분석하였다. 누진세는 소득에 증가함에 비례하여 소득세율을 증가시킨다. 승수를 감소시키는 정률세의 도입은 투자변화에 따른 소득의 변화정도를 완화시키는 역할을 수행한다. 정률세 형태의 소득세의 도입은 경기변동시 총수요를 관리하기 위하여 적극적인 정부의 개입이 없더라도 단순히 제도를 도입함으로써 자동적으로 소득의 안정화 도모할 수 있게 된다. 경기역행적 성격을 지닌 실업보험도 자동안정장치의 기능을 수행한다.

(5) 금융정책

금융정책은 완전고용과 물가안정을 달성하고자 중앙은행이 통화량과 이자율을 조정하는 정책을 뜻한다. 금융정책은 크게 그 효과가 국민경제 전반에 미치게끔 양적통제(quantitative control)를 하는 일반적 정책수단과 어떤 특정 부문에 영향을 미치게끔 질적 통제를 하는 선별적 정책수단으로 나누어진다.

(가) 일반적 정책수단

일반적 정책수단에는 ① 중앙은행이 공정할인율을 조정함으로써 시중금리를 조절하여 통화량을 변경시키는 재할인율 조정정책(rediscount rate policy), ② 금융시장에서 국채와 기타 유가증권을 사고팔고 함으로써 통화량의 조절을 도모하는 공개시장정책(open market operation), 그리고 ③ 시중은행이 보유해야 할 최저한의 법정지불준비율을 변경시킴으로써 시중은행의 신용창조능력의 변화를 통하여 통화량의 조절을 도모하는 법정지불준비율 조작정책(required reserve ration policy) 등이 있다.

정부가 통화량을 증가시키고자 할 경우에는 시중은행의 재차입에 대하여 적용하는 재할인율을 인하하거나, 공개시장에서 국채를 매입하거나, 시중은행의 법정지불준비율을 인하하는 방안을 실시하면 된다. 통화량을 감소시키고자 할 경우에는 이와 반대되는 정책을 실시하면 된다.

(나) 선별적 정책수단

일반적 정책수단이 거래의 자유에 개입하지 않음에 반하여, 선별적 정책수단은 적극적으로 거래에 개입함으로써 자금을 인위적으로 할당(credit rationing)하려는 특징을 지니고 있다. 선별적 정책수단에는 증권금융의 규제(margin requirement on securities), 소비자신용의 규제(consumer credit control)와 부동산 신용규제(real-estate credit control) 등이 있다. 선별적 정책수단은 일반적 정책수단과 달리 자금흐름의 방향과 용도, 크기에 대하여 직접적 개입을 하게 된다.

12.2 고전학파모형에서 재정 및 금융정책의 효과

(1) 재정정책의 효과

고전학파 모형에서 총공급곡선은 수직선의 형태를 갖기 때문에 재정정책은 물가와 이자율의 상승을 가져올 뿐 실질국민소득은 불변이 된다. [그림 12-2]에서 〈가〉 모형Ⅱ와 〈나〉 모형Ⅲ, 〈다〉 노동시장을 나타낸 균형분석을 통하여 확장적 재정정책이 어떤 변화를 가져오는지를 살펴보자. 그림 〈가〉의 모형 Ⅱ에서 정부가 재정지출을 증가시키면 IS곡선이 IS_0에서 IS_1으로 이동되고, 이자율 r_0인 상태에서 국민소득은 y_2까지 증가하게 된다. 이 경우에 실물시장만을 분석한다면 이자율의 변화를 고려하지 않아도 되지만, 모형 Ⅱ는 화폐시장(LM곡선)까지 고려한 분석이기 때문에 r_0의 이자율 수준에서는 화폐에 대한 초과수요가 (y_0-y_2)만큼 나타나게 된다. 그 결과 구축효과로 인하여 이자율이 상승하고, 이는 투자의 하락을 가져와 국민소득의 증가를 부분적으로 상쇄된다. 이자율은 r_0에서 r_0으로 상승하고, 국민소득은 y_1에서 결정된다. 〈가〉 모형Ⅱ에 나타난 총수요곡선의 변화는 〈나〉 모형Ⅲ 에 반영되어 AD_0에서 $AD_1(y_1)$으로 이동시킨다. 그러나 P_0의 물가수준에서 y_1의 국민소득은 오래 지속되기 어렵다. 고전학파는 〈다〉 노동시장에서 완전고용을 가정하고 있기에 고용량은 불변이고, 주어진 생산함수에서 산출량이 불변이다. 공급은 여전히 y_0이고 수요는 y_1인 상태에서는 〈나〉 모형Ⅲ을 보면 $(y_{1-}y_0)$만큼의 초과수요가 발생하게 되고, 이러한 초과수요는 물가의 상승을 가져온다. 물가의 상승에 따른 변화는 실질통화량($m=M/P$)을 감소시키고 〈가〉 모형Ⅱ의 LM곡선을 LM_0에서 LM_1으로 이동시켜, 이자율은 r_2까지 상승하게 된다. 〈나〉 모형Ⅲ으로 보면 물가가 P_0에서 P_1으로 상승하여 초과수요를 상쇄시키는 것으로 나타난다. 물가의 상승은 〈다〉 노동시장에서 노동에 대한 수요곡선과 공급곡선이 동일한 크기만큼 상방으로 이동하게 되어 균형고용량은 불변이나, 물가의 상승으로 인해 명목임금은 W_0에서 W_1으로 상승하게 한다.

[그림 12-2] 고전학파모형에서 재정정책의 효과

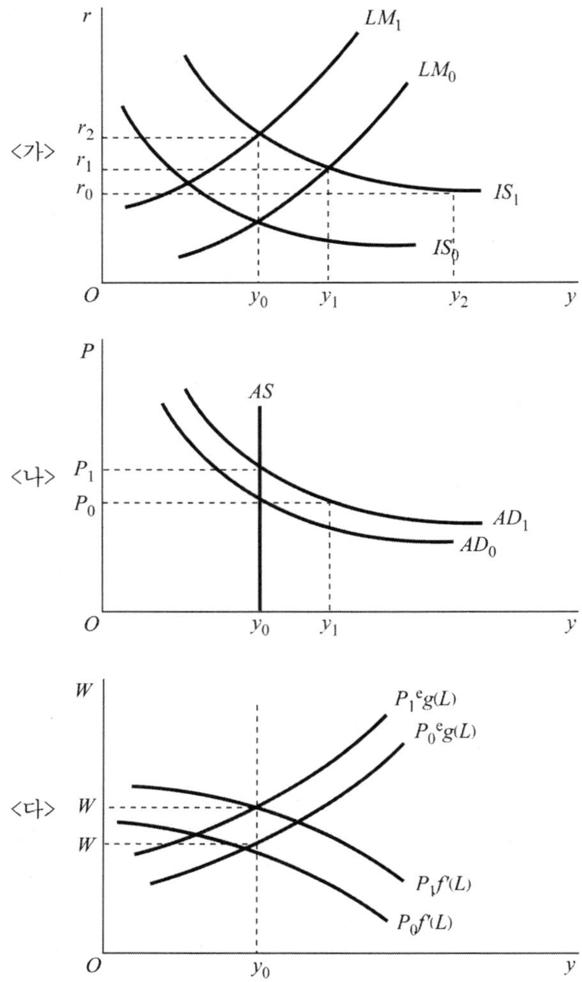

(2) 금융정책의 효과

고전학파모형에서는 금융정책도 재정정책과 마찬가지로 국민소득을 증가시키는 데 효력이 없다. 정부가 통화량을 증가시키면 [그림 12-3]에서 〈가〉 모형Ⅱ의 *IS*곡선이 아닌 *LM*곡선이 LM_0에서 LM_1으로 이동하게 된다. 국민소득은 y_1만큼 증가하게 되고 이는 〈나〉 모형 Ⅲ에서 총수요곡선을 AD_0에서 AD_1으로 변화시키고 $(y_1 - y_0)$ 만큼의 초과수요를 가져온다. 재정정책에서 설명한 바와 같이 물가가 P_0인 상태에서 초과수요는 물가의 상승을 가져오고 〈가〉 모형Ⅱ에서 LM곡선을 다시 좌측으로 이동시키고, 〈나〉 모형Ⅲ에서 물가상승으로 인한 초과수요가 상쇄된다. 〈다〉 노동시장에서 또한 물가의 상승으로 명목임금이 상승한다. 그러나 고용량은 변하지 않는다.

[그림 12-3] 고전학파모형에서 금융정책의 효과

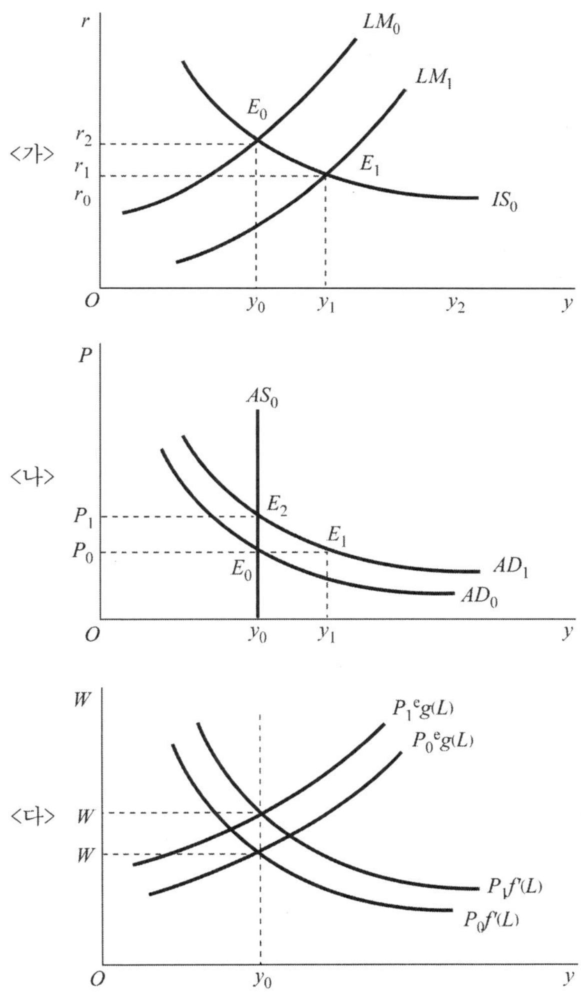

[그림 12-3]에서 〈나〉 모형Ⅲ에서 균형점이 E_0에서 E_2로 이동한 조정과정을 관찰하면 산출량은 불변이지만 물가만 상승했다는 것을 알 수 있다. 이 경우

에 물가의 상승폭은 명목통화량의 증가와 같은 비율이다. 즉, E_2에서의 실질통화량($m = M/P$)은 원래의 E_0에서의 실질통화량과 같은 크기이다.

(3) 고전학파모형의 특징

고전학파 모형에서의 재정정책과 금융정책과 같은 안정화정책은 국민소득수준 변화에 아무런 영향을 미치지 못했다. 고전학파 모형에서에서의 재정정책은 총수요 중에서 공적부문(재정지출)을 증가시킨 만큼 상대적으로 사적부문(민간투자)의 비중을 감소시키는 완전한 구축효과가 작용하여 불변이 된다. 금융정책은 재정정책과 달리 이자율의 변동까지 없는데 이는 화폐의 중립성으로 인하여 명목변수만을 통화량에 비례되게 증가 또는 감소시키고, 실질변수에는 영향을 미치지 못했기 때문이다.

구축효과는 모형Ⅱ에서 투기적 동기에 의한 화폐수요가 전혀 없어서 화폐수요의 이자율탄력성이 0인 경우에도 발생하고, 모형 Ⅲ에서와 같이 총공급곡선이 수직이기 때문에도 발생한다. 화폐의 중립성은 화폐수량설에 의하여 성립되기도 하지만, 노동시장에서 화폐환상이 없기 때문에 통화량의 증가가 비례적인 물가상승을 가져오고, 따라서 노동시장에서의 실질임금과 균형고용량이 불변이 되어 산출량과 국민소득도 불변이 되기 때문에도 성립한다.

12.3 케인즈학파 모형에서 재정 및 금융정책의 효과

(1) 재정정책의 효과

케인즈학파의 재정정책의 효과를 [그림 12-4]를 통하여 살펴보고자 한다. 고전학파모형에서는 그림 〈나〉 모형Ⅲ의 총공급곡선이 수직선이었으나, 케인즈학파의 경우 총공급곡선이 우상향한다는 차이점이 있다. 그림 〈가〉 모형Ⅱ에서 확장적 재정정책을 실시하면 IS_0곡선이 우측으로 이동하여 IS_1이 되고 국민소득은 y_0에서 y_3로 증가한다. 이때 화폐의 초과수요로 인한 이자율 상승이 발생하여 이자율은 r_2로 상승하고 국민소득은 y_2에서 결정된다.

[그림 12-4] 케인즈학파 모형에서 재정정책의 효과

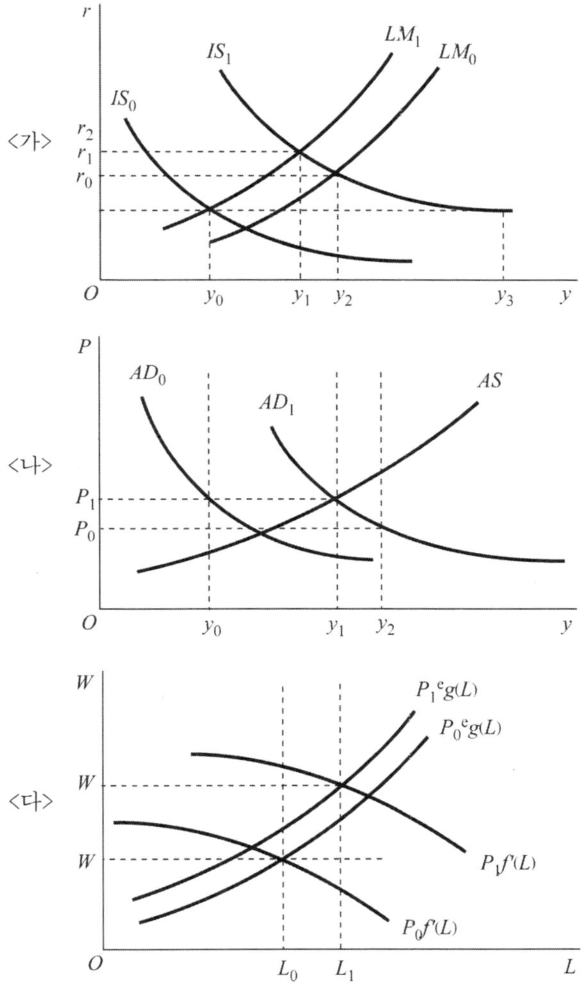

〈가〉 모형 Ⅱ에서 변화는 〈나〉 모형Ⅲ에서 총수요곡선을 우측으로 이동시켜 AD_1으로 이동시키고 수요가 y_2까지 증가하게 된다. P_0의 물가수준에서는 $(y_2 - y_0)$만큼의 초과수요가 있으면 물가상승의 압력이 있어 이 초과수요가 없어지는 수준까지 물가가 상승하여 물가가 P_0에서 P_1으로 변동된다. 물가 상승은 실질통화량의 감소를 의미하고 이는 〈가〉 모형Ⅱ에서 LM곡선을 LM_1까지 좌측으로 이동시키고, 국민소득은 y_1, 이자율은 r_1이 된다. 케인즈학파 모형인 〈다〉 노동시장에서 기업가는 실제물가수준과 예상물가수준간의 괴리가 없이 완전하게 예측하는 반면 노동자는 화폐환상을 가지기 때문에 노동에 대한 수요곡선이 노동공급곡선보다 큰 폭으로 상방으로 이동하게 된다. 그 결과 균형고용량과 명목임금은 L_1과 W_1으로 증가하고 물가상승의 폭보다 명목임금의 폭이 작기 때문에 실질임금($w = W/P$)은 하락하게 된다.

(2) 금융정책의 효과

케인즈학파 모형에서 금융정책이 실시되면 [그림 12-5] 〈가〉 모형Ⅱ에서 LM곡선이 LM_0에서 LM_2로 이동하게 된다. 이 같은 이동은 이자율을 r_0에서 r_2로 하락시키고, 국민소득을 y_0에서 y_2로 증가시킨다. 이는 〈나〉 모형Ⅲ에서 총수요곡선을 우측으로 이동시켜 AD_0에서 AD_1이 되게 한다. 이때 발생하는 $(y_2 - y_0)$만큼의 초과수요로 인해 물가는 P_1으로 상승하게 된다. 물가의 상승은 실질통화량의 감소를 가져오고 다시 〈가〉 모형Ⅱ에서 LM곡선을 좌측으로 이동시켜 LM_1이 되게 한다. 확장적 금융정책을 사용하면 〈나〉 모형Ⅲ의 재화시장의 초과수요로 인한 물가의 상승으로 〈가〉 모형Ⅱ에 비하여 국민소득이 더 작은 크기로 증가하게 된다.

[그림 12-5] 케인즈학파 모형에서 금융정책의 효과

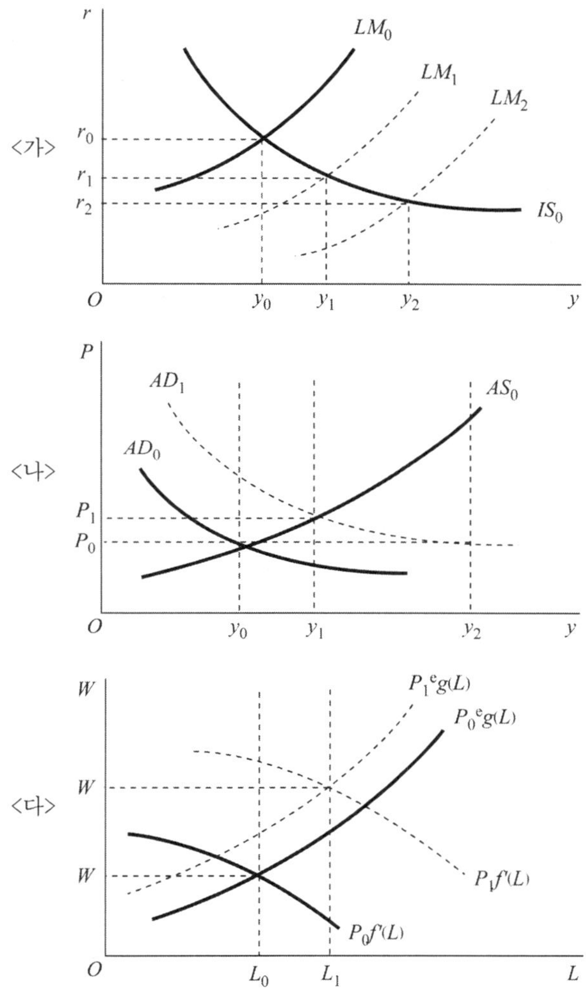

(3) 케인즈학파의 특징

케인즈학파 모형에서 안정화정책은 물가수준과 명목임금의 상승 그리고 기업가 입장에서 실질임금의 하락을 가져오면서 고용증가를 통하여 국민소득의 증가를 가져 왔다. 확장적 재정정책의 경우 이자율이 상승하고, 확장적 금융정책의 경우 이자율이 하락했다는 차이점이 있다. 또한 확장적 금융정책의 경우 소득의 증가는 소비의 증가를 가져오고, 재정정책과 달리 정부지출은 불변이기에 총수요 중에서 사적부문의 비중이 상대적으로 커진다는 특징이 있다.

12.4 재정 및 금융정책에 대한 케인즈학파와 통화론자의 논쟁

(1) 모형 Ⅱ에서의 금융정책의 효과

케인즈학파가 강조한 $IS-LM$모형의 유동성함정 구간에서는 실질화폐량(M/P)을 나타내는 LM곡선이 수평선이기 때문에 통화량을 증가시키는 금융정책은 국민소득과 이자율에 아무런 영향을 미치지 못하게 된다. 케인즈학파는 투자의 이자율탄력성이 작다고 보았기 때문에 [그림 12-6]에서와 같이 IS곡선은 수직선에 가까운 반면에 LM곡선은 수평선에 가깝기 때문에 LM곡선을 LM_0에서 LM_1으로 이동시켜도 이자율의 하락은 큰 반면에 국민소득의 증가는 작다고 설명한다.

[그림 12-6] 유동성 함정에서 재정정책과 금융정책의 효과

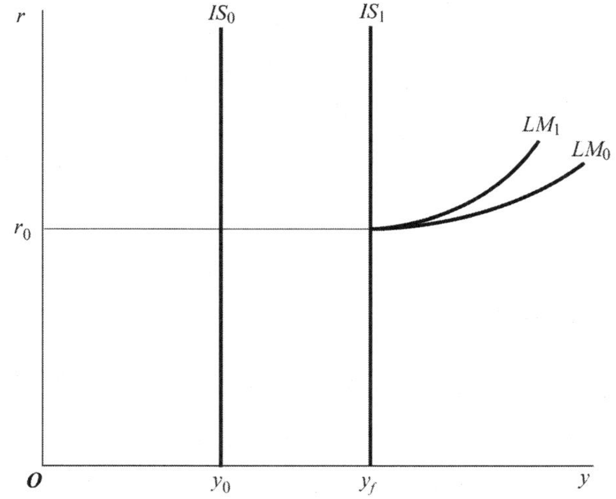

통화론자는 화폐에 대한 수요는 이자율의 영향보다는 부(wealth)의 영향을

더 받기 때문에 화폐수요의 이자율탄력성은 매우 작다고 본 결과 *LM*곡선은 수직선의 형태에 가깝다고 주장한다. 극단적으로 *LM*곡선이 수직선인 경우에는 확장적 재정정책은 이자율 상승만을 가져올 뿐 국민소득에는 아무런 영향을 미치지 못한다. 통화론자는 고전학파와 마찬가지로 투자의 이자율탄력성이 크다고 보았기 때문에 *IS*곡선은 수평선에 가깝다고 본다. 따라서 [그림 12-6]에서와 같이 *IS*곡선이 수평선에, 그리고 *LM*곡선이 수직선에 가까울수록 확장적 금융정책은 이자율을 작은 폭으로 하락시키고 국민소득은 큰 폭으로 증가시키게 된다.

[그림 12-7] 극단적인 고전학파모형에서 재정정책과 금융정책의 효과

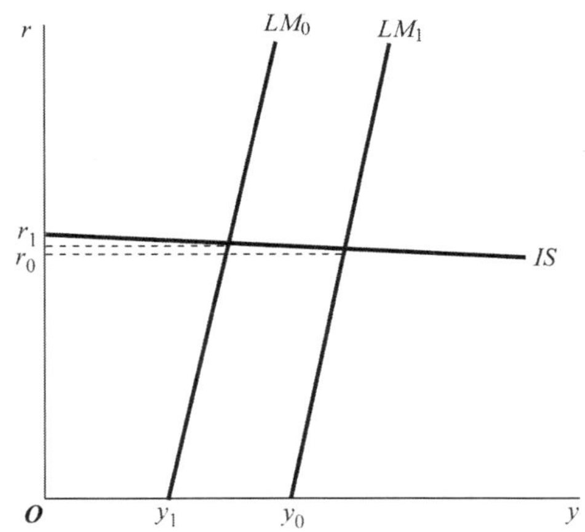

(2) 케인즈학파와 통화론자와의 논쟁

통화론자는 확장적 재정정책은 이자율의 상승을 가져와서 그 결과 사적 투자(private investment)를 구축하게 되어 국민소득을 증가시키는 효과가 작다고 주장한다. 이에 반하여 케인즈학파는 확장적 재정정책은 경제를 활성화시킬 뿐만 아니라 사적부문지출과 공적부문지출의 균형을 개선할 수 있다고 주장한다. 그러나 통화론자는 재량적 재정정책은 경제자원을 임의로 배분하기 때문에 비효율적인 자원배분을 초래하게 된다고 반박한다. 이 같은 이유에서 통화론자는 전적으로 금융정책의 실시를 주장하고, 재량적 금융정책은 경기변동의 진폭을

심화시킨다고 보고 경기변동의 진폭을 완화시키기 위하여 준칙(rule)에 따라서 일정한 비율로 총통화를 증가시켜야 한다고 주장한다. 공개시장에서 국채를 매입하게 되면 통화량이 증가하게 되고, 더 효과적인 금융정책으로는 헬리콥터에서 화폐를 뿌리는 화폐우(money rain) 정책이 있다.

(3) 금융정책전달과정에 대한 논쟁

(가) 케인즈학파의 견해

케인즈학파는 통화량의 증가는 이자율의 하락을 가져오고, 이자율의 하락은 투자의 증가를 가져오고, 투자의 증가는 국민소득의 증가를 가져오게 된다고 본다. 그들은 확장적 금융정책에 의하여 이자율이 하락하여 투자수요가 증가하더라도 완전고용의 국민소득에 가까워짐에 따라서 생산요소가 충분하게 공급되지 못하거나, 수확체감의 법칙이 작동하여, 투자수요는 부분적으로 실현되고 전달과정이 길고 불확실하기 때문에 금융정책의 효과는 재정정책에 비하여 약하다고 주장한다.

(나) 통화론자의 견해

통화론자들은 화폐우(money rain)에 의하여 통화량이 증가하게 되면, 통화량 증가는 사람들의 실질잔고를 증가시키게 되고, 실질잔고의 증가는 소비자로 하여금 재화와 서비스에 대한 수요를 증가시키고, 이 같은 수요의 증가는 생산자로 하여금 투자를 증가시키게 유도한다고 설명한다. 통화론자들은 통화량의 증가가 이자율의 변화를 거치지 않고 직접 총수요를 증가시킨다고 주장하고, 더 나아가 총수요의 증가는 실질생산의 증가 또는 물가수준의 증가를 가져오기 때문에 통화량의 증가는 반드시 명목국민소득의 증가를 가져온다고 주장한다. 통화론자들은 금융정책의 시차가 12-14개월이고, 준칙에 따라서 통화량을 정기적으로 실질경제성장률과 일치하는 비율로 증가시키게 되면 화폐에 대한 수요와 공급간에 괴리가 없어지고, 경제주체가 실제성장률과 적정성장률에 맞추어 적응하게 되어 물가안정을 유지하면서 완전고용하의 균형국민소득을 달성할 수 있다고 강조한다.

12.5 화폐공급의 내생성과 금융정책의 효과

화폐공급이 케인즈학파의 주장과 같이 내생적으로 결정되면 그렇지 않은 경우에 비하여 금융정책의 효과가 약화된다.

(1) 화폐공급의 내생성

지금까지는 설명을 쉽게 하고자 화폐공급이 통화당국에 의하여 외생적으로 결정되는 변수라고 가정하였다. 그러나 화폐공급은 이자율에 의하여 영향을 받으며 통화당국뿐만 아니라 예금은행 및 비통화금융기관에 의하여 영향을 받게 된다. 이와 같은 요인을 고려해서 화폐의 공급을 조정해야 적정통화량(optimum money stock)의 유지가 가능하며 금융정책을 더 효과적으로 실시할 수 있게 된다.

11장에서 설명한 바와 같이 통화공급은 본원통화량, 현금통화율, 지불준비율의 세 가지 요인에 의하여 결정된다. 본원통화가 증가하거나 현금통화율이나 지불준비율이 낮아지게 되면 통화공급이 증가하게 된다. 만일 현금통화율이나 지불준비율이 상대적으로 안정적이고 통화공급의 변화가 통화당국에 의하여 결정된다면 통화공급이 외생적으로 결정된다고 할 수 있다. 그러나 통화승수뿐만 아니라 본원통화도 다음과 같이 내생변수가 된다. 통화승수 m은 현금통화율 c와 지불준비율 r에 의하여 영향을 받게 된다. c와 r은 다시 이자율이나 소득의 영향을 받게 된다. 예를 들어 이자율이 상승하면 예금유인이 커지므로 사람들은 현금보유를 줄이게 되므로 현금통화율 c는 이자율의 감소함수가 된다. 그리고 이자율이 상승하게 되면 초과지불준비금을 보유하는 기회비용이 커지므로 초과지불준비금을 감소시키게 된다. 따라서 지불준비율도 이자율의 감소함수가 된다.

본원통화 중에서 중앙은행의 순해외자산은 그 나라의 이자율수준의 영향을 받는다. 예를 들어 국제수지가 경상계정의 적자로 말미암아 적자가 계속되고 있고, 평가절하에 의하여 개선되기 어렵다고 판단되면 외국자본을 유치하기 위하여 이자율을 인상하게 된다. 많은 실증적 연구들은 현금통화율과 지불준비율이 이자율의 감소함수이고, 통화공급은 현금통화율과 지불준비율의 감소함수인 반면 내생변수인 이자율의 증가함수임을 보여 주었다.

(2) 화폐공급의 내생성이 반영된 금융정책의 효과

통화공급이 이자율의 증가함수가 되면 이자율 상승에 따라서 통화공급이 증가하게 되어 *LM*곡선의 기울기가 그렇지 않을 경우보다 완만하게 된다. 그리고 확장적 재정정책을 사용할 경우 이자율 상승이 통화량을 증가시키게 되므로 이자율 상승폭이 작아지게 된다. 그 결과 부분적 구축효과가 작아지게 되므로 확장적 재정정책은 통화공급이 외생적으로 결정되는 때보다 더 큰 폭으로 국민소득을 증가시키게 된다. 이와 반대로 확장적 금융정책의 효과는 통화공급이 외생적으로 결정되는 경우에 비하여 *LM*곡선의 우측이동에 따르는 이자율 하락폭이 작기 때문에 소득이 증가되는 폭도 작아지게 된다.

12.6 자산가격의 결정

주식시장은 거품(bubble)이 많다고 하기도 하지만, 채권시장에서는 확정부 이자를 주기 때문에 거품이 없다. 주식의 배당과 채권의 수익률은 대부분의 경우 반대방향으로 움직인다.

(1) 채권가격과 수익률곡선

채권은 정부와 기업이 자금조달의 목적으로 증권(security)의 형태로 발행하는 증서이다. 발행주체에 따라서 정부가 발행하면 국채, 기업이나 금융기관이 발행하면 회사채,금융채라고 한다. 은행예금에 대하여 원금과 이자가 지급된다면 채권에 대해서는 액면가(par value)와 이표(coupon)가 지급된다. 채권은 만기일과 액면가, 그리고 이표채(coupon bond)인 경우 추가적으로 이표금액 등이 결정되면 특정 채권 보유에 따른 소득흐름이 확정된다. 할인채(discounted value)는 이자가 지급되지 않고 발행 당시 할인된 가격으로 매각하여 만기에 가서 액면금액을 지급하는 증권이다.

채권가격과 이자율은 반비례관계에 있다. 채권은 안정성에 따라 그 값이 달라질 수 있다. 채권의 발행자가 부도를 내면 액면가와 이표를 지급받지 못할 수도 있고, 이 같이 부도위험(default)이 클수록 채권의 가격은 하락한다. 그러나 부도위험(default risk)에 대한 보상으로 채권의 수익률은 높게 된다. 미국의 국채(Treasury Bond)는 미국의 회사채에 비하여 부도위험이 적기 때문에 수익률이 낮고, 이 같은 국채수익률은 미국을 대표하는 이자율도 간주되기도 한다.

(2) 채권의 만기수익률(yield to maturity)과 수익률곡선(yield curve)

채권의 현재가치는 이자율이 주어져야만 산출할 수 있다. 채권으로부터 발생하는 현금흐름의 현재가치와 채권이 시장가격을 일치되게 하는 일종의 내부수익률인 이자율을 만기수익률이라고 한다. 할인채는 쿠폰금액이 0인 특수한 이표채로 생각할 수 있다.

투자자는 채권에 투자할 때 장기채권과 단기채권을 선택할 수 있다. 3년 만기 채권을 구매할 수도 있고, 1년 만기 채권을 구매해서 만기일에 롤오버(roll-over)[2)]할 수도 있다. 금융자산의 만기 차이에서 오는 이자율의 격차는 투자를 할 때 중요한 결정요인이 된다. 장·단기 이자율의 격차는 이자율의 기간별 구조(term structure of interest rate)를 통하여 분석할 수 있다. 이자율의 기간별 구조는 다른 조건들은 동일하고 오직 만기만 다른 경우, 채권의 이자율과 만기 사이에 나타나는 관계를 뜻한다.

이자율의 기간별 구조를 그림으로 표시한 것이 수익률곡선(yield curve)이다. 수익률곡선의 각 점은 해당 자산의 만기와 이자율 간의 관계를 나타낸다. 기대가설(expectations hypothesis)에 의하면 장·단기수익률 스프레드는 미래 단기채권 수익률에 대한 투자자의 기대에 의하여 결정된다. 따라서 장기채권이 수익률이 단기채권의 수익률보다 높을 경우에는 수익률곡선이 [그림 12-1]의

2) 대출금을 만기일에 연장하거나, 채권을 다시 1년 연장하는 것을 기간갱신(roll-over)라고 한다.

〈가〉와 같이 우상향하고, 이와 반대인 경우에는 수익률곡선이 〈나〉와 같이 우하향한다.

[그림 12-8] 기대가설에 따른 수익률곡선

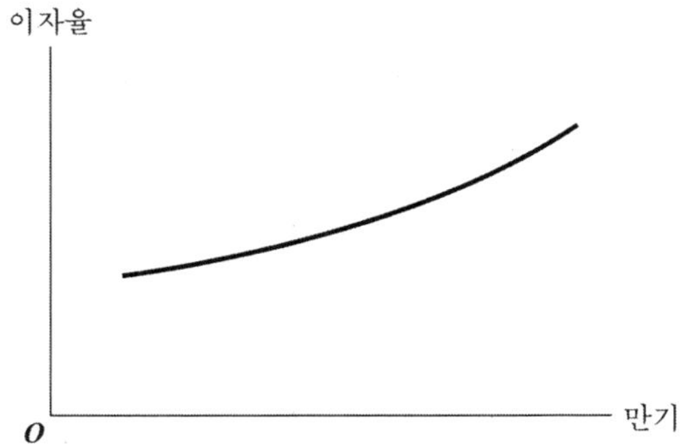

<가> 우상향하는 수익률 곡선

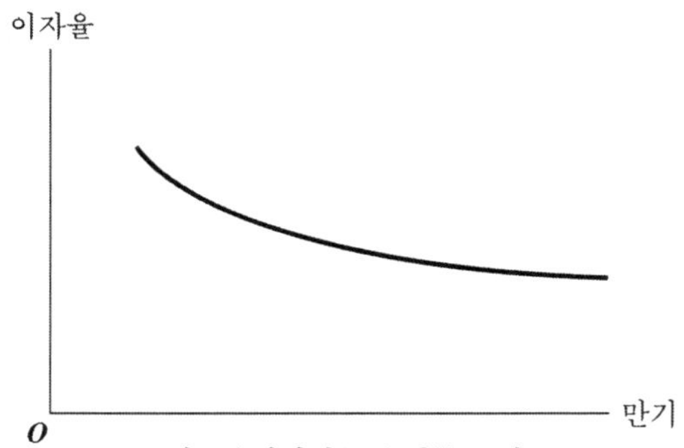

<나> 우하향하는 수익률 곡선

(3) 주식

채권과 달리 주식은 만기가 없고 이표 대신 배당금(dividend)을 지급한다. 채권의 이표가 고정되어 있는 반면 주식의 배당금은 유동적이다. 주식투자자들이 주식을 매입하는 목적은 배당을 받거나 매도를 통하여 자본이득을 얻기 위해서이다. 채권가격이 채권을 보유함으로써 받게 되는 현재와 미래의 이표 및 액면가의 현재가치인데 반하여, 주식가격은 주식을 보유함으로써 받게 되는 현재 및 미래의 모든 배당금의 현재가치로 정의된다.

미래 배당흐름은 불확실하기 때문에 시장에서의 주식가격에는 이 같은 미래

배당흐름에 대한 현재 시점에서의 조건부 기대치(conditional expectations)가 반영되어 있다. 상당수의 경제학자들은 이 조건부 기대치가 매 시점마다 활용 가능한 모든 정보를 활용하여 형성되었고 어떤 체계적 오류도 포함하고 있지 않다고 간주한다. 이들과 같이 주식가격이 매 시점마다 모든 관련 정보를 반영하여 즉각적으로 조정된다는 가설을 효율적 시장가설(efficient market hypothesis)이라고 한다.

그런데 이 같은 가설은 현실세계와 거리가 멀다. 미국의 Enlon이나 World.com 같이 기업의 사회적 책임을 저버린 이사들이 내부자 거래를 하는 경우도 있고, 미국 주식시장에서 측정된 토빈의 q가 2000년대 초에 2.7이었다든지, 의도적으로 조작된 정보를 유출하는 경우도 더러 발견된다. 주식시장은 소유와 경영이 분리된 현대기업이 자금을 확보하기에 적합한 제도이지만, 그 규모가 크고 변동성이 커진 후에는 미국 연방준비은행의 이자율 변경 또는 자원파동, 국제관계 등에 의하여 영향을 받기도 한다. 정부가 통화량을 증가시키거나, 외국자본유입이 급증할 경우에 종합주가지수는 상승국면을 보여 왔다.

12.7 개방경제하에서의 금융시장과 금융기관의 역할

(1) 개방경제하에서의 금융시장

재화시장의 개방은 소비자로 하여금 국산과 외국산 승용차 선택의 범위를 확대시킨다. 서비스 시장의 개방은 은행, 보험, 교통, 기술사용료(royalties) 범위의 확대를 허용한다. 금융시장의 개방은 비교적 최근에 발생한 현상으로서 국내소비자로 하여금 국내뿐만 아니라 외국의 주식, 채권, 파생금융상품을 구매할 수 있게 해 준다. 이 같은 금융시장의 개방은 요소시장과 시장의 효율성을 증가시킨다는 장점을 지닌 반면에, 경제의 불확실성(uncertainties)과 변동성(volatility)을 더 크게 한다는 단점도 지니고 있다.

금융시장은 경제 주체 간 자금의 조달 및 운용이 이루어지는 시장을 말한다.

금융시장은 크게 단기금융시장, 자본시장, 파생금융상품시장으로 나눌 수 있다. 단기 금융시장은 콜론(call loan), 환매조건부채권, 양도성예금증서, 기업어음, 통화안정증권을 취급한다. 자본시장(capital market)이란 장기자금 조달수단이 주식 및 만기 1년 이상의 채권이 거래되는 시장으로 통상 증권시장(securities market)과 동일한 의미로 사용된다. 1997년 외환위기 이후에 자산유동화증권(asset-backed securities)이 많이 활용되고 있다. 이 증권은 부동산, 매출채권, 유가증권, 주택담보대출 등과 같이 유동성이 상대적으로 적은 자산을 유동화하기 위하여 발행되는 증권이다.

파생금융상품(financial derivative market)은 그 미래수익이 통화, 채권, 주식 등 기초 금융자산의 미래수익 변동에 의하여 결정되는 금융계약이다. 이 상품은 기본적으로 선도계약, 선물계약, 옵션, 스왑 등으로 구분된다. 선물(futures) 또는 선도(forward)는 두 거래당사자가 특정 상품 또는 증권을 특정 시점에서 특정 가격으로 거래할 것을 현 시점에서 약정하는 계약이다. 여기서 특정 가격을 선물가격 또는 선도가격이라고 하고, 선물거래는 계약이 먼저 체결된 이후에 계약을 이행하게 된다는 특징을 지니고 있다.

옵션은 미래의 일정 시점 또는 기간 동안 미리 정해진 가격으로 어떤 상품을 구입하거나 판매하는 권리를 부여하는 계약을 뜻한다. 옵션에서 일정한 시점 또는 기간동안에 미리 정해진 가격으로 어떤 상품을 살 수 구입할 수 있는 권리를 콜옵션(call option)이라 하고, 어떤 상품을 팔 수 있는 권리를 풋옵션(put option)이라고 한다. 스왑(swap)은 두 거래 당사자가 미리 약정한 방식에 따라서 미래의 일정 시점에 현금흐름을 교환하기로 하는 계약이다.

(2) 우리나라의 금융기관

금융지주회사는 금융의 영역이 확대되면서 성격이 다른 영역 간의 조정업무를 담당하고 있다. 은행은 소비자 금융의 성격이 강한 일반은행과 특정한 목표를 달성하기 위하여 설립된 특수은행으로 구성된다. 나머지 금융기관은 [표 12-1]에 나타난 바와 같이 비은행 예금취급기관과 보험회사, 금융투자회사, 기타 금융기관, 금융보조기관으로 구성되어 있다. 예금보험공사는 불경기에 일반은행이 예금자를 보호하지 못 할 경우에 대비하기 위하여 운영되고 있다. 물론 법정지불준비금이 있어서 예금의 일정 부분을 은행이 가지고 있기는 하지만, 1920년대 말 대공황이 발생하였을 때 미국에서 예금자를 보호하는데 실패한 사례가 있었다.

[표 12-1] 우리나라의 금융기관 (2011년 12월말 현재)

금융지주	은 행 지 주	
	비은행지주	
은행	일 반 은 행	시중은행
		지방은행
		외은지점
	특 수 은 행	한국산업은행
		한국수출입은행
		중소기업은행
		농업협동조합중앙회
		수산업협동조합중앙회
비은행 예금 취급기관	종합금융회사	
	상호저축은행	
	신용협동기구	신용협동조합
		새마을금고
		상호금융
	우체국예금	
보험회사	생명보험회사	
	손해보험회사	손해보험회사
		재보험회사
		보증보험회사
	우체국보험	
	공제기관	
	수출보험공사	

금융투자회사	증권회사	
	자산운용회사	
	선물회사	
	투자일임자문업자	
	신탁업자	은행/증권/보험/부동산신탁
기타 금융기관	여신전문금융회사	시설대여회사
		신용카드회사
		할부금융회사
		신기술금융회사
	벤처캐피탈회사	중소기업창업투자회사
		기업구조조정전문회사
	증권금융회사	
금융보조기관	금융감독원	
	예금보험공사	
	금융결제원	
	신용보증기관	신용보증기금
		기술신용보증기금
	신용정보회사	
	한국자산관리공사	
	한국주택금융공사	
	한국거래소	
	자금중개회사	
	정책금융공사	

(3) 주택담보인정비율(LTV)과 총부채상환비율(DTI)

10장에서 설명한 바와 같이 고정투자는 분류방식에 따라서 기업고정투자와 주택투자로 구분하게 된다. 경기침체가 지속됨에 따라서 기업고정투자의 활성화도 필요하지만, 주택투자의 활성화도 필요하다. 이 같은 부동산 대출 규제의 완화는 이 같은 활성화정책이 일환으로 서민생활에 큰 영향을 미친다는 점에서 현재 우리나라의 경제정책 중 가장 중요한 이슈 중의 하나이다. 부동산 대출규제 완화를 구성하는 중요한 규제방식이 LTV(Loan to value)와 DTI(Debt to income)이다. LTV란 주택담보인정비율로 소유하고 있는 주택가격의 일정한 비율까지 주택담보대출을 허용하는 정책이고 DTI란 총부채상환비율로 대출의 원리금(원금과 이자)이 소득의 일정비율을 초과하지 않도록 규제하는 정책이다. 예를 들어 기존의 3억원의 주택 소유자는 1억 5천만원까지 부동산 담보대출(LTV)을 이용할 수 있으며, 연소득 3천만원을 가정하면 원리금이 1천5백만원을 초과하지 않는 범위 내(DTI)에서 대출을 받을 수 있었다. 부동산 대출기준 완화로 기존 금융기관별로 차등 인정하던 LTV 비율을 전 금융권 70%로, DTI비율은 60%로 상향조정하였다. 부동산 대출규제 완화의 긍정적인 측면으로는 부동산 경기의 활성화를 통해 소비를 촉진하고 경기를 부양할 수 있을 것이라는 예측이 가능하다. 그러나 부정적인 측면으로는 증가하는 가계부채가 한국 경제의 뇌관으로 작용할 수도 있다는 점이다.

12.8 재량적 정책과 준칙에 의한 정책

(1) 정책의 장단점

케인즈학파는 디플레이션 갭을 상쇄하기 위하여 정부가 임의대로 확장적 재정정책을 실시해야 한다고 주장한다. 이에 반하여 통화론자는 이 같은 재량적 개입은 단기에는 유효할지 몰라도 그 대가는 가속화되는 인플레이션이라고 지적하면서, 화폐수요는 국민소득에 비례하기 때문에 화폐공급을 국민소득 증가율과 일치되게 하는 준칙(rule)을 주장한다.

재량에 의한 정책은 경제상황의 변화에 유연하게 대처할 수 있다는 장점을 가지고 있다. 따라서 정책담당자가 상황을 판단하여 국민경제에 가장 유리한 정책을 선택할 수 있다면 급변하는 경제상황에 대처함에 있어서 준칙보다 더 바람직하다고 할 수 있다. 그러나 재량보다는 준칙에 의한 경제정책을 주장하는 이유는 (3)에서 설명하게 될 동태적 불일치성과 정책신뢰성 때문이다.

(2) 테일러준칙

프리드만의 주장에 따라서 통화공급증가율을 연 3%로 고정시키는 정책은 소득적인 통화정책이라고 할 수 있다. 그러나 [식 12-1]과 같은 통화공급 준칙은 적극적 통화정책이라고 할 수 있다.

통화공급증가율 = 5% + (실업률 - 3%) [식 12-1]

위의 준칙에서 5%는 경제가 완전고용상태를 유지하며 성장할 경우의 잠재성장률 수준을 나타내고, 3%는 자연실업률 수준을 나타낸다. 정책수립자가 위와 같은 적극적 준칙을 실시하게 되면 실업률이 자연실업률과 일치할 경우에는 통화공급의 증가속도는 경제의 성장속도와 동일하게 된다. 그러나 경기침체가 발생하여 실업률이 자연실업률보다 높아지는 경우에는 통화공급 증가속도가 높아져서 확장적 재정정책이 자연스럽게 실시될 수 있다. 예를 들어 실업률이 8%가 될 경우에는 통화공급 증가율은 10%가 된다.

적극적 준칙의 한 예로는 테일러(J. Taylor)가 제안한 테일러 준칙(Taylor's Rule)을 들 수 있다. 이 준칙은 물가안정이라는 장기목표와 경기안정이라는 단기목표를 동시에 달성하기 위하여 미국의 연방준비제도가 통화정책 수단인 연방자금금리(federal fund rate)를 어떻게 설정해야 하는가를 제안한 것으로 [식 12-2]와 같이 나타낼 수 있다.

목표 명목정책금리 = 균형 명목정책금리 + α산출 갭 +
β인플레이션 갭 [식 12-2]

여기서 각 변수의 값은 %로 표시되고, 균형 명목정책금리는 실제 인플레이션율과 균형 실질정책금리의 합으로 정의된다. 그리고 α와 β는 양(+)의 상수로서 각각 목표 정책금리가 산출 갭과 인플레이션 갭에 반응하는 정도를 나타낸다. 산출 갭과 인플레이션 갭은 각각 [식 12-3]과 [식 12-4]와 같이 정의된다.

산출 갭 = [(실제 실질 GDP - 잠재 실질 GDP) × 100]/잠재 실질 GDP [식 12-3]

인플레이션 갭 = 실제 인플레이션율 - 목표 인플레이션율 [식 12-4]

테일러 준칙을 나타내는 [식 12-2]에 의하면 연방준비은행은 실제 인플레이션율과 목표 인플레이션율과의 차이가 크면 클수록, 그리고 실제 GDP와 잠재 GDP의 차이가 크면 클수록, 명목 이자율 목표를 상향조정하게 된다.

(3) 동태적 불일치성과 정책신뢰성

정부가 민간경제주체의 기대형성에 영향을 주기 위하여 사전에 정부의 정책의지를 발표하는 경우가 있다. 예를 들어 정부가 물가안정에 최우선순위를 부여할 경우에 민간 경제주체의 인플레이션 기대심리는 보다 안정적으로 변할 수도 있다. 그러나 정부가 발표한 정책이 시행되리라고 믿고 민간경제주체들이 이 같은 정책에 부합되게 새로운 의사결정을 한 후에 정책수립자 입장에서 이미 발표한 정책보다 좋은 정책대안이 있음을 발견하게 된 경우를 정책의 동태적 불일치성(dynamic inconsistency) 또는 시간의 불일치성(time inconsistency)이라고 한다.

정부의 입장에서는 동태적 불일치성이 있더라도 보다 나은 정책을 정부의 재량으로 실시하는 것이 가능하다면 원래 발표하였던 정책과 다른 정책을 실시하게 된다. 그러나 민간경제주체들이 정부가 발표한 정책이 동태적 불일치성을 가지고 있음을 파악하게 되면 정책 자체를 불신하게 된다. 이 같은 상황에서 정부가 발표한 정책에 신뢰감을 형성하기 위해서는 정책 자체를 재량에 의하여 변경할 수 없도록 확정시키면 된다. 즉, 이미 약속한 정책을 뒤바꿀 수 있는 재량보다 그 정책을 변경할 수 없게 함으로써 신뢰감을 심어주는 것이 보다 바람직한 균형을 가져오게 된다.

통화론자와 신고전학파의 이 같은 주장에 대하여 새케인즈학파는 시장기능에 위임하기에는 가격의 경직성과 정보이 비대칭성으로 인하여 자원의 최적배분이 어렵고, 이따금 마주치는 비우호적인(adverse) 외부충격에 이겨나기기 위해서는 상황적합이론(contingency theory)이 더 좋은 대안이라고 주장한다.

12.9 정부부채와 재정정책[3)]

정부는 치안, 국방, 일반행정, 사회복지 등의 정부활동을 하기 위하여 조세, 수수료, 국공채발행 등을 통하여 재원을 마련하는데 이와 같은 정부의 재원조달 및 지출 활동을 재정이라고 한다.

(1) 통합재정수지

통합재정수지는 중앙은행 등 공공 금융기관을 제외한 비금융 공공부문의 재정수입과 지출의 내역을 보여주고, 재정이 건전하게 운용되었는지를 판단하는 데 유용한 지표로 활용될 뿐만 아니라 재정활동의 국민경제 대한 효과를 분석하는 데에도 도움이 된다. 더 나아가 IMF 회원국들은 통합재정수지를 작성하여 보고할 의무가 있기 때문에 국제적 비교목적으로도 사용할 수 있다. 재정수입은 조세수입, 사회보장 기여금, 세외수입 그리고 자본수입으로 구성된다. 조세수입이 가장 주된 재정수입원이고, 조세수입 중에는 부가가치세를 포함한 재화 및 용역세의 비중이 가장 높으며 그 다음으로 소득세와 법인세를 포함하는 소득 및 이익세가 차지하고 있다. 국세수입과 지방세수입 그리고 사회보장 기여금을 합한 금액을 국내총생산으로 나눈 비율을 조세부담률이라고 한다. 우리나라의 조세부담률은 지속적으로 증가하는 추세를 보이고 있다.

재정지출은 경제적 성격에 따라 경상지출과 자본지출, 순융자로 나누어진다.

3) 이 절은 김경수·박대근(2005)을 참조하였음.

경상지출은 재화와 용역의 구입, 이자지출, 그리고 경상이전으로 구성되는데 이 중 경상이전이 가장 큰 비중을 차지하고 있다. 자본지출은 주로 사회간접자본에 대한 투자와 자산 취득을 위한 투자지출을 뜻한다. 순융자는 국민주택기금의 융자, 제조업체 육성을 위한 융자, 농어민 융자, 에너지관리공단 융자 등이 대부분을 차지한다.

(2) 재정적자와 정부부채

노르웨이 같이 풍부한 수산자원과 북해 유전을 가진 국가를 제외하고는 대부분의 국가들은 재정지출이 재정수입을 초과하는 재정적자가 대부분의 경우이다. 재정지출은 크게 정부구매, 이전지출, 순지급이자로 구성되므로 재정적자는 [식 12-5]와 같이 정의될 수 있다.

재정적자 = 정부구매 + 이전지출 + 순지급이자 - 조세수입 [식 12-5]

순지급이자를 제외한 재정적자를 본원적 재정적자(primary budget deficit)라고 하고 [식 12-6]과 같이 구할 수 있다.

본원적 재정적자 = 정부구매 + 이전지출 -조세수입 [식 12-6]

재정적자가 발생하면 정부는 부족한 재원을 조달하기 위하여 차입을 하게 되고 그 결과 정부부채가 증가하게 된다. 정부부채가 과다한지 아닌지를 판단하기 위해서는 정부부채의 절대적 규모보다 국내총생산 대비 정부부채규모(deb-GDP ratio)가 적합하다.

(3) 리카도 대등정리: 재정적자의 경제적 효과

(가) 조세감면과 가계의 소비

전통적 케인즈학파 모형에서 조세감면의 거시경제적 효과는 가계의 소비수요 증가 또는 기업의 투자활동 증가로 나타난다. 조세가 감면되면 가처분소득이 증가하기 때문에 가계가 소비수요를 증가시킴에 따라서 *IS*곡선과 총수요곡선이 우측으로 이동하게 된다. 리카도 대등정리를 주장하는 학자들은 정부의 예산제약을 이해하는 합리적 소비자는 조세감소에 따라 가처분소득이 증가하더라도 현재의 소비를 증가시키지 않을 것이라고 한다.

(나) 리카도 대등정리(Ricardiam equivalence theorem)

리카도를 포함한 고전학파와 배로(R. Barrow)를 포함한 새고전학파 학자들은 조세감면에 따른 재정적자의 확대가 가져오는 경제적 효과에 대하여 케인즈학파와 전혀 다른 주장을 전개한다. 이들의 주장에 의하면 조세수입만의 변화에 의한 재정적자규모의 변화는 경제에 아무런 영향을 미치지 못하는데 이를 리카도 대등정리하고 한다. 즉, 정분지출의 재원을 조세로 충당하든지 또는 부채로 충당하든지 그 경제적 효과가 동일하다는 것이다.

(다) 배로의 설명

리카도 대등정리에 의하면 민간보유 국공채는 민간의 미래 조세부담을 의미하기 때문에 민간부문의 순자산이 될 수 없다. 배로는 이 같은 리카도 대등정리를 근거로 재정정책의 무력성을 주장하였다. 정부가 조세징수가 아닌 국채발행을 통하연 재원을 조달하면, 민간은 이번 기에 징수되지 않은 만큼의 가처분소득을 저축한다. 민간부문의 저축증가는 대부자금의 공급을 가져온다. 그리고 정부지출에 필요한 재원을 조달하기 위하여 정부가 국채를 발행하면 대부자금에 대한 수요가 증가한다. 대부자금에 대한 수요와 공급이 동시에 증가하고, 그 변화크기가 같다면 이자율은 변화하지 않게 되고, 민간부문의 소비와 투자에 영향을 미치지 않게 된다.

(라) 리카도 대등정리에 대한 비판

대등정리에 대한 비판은 너무 제약된 가정이 현실경제와 동떨어져 있다는 점이다. 첫째, 리카도 대등정리가 성립하기 위해서는 저축과 차입이 자유롭고 저축이자율과 차입이자율이 동일하다는 신용시장의 완전성 가정이 충족되어야 한다. 자본시장이 불완전한 경우에 유동성 제약이 발생하듯이, 민간부문이 지출을 증가시키는데 제약이 발생하게 된다. 둘째, 리카도 대등정리가 성립하려면 소비자들이 합리적이고 미래지향적이어야 한다. 그러나 상당한 소비자들이 매우 근시안적(myopic) 소비행태를 보이곤 한다. 따라서 먼 미래의 조세증가는 현재의 조세감소에 비하여 소비에 미치는 영향이 작을 수도 있다. 셋째, 정부지출이 일정하지 않다면 대등정리는 성립하지 않게 된다. 넷째, 대등정리가 성립하기 위해서는 경제활동인구의 증가율이 0%이어야 한다. 이 같은 문제점 이외에 미래세대의 조세부담과 현실적으로 거리가 있다. 소비자들의 수명이 정부의 수명보다 짧기 때문에 연령분포에 따라서 고령자는 30년 만기 국채에 대하여 젊은 세대에 비하여 덜 영향을 받게 된다는 점에서 미래세대에 대하여 감세의 편익보다 큰 규모로 조세부담을 이전하게 된다.

(마) 재정의 정치경제이론

최근에 와서 재정의 건전성을 해치는 적자편중(deficit bias) 현상이 어떤 요인에 의하여 발생하는가에 대한 연구가 활발하게 진행되고 있다. 뷰케넌(J. Buchanan)은 불충분하거나 제한된 정보가 재정의 적자편중의 요인이 될 수 있다고 지적한다. 정보가 불충분하거나 제한적일 때, 확장적 재정지출과 세금감면으로부터 국민들이 얻게 되는 이득은 직접적이고 분명하지만, 정부의 예산제약을 충족하기 위하여 미래시점에 필연적으로 야기될 긴축재정과 고율의 과세라는 비용은 간접적이고 분명하지 않을 수 있다. 이 같은 맥락에서 비용을 바르게 인식하지 못한다면 적자편중의 경향은 불가피하게 된다.

이 같은 적자편중의 예로는 전략적 채무증대와 개혁의 지연을 들 수 있다. 전략적 채무증대는 정치지도가가 자신의 후임자에 의한 재정지출을 억제하기 위하여 자신의 임기동안 과다한 재정지출을 함으로써 의도적으로 정부부채를 증가시키는 현상을 뜻한다. 재정개혁의 당위성에 대해서는 누구나 공감하지만 개혁이 지연되는 경우를 자주 본다. 개혁에 수반되는 비용을 당사자 간에 어떻게 부담할 것인지에 대한 합의가 이루어지지 않거나, 개혁이 가져오는 손실과 이득에 개인의 불확실성이 존재할 때에는 개혁이 지연되거나 이루어지지 않을 수도 있다. 그러나 위기상황에서는 소득재분배에 따른 정치적 비용보다 효율성 이득이 상대적으로 커지기 때문에 개혁에 대한 저항이 감소하게 된다. 이 같은 이유에서 로드릭(D. Rodrik)은 위기 시에 정부는 재정개혁과 같은 거시적 개혁 프로그램뿐만 아니라 무역 및 산업정책과 같은 미시적 개혁 프로그램도 동시에 추진하는 것이 바람직하다고 주장한다.

위의 주장 이외에 공공선택이론(public choice theory)에서 정부는 투표에서 득표를 최대로 하고자 하고, 관료는 예산을 극대화하고자 하기 때문에 재정적자를 줄이는 문제는 간단한 문제가 아니라고 사료된다. 그리고 많은 이해자집단(interest group)이 국회에 로비하는 현실에서 소비자 주권이 제대로 지켜질 수 있는지 여부에 대한 논쟁도 야기된다. 갈브레이드(K. Galbraith)는 『풍요한 사회』(The Affluent Society)에서 조작된 수요(contrived demand)를 주장하였다. 그리고 자신의 주장에 대하여 반박한 하이엑(F. Hayek)을 다시 공격하고자 『새로운 산업사회』(The New Industrial State)에서 자본가 이외에 다양한 사회계층의 지도자(technocrat)가 필요하다고 주장하면서 일본이 미국에 비하여 이 같은 측면에서 잘 운용하고 있다고 지적하였다.

연 습 문 제

[1] 맞는 답을 선택하여 기입하시오.

(1) 일반적인 $IS-LM$모형에서 통화량은 일정하고 물가수준이 상승할 때 발생하는 현상은? (   )

① 이자율은 상승하고 실질산출량은 감소한다.

② 이자율은 상승하고 실질산출량은 증가한다.

③ 이자율은 하락하고 실질산출량은 감소한다.

④ 이자율은 하락하고 실질산출량은 불변이다

(2) $IS-LM$모형에서 정부가 정부지출과 조세를 동일한 금액만큼 증가시키면 국민소득과 이자율에 어떤 변화가 발생하게 되는가? (   )

① 소득이 증가하고 이자율은 변화하지 않는다.

② 소득이 증가하고 이자율도 상승한다.

③ 소득과 이자율 모두 변화하지 않는다.

④ 소득은 변화하지 않고 이자율은 상승한다.

(3) 정부가 뉴딜정책을 실시하고자 공공투자지출을 확대하게 되면 $IS-LM$모형에서 발생하는 결과라고 보기 어려운 것은? (   )

① 이자율이 상승할 것이다. ② 화폐공급이 감소할 것이다.

③ 실업률이 하락할 것이다. ④ 민간투자가 위축될 것이다.

(4) 투자지출이 이자율에 대하여 매우 비탄력적이라면 금융정책의 효과는 어떻게 되는가? (   )

① 재정정책보다 더 효과가 있다.

② 국민소득증가에 효과적이다.

③ 재정정책보다 효과가 적다.

④ 실업률과 인플레이션 간에는 역의 상관관계가 존재하지 않는다.

(5) 경제가 유동성함정에 있을 경우에는 확장적 금융정책의 효과는? (　　)

① 효과가 크다.　　② 효과가 없다.

③ 효과가 비교적 작다.　　④ 위의 어느 것도 아니다.

(6) $IS-LM$모형에서 정부가 정부지출과 조세를 동일한 금액만큼 증가시키면 국민소득과 이자율에 어떤 변화가 발생하게 되는가? (　　)

① 소득은 증가하고 이자율은 변화하지 않는다.

② 소득은 증가하고 이자율도 상승한다.

③ 소득과 이자율 모두 변화하지 않는다.

④ 소득은 변화하지 않고 이자율은 상승한다.

(7) 구축효과의 부작용을 염려하는 케인즈주의자들이 경기침체를 극복하고자 할 때 선호하는 거시경제정책은? (　)

① 확장적 재정정책

② 긴축적 재정정책과 확정적 통화정책의 병행

③ 확장적 재정정책과 확장적 통화정책의 병행

④ 확장적 재정정책과 긴축척 통화정책의 병행

(8) 총공급곡선을 오른쪽으로 이동시키는 요인일 수 있는 것은? (　)

① 유가의 상승　　② 기술진보

③ 소득세 인상　　④ 공해에 대한 규제강화

(9) 총공급곡선이 수직선의 형태를 가질 경우 국민소득을 증가시키는 가장 좋은 방법은? (　)

① 노동시장의 유연성을 증가시킨다.

② 정부의 재정지출을 증가시킨다.

③ 기업의 투자를 활성화시킨다.

④ 개인소득에 대한 조세를 감면시킨다.

(10) 총공급곡선을 우측으로 이동시키는 요인이 아닌 것은? (   )

① 물가상승　　② 원유가격의 하락

③ 기술진보　　④ 노동생산성의 향상

(11) 다음 중 총통화에 포함되지 않는 것은? (   )

① 민간은행이 소지한 한국은행권 ② 민간은행이 예치한 요구불 예금

③ 민간은행이 보유한 한국은행권 ④ 민간이 예치한 정기예금

(12) Keynes 이론에 의하면 통화량과 화폐의 유통속도의 관계는? (   )

① 통화량의 증가 ⇒ 이자율의 하락 ⇒ 유통속도의 증가

② 통화량의 증가 ⇒ 이자율의 상승 ⇒ 유통속도의 증가

③ 통화량의 감소 ⇒ 이자율의 상승 ⇒ 유통속도의 증가

④ 통화량의 감소 ⇒ 이자율의 하락 ⇒ 유통속도의 증가

(13) 금융정책을 수행하기 위하여 이용되고 있는 정책수단이 아닌 것은? (   )

① 재할인율　　② 이자율

③ 공개시장조작　　④ 법정지불준비율

(14) 화폐공급은 내생성에 대한 다음 설명 중 가장 적절하지 않은 것은? (   )

① 민간의 현금보유비율은 이자율의 감소함수이다.

② 은행의 지불준비율은 이자율의 감소함수이다.

③ 화폐공급이 외생적인 경우에 비하여 화폐공급이 내생성을 띠는 경우 확장적 재정정책의 소득증대효과가 크다.

④ 화폐공급이 외생적인 경우에 비하여 화폐공급이 내생성을 띠는 경우 확장적 금융정책의 소득증대효과가 크다.

(15) 금융정책과 관련된 다음 설명 중 옳지 않은 것은? (   )

① 유동성선호 화폐이론에 따르면 시장이자율이 변동할 경우 투자가 변하게 되어 실질 GNP가 변동한다.

② 케인즈학파는 재량적 재정정책으로 경기를 미조정(fine tuning)할 수 있

다고 본다.

③ 중앙은행이 재할인율을 인하하면 기업의 투자가 촉진된다.

④ 화폐공급의 증가는 단기적으로 인플레이션 기대심리를 가져와 명목이자율이 상승하지만 장기적으로 명목이자율은 하락한다.

(16) 프리드만에 의하면 명목통화공급의 증가는? (　　)

① 실질이자율의 증가를 통하여 명목소득을 증가시킨다.

② 사적부문의 부의 증가를 통하여 명목소득을 증가시킨다.

③ 금융자산 및 실물자산의 가격상승을 통하여 명목소득을 증가시킨다.

④ 명목소득의 증가에 미미한 영향을 미친다.

(17) 국제수지흑자로 통화량이 증가하여 국내물가의 불안이 예상될 때 통화량을 조절할 수 있는 정부정책으로 적절한 것은? (　　)

① 공개시장에서 국채를 매입한다.

② 중앙은행은 재할인율을 인하한다.

③ 중앙은행이 법정지불준비율을 인상한다.

④ 정부는 중앙은행으로부터 차입을 증가시킨다.

(18) 다음 중 우리나라 외환위기시에 IMF가 권고한 고금리정책이 의도했던 바와 가장 거리가 먼 사항은? (　)

① 경상수지 흑자 실현　　② 해외자본의 유출억제

③ 민간투자의 활성화　　④ 부실기업의 퇴출 유도

(19) 프리드만의 주장이 아닌 것은? (　)

① 물가는 화폐공급량에 의하여 결정된다.

② 고정환율제도가 변동환율제도보다 낫다.

③ 장래의 기대소득수준이 현재의 소비에 영향을 미친다.

④ 실업률과 인플레이션 간에는 역의 상관관계가 존재하지 않는다.

(20) 채권가격과 이자율의 관계를 바르게 설명한 것은? (　)

① 채권가격의 상승은 이자율의 점진적 상승을 가져온다.
② 채권가격의 상승은 이자율의 점진적 하락을 가져온다.
③ 채권가격의 상승으로 인하여 소득과 이자율 모두 변화하지 않는다.
④ 채권가격의 상승으로 인하여 소득은 변화하지 않고 이자율은 상승한다.

(21) 리카도의 대등정리에 의할 때 정부지출의 변화가 없이 일시적으로 세금을 인하하는 경우 발생하는 현상은? (　　)
① 민간저축과 정부저축 모두 감소한다.
② 민간저축과 정부저축 모두 증가한다.
③ 민간저축은 감소하고 정부저축은 증가한다.
④ 민간저축은 증가하고 정부저축은 감소한다.

(22) 물가상승을 억제하기 위해서는 어떤 정책이 효과적인가? (　)
① 재정지출의 증대　　② 재할인율의 인하
③ 금융기관에 대한 여신규제　　④ 공채환수

(23) 다음 재정정책의 무효성을 입증하기 가장 적합한 이론은? (　)
① 합리적 기대가설　　② 리카도 대등정리
③ 유동성 제약이론　　④ 적응적 기대가설

(24) 리카도 대등정리를 반박하기에 적합한 이론은? (　)
① 승수이론　　② 가속도원리
③ 유동성 제약이론　　④ 불균형거시이론

(25) 다음 중 화폐의 중립성을 강조하는 사용되는 개념이 아닌 것은? (　)
① 화폐수량설　　② 피셔 관계식
③ 유동성 효과　　④ 예상인플레이션 효과

(26) 리카도의 등가정리에 의할 때 정부지출의 변화가 없이 일시적으로 세금을 인하하는 경우 발생하는 현상은? (   )

① 민간저축과 정부저축 모두 감소한다.
② 민간저축과 정부저축 모두 증가한다.
③ 민간저축은 감소하고 정부저축은 증가한다.
④ 민간저축은 증가하고 정부저축은 감소한다.

[2] 아래 설문에 답하시오.

(1) 새고전학파와 새케인즈학파는 디스인플레이션 정책 중에서 점진적 방안과 급진적 방안 중 각각 어떤 정책을 선호하는지 설명하시오.

(2) 국제수지불균형에 대한 고전학파, 케인즈학파, 통화론자의 원인분석과 대응 방안을 비교하면서 설명하시오.

[3] Fill up the blanks with suitable words.

(1) Barro-Ricardo (   ) proposition: The proposition is that debt financing by bond issue merely postpone taxation, and therefore, in many instances is strictly equivalent to current taxation.

(2) (   ) is an open market operation between domestic money and domestic bonds whose sole purpose is to neutralize the tendency of balance of payments surpluses and deficits to change the domestic money supply.

(3) (   ) is the revenue that the government raises by printing money.

(4) The inflation component of nominal rate of interest is called the (   ) effect.

(5) The three cannons of "Keynesian" orthodoxy are that (   ) management regulates unemployment, (   ) policy regulates inflation and the (   )(   ) control regulates the balance of payments.

(6) (   ) is a contract whose value is tied to the performance of a financial instrument or commodity.

[4] Choose correct answers.

(1) The Keynesian labour supply function theorizes that workers ( ).

① accept a decrease in money wages as long as these cuts bring about full employment

② accept money wage cuts as long as real wages do not fall

③ resist any decrease on their real wages

④ resist any decrease in their money wages

(2) According to the proponents of functional finance, ( ).

① the public debt is secondary to the goal of full employment.

② the public budget should be balanced annually.

③ the public budget should be balanced critically.

④ the government should neutralize the effect of the public debt on the private sector.

(3) Friedman's formulation of the demand for money posits that ( ).

① the utility of money has no effect on the demand for money

② money is a luxury good

③ real money balances re held in direct proportion of the price level

④ change in the nominal stock of money cause proportional changes in the real rate of interest

(4) Friedman's formulation of the demand for money posits that (　).

① the expected yield from a given portfolio increase with a reduction in risk associated with the portfolio

② the expected yield from a given portfolio increases with no change in the risk associated with the portfolio

③ the expected yield from a given portfolio increases as does the risk associated with the portfolio

④ there is no change in the expected yield or the risk associated with the given portfolio

(5) Who is the author of the following paragraph? (　)

"Large entities exist on the side of demand as well as the side of supply. The result is a struggle between these two forces so that some form of equilibrium is established, although this equilibrium is not one arrived at through the competitive forces of the market, in the classical sense." (　)

① Friedman　　② Hicks

③ Galbraith　　④ Modigliani

Answer

[1] (1) 1 (2) 1 (3) 2 (4) 3 (5) 2 (6) 2 (7) 3 (8) 2 (9) 1 (10) 1 (11) 3 (12) 3 (13) 2 (14) 4 (15) 4 (16) 2 (17) 3 (18) 3 (19) 2 (20) 4 (21) 4 (22) 3 (23) 2 (24) 4 (25) 3 (26) 4

E: (1) *LM*곡선이 왼쪽으로 이동한다.

(2) *IS*곡선과 *LM*곡선이 모두 우측으로 이동한다.

(3) 확장적 재정정책은 *IS*곡선을 우측으로 이동시키게 되고, *LM*곡선에 영향을 미치지 않는다. 통화량과 물가수준의 변화는 *LM*곡선을 이동시키게 된다.

(4) 고전학파의 주장과 같이 *IS*곡선이 수직선의 형태를 갖게 되면 금융정책은 화폐의 중립성으로 인하여 국민소득에 아무런 영향을 미치지 못하게 된다.

(5) *LM*곡선이 수평구간이어서 금융정책은 효과가 없다.

(6) 균형재정승수는 1이기 때문에 *IS*곡선이 우측으로 이동하면서 국민소득은 증가하고 이자율도 증가하게 된다.

(7) IS곡선이 우측으로 이동하여 이자율이 상승하는 것을 방지하기 위해서는 LM 곡선 또한 우측으로 이동시켜야 한다.
(9) AS곡선이 수직선인 경우에 확장적 재정 및 금융정책으로는 국민소득을 증가시킬 수 없고, AS곡선을 우측으로 이동시키는 정책을 사용해야한다. 이 같은 정책의 대부분은 미시경제정책이다. 노동시장의 유연성을 증가시키면 노동공급이 증가하여 AS곡선이 우축으로 이동하게 된다.
(10) AS곡선의 이동은 외생적 변수가 변화할 때 발생하게 된다. 물가는 내생적 변수에 해당된다.
(11) 민간은행이 보유한 한국은행권은 지급준비금이며, 이는 M_1 또는 M_2와 같은 통화량에 포함되지 않는다. 민간이 보유한 지급준비금은 본원통화에 포함된다.
(12) 반대로 통화량이 증가하게 되면 유동성효과로 인하여 이자율이 하락하고 투기적 동기에 의한 화폐수요가 급증하기 때문에 유통속도는 감소하게 된다.
(13) 이자율은 금융정책의 정책수단이 아니라 중간목표이다. 그리고 나머지 사항은 일반적 금융정책수단에 해당된다.
(14) 화폐공급의 내생성은 케인즈학파의 주장이고 신화폐수량설을 공격할 때 사용된다.
(15) 피셔의 유동성효과에 의하면 화폐공급량의 증가는 단기적으로 이자율을 인하시킨다. 그러나 장기적으로 명목이자율을 상승시키게 된다.
(16) 통화량의 증가는 명목국민소득을 비례적으로 증가시키게 된다.
(19) 통화론자는 외환시장에 개입이 효과가 없다고 보고 자연실업률에 대응될 만큼의 통화량이 유지되지 않으면 국제수지불균형이 야기될 수 있다고 본다.
(20) 채권가격과 이자율은 점진적이 아닌 즉각적인 반응을 보인다.
(21) 조세가 인하되면 정부의 수입이 감소하여 정부저축이 감소한다. 민간부분은 현재 조세의 인하는 미래조세의 증가로 인식하고 증가된 가처분소득을 모두 저축하기 때문에 민간저축은 증가한다.
(22) 긴축적 재정 및 금융정책의 실시에 해당되는 정책은 ③이고 나머지는 모두 확장적 재정 및 금융정책에 해당된다.
(26)조세가 인하되면 정부의 수입이 감소하여 정부저축이 감소한다. 민간부분은 현재 조세의 인하는 미래조세의 증가로 인식하고 증가된 가처분소득을 모두 저축하기 때문에 민간저축은 증가한다.
[2] (1) 루카스(R. Lucas)와 사전트(T. Sargent)와 같은 새고전학파 학자들은 점진적 디스인플레이션(gradualism) 정책은 오랜 기간에 걸쳐 경기침체를 유발하기 쉽다는 점에서 정책 자체를 중도에 포기되기 쉽다는 단점이 있다고 지적한다.

따라서 그들은 민간경제주체의 정책 신뢰도가 낮기 때문에 급속한 디스인플레이션(cold turkey) 정책이 더 효과적이라고 주장한다. 이와는 대조적으로 피셔(S Fisher)와 테일러(J. Taylor)와 같은 케인즈주의자들은 급속한 디스인플레이션은 경기를 지나치게 악화시키므로 경제주체들이 디스인플레이션에 따른 물가 하락에 적응할 기간을 가질 수 있도록 점진적인 디스인플레이션이 바람직하다고 주장한다. 이 같은 견해의 차이점은 재량적 개입으로 야기될 수 있는 동태적 불일치성을 비판하는 새고전학파와 동태적 일관성(dynamic efficiency)을 달성하기 위하여 상황적합이론(contingency theory)을 주장하는 새케인즈학파의 기본적 자세(basic tenet)에서 기인한다고 볼 수도 있다.

(2) 고전학파는 국제수지 불균형의 원인이 상대가격비율이 올바르게 평가되지 않기 때문이라고 보고 국제수지 적자일 경우에는 자국통화를 평가절하 시켜야 한다고 주장한다. 케인즈학파는 국제수지 흑자는 국내산출량이 국내총지출보다 클 경우에 발생하고, 국제수지 적자는 국내총지출이 국내산출량보다 클 경우에 발생한다고 본다. 따라서 전자일 경우에는 지출전환정책을 후자일 경우에는 지출감소정책을 사용해야 한다고 주장한다. 통화론자는 국제수지의 불균형은 전적으로 화폐적 현상이라고 간주한다. 통화론자는 국제수지 적자는 자연실업률 이하로 실업률을 감소시키고자 통화량을 증가시킨 결과라고 보고, 이를 해결하기 위해 통화긴축을 실시해야 하다고 주장한다. 다르게 표현하면, 평가절하는 일시적 해결방안이기 때문에 효과가 없다고 지적하고, 통화긴축 이외에는 별 다른 방안이 없다고 주장한다. 1997년 외환위기가 발생하였을 때 IMF는 긴급자금을 제공하는 조건으로 통화론자의 주장과 같이 긴축정책을 실시를 제시하였다.

[3] (1) equivalence (2) sterilization (3) Seigniorage (4) Fisher (5) demand, income, exchange rate (6) Derivative

T: (3) 주조이익(주조차익): Seigniorage란 명목가치보다 소재가치가 적은 화폐(지폐)를 발행함으로써 화폐발행의 이익을 뜻한다.

(6) 파생상품은 상품의 가치가 다른 금융수단이나 금융상품의 성과에 따라 결정되는 계약이다.

E: (1) 민간이 보유한 국공채는 미래 조세부담에 불과하다.

[4] (1) 4 (2) 1 (3) 2 (4) 4 (5) 3

제 5 부

거시경제의 동태적 측면

경제는 성장을 하면서 경기변동을 겪게 된다. 경제성장이 둔화되면 국민들의 소득이 감소하게 되어 위축감을 느끼게 된다. 경제의 활동수준이 때로는 활발해지고 때로는 둔화되는 현상을 경기변동(economic fluctuation)이라고 한다. 즉, 경기변동은 고용과 생산, 물가수준 등이 동시에 또는 시차를 두고 증가 또는 감소를 반복하는 현상을 뜻한다.

제13장 경제성장

이 장에서는 경제성장의 중요성, 고전학파 경제성장이론, 해로드-도마의 경제성장모형, 칼도의 추세변동, 신고전학파의 경제성장이론, 내생적 성장이론을 설명하고자 한다. 최근의 이론만을 분석하게 되면 어떤 이유에서 경제성장의 문제가 야기되었고, 어떤 과정을 거쳐서 변화하였는가를 모를 수도 있기 때문에 단계적으로 전개하고자 한다.

13.1 경제성장의 중요성과 요인

경제성장이 최상이라는 성장만능주의(Growth-mania)가 있는 반면에 성장이 가져오는 공해와 같은 경제적 비용(cost of economic growth)을 강조한 학자도 있다.[1] 성장을 지속적으로 달성하지 않고는 국민의 잠재적 복지를 증가시키기 어렵게 된다. 성장의 혜택이 어떻게 나누어지는가, 다르게 표현하면 어떤 사회계층의 복지가 증가 또는 감소하는가는 성장전략에 달려있다.

1) E. Mishan, *The Cost of Economic Growth*, Penguin, 1967

(1) 경제성장의 중요성

경제성장이라 함은 일정기간에 걸쳐서 1인당 실질산출량의 증가율(real output growth rate per capita)을 뜻한다. 자본주의사회는 단기적으로 순환적 변동을 겪으면서 지속적인 성장을 해 왔다. 경제성장이 지속적으로 충분한 크기로 증가하여야만 증가된 산출량을 가지고 국민들에게 나누어 주게 될 몫(share)이 커지게 된다. 경제성장에 따른 공해증가로 인한 복지감소 또는 경제성장에 따른 증가된 소득분배문제를 쉽게 해결하기 힘들기 때문에 경제성장이 바람직하지 않다는 견해는 현실적으로 수용하기 어렵다.

(2) 경제성장의 요인

단기적 성격을 지닌 거시경제이론은 단기간에 걸친 가변적인 수요측면을 중점적으로 분석한다. 이에 반하여 장기적 성격을 지닌 경제성장이론은 시간의 경과에 따라서 경제의 공급능력이 어떻게 증가하는가를 연구하는 것이기 때문에 경제의 공급측면을 중점적으로 분석한다. 경제성장은 잠재적 산출량의 증가라는 양적인 변화도 포함할 뿐만 아니라 기술진보와 같은 질적인 변화도 포함한다. 경제성장은 생산활동에 있어서 중요한 요소인 노동, 자본과 기술진보에 의하여 이루어지기 때문에 상당한 부분이 자본이론에 바탕을 두고 있다.

경제성장은 잠재적 산출량의 양적 변화를 포함할 뿐만 아니라 기술진보와 같은 질적인 변화도 포함한다. 노동의 양적 증가는 인구증가를 통한 노동가능인구의 증가 내지 노동시간의 증가에 의하여 이루어지고, 노동의 질적 증가는 교육투자의 증가와 직장 내의 훈련을 통하여 이루어진다.[2] 슘페터(J. Schumpeter)는 교육투자의 증가, 노동자 1인당 자본장비율의 제고를 통한 노동생산성의 증가가 경제발전에 기여한다고 강조한다.[3]

---

2) 전자를 외연적 성장(extensive pattern of growth), 후자를 내연적 성장(intensive pattern of growth)이라고 한다.

3) 경제발전의 원동력이 기업가의 혁신에 있다고 강조한 슘페터는 기존의 자원들을 새로운 방법으로 생산하는 활동은 경제발전에 포함시킨 반면에 인구의 증가나 부의 증가와 같은 단순한 양적 성장은 경제발전에서 제외하였다.

(3) 경제성장의 특징

경제성장에 대한 선구적인 업적으로 노벨 경제학상을 받은 미국의 경제학자 쿠즈네츠(S. Kuznets)는 과거 2세기 동안 선진국에서 일어난 경제성장에서 다음과 같은 여섯 가지 특징을 발견하였다.

① 1인당 실질 GNP와 인구의 증가율이 높다.

② 요소생산성, 특히 노동생산성의 증가율이 높다. 기술진보가 1인당 실질 GNP 증가의 대부분을 설명한다.

③ 경제구조의 전환율이 높다. 농업으로부터 비농업부문으로, 소규모 개인기업으로부터 대규모 회사기업으로, 농촌으로부터 도시로, 경제의 구조적 변동이 일어난다.

④ 사회, 경제, 이념상의 전환이 높다. 전통적 관행 대신 합리적 활동이 지배하고, 기회, 소득, 재산 측면에서 평등이 촉진되며 이에 따라서 사회제도와 개인의 행태가 개선된다.

⑤ 시장과 원료의 확보를 위하여 선진국의 대외진출성향이 두드러진다.

⑥ 경제성장의 성과는 전세계적으로 확산되는 것이 아니라 제한적으로 세계인구의 1/3에만 한정되어 있다.

(4) 공급능력 확대를 위한 투자와 저축의 중요성

단기거시이론에서는 경제의 문제점이 수요측면에서 야기된다고 보기 때문에 투자의 증가는 총수요의 증가를 통하여 국민소득을 증가시키는 소득창출효과를 가져온다. 장기거시이론인 경제성장이론에서도 투자의 역할이 중요하다. 다만 단기거시이론에서는 투자가 총수요를 증가시키는 측면이 강조되는 반면에, 경제성장이론에서는 투자가 생산능력의 증가를 가져오고 그 결과 총공급을 증가시키는 측면이 강조된다. 투자가 경제성장에 기여하는 방법은 두 가지가 있다. 하나는 자본설비의 확장이고, 다른 하나는 연구와 개발을 통한 기술수준의 향상이다.

경제성장을 효과적으로 촉진시키기 위해서는 생산시설의 확장을 위한 투자가 요구되고, 주어진 산출량에 대한 지출 중에서 투자수요의 증가를 위해서는 저축

증가를 통하여 소비지출을 감소시켜야 한다. 다르게 표현하면 경제성장을 위해서는 저축이 증가한 결과 소비수요가 감소하더라도 총수요의 감소를 억제하기 위해서는 기업의 투자수요가 증가되어야만 한다.

(5) 고전학파 성장이론과 근대적 성장이론

고전학파 성장이론은 웅대한(grandeur) 설명을 한다는 장점은 있지만, 성장의 인과관계를 설명하는 변수가 적어서 이해가 어렵기 때문에 이 같은 문제점을 해결하고자 근대적 성장이론이 대두되었다. 근대적 성장이론은 인구증가는 외생적으로 주어진다고 보고 노동, 자본, 투자, 저축 및 생산요소의 한계대체율과 같이 몇 개의 한정된 경제변수로 나타낸 모형을 사용하여 경제성장을 분석하고자 한다. 근대적 성장이론으로는 해로드-도마모형, 신고전학파모형, 내생적 성장모형을 들 수 있다.

13.2 고전학파의 성장이론

고전학파모형에서의 소득수준은 공급측면에 의하여 결정된다. 세이의 법칙이 성립하는 한 공급되는 재화는 모두 판매될 수 있기 때문에 경쟁상태 하에서 모든 생산자는 생산능력이 허용하는 한까지 생산을 확장하게 되어 국민경제의 산출량은 항상 최대의 산출량수준 즉 완전고용수준에 도달하게 된다. 따라서 고전학파는 기술수준이 일정하다면 소득수준은 인구의 크기에 의하여 결정될 것이며 경제성장의 가장 중요한 요인은 인구증가에 있다고 주장한다.

(1) 자본축적의 중요성

스미스, 리카도, 맬더스와 밀(J. Mill)과 같은 고전학파 경제학자들은 이윤의 발생은 자본축적을 가져오고, 자본축적은 노동의 한계생산력을 증가시키고 임금을 최저생존수준 이상으로 상승시켜서 인구를 증가시킨다. 제한된 토지에서 인구의 증가는 노동의 한계생산력을 하락시키기 때문에 임금이 다시 생존수준

(subsistence level)으로 하락하게 된다. 그 결과 발생하는 이윤을 바탕으로 자본저량이 증가하게 되므로 인구는 다시 증가되고 생산이 확대되면서 경제가 정상상태로 이동하게 된다. 정상상태(stationary state)라 함은 최저생활임금을 지불하더라도 이윤이 발생할 소지가 없으므로 자본축적의 유인은 사라지게 되고 인구증가도 정체되는 상태를 뜻한다. 고전학파 경제학자들은 자본축적을 경제성장의 원동력으로 간주하였으며, 자본축적과 인구증가가 상호작용하면서 경제성장이 이루어진다고 보았다.

스미스의 경제성장의 원동력이 자본축적에 있다고 보았다. 스미스는 자본축적은 노동에 대한 수요를 증가시켜 일시적으로 임금을 상승시킬 것이고, 이는 분업을 조장하여 다시 노동생산성에 기여할 것이라고 보았다. 결국 근검과 절약은 자본축적과 노동의 분업화를 통하여 경제성장에 기여한다. 스미스 이후의 고전학파 경제학자들은 자본축적이 경제성장의 관건이라고 보았다.

고전학파의 인구증가에 대한 견해는 맬더스의 최저임금에 대한 이론에 의하여 부각된다. 그는 인구증감을 통해 임금이 장기적으로 생존비수준에 머물 것이라고 보았다. 즉, 노동의 장기공급곡선은 최저생활수준의 임금에서 수평선으로 나타나게 된다. 리카도는 스미스적 성장이론과 맬더스적 임금이론을 받아들이고 토지가 희소한 생산요소라는 전제를 추가하여 성장이론을 전개했다. 리카도는 소득계층을 노동자계층, 자본가계층, 지주계층으로 구분하였다. 그는 무위도식하는 지주계층을 비난의 대상으로 생각하고 지대보다는 이윤의 확대로 자본의 축적이 이루어지는 것이 바람직하다고 생각하였다.[4] 그러나 그는 실제로는 이와 반대로 생산량 증가에 따라서 수확체감의 법칙이 작용하여 이윤은 점차로 하락하고 지대만 증가하기 때문에 바람직하지 못한 상태가 되리라고 보았다. 그래서 결국에는 자본축적이 종식되어 경제성장률이 0이 되는 정상상태가 될 것이라고 보았다.

4) 리카도는 영국의 영광을 위하여 대륙에서 싼 가격으로 농산물을 수입하는 행동을 금지한 곡물법 철폐를 주장하였다.

(2) 정상상태

고전학파의 성장모형을 [그림 13-1]을 사용하여 진보상태에서 정상상태로 이동하는 과정을 설명하고자 한다. 가로축은 노동인구의 크기를, 세로축의 Y는 지대를 지불한 후의 총생산물, 그리고 W는 전체노동인구에 대한 임금을 나타낸다. 만일 노동자에게 생존수준의 임금만 지불된다면 노동인구의 크기에 따라 총 임금지불액은 OS직선으로 나타나며 그 기울기(EN/NO)는 최저생존수준의 유지에 필요한 1인당 임금이다. 총생산곡선 $Y=f(N)$은 경제의 총생산에서 지대를 공제하고 남는 부분으로 수확체감의 법칙이 작용하기 때문에 아래를 향하여 오목한 형태를 지닌다.

최초의 노동인구가 ON_1이라고 하자. 임금을 최저생존수준인 N_1S_1만큼 지불한다면, 총생산에서 지대와 임금을 공제한 나머지인 S_1Y_1만큼은 이윤이 된다. 이 같은 이윤에 의하여 자본저량은 증가하게 된다. 자본축적은 노동생산성을 증가시켜서 시장임금을 N_1Y_1이 되게끔 상승시킨다. 임금이 상승한 결과 이윤이 소멸되므로 자본축적은 중지되나, 임금상승은 인구를 ON_2만큼 증가시키고 임금은 다시 최저임금수준인 N_2S_2만큼 하락하게 된다. 인구가 ON_2일 경우에 이윤은 S_2Y_2로 발생하게 되고, 이에 따라 축적이 시작되면 임금을 다시 N_2Y_2만큼 상승시키게 된다. 그 결과 인구는 ON_3으로 증가하게 되고 임금은 다시 생존수준의 임금인 N_3S_3으로 하락하게 된다. 이와 같은 과정이 연속적으로 반복되면 경제는 S_1, Y_1, S_2, Y_2, S_3, Y_3 …의 과정을 거쳐서 결국 총생산함수인 $Y=f(N)$ 곡선과 OS직선의 교차점에 접하게 된다. 경제가 일단 E점에 도달하면 최저생존임금을 지불하더라도 이윤이 발생할 소지가 없으므로 자본축적의 유인은 사라지게 되고 인구도 ON수준에서 정체되는 정상상태(stationary state)에 도달하게 된다. [그림 13-1]에서 보는 바와 같이 경제의 정체는 기술진보에 의한 생산성 증가에 의하여 연기될 수도 있다. 기술진보는 총생산곡선을 상방으로 이동시키게 됨에 따라서 정상균형점도 OS직선을 따라 상방으로 이동하여 E'가 되며 이에 따라 인구규모의 상한도 ON에서 ON'로 증가한다.

[그림 13-1] 고전학파모형에서 안정적인 정상상태

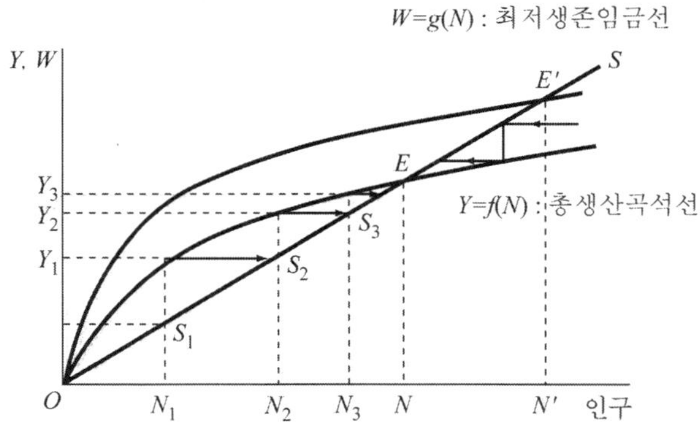

(3) 고전학파성장이론에 대한 평가

고전학파는 자본축적이 경제성장의 원동력임을 강조함으로써 자본주의의 경제성장을 설명하는 데 크게 기여하였다. 그러나 고전학파의 주장은 그들의 이론이 바탕을 두고 있는 맬더스의 인구론, 수확체감의 법칙, 자본축적 그리고 임금분석이 현실적 타당성이 결핍되었다고 비판을 받게 되었다. 몇 가지 예를 들어보면 다음과 같다. 첫째, 고전학파는 자본축적에 따라서 인구증가가 신속하게 이루어진다고 가정하였는데 현실적으로 인구는 상당히 늦게 증가한다. 인구증가가 신속하지 않게 이루어지는 현실세계에서는 정상상태로의 접근은 총생산곡선상이 아닌 총생산곡선과 최저임금선 사이를 지나가게 된다. 둘째, 노동의 한계생산력이 체증하여 총생산곡선이 아래를 향하여 볼록하게 될 경우에는 정상상태는 불안정하게 된다. 셋째, 고전학파이론은 기술진보가 있게 되면 수확체감의 법칙이 지연될 수 있음을 충분하게 고려하지 않았다.

13.3 해로드-도마모형: 케인즈학파의 성장이론

고전학파는 투자는 저축된 자금으로 수행하는 것이며 저축은 항상 투자로 연결된다고 보았기 때문에 저축과 투자는 언제나 사전적으로 일치한다고 보았다. 그러나 케인즈학파는 저축은 가계가 하고 투자는 기업이 자본의 한계효율과 이자율을 비교하여 하기 때문에 사전적으로 저축과 투자가 일치하기 어렵다고 보았다. 따라서 케인즈학파는 완전고용하의 국민소득수준에서 저축이 투자보다 크다면 총수요가 총공급에 미치지 못하기 때문에 과소고용하의 국민소득수준에서 비자발적 실업이 발생하게 된다. 이 같은 불완전고용하에서는 수요측면이 공급측면을 결정하는데 결정적으로 중요한 역할을 하게 된다. 즉 소득수준이 적절히 변화하여 저축과 투자가 일치하게 되는 수준에서 균형국민소득이 결정된다.

저축과 투자가 일치하는 수준에서 균형국민소득이 결정된다는 케인즈의 견해는 해로드(R. Harrod)의 동학이론(動學理論)이라는 경제성장에 대한 논문에 그대로 반영되었다.[5] 이 논문에서 해로드는 비교정학적 방법으로 다룰 수 없는 동태적 방법을 소개하였다. 고전학파가 경제성장의 공급측면, 즉 생산능력의 증대만을 고려한데 반하여 해로드는 총공급능력의 증대뿐만 아니라 총수요의 증대도 고려한 보다 넓은 시각에서 경제성장이론을 전개하였다. 미국의 도마(E. Dormr)도 영국의 해로드와 비슷한 성장이론을 제시하였기 때문에 이들의 모형을 해로드-도마모형이라고 한다.

(1) 해로드모형

집계화하는 데 야기되는 어려움을 피하기 위하여 상대가격이 고정적이라 가정한다. 경제에는 하나의 재화만이 존재하고 이 재화는 소비재로도 사용되고 투자재로도 사용될 수 있다. 저축, 노동의 증가, 기술진보 및 자본-산출량비율에

5) Harrod, R., "An Essay in Dynamic Theory," *Economic Journal*, 1935, pp. 14-33.

대한 가정은 다음과 같다.

첫째, 저축은 소득의 일정비율(s)만큼 이루어진다. 평균저축성향과 한계저축성향은 동일하며 사전적 저축과 사후적 저축은 일치한다.

$$S = sY \qquad [식\ 13\text{-}1]$$

(여기서 $0 < s < 1$)

둘째, 노동의 증가율은 외생적으로 결정되고 일정하다. 경제가 자연성장률로 성장한다는 것은 완전고용을 지속적으로 유지하면서 성장함을 의미한다.

셋째, 설명을 쉽게 하기 위하여 기술진보나 자본의 감가상각이 없다고 가정한다.

넷째, 어떤 산출량의 흐름을 생산하는 데 소요되는 자본량과 노동량은 독특하게 주어진다. 다르게 표현하면 자본-산출량비율과 노동-산출량비율은 일정하다. 따라서 $Y = K/v$ 또는 $Y = L/u$로 나타낼 수 있다. 여기서 u와 v는 상수이다. 이 같은 생산함수는 주어진 자본량 또는 주어진 노동량에서 생산될 수 있는 산출량은 유일하게 하나뿐이라는 것이다. 이 같은 생산함수는 [식 13-2]와 같이 나타낼 수 있다. [식 13-2]는 생산기술이 고정계수 생산함수이고 생산과정에서 노동과 자본간에 대체가 없음을 보여준다.[6]

$$Y = \min[K/v, L/u] \qquad [식\ 13\text{-}2]$$

(min은 극소값을 나타낸다.)

자본-산출량비율 v는 [식 13-2]에 의하면 K/Y를 나타낸다. 해로드가 주된 관심을 가진 것은 산출량의 증가분에 대한 자본저량의 증가분인 한계자본-산출량비율이었다. [식 13-2]로부터 자본량 K를 [식 13-3]과 같이 나타낼 수 있다.

$$K = vY \qquad [식\ 13\text{-}3]$$

6) 생산함수는 규모에 대한 수익불변의 특성을 가진다.

[식 13-3]을 시간 t에 대하여 미분하면 [식 13-4]가 된다.

$$\dot{K} = v\dot{Y} \qquad \text{[식 13-4]}$$

비록 해로드는 명시적으로 나타내지 않았지만 편의상 평균자본-산출량 비율이 K/Y는 한계자본-산출량비율인 $\triangle K/\triangle Y$와 일치한다고 가정하자. 해로드모형을 이해하기 위해서는 한계자본-산출량의 두 가지 다른 개념을 인식하는 것이 필요하다. 첫 번째 경우는 어떤 특정기간에 걸쳐서 증가된 자본저량의 증가분을 산출량의 실제증가분으로 나눈 것으로 v로 표시하자. 두 번째 경우는 만일 어떤 특정기간의 종료 시에 기업가들이 정확한 자본량을 투자하여 만족스럽다고 느끼게 될 경우에 필요한 산출량의 증가분에 대한 자본저량의 증가를 v_r로 나타내자.

[식 13-4]에서 자본저량에 대한 감가상각이 없다고 가정하였기 때문에 자본저량의 변화율 $\dot{K}$가 플러스 값을 갖게 되면 $\dot{K}$는 집계적 투자흐름과 같게 되기 때문에 [식 13-4]를 [식 13-5]와 같이 나타낼 수 있다.

$$I = v\dot{Y} \qquad \text{[식 13-5]}$$

[식 13-5]는 총투자를 국민소득 내지 산출량의 변화와 연관지어 나타내는 가속도원리의 단순한 형태이다.

국민소득의 균형을 달성하기 위해서는 총투자 I와 총저축 S가 일치해야 하므로

$$I = S = sY \qquad \text{[식 13-6]}$$

[식 13-5]와 [식 13-6]으로부터 [식 13-7]이 도출된다.

$$I = v\dot{Y} = sY \quad \text{즉,} \quad \dot{Y}/Y = s/v \qquad \text{[식 13-7]}$$

해로드는 [식 13-7]을 기본방정식이라고 하였다. 기본방정식은 시간이 지남에 따라서 순투자와 총저축간의 균형이 지속적으로 유지되기 위해서는 국민소득 내지 산출량이 성장률을 나타내는 $\dot{Y}/Y$는 s/v와 일치해야 함을 시사한다.

자본저량의 성장률도 쉬게 도출될 수 있다. 감가상각이 없다고 가정하였기 때문에 [식 13-6]의 I는 $\dot{K}$로 대체되어질 수 있다.

$$\dot{K} = S = sY \qquad \text{[식 13-8]}$$

[식 13-8]에서 Y를 K/v로 대체하면

$$\dot{K} = (s/v)K \qquad \dot{K}/K = s/v \qquad \text{[식 13-9]}$$

[식 13-7]과 [식 13-9]에서 시간의 흐름에 따라 총투자와 총저축 간의 균형이 지속적으로 유지되기 위해서는 국민소득과 자본량이 동일한 비율 s/v로 증가해야 함을 시사한다. 따라서 [식 13-7]과 [식 13-9]는 모든 변수들이 일정한 비율로 변화해 가면서 성장하는 균제상태의 성장(steady-state growth)인 경우에 해당된다.[7)]

해로드의 기본방정식은 한계자본-산출량비율을 사후적으로 해석하는가, 아니면 사후적으로 해석하는가에 따라서 경제성장률을 실제성장률과 적정성장률로 구분되어지게 한다.

[식 13-7]을 변형하면

$$(\dot{Y}/Y)v = s \qquad \text{[식 13-10]}$$

7) The steady state level of capital K is the level at which investment equals depreciation cost.

첫째, 한계자본-산출량비율 v를 사후적으로 해석하면

$$(\dot{Y}/Y)(I/\dot{Y}) = s = S/Y \qquad [\text{식 } 13\text{-}11]$$

[식 13-11]에서 $\dot{Y}$를 상쇄하고 양변에 Y를 곱해주면 [식 13-11]은 사후적으로 투자는 저축과 일치하게 된다는 익숙한 항등식이 된다. 이 같이 v를 사후적으로 해석하면 기본방정식은 그대로 진실화되고, 국민소득의 성장률은 s/v와 같아야만 한다. 일정기간에 걸친 국민소득의 실제성장률을 G_A로 나타내면 진실화된 기본방정식은 [식 13-12]와 같이 된다.

$$G_A \equiv s/v \qquad [\text{식 } 13\text{-}12]$$

둘째, 한계자본-산출량비율을 사전적으로 해석하면 적정성장률 v_r이 된다. v_r은 기업가가 산출량의 단위증가율에 대하여 적절하다고 간주하는 자본의 증가율을 뜻한다. [식 13-7]의 v를 v_r로 대체하고 적정성자율을G_w로 나타내면,

$$\dot{Y}/Y \equiv G_W \equiv s/v_r \qquad [\text{식 } 13\text{-}13]$$

[식 13-13]은 기업가가 주어진 소득 내지 산출량의 성장에 대하여 자본의 증가가 기업가의 필요에 의하여 이루어진 성장률로서, 해로드는 이를 적정성장률이라고 하였다. [식 13-12]와 [식 13-13]으로부터,

$$G_A \equiv s \equiv G_W v_r \qquad [\text{식 } 13\text{-}14]$$

만일 실제성장율 G_A가 적정성장률 G_w와 같다면 실제 자본-산출량비율 v는 필요한 자본-산출량비율 v_r과 같아야 한다. 다르게 표현하면 만일 국민소득과

산출량이 G_w로 증가한다면 국민소득의 증가에 사용되는 자본저량의 실제증가분이 기업가들이 현재의 국가적 산출량을 생산하는 데 꼭 부합되는 자본저량의 크기라고 만족하는 것과 일치하게 된다.

만일 경제가 적정성장률로 성장한다면 기업가는 성장률을 변경시킬 유인을 갖게 될 아무런 이유가 없게 된다. 해로드모형의 불안정성을 고려하면 적정성장률의 개념이 균형국민소득의 개념과 부합된다고 할 수는 없다. 그러나 넓게 해석하면 해로드가 주장한 실제성장률, 적정성장률, 자연성장률의 개념은 각각 단기 정학이론에서의 실제국민소득, 균형국민소득, 완전고용국민소득의 개념과 일치한다고 할 수 있다.

(2) 균제상태성장의 문제점

해로드모형에서 고정된 노동-산출량비율의 가정 때문에 [식 13-15]와 같이 실제성장률이 노동의 증가율을 초과할 수 없게 된다.

$$G_A \leq \dot{L}/L = n \qquad [식\ 13\text{-}15]$$

만일 경제가 최초에 완전고용상태에 있었다고 하고, 시간이 지나도 완전고용이 유지된다고 하면 이는 실제성장률이 노동성장률과 일치한다는 것을 시사한다. 균제상태성장의 균형을 위해서는 실제성장률 G_A와 적정성장률 G_w가 일치해야 한다. 따라서 완전고용수준하에서의 균제상태성장이 균형이 되기 위해서는 [식 13-16]과 같이 실제 및 적정성장률과 노동성장률이 일치해야 한다.

$$G_A = G_W = n \quad 또는 \quad s/v = s/v_r = n \qquad [식\ 13\text{-}16]$$

로빈슨(J. Robinson)은 이 같은 경우를 현실세계에서 거의 달성하기 어려운 신비한 경우를 나타내기 때문에 황금기(golden age)라고 불렀다. 해로드모형은 완전고용하에서 균제성장의 균형이 될 가능성을 포함하고 있지만, 실제 및 적정, 노동성장률이 각각 독립적으로 결정되기 때문에 황금기가 성립할 아무런 이유가 없다. 완전고용 하에서 균제성장이 언제나 확보될 수 없다는 해로드의 결론은 전적으로 케인즈의 영향을 받은 것이다. 따라선 해로드의 첫 번째 문제는 자본주의 경제에서 과소고용하의 균형이 얼마든지 가능하다는 케인즈의 주된 주장의 동태적 해석으로 볼 수 있다.

(3) 안정성의 문제

(2)에서 설명한 해로드모형의 첫 번째 문제는 "조만간 우리는 경기침체를 직면하게 된다."는 해로드의 주된 명제를 소개하는 첫 단계가 된다. 해로드는 실제성장률이 적정성장률로부터 벗어나 괴리가 발생할 경우에는 경제가 스스로 괴리를 감소시키기보다는 괴리를 증폭시킨다는 의미에서 적정성장률은 불안정하다고 하였다. 만일 실제성장률이 적정성장률을 초과하게 되면, 기업가는 실제로 증가한 자본저량이 주어진 소득과 산출량의 성장을 위하여 필요로 하는 자본저량의 증가보다 작다는 것을 알게 된다. 기업가들은 이 같은 괴리를 감소시키고자 이전보다 더 많은 투자를 하게 되고, 이는 필요자본-산출량 비율인 v_r을 증가시킨다. 이 같은 상황에서 [식 13-16]에서 한계저축성향 s가 일정하기 때문에 필요자본-산출량 비율인 v_r이 증가할수록 실제성장률 G_A를 증가시켜서 결국에는 실제성장률 G_A와 적정성장률 G_W의 차이는 이전보다 더 커지게 된다. 그 결과 실제자본량과 균형자본량의 괴리도 증가하게 된다. 해로드모형의 두 번째 문제는 실제성장률과 적정성장률이 일치하여 균형상태에 있던 경제가 실제성장률이 적정성장률에서 벗어나게 되면 어떤 이유로든지 균형으로 회복되지 아니하고 균형에서 더욱 멀어지게 되는가 하는 불안정성이다. 솔로우는 해로드의 두 번째 문제를 '칼날 속성'(knife-edge property)이라고 하였다.[8)]

(4) 도마(E. Domar) 모형

도마의 성장이론은 기본적으로 투자의 이중적 성격을 분석하는데 초점을 맞추고 있다. 도마는 투자의 승수효과를 통하여 성장은 실제소득을 증가시키는 소

8) 경제가 균제성장을 한다는 것은 칼날이 균형을 잡고 서 있는 것과 같이 어렵다는 지적이다.

득창출효과와 자본을 증가시켜서 잠재적 GNP를 증가시키는 생산능력증대효과가 있다고 주장한다. 해로드모형과 비교하여 도마모형은 노동력의 증가율에 대하여 언급하지 않고, 투자함수를 포함하지 않고 있다.[9)]

(5) 해로드-도마모형에 대한 평가

해로드-도마모형은 경제이론에 균제성장의 중요성을 부각시킨 장점을 지니고 있지만, 아래와 같은 비판을 받기도 한다.

① 자본과 노동 간에 대체가능성이 없다고 보는 고정된 자본-산출량비율은 경제성장과 같은 장기분석을 하기에는 적합하지 않다.

② 해로드모형에서 불안정한 속성은 지나치게 과장되어 있고, 이 같은 속성의 상당한 부분들은 민감하게 가정에 의존되어 있다.

③ 해로드-도마분석의 일반적 견해는 실제로 성장하는 경제에 대한 실증분석과 일치하지 않는다. 해로드-도마모형은 제2차 세계대전 이후 서방국가의 경제가 크게 보아 균제성장을 지속해 왔다고 주장하는 칼도(N. Kaldor)의 정형화된 사실과 반대된다.

④ 위와 같은 비판에도 불구하고 해로드-도마모형은 경제이론에 다시 성장을 소개하고, 균형성장의 중요성을 부각시켰다. 그들은 케인즈학파간 균형국민소득의 관점에서 저척의 역할을 논의한데 이어서 자본축적과정에서 저축이 중요한 역할을 하게 된다는 고전학파의 주장을 다시 강조하였다.

13.4 신고전학파의 성장이론

해로드-도마모형에 대한 가장 큰 비판은 미이드(J. Meade), 솔로우(R. Solow), 스완(T. Swan)과 같은 신고전학파에 의하여 제기되었다. 솔로우는 해로드-도마모형에 나타나는 자본과 노동간의 대체가능성의 부족개념과 그로

9) 도마모형은 성장이론을 설명하기보다는 동태적 균형을 일관된 조건을 도출하는 데 바탕을 두고 있다.

인한 고정된 자본-산출량비율을 배격하고, 장기분석을 하기 위해서는 승수이론과 가속도원리와 같은 단기분석의 방법은 한계(marginal)분석으로 대체되어야 한다고 주장한다. 해로드-도마모형은 가속도원리와 승수이론을 결합하였기 때문에 동태적 케인즈학파의 분석이라고 할 수 있는 반면에, 신고전학파의 성장이론은 한계분석을 사용하기 때문에 동태적 고전학파분석이라고 할 수 있다. 해로드-도마모형에서는 저축과 투자가 독립적으로 결정되기 때문에 불완전고용하에서 균형국민소득이 이루어지는 것이 일반적이라고 보고 있다. 이 같은 케인즈학파의 주장을 비판하고 고전학파의 완전고용하의 균형소득이 달성된 상태에서 경제성장이 가능함을 옹호하기 위하여 대두된 이론이 신고전학파 성장이론이다.

신고전학파인 솔로우는 해로드-도마의 비례적인 저축성향은 그대로 사용하지만, 노동과 자본이란 투입으로부터 도출되는 생산함수의 특징은 일정한 산출량을 생산하는 데 노동과 자본이 다양한 비율로 대체될 수 있다고 주장한다. 또한 노동공급은 주어진 인구의 증가율인 n의 크기로 증가하고 경제는 완전고용상태에 있다고 가정한다. 이와 같은 가정으로부터 경제는 노동력의 증가와 같은 크기로 산출량의 증가를 가져오게끔 언제나 자본과 노동의 비율을 변화시키게 된다. 다르게 표현하면, 노동과 자본간의 비율의 변화를 통하여 적정성장률을 자연성장률에 일치되게 조정한다는 것이다.

해로드-도마모형은 투입-산출량비율뿐만 아니라 생산요소의 투입비율도 고정되어 있기 때문에 노동과 자본간의 대체가 불가능하다는 가정으로부터 분석을 시도한다. 그러나 해로드-도마모형의 가정들은 상당히 비현실적이고 전통적인 신고전학파의 분석과도 일치하지 않는 점들이 많다. 따라서 솔로우와 스완을 포함하는 신고전학파 경제학자들은 노동과 자본간의 대체가능성과 수확체감의 법칙을 도입하여 해로드-도마모형의 일반화를 시도한다. 해로드-도마가 고정계수의 생산함수를 사용한 데 반하여, 신고전학파는 연속형생산함수를 사용한다.

(1) 신고전학파의 가정들

솔로우는 적정성장률과 자연성장률이 일치하지 않는 근본적인 원인을 규명하고자 한다. 그는 생산요소간에 비율의 고정성 이외에는 해로드-도마모형의 가정을 대부분 받아들인다.

① 솔로우의 이론은 다만 한 가지 재화만이 생산된다고 가정하며, 이 재화는 소비재로 사용될 수 있고 동시에 투자재로도 사용될 수 있다. 이와 같은 1부문 모형은 케인즈학파와는 달리 저축자와 투자자의 구분이 없음을 시사한다. 이 모형에서 저축은 모두 투자로 연결되고, 별개의 투자함수를 가지고 있지 않다.

② 해로드모형과 마찬가지로 소득의 일정비율(s)만큼이 저축된다.

$$S = sY \qquad [식\ 13\text{-}17]$$

(단, $0 < s < 1$)

①에서 설명한 바와 같이 저축은 모두 투자되고, 투자를 사전적 투자와 사후적 투자로 구분하지 않고 투자와 저축이 항등적으로 일치한다고 가정한다.

$$I \equiv S \qquad [식\ 13\text{-}18]$$

③ 설명을 쉽게 하기 위하여 자본저량에 대한 감가상각은 없다고 가정한다. 그리고 투자는 다양한 상품의 자본저량의 증가율이다.

$$\dot{K} = I \qquad [식\ 13\text{-}19]$$

[식 13-17]과 [식 13-18]을 [식 13-19]에 대입하면

$$\dot{K} = S = sY \qquad [식\ 13\text{-}20]$$

④ 노동력의 증가율은 외생적으로 일정한 값 n을 갖는다.

$$\dot{L} / L = n \qquad [식\ 13\text{-}21]$$

⑤ 생산기술은 연속적이고 1차동차의 생산함수이다.

$$Y = F(L, K) \qquad [식\ 13\text{-}22]$$

1차동차생산함수, 즉 규모수익불변의 생산기술은 $y = Y/L$, 그리고 $k = K/L$로 나타내면, [식 13-22]는 [식 13-23]과 같이 나타낼 수 있다.

$$y = f(k) \qquad [식\ 13\text{-}23]$$

[식 13-23]은 각 노동자의 산출량은 각 노동자의 자본장비의 함수임을 보여준다.

신고전학파이론에서 케인즈적 불황과 불안정성이 없어지게 되는 이유는 가정 ①에 의하여 사전저축과 사전투자가 항등식이 되기 때문이다. 사전저축과 사전투자가 동일하기 때문에 투자함수는 없어지게 되고, 이에 따라 미래의 경기에 대한 기업가의 기대의 중요성도 없어지게 된다.

(2) 신고전학파의 기본방정식

해로드모형은 산출량의 성장률의 관점에서 정의된 기본방정식을 바탕으로 하고 있다. 이에 반하여 신고전학파모형은 시간의 경과에 따른 자본-노동비율의 경로를 추적하는 기본방정식을 바탕으로 하고 있다. (1)에서 소개한 가정들을 가지고 1부문 모형의 기본방정식을 다음의 4단계로 도출하고자 한다.

(가) 1단계: 1부문 경제에서 한 종류의 재화로 측정한 소득은 총체적 투자와 소비의 합과 일치한다.

$$Y \equiv C + I \qquad [식\ 13\text{-}24]$$

[식 13-24]를 노동자의 수 L로 나누면 노동자 1인당의 관계를 나타낼 수

있다.

$$Y/L \equiv (C/L) + (I/L) \qquad [식\ 13\text{-}25]$$

[식 13-25]를 더 구체적으로 나타내면,

$$Y(t)/L \equiv [C(t)/L] + [I(t)/L] \qquad [식\ 13\text{-}26]$$

t시점에 노동자 1인당 산출량은 t시점에 노동자 1인당 소비와 투자로 나누어진다. (1)의 가정 ⑤로부터 노동자 1인당 산출량인 $Y/L = y$가 노동자 1인당 자본의 함수이기 때문에 [식 13-26]은,

$$f[k(t)] = [C(t)/L] + [I(t)/L] \qquad [식\ 13\text{-}27]$$

(나) 2단계: 자본-노동비율 $k = K/L$은 자본저량 K와 노동력 L이 같은 비율로 증가한다면 k의 증가율은 0이 된다. 만일 자본의 비례적 증가율 $\hat{K}$가 노동의 비례적 증가율 $\hat{L}$보다 크게 되면, 자본─노동비율의 증가율 $\hat{k}$는 [식 13-28]과 같이 자본저량의 증가율에서 노동력의 증가율을 뺀 것과 같다.

$$\dot{k}/k = [\dot{K}/L] - [\dot{L}/L] \qquad [식\ 13\text{-}28]$$

또는 $\hat{k} = \hat{K} - \hat{L}$

(1)의 가정 ④로부터 노동력의 증가율은 상수 n이므로 [식 13-28]은 [식 13-29]와 같이 변형될 수 있다.

$$\dot{k}/k = (\dot{K}/L) - n \qquad [식\ 13\text{-}29]$$

[식 13-29]의 양변에 $k=K/L$을 곱해 주면

$$\dot{k}=[\dot{K}/K][K/L]-n[K/L]$$

K를 제거하고, K/L을 k로 나타내면

$$\dot{k}=(\dot{K}/L)-nk \qquad [식\ 13\text{-}30]$$

또는

$$\dot{K}/L=\dot{k}+nk \qquad [식\ 13\text{-}31]$$

(다) 3단계: 가정 ③으로부터 $\dot{K}=I$이기에, $I/L=\dot{K}/L$이 된다. [식 13-31]은 $(\dot{K}/L)=\dot{k}+nk$임을 보여준다. 따라서 [식 13-27]의 I/L을 $\dot{k}+nk$로 대치하면 [식 13-32]가 구해진다.

$$f(k)=(C/L)+\dot{k}+nk \qquad [식\ 13\text{-}32]$$

[식 13-32]는 노동자 1인당 산출량 $f(k)$는 세 가지 용도로 사용됨을 보여주고 있다. 즉, $f(k)$는 노동자 1인당 소비를 나타내는 C/L과 노동력이 일정한 값 n으로 성장할 때 자본-노동비율 k를 일정하게 유지하는 데 필요한 투자량을 나타내는 nk와 실제로 자본-노동비율을 증가시키는 투자부분인 $\dot{k}$로 구성되어 있다. 여기서 nk는 자본확대과정을, 그리고 $\dot{k}$는 자본심화과정을 나타낸다.

(라) 4단계: [식 13-32]를 재배치하면,

$$\dot{k}=f(k)-(C/L)-nk \qquad [식\ 13\text{-}32]$$

$f(k)=y=Y/L$을 사용하면,

$$\dot{k}=[Y/L]-[C/L]-nk \qquad [식\ 13\text{-}33]$$

1부문 모형에서 노동자 1인당 산출량 Y/L과 노동자 1인당 소비량 C/L의 차이는 명백하게 노동자 1인당 저축량인 S/L이 된다. 따라서 [식 13-33]은

$$\dot{k}=(S/L)-nk \qquad [식\ 13\text{-}34]$$

가정 ②에서 $S=sY$이므로,

$$\dot{k}=[(sY)/L]-nk \qquad [식\ 13\text{-}35]$$

가정 ⑤에서 $Y/L=y=f(k)$이므로

$$\dot{k}=sf(k)-nk \qquad [식\ 13\text{-}36]$$

[식 13-36]은 신고전학파모형의 기본방정식이다. 여기서 $sf(k)$는 저축이 자동적으로 투자로 전환되므로 노동자 1인당 저축이나 노동자 1인당 투자를 나타내고, nk는 자본확대과정을 나타낸다. 따라서 [식 13-36]에 의하면 자본—노동비율의 변화율 k는 노동자 1인당 저축과 노동력이 증가함에 따라서 자본—노동비율을 일정하게 유지하는 데 소요되는 투자량과의 차이에 의하여 결정된다. 만일 $sf(k)$가 nk보다 크다면, 자본저량은 노동력보다 빠른 속도로 증가하게 되고, 그 결과 자본-노동비율은 증가하게 된다.

(3) 균제성장의 존재와 특성

[식 13-36]의 기본방정식으로부터 신고전학파모형의 두 가지 중요한 명제를

도출할 수 있다.

[명제 1] 이 모형은 균형성장(균제상태)의 해(解)를 가지고 있다. 이 모형의 최초의 값이 무엇이든지간에 경제는 균형성장경로를 향하여 계속하여 이동한다는 의미에서 균제성장의 解는 안정적이다.

[그림 13-2] 신고전학파모형에서의 균형성장

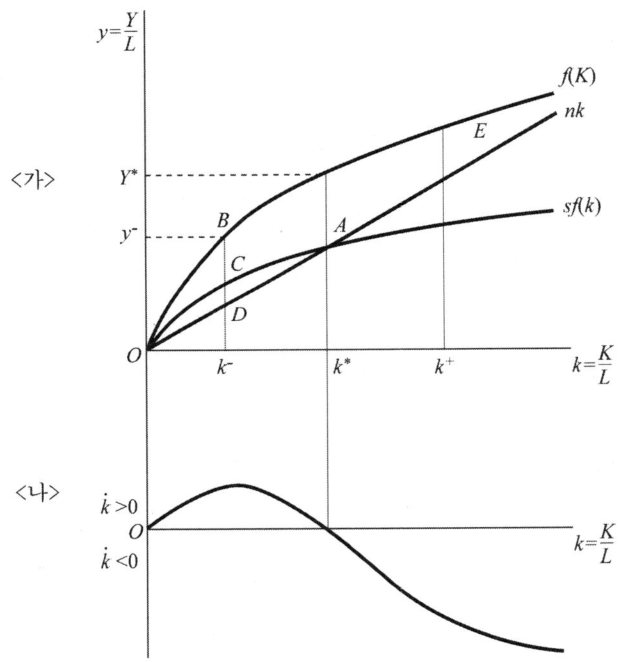

[명제 1]은 [그림 13-2]에 나타나 있다. $f(k)$ 위의 모든 점들은 노동자 1인당 주어진 자본량을 가지고 생산되는 1인당 산출량 y를 나타낸다. 예를 들면 자본-노동비율이 k^{-}인 경우에 노동자 1인당 산출량은 y^{-}가 된다. 노동자 1인당 산출량수준이 어떤 값을 가지더라도 저축성향 s만큼 저축되고, $sf(k)$곡선은 자본-노동비율에 대응되는 노동자 1인당 저축수준을 나타내고 있다. 따라서 주어진 자본-노동비율이 k^{-}인 경우에 $k^{-}C$의 거리는 노동자 1인당 저축 내지 투자를 나타내고, BC의 거리는 노동자 1인당 소비를 나타낸다. nk 직선의 기울

기는 외생적으로 결정된 노동의 고정적 비율에 의한 증가율을 나타냄으로써 도출된다.

[그림 13-2]의 〈가〉에서 자본—노동비율이 k^*인 경우가 균형성장경로가 됨을 설명하고자 한다. nk와 $sf(k)$는 k^*에서 교차하므로 동일한 크기이고, 이 같은 경우에 k^*의 크기는 기본방정식인 [식 13-36]으로부터 0이 된다. 즉, 노동자 1인당 저축인 $sf(k)$가 n의 크기로 증가하는 노동력에 대하여 일정한 수준의 $\dot{k}$를 유지하기 위하여 노동자 1인당 필요로 하는 투자량인 nk와 같게 되는 경우에는 $\dot{k}$는 0이 되고, k는 일정한 값 k^*을 갖게 된다.

만일 $k=K/L$이 일정한 값을 갖고 노동력 L이 n의 크기로 증가하면 자본저량도 역시 n의 크기로 증가하게 된다. 동일한 방법으로 자본-노동비율이 일정한 값 k^*를 갖게 되면 노동자 1인당 산출량도 일정한 값 y^*를 갖게 된다. 그러나 노동력이 n의 크기로 증가함에도 불구하고 $y=Y/L$의 값이 동일한 크기를 유지한다는 것은 산출량 Y도 역시 동일한 n의 크기로 증가함을 시사한다. 따라서 자본-노동비율이 k^*의 값을 갖게 되면, 모든 관계되는 변수들은 노동의 증가율과 동일한 크기로 증가한다. 이 같은 상황이 존재하기 위해서는 nk직선이 $sf(k)$곡선과 교차해야만 한다.

[그림 13-2]의 〈나〉의 세로축에는 k의 값에 대응되는 k^*의 값이 나타나 있다. k^*의 왼쪽의 모든 점들은 원점을 제외하고 플러스의 값을 가지며, k^*의 오른쪽의 모든 점들은 마이너스의 값을 가진다. 곡선 위에 나타난 화살표는 자본-노동비율이 이동하는 방향을 나타낸다. 균형성장을 가져오는 k^*까지 이동하는 데는 시간이 소요되지만, 장기적으로 노동력의 증가율 --- 해로드의 자연성장률 ---로 균형성장하게 된다. 일단 자본-노동비율이 k^*에 도달하게 되면, 산출량과 자본은 일정한 값 n의 크기로 증가하게 되고, 노동자 1인당 산출량·자본·소비와 저축은 모두 일정한 값을 갖게 된다.

[명제 2] 신고전학파모형의 균형성장률은 외생적으로 결정되는 노동증가율과

같은 크기가 된다. 장기적으로는 경제는 균형성장경로를 향하여 수렴하게 된다. 신고전학파모형에서 장기성장률은 저축률에는 전혀 영향을 받지 않고 노동증가율 n에 의하여 결정된다.

이 같은 명제는 경제성장을 위하여 더 많은 저축과 투자가 요구된다는 주장과 반대가 되므로 극단적인 역설같이 보인다. [그림 13-3]을 이용하여 저축성향이 크게 증가할 경우에 장기적으로 균형성장률에 어떤 변화가 오는가를 살펴보자. 최초에 경제의 자본-노동비율이 k^*이고, $sf(k)=nk$이므로 균형성장률 n으로 성장한다고 가정하자. $sf(k)$와 nk의 교차점은 B점이 된다. k가 k^*의 값을 가지는 경우에 새로운 저축성향에 따라서 노동자 1인당 k^*의 자본-노동비율로 유지하기 위하여 필요로 하는 투자량 nk보다 크게 됨을 알 수 있다. 기본방정식으로부터 k가 k^{+*}의 값을 가질 때까지 화살표방향과 같이 우측으로 이동하면서 증가함을 알 수 있다. 자본-노동비율 k가 k^{+*}의 값을 가지게 되면 $s+f(k)$가 nk와 같은 크기가 되고, 따라서 균형성장이 달성되고, 다시 자본-노동비율 k가 일정한 값을 가진다는 것은 자본저량과 산출량이 동일한 값 n의 크기로 성장하고 있음을 시사한다.

[그림 13-3] 저축성향의 증가가 성장경로에 미치는 영향

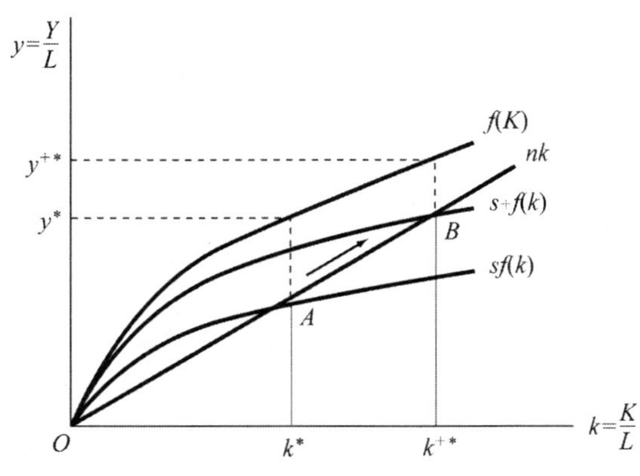

따라서 저축성향의 증가에도 불구하고, 소득과 자본저량의 성장률은 저축성향

이 증가하기 전과 마찬가지가 된다. 신고전학파 성장이론의 주된 주장은 최초 균형점의 자본-노동비율에서 새 균형점의 자본-노동비율로 이동하는 동안 산출량과 자본의 성장률은 일시적으로 증가하지만, 저축성향 내지 투자성향을 조작함으로써 산출량이나 자본을 항구적으로 증가시킬 수는 없다는 것이다.

(4) 인구증가와 기술진보에 의한 성장경로의 변화

인구성장률의 증가는 nk직선을 위로 이동시킨다. 인구성장률이 높을수록 1인당 산출량은 감소하게 된다. [그림 13-4]에서 새로운 균형성장의 상태는 k_2^*가 된다. 솔로우모형에서는 인구성장률이 높을수록 1인당 산출량은 감소하게 되고, 그 결과 국민소득도 감소하게 된다.

[그림 13-4] 인구증가의 효과

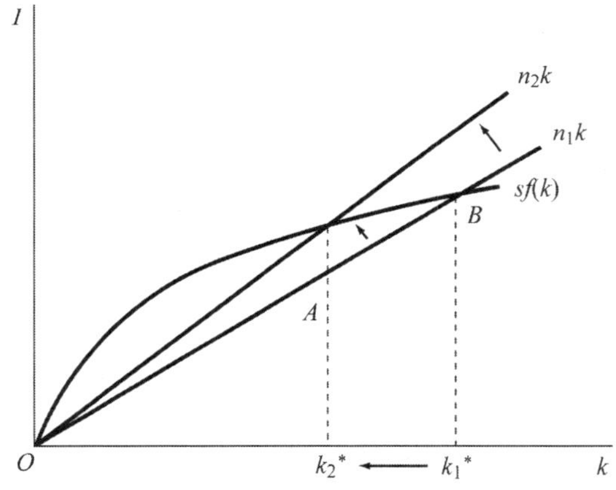

신고전학파모형에서 1인당 GNP의 지속적인 성장은 장기적으로 수확체감의 법칙이 적용되지 않을 때에 가능하게 되는데 이는 지속적인 기술진보에 의존한다. [그림 13-5]는 지속적인 기술진보가 1인당 GNP의 지속적인 성장을 가져옴을 보여준다. 기술진보를 반영하기 위하여 생산함수를 $y=Af(k)$로 나타내자. 여기서 A는 기술수준을 나타낸다. 지속적인 기술진보는 [그림 13-5]에 나타난 바와 같이 $sAf(k)$곡선을 지속적으로 상방으로 이동시킨다. 이에 따라 균형성장경로의 1인당GNP도 y', y'', y'''와 같이 계속하여 증가한다. 이상의 설명에서 신고전학파모형에서는 일정범위에서의 인구성장률의 감소(n의 감소), 저축성향의 증가(s의 증가), 기술진보(A의 증가)에 의해 1인당 GNP는 증가한다. 그러나 장기적으로는 오직 기술진보만이 1인당 GNP의 지속적인 증가를 가져올 수 있다.

[그림 13-5] 기술진보와 1인당 GNP의 성장

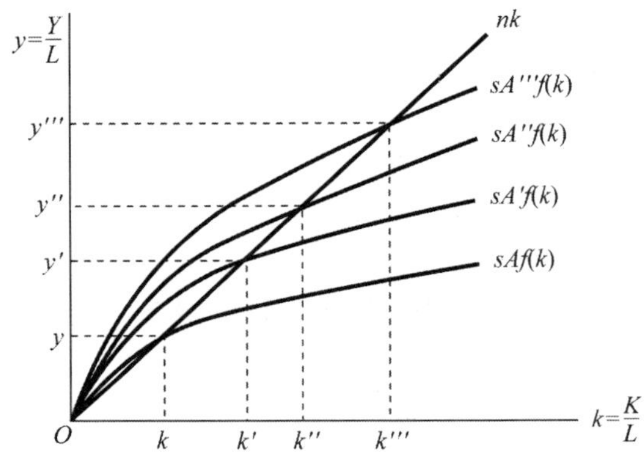

(5) 자본축적의 황금률(golden rule)

경제성장의 목적이 소비의 극대화라는 관점에서 램지(F. Ramsey)는 다음과 같은 자본축적의 황금률을 제시하였다. 소비를 극대화시켜 줄 자본집약도 k의 값을 k_g^*라고 하자. 너무 낮은 수준의 k는 생산을 제한하여 소비를 감소시키고 너무 높은 수준의 k에서는 생산량 중에서 투자에 지출되는 부분이 너무 크므로 그 나머지인 소비가 감소하게 된다. 따라서 k의 값은 너무 낮거나 아니면 너무 높은 값의 중간에 있게 된다. [그림 13-6]에서 소비는 생산곡선 Y/L가 투자수요직선 nK/L의 차이로 나타난다. 생산곡선과 투자수요직선은 너무 낮은 k와 너무 높은 k에서는 서로 접근하기 때문에 소비는 중간수준의 k에서 가장 커지게 된다. 소비를 극대화시키는 중간수준의 k는 자본의 한계생산이 투자의 한계비용과 같아지는 점이 된다. [그림 13-6]에서 자본의 한계생산은 Y/L곡선의 기울기와 일치하고, 투자의 한계비용은 nK/L 직선의 기울기와 일치한다. 따라서 두 기울기가 같은 값을 갖게 되는 k_g^*에서 소비는 극대화된다.

[그림 13-6] 자본축적의 황금률

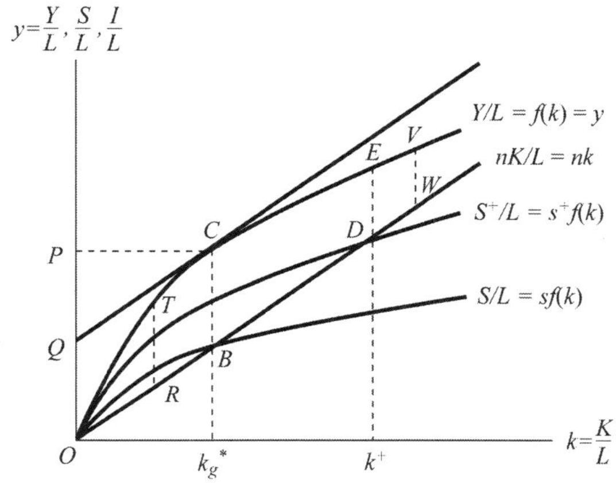

(6) 신고전학파모형에 대한 평가

신고전학파 성장모형은 자본과 노동이 대체가능한 생산함수, 완전경쟁시장, 요소가격의 즉각적인 조정과 저축성향의 영향을 받지 않는 사전저축과 사전투자의 일치를 통하여 완전고용하의 균형성장으로의 순조로운 조정을 특징으로 한다. 더 나아가 적정성장률이 실제성장률과 일치할 뿐만 아니라 자연성장률과도 일치하게 된다. 다르게 표현하면 국민경제가 장기적으로는 언제나 균형상태에 있다는 것을 전제로 한 분석방법이다. 이 같은 전제를 가진 신고전학파의 성장이론은 그 분석방법이 사용하기 편리하고 다른 부문에 폭넓게 적용될 수 있다는 장점이 있기 때문에 기술진보에 대한 이론, 2부문(two sector) 성장이론, 최적성장이론, 화폐적 성장이론 등으로 확장되었고, 1980년대 중반에 내생적 성장이론이 대두되기 전까지는 경제성장이론의 주류를 형성하고 있었다.

그러나 상당히 특수한 가정하에서 낙관적으로 경제성장을 분석하는 신고전학파모형에 대한 비판 내지 반대도 많다. 이 같은 비판은 크게 보아 자본의 가역성, 균형성장경로에 이르기까지의 장기의 정의, 투자함수의 부재로 요약될 수 있다.

(가) 자본의 가역성

로빈슨과 같은 켐브리지학파는 자본의 가역성(reversibility)을 전제로 하는 신고전학파의 총체적 생산함수는 비현실적이어서 이 같은 생산함수를 기초로 하여 도출한 결론들은 효과가 있기 어렵다고 주장한다. 신고전학파는 모든 자본재는 동질적이라고 전제한다. 다르게 표현하면 자본재는 기술적으로나 경제적으로 동질적이라고 취급한다. 더 나아가 자본재는 어떤 특별한 기능을 수행하기 위하여 어떤 노동자와도 결합될 수 있기 때문에 특수성이 없다고 가정된다. 그러나 현실세계에서는 자본재가 특수한 용도에만 사용되는 특수성을 가지고 있으므로 자본은 동질적이 아니라 이질적이다. 그리고 어떤 특정 자본재와 결합될 수 있는 노동자의 수도 제한되어 있다.

(나) 장기의 정의

신고전학파의 [명제 1]과 [명제 2]의 장기성장률은 저축성향과는 독립적인 해로드의 자연성장률과 일치함을 시사한다. [그림 13-2]에서 자본—노동비율의 값이 k^-에서 k^+가 되기까지 얼마나 많은 시간이 소요되는가? 신고전학파모형은 국민경제가 장기적으로 항상 균형상태에 있다는 전제가 충족되어야만 균형성장경로에 있을 경우의 특성을 이용하여 역사적 성장과정을 설명할 수 있게 된다. 그러나 경제가 저축성향의 변화 내지 인구증가율의 변화와 같은 다양한 형태의 충격을 받고 기존의 균형성장경로에서 새로운 균형성장경로로 진입하는데 10년 내지 100년이 소요된다면 경제는 균형성장경로에 있다기보다는 새로운 균형성장경로로 나아가는 과정에 있다고 보고 분석이나 정책시사를 제시하는 것이 더 타당하다고 사료된다.

(다) 투자함수의 부재

신고전학파모형은 거시경제학에서 결정적으로 중요한 역할을 하는 투자함수와 기업가의 기대의 역할을 무시하거나 고려하지 않고 있다. 가역성의 가정은 사전저축과 사전투자간의 괴리의 가능성과 독립된 투자함수가 없다고 간주한다. 신고전학파모형에서는 투자함수가 없기 때문에 투자자들의 기대는 경제성장을 결정짓는 데 아무런 역할을 하지 않는다. 그리고 가역성을 지닌 자본재에 대한 가정은 기업가의 미래에 대한 예상이 결코 어긋나지 않음을 시사한다.

13.5 칼도의 추세변동과 최적성장이론, 화폐적 성장이론

(1) 칼도의 정형화된 사실: 경제변동의 정형화된 사실

신고전학파모형은 칼도(N. Kaldor)의 정형화된 사실들을 잘 설명해 주는 모형이다. 케인즈학파의 대체적 분배이론을 발전시킨 칼도의 저축성향에 대한 분석은 성장이론을 발전시키는 기초가 되었다. 칼도에 의하면 국민소득은 자본가에게 귀속되는 이윤소득(P)과 노동자에게 귀속되는 임금소득(W)으로 구성된다. 그리고 자본가 계층의 저축성향이 노동자 계층의 저축성향보다 크고, 양 계층의 저축성향은 일정하다고 가정한다. P/Y는 국민소득 중에서 이윤이 차지하는 비중이고, P/K는 이윤율을 나타낸다. 동태적 균형에서 P/Y나 P/K는 임금계층과 이윤계층의 저축성향에 의하여 영향을 받는다. 고전학파의 주장과 같이 임금소득으로부터의 저축성향이 0이라면 이윤계층의 저축성향을 [식 13-37]과 같이 나타낼 수 있다.

$$P/K = (1/s_p)(I/K) = n \qquad \text{[식 13-37]}$$

(여기서 s_p는 자본가 계층의 저축성향을 나타낸다.)

자본가계층의 이윤을 알기 위하여 [식 13-37]을 K로 곱해주면,

$$P = (1/s_p)I \qquad \text{[식 13-38]}$$

[식 13-37]의 (I/K)는 자본저량의 증가율이고 완전고용의 균제성장에서

$(1/s_p)(I/K)$는 자연성장률 n과 일치하게 된다. 따라서 자연성장률이 외생적으로 주어진다면 [식 13-37]은 균형성장상태에서의 이윤율이 이윤소득으로부터의 저축성향에 의하여 결정됨을 보여준다. [식 13-38]은 신고전학파가 강조한 자본-노동비율($k=K/L$)이 이윤율의 결정에 아무런 영향을 미치지 못함을 보여준다. 칼도는 [식 13-37]과 [식 13-38}을 한계생산력에 의하여 소득분배가 결정된다는 이론에 대한 대체안으로 간주한다.[10] 칼도의 분석에 의하면 적정성장률과 자연성장률은 상호독립적이지 않기 때문에 이윤율이 신축적이라면 P/K의 변화를 통하여 적정성장률이 자연성장률과 일치하게끔 조정되어질 수 있다고 주장한다.[11] 이윤의 결정식인 [식 13-38]의 우변을 보면 자본가의 투자, 즉 저축을 저축성향으로 나눈 값이기 때문에 자본가의 소득(소비+저축)이 된다. [식 13-38]은 자본가가 아무리 소비를 많이 하더라도 그의 소비는 남김없이(without any leakage) 다시 그의 소득으로 되돌아오게 됨을 시사한다. 칼도는 이 같은 이윤의 결정을 다음과 같이 표현한다. "자본가는 자신의 소비에 대응되는 크기의 수입을 확보하게 되며, 노동자는 자신의 임금을 실현시킨 만큼 소비하게 된다.[12]

칼도(N. Kaldor)는 선진자본주의 경제에서의 성장과정에서 장기적인 규칙성을 추출하여 경제성장의 정형화된 사실(stylized facts of growth)이라고 불렀다. 칼도는 제2차 세계대전 이후에 서방국가들이 균형성장경로를 지속해왔다는 정형화된 사실은 전후에 소득분배가 적절했기 때문이라고 설명한다. 정형화된 사실은 경제성장률, 생산요소의 증가율 및 상대적인 분배율간의 관계에서 나타나는 규칙성인바 이를 설명하면 다음과 같다.

① 한 국가의 산출량과 노동력은 거의 일정한 크기로 증가한다. 그리고 산출

---

10) 칼렉키(M. Kalecki)도 이와 비슷한 견해를 다음과 같이 표현하였다. "Thus, capitalist, as a whole, determine their own profits by the extent of their investment and personal consumption. In a way they are masters of their own fate." Selected Essays on the Dynamics of the Capitalist Economy, Cambridge University Press, 1971, p. 13.

11) 칼도모형은 어떤 과정을 거쳐서 경제가 완전고용상태에 머물게 되는 경향을 지니는가를 설명하지 않는 점에서 비판을 받아왔다.

12) Capitalists earn what they spend, and workers spend what they earn.

량의 성장률은 노동력의 성장률보다 커서 1인당 산출량은 시간이 지남에 따라서 일정한 율로 성장해 왔다.

② 자본-저량의 성장률은 일정하고, 노동력의 성장률보다 크다. 따라서 자본-노동비율은 시간이 지남에 따라 증가해 왔다.

③ 자본량과 산출량은 거의 비슷한 비율로 성장해 왔다. 따라서 자본-산출량비율은 거의 일정불변이다.

④ 이윤율은 경기변동에 증감하는 것을 나타내지만 장기적으로 보면 대체로 일정한 수준을 유지해 왔다.

⑤ 이윤율이 일정하다는 것은 자본-산출량비율이 거의 일정불변이라는 사실을 종합해 보면 소득 중에서 근로소득의 비중도 일정하게 된다. 즉 산출량이 이윤과 임금 간에 분배되는 상대적 배분율은 장기적으로 일정하다. 이 같은 발견 이외에도 칼도는 이윤소득의 비중과 투자율은 장기적으로 보면 상관관계가 상당히 높다는 사실을 지적한다.

(2) 최적성장이론

후생경제학적 입장에서 어떤 가치기준에 따라 경제성장의 목적을 설정하고, 그 목적을 실현하기 위하여 어떤 성장경로를 택하는 것이 가장 좋은가를 분석하는 것이 최적성장이론이다. 램지(F. Ramsey)에 의하여 소개된 자본축적의 황금률 법칙은 스완(T. Swan)과 로빈손(J. Robinson), 펠프스(E. Phelps) 등에 의하여 최적성장이론으로 발전하였다. 이들은 소비자 1인당 소비를 목적함수로 설정하고 장기적으로 이를 극대화시키는 경제성장경로를 연구하였다.

경제성장의 기본목표는 장기적으로 소비를 극대화시키는 것이라고 볼 수 있다. 그러나 소비를 극대화시키면 저축이 되지 않아 경제성장이 저해되고, 반대로 경제성장을 촉진하면 소비가 억제된다. 펠프스는 신고전학파의 경제성장모형을 전제로 하여 지속적인 유지하면서 저축을 어떤 규모로 결정하여야 소비가 극대화되는가를 연구하였다. 솔로우의 기본방정식은 $\dot{k}=sf(k)-nk$이다. 그런데 균형성장에서는 $\dot{k}=0$이 되므로, $0=sf(k)-nk$, 즉 $sf(k)=nk$이다.

여기서 k는 1인당 자본액, $\dot{k}$는 1인당 자본액의 변동분, s는 저축성향, $f(k)$

는 1인당 생산액(y) 또는 소득, n은 인구증가율을 나타낸다.

이제 소비를 극대화시키는 최적성장조건을 도출하기 위하여 1인당 소비액을 c라 하면 소비함수는 다음과 같이 나타낼 수 있다.

$$c = y - sy = f(k) - sf(k) = f(k) - nk \qquad [식 13\text{-}39]$$

1인당 소비를 1인당 자본액 k의 함수임을 알 수 있다. 따라서 1인당 소비함수 c를 1인당 자본액 k로 1차미분하여 0을 만들면 소비는 극대화된다.

$$dc/dk = f'(k) - n = 0 \qquad [식 13\text{-}40]$$
$$\therefore f'(k) = n$$

[식 13-40]은 펠프스의 최적성장조건을 나타낸다. 여기서 $f'(k)$는 자본의 한계생산력으로 1인당 총생산액곡선 $y = f(k)$의 기울기로 나타난다. 그리고 n은 인구증가율 또는 노동증가율로서 필요투자액 곡선 nk로 나타난다.

그리고 장기적으로 보면 경제는 완전경쟁상태가 된다고 볼 수 있기 때문에 자본의 한계생산력이 이윤율과 같아지므로, 이윤율을 ρ라 하면 다음과 같이 나타낼 수 있다. [식 13-41]을 자본저축의 황금률 또는 경제성장의 황금률이라고 한다.

$$f'(k) = n = \rho \qquad [식 13\text{-}41]$$

황금시대적 균형성장을 유지하면서 1인당 소비의 극대화를 장기적으로 지속시키기 위해서는 이윤율과 인구증가율이 같아야 하고, 자본가의 소득인 이윤액만큼의 소득이 저축되고 투자되어 자본의 증가분이 되어야 하며, 저축률과 이윤소득의 상대적 분배율이 같아야 한다. 따라서 극대소비액은 결국 총소비액과 같게 된다. 최적성장이론은 실질이윤율이 실효노동의 증가율과 같다면 국민들의 후생이 극대화된다고 지적한다.[13] 이 같은 황금률의 법칙은 이윤율 또는 이자율을 생물학적 출생과 죽음에 의하여 결정되는 노동력의 외생적 증가율과 일치시키는 성장경로를 선택한다는 의미에서 '생물학적 이자율의 법칙'(biological interest rate rule)이라고도 한다.[14)]

턴파이크 정리는 경제성장이 가장 빠른 속도로 발생하는 경로를 의미한다. 장기적으로 경제성장을 이루고자 할 경우에 경제가 초기에 어떤 상태에 있더라도 턴파이크를 따라서 성장하는 것이 최적성장경로가 된다는 이론이다.

(3) 통화론자의 화폐적 성장이론

(가) 실질잔고효과와 경제성장

신고전학파의 경제성장모형이 실물측면만을 분석한다는 한계점을 극복하고 실물측면과 화폐측면의 상호작용을 반영하도록 일반화시킨 모형이 화폐적 성장이론이다. 존슨(H. Johnson)은 신고전학파모형을 사용하여 화폐가 경제에 미치는 영향을 체계적으로 설명한다. 통화론자는 화폐공급의 변화가 물가수준에는 영향을 미치지만 실질산출량에는 영향을 미치지 못한다는 의미에서 화폐는 중립적이라고 지적한다. 그렇지만 화폐가 중립적이라고 해서 화폐공급의 증가의 변화가 산출량의 증가율에 아무런 영향을 미치지 않는 것은 아니다. 다른 조건들이 동일하다면, 화폐공급의 급속한 증가율은 가격 인플레이션의 증가를 가져오고, 화폐공급의 변화는 가격 인플레이션을 통하여 산출량의 성장률에 영향을 미치게 된다.

통화론자는 실질잔고효과를 중심으로 경제성장을 분석하고자 한다. 가격 인플레이션율은 현금소지분에 대하여 마이너스(-)의 수익을 뜻하기 때문에 다른 조건들이 일정하다면 화폐공급률의 증가율에 의하여 영향을 받게 된다. 따라서 통화팽창률이 크면 클수록 가격 인플레이션은 가속화된다. 그 결과 실질현금잔고에 대한 수요는 감소하고, 이용가능한 저축량과 투자는 증가하기 때문에 경제성장률도 증가하게 된다.

---

13) 실효노동의 증가율은 인구증가율과 기술진보율의 합이다.

14) 황금률의 법칙은 성경의 다음 구절을 인용한 것이다. "As ye would that men should do to you, do ye also to them likewise."(St Luke, Ch.7, Verse 31)

(2) 통화론자의 경제성장모형

통화론자의 경제성장모형에서 균형성장경로로 수렴해 가는 속도가 통화공급량과 독립적이거나, 더 근본적으로 균형성장경로의 특성들이 금융정책으로부터 독립적이기 때문에 화폐가 중립적이라는 것은 아니다. 이 모형에서도 제한된 범위 내에서는 금융정책이 경제를 황금률[15)]의 성장경로로 움직이게 하는 데 사용될 수 있다. 만일 경제의 저축형태가 산출량에 대한 실질투자의 황금률의 비율보다 과잉적응하게 될 경우에는, 이 같은 과잉적응은 화폐공급을 감소시켜 디플레이션적 가격 인하를 가져오게 함으로써 상쇄시킬 수 있다.

이 같은 인플레이션 정책의 실시에는 한계가 있을지도 모른다. 예를 들어 만일 물질적 자본이 수익을 얻기 위해서만 사용되고, 화폐는 효용만을 얻기 위하여 사용되며, 디플레이션으로부터 얻게 되는 화폐로부터의 수익률이 실질투자의 수익률을 초과하게 된다면 실질자본에 대한 투자는 정지하게 된다고 추정할 수 있다. 그러나 이와 반대로 경제의 저축형태에 있어 산출량에 대한 실질투자의 비율이 황금률의 비율에 미치지 못하는 경우에는 통화공급의 확장률을 증가시킴으로써 경제를 황금률의 성장경로를 향하여 가깝게 이동시킬 수 있다.

따라서 통화론자는 통화공급률이 크면 클수록 가격 인플레이션율을 가속화되어 실질현금장고에 대한 수요는 감소하고, 이용가능한 저축량과 투자는 증가하기 때문에 경제성장률도 증가하게 된다고 주장한다. 다르게 표현하면, 실물부문에서는 생산요소와 산출물이 각각 신고전학파 성장이론과 같이 성장하고, 화폐부문에서는 정부에 의하여 화폐공급이 일정한 비율로 증가하게 되면, 실물과 화폐부문의 상호작용에 의하여 경제성장의 균형값이 존재하고, 이 존재는 신고전학파모형에 비하여 덜 안정적이다.

15) 경제성장의 황금률이란 소비가 극대화되는 성장률을 뜻한다.

13.6 내생적 성장이론

솔로우모형은 성장의 정형화된 사실들을 설명하는데 자주 인용되었다. 그러나 1980년 중반에 와서 경제학자들은 다음과 같은 이유 때문에 다시 성장이론에 관심을 가지게 되었다. 1970년대에 미국가계의 생활수준은 거의 나아지지 않았고, 미국경제에서 지난 몇 십년동안 상당히 중요한 역할을 해 왔던 철강산업과 자동차산업이 외국 기업에게 경쟁력을 상실해 갔다. 경제학자들은 어떤 이유에서 경제가 빠르게 성장하다가 성장속도가 완화되는지, 그리고 어떤 국가는 다른 국가에 비하여 성장속도가 빠른지 규명하고자 하였다.

1980년대에 등장한 내생적 성장이론은 신고전학파 성장이론과는 달리 축적 가능한 생산요소의 한계생산성은 체감하지 않을 수도 있다고 가정한다. 버클리 대학의 로머(D. Romer)는 솔로우가 약 30년 정에 발전시켰던 신고전학파 성장모형을 기초로 자본축적이 가져오는 외부경제를 도입한 내생적 성장이론을 제시하였고, 루카스는 슐츠(T. Schulz), 베커(G. Becker) 등이 고안한 인적자본을 도입한 내생적 성장이론을 발전시켰다. 내생적 성장이론의 등장으로 인해 기술이 성장에 미치는 영향 및 국가간의 성장 격차에 대한 연구들이 이루어져 왔다. 지속적인 성장 가능성과 국가간에 존재하는 성장 경로의 차이를 인정하는 내생적 성장이론에서는 기술의 진보가 내생적으로 결정된다. 즉, 연구·개발 투자와 인적자본 축적으로 인해 지식이 생성되며, 이러한 새로운 지식은 기술의 발전을 가져옴으로써 경제성장을 야기한다는 것이다. 내생적 성장이론은 실물자본과 노동 이외에 학습효과 또는 지식자본, 지리적·제도적 특성 등에 착안하여 수렴현상, 수확체증의 유무와 원인 등에 대한 새로운 견해를 제시하여 왔다. 이와 같이 내생적 성장이론은 지식의 창출 과정과 확산효과의 중요성을 강조하고 있다는 점에서 해로드-도마 모형과 신고전학파 성장이론과 구분된다. 장기적인 경제성장을 위해서는 연구·개발 또는 인적자본의 개발에 대한 투자가 필수적인 정책수단이라는 것을 보여주는 것이다.

내생적 성장이론은 신고전학파 성장이론이 전제로 하는 것처럼 기술의 변화가 외생적으로 결정되고, 지역간의 생산기술이 동일하다고 가정하는 대신 인적자본 축적에 의한 수확체증이 발생할 수 있다고 전제함으로써 지역 또는 국가간의 성장률의 차이가 확대될 수 있다고 주장한다. 공공재의 특징을 가진 지식과 기술은 자본과 달리 규모의 경제로 인해 한계생산성이 체감하지 않기 때문에 연구·개발에 대한 투자의 차이가 발생하면 국가간 성장 격차가 누적적으로 확대될 수 있다는 것이다.

인적자본을 포함한 자본의 한계생산성이 체감하지 않는다면 자본의 축적에 따른 수익을 높이는 경제정책은 지속적으로 경제성장에 영향을 미치게 된다. 성장이 생산성을 증가시키는 새로운 내구재의 개발을 통해 진행된다면, 성장은 최종재의 지속적인 생산성 향상을 가져오는 차별화된 중간재의 생산증가율로 정의할 수 있다. 따라서 성장은 노동의 한계생산물의 증가와 새로운 제품의 개발에 따른 혁신비용의 감소를 가져오는 지식 창출에 의존하게 된다. 이러한 기술적 진보는 임의의 외생적 과정이 아니라 혁신과 연구개발 활동에 대한 의도적 투자를 통해 이루어진다. 따라서 내생적 성장이론은 지속적인 성장의 가능성을 보장하기 위한 방법으로 생산방식의 향상, 다양한 새로운 제품의 개발, 품질의 향상 및 수량의 증가 등과 같은 기술의 변화를 중요한 변수로 취급하고 있다.

(1) 솔로우 모형

솔로우 모형은 산출량(Y), 자본(K), 노동(L), 그리고 지식 또는 노동의 효율성(A)이란 4가지 변수에 초점을 맞추고 성장의 정형화된 사실을 설명하는데 자주 사용되고 있다. 솔로우의 생산함수는 $Y = AF(K, L)$로 나타낼 수 있고 두 가지 특성을 지닌다. 첫째, 산출량은 투입생산요소를 통하여 변화한다. 둘째, 노동과 지식은 곱셈의 관계로써 작동한다. AL은 실효노동이라 할 수 있고 기술은 노동에 첨가되는 형태를 갖게 된다. 솔로우모형은 규모에 대한 수익불변의 생산함수를 가정한다. 즉 자본과 실효노동을 2배로 증가시키면 산출량도 2배로 증가한다는 것이다.

(2) 신고전학파모형의 문제점

신고전학파모형에서 장기성장률은 저축률에는 전혀 영향을 받기 않고 노동증가율 n에 의하여 결정된다. 만일 신고전학파의 주장이 타당하다면 국가 간에 성장률이 비슷한 크기로 수렴하고, 국제무역이나 산업경쟁력에서 기술의 중요성이 부각되지 않아야 한다. 그러나 국가 간의 성장률은 조건부 수렴 경향을 보이고, 기술보호주의와 산업기술혁신에 대한 지적 소유권의 강화로 인하여 기술진보가 경제성장에 미치는 효과는 점점 더 커져가고 있다.

(가) 조건부 수렴(conditional convergence)

부유한 나라와 가난한 나라가 모든 변수가 같고 1인당 자본규모만 다르다고 가정하자. [그림 13-2]를 사용하여 이 두 나라를 나타내면 부유한 나라는 k^{+}, 가난한 나라는 k^{-}로 나타낼 수 있다. 이 같은 경우에 솔로우모형에서는 시간이 지남에 따라 두 나라 모두 k^{*}로 수렴해 가고, 이 때 소득격차와 빈부격차는 축소되리라고 예측한다. 그러나 현실세계에서 선진국과 후진국의 소득 및 빈부격차는 축소되는 대신 시간이 지날수록 확대되고 있다. 제 2차 세계대전 이후 상품과 기술의 국제교류는 갈수록 증가하고 있다. 따라서 선진국의 생산기술이 후진국에 쉽게 이전되어 선·후진국간 생산기술의 질적 차이는 갈수록 감소하고 있다. 따라서 선진국과 후진국 사이의 생산기술, 인구증가율, 저축률이 비슷하다고 가정하는 것은 타당한 가정일 수도 있다. 그러나 선·후진국간 소득 및 빈부격차가 확대되는 현상은 솔로우모형의 예측과는 완전히 배치(polarized) 것으로써 솔로우 모형의 중대한 약점이 된다고 할 수 있다. 성장률이 수렴하는 경우, 확산하는 경우, 조건부 수렴하는 3가지 가설 중에서 조건부 수렴이 현실에 제일 가깝다고 할 수 있다. 경제협력개발기구(OECD) 국가 간에는 성장률이 수렴하는 경향을 보이고, 이 같은 수렴 경향은 한국·대만·홍콩·싱가포르와 같은 아시아 신생공업국가간에도 발견된다. 그러나 아프리카 국가들의 성장률은 세계 전체를 놓고 보면 확산하는 경향을 보인다. 조건부 수렴이라 함은 비슷한 지역 또는 유사한 경제정책을 사용하는 국가 간에는 성장률이나 소득이 수렴한다는 것이다.

(나) 기술진보의 내생성

솔로우의 성장모형에서는 장기적인 경제성장률이 인구증가율에 의하여 외생적으로 결정될 뿐 어떤 내생변수에 의해서도 영향을 받지 않는다. 국민저축률이 증가하면 새로운 정상상태에 도달할 때까지 경제성장률이 높아진다. 그러나 새로운 정상상태에 도달하면 경제성장률은 다시 인구증가율과 같게 된다. 따라서 국민저축률은 일시적으로 경제성장률을 증가시킬 뿐 장기적으로 경제성장률을 높이지는 못한다. 기술진보를 수용하면 인구증가율과 기술진보율이 장기적인 경제성장률을 결정하게 된다. 그러나 솔로우모형에는 기술진보가 어떻게 발생하는가에 대한 설명이 없다.

신고전학파는 $Y=AF(K,\ L)$ 형태의 생산함수를 가정하기 때문에 생산기술을 나타내는 A의 지속적인 상승이 1인당 GNP의 지속적인 성장을 가능하게 된다. 그러나 로머의 경우에는 $Y=K^{a}F(K,L)$ $a>0$ 형태의 생산함수를 가정한다. 로머의 생산함수에는 A대신 K^{a}가 들어가 있다. 여기서 자본저량 K는 경제주체들의 최적화 과정에서 결정되는 내생변수이다. 따라서 1인당 GNP 성장률은 외생적으로 주어진 A의 성장률에 의하여 결정되지 않고, 내생변수 K의 변화율에 의하여 1인당 GNP 성장률이 결정된다. 이 같은 의미에서 로머의 성장모형을 내생적 성장모형이라고 한다.

(3) 내생적 성장이론의 특징

내생적 성장이론은 (2)에서 설명한 국가간 성장률의 조건부 수렴과 기술진보의 내생성 문제를 해결하기 위하여 대두되었다. 신고전학파모형은 기술진보가 외생적으로 결정된다고 보는 데 반하여, 내생적 성장이론은 기술진보가 내생적으로 결정된다고 주장한다. 더 나아가 로머는 칼도가 지적한 여섯 가지의 정형화된 사실을 내생적 기술진보를 사용하여 설명할 수 있다고 지적한다. 내생적 성장이론은 기술진보를 촉진시키는 데도 자원이 필요하다고 보고, 기술진보가 물적 자본의 축적, 인적 자본에 대한 투자, 연구·개발 등에 의하여 내생적으로 발생하게 된다고 설명한다. 물적 자본이 축척되면 기업들이 학습효과를 통하여 생산과정에서 새로운 지식을 얻게 되고 이에 따라 더 효율적인 기계설비를 만들어 낼 수 있어 자본의 한계생산물 체감의 법칙이 성립되지 않는다. 인적 자본에 대한 투자가 지속적으로 발생하면 노동의 수확체감의 법칙이 작동하지 않게 된다. 연구·개발투자를 통하여 새로운 기계설비가 개발되면 전반적인 생산성이 증가된다. 따라서 저축률이 높거나 교육·훈련이 잘 되어 있고 사회간접자본 투자가 높은 수준을 유지하고 있거나 연구·개발투자가 활발히 이루어지는 나라에서는 그렇지 못한 나라에 비하여 장기적인(정상상태의) 경제 성장률이 크게 된다. 기술진보 외에 어떤 국가의 경제성장률에 영향을 미치는 요인으로는 인적 자본에 대한 투자이다. 물적 자본과 마찬가지로 인적 자본은 재화와 용역을 생산하는 기업의 생산능력을 증가시킨다. 인적 자본을 증가시키기 위해서는 교육자와 도서관, 학생의 교과과정에 대한 투자가 필요하다. 미국은 큰 규모로 인적 자본에 투자하는 국가이다. 미국과 같이 대규모의 투자를 빠른 속도로 하게 되면 노동의 생산성과 다양한 용도를 충족시킬 수 있으면서도 적응력이 증가하게 된다.

외생적 경제성장에서는 기술진보가 없을 때 자본의 한계생산이 체감하게 된다. 따라서 평균생산도 체감하고 언젠가는 인구성장률과 일치하는 점에 도달하게 된다. 즉, $sf(k)/k=n$이 되는 점이 반드시 존재한다. 1인당 자본이 계속하여 성장하기 위해서는 적어도 한계생산이 불변이거나 아니면 체증하여야 한다. K를 경제 전체의 자본이라 하자. K에는 지식이 포함될 수 있다. 지식은 한 번 알려지면 경제 전체가 거의 무상으로 사용할 수 있다. 즉, 개별경제의 생산에 외부경제가 있게 된다. 예를 들면 첨단기술이 접목된 로봇 생산의 외부효과는 철강공장의 외부효과보다 크다고 할 수 있다.

(4) 정부개입의 필요성

연구개발활동이 일단 어느 정도로 진전을 보이면 다른 기업도 이러한 연구개발활동의 결과를 활용할 수 있다는 점에서 공공재(public goods)의 성격을 지니고 있다. 그리고 연구개발에 따르는 마이너스의 외부효과와 위험과 불확실성을 보전하기 위한 정부의 정책적 지원이 필요하다는 지적은 이미 1960년대에 애로우가 하였다. 내생적 성장이론은 기술진보와 인적자본 형성을 위한 정부개입의 필요성을 인정한다. 신고전학파모형이 자유방임정신에 입각해 있는 데 반하여 내생적 성장모형은 저축률의 제고, 교육·훈련, 사회간접자본에 대한 투자, 연구·개발 등을 위해 정부의 적극적 개입을 주장한다. 하버드대학의 배로(R. Barro)은 정부지출은 경제성장을 촉진하기보다는 저해한다고 주장하는 데 반하여, MIT대학의 크루그만(P. Krugman)은 정부의 개입이 경제성장을 촉진시킬 수 있는 몇 가지 이유를 제시한다. 예를 들면 고도기술집약적인 기업은 기술혁신을 하는 기업보다도 더 많은 기술확산의 혜택을 가져온다. 크루그만과 같은 정부개입의 필요성을 주장하는 학자들은 '연구개발'활동은 공공재의 성격을 지녔기 때문에 정부의 개입이 없다면 적정량보다 적게 공급되기 쉽다고 지적한다. 선별적이고 효과적인 정부개입은 일본, 한국, 대만과 같은 국가들의 빠른 성장을 가져오게 할 수 있었다고 설명한다. 내생적 성장이론은 불완전경쟁시장과 기술진보에 대한 최근의 이론을 포함하고, 국제무역의 중요성을 반영하고 있다. 루카스는 새고전학파의 기수로써 정부의 재량적 단기 안정화정책은 반대하지만 장기 성장촉진정책은 적극적으로 추진할 필요가 있다고 주장한다.

(5) 자본축적과 조세정책

내생적 성장모형에서는 신고전학파모형과는 달리 자본축적에 영향을 미치는 정부정책의 긍정적 측면이 강조된다. 신고전학파모형에서는 자본이 증가할수록 수확체감의 법칙으로 인하여 한계생산이 저하됨으로써 자본에 대한 투자유인이 감소하기 때문에 자본축적이 지속적인 성장의 원동력이 될 수 없다. 그러나 내생적 성장모형에서는 자본이 증대되면 될수록 수익률 또는 한계생산이 저하되지 않기 때문에 자본축적이 지속적인 성장의 원동력이 되는 것을 가능하게 해준다. 신고전학파모형에서는 투자, 저축에 영향을 미치는 정부의 정책이 지속적인 성장을 유발시킬 수 없었다. 이에 비하여 내생적 성장모형에서는 자본축적에 영향을 미치는 정부의 조세정책이 경제성장률에 지속적인 영향을 미칠 수 있다. 예를 들어 정부가 자본소득에 부과하는 법인세와 노동소득에 부과하는 근로소득세를 감소시키면 자본축적과 인적 자본형성이 촉진되기 때문에 경제성장률이 증가하게 된다. 내생적 성장이론은 정부의 조세정책이 경제성장률 제고를 위하여 사용될 수 있으며, 각국의 1인당 GNP 성장률의 격차가 각국간 조세제도의 차이에 기인할 수 있음을 시사한다.

13.7 내생적 성장이론의 발달과정

내생적 성장모형은 크게 R&D모형과 AK모형으로 발달하고 있다. R&D모형은 솔로우모형과 같이 한계수확체감의 법칙을 인정하면서 기술진보가 내생적이면서 지속적으로 유도되는 모형이다. AK모형은 솔로우모형과 같이 자본축적을 인정하지만 균제상태에서 한계수확체감의 법칙이 발생하지 않도록 모형을 구성하는 것이다.

(1) R&D모형

로머(P. Romer), 아기온(P. Aghion)에 의하여 발달된 R&D모형은 기술진보를 내생변수로 취급한다. 주어진 생산함수가 수확체감의 법칙을 따르더라도 기술진보가 연속적으로 발생하면 지속적인 경제성장이 가능하다고 주장한다. 기술진보는 동일한 생산요소를 투입하여도 더 많은 산출량을 얻는 것을 가능하게 한다. 생산자 이론에 나오는 등량곡선으로 설명하면 기술진보는 기술진보가 없는 경우에 비하여 동일한 생산요소를 투입하더라고 원점에서 더 멀어지게 한다. R&D모형을 주장하는 학자들은 지식이 비경합성과 배제가능성을 갖는다고 지적한다. 이 지적은 R&D가 불확실성과 공공재이 성격을 지닌다는 애로우(K. Arrow)의 지적과 다르다. 공공재(public goods)는 무임승차 성격을 지니고 있기 때문에 비경합성과 어느 누구를 배재하기 어렵다. 그러나 R&D모형을 주장하는 학자들은 지식은 지적재산권 보호와 같은 제도적 장치를 통하여 배제가능성을 확보할 수 있기 때문에 경제지대를 추구하는 기업들에 의하여 지식축적이 신속하게 추진될 수 있다고 지적한다.

(2) AK모형

물적자본과 인적자본이 동시에 축적되는 경우 단기적으로 각각의 한계수확이 체감해도 규제상태에서는 1인당 생산함수의 한계수확이 불변하는 특성을 가진다. 이 같은 특성은 생산요소투입요소인 물적자본과 인적자본의 동시축적 결과 균제상태에서 실질적으로 고정투입요소가 존재하지 않기 때문일 수도 있다.[16] 균제상태에서 1인당 생산함수가 선형함수의 성격을 갖기 때문에 AK모형이라고 한다. 이 모형에서는 균제상태에서 물적자본 또는 인적자본에 대한 한계수확체감의 법칙이 작용하지 않기 때문에 1인당 자본량과 소득의 지속적 증가가 가능하게 된다. 솔로우 모형에서는 저축률이 균제상태의 성장률에 아무런 영향을 미칠 수 없었으나, AK모형에서는 저축률이 장기균형성장률을 결정하는 중요한 요소가 된다. AK모형을 지지하는 학자들은 학습효과와 자본축적의 긍정적 외부효과로 인하여 한계수확불편 또는 한계수확체증이 가능하다고 강조한다.

(3) 성장회계와 솔로우 잔차(Solow residual)

성장회계는 기술진보율, 자본진보율, 노동증가율이 상대적으로 경제성장에 기여하는 정도를 파악하기 위하여 작성된다. 총요소 생산성은 자본과 노동 투입 이외에 경제성장에 기여하는 기술수준, 산업구조, 경제제도 등을 포함하는 생산지표이다. 솔로우는 생산기술의 발전이 실제로 경제성장에 얼마나 기여하는가를 다음과 같은 방법으로 추정하였다.[17] 만약 생산기술이 노동뿐만 아니라 자본이 생산성에도 영향을 준다면 이를 반영하는 생산함수는 $Y_t = A_t F(K_t, L_t)$로 나타낼 수 있다. 이와 같은 형태의 기술진보를 힉스 중립적 기술진보라고 하고, 이때 A_t를 총요소생산성(total factor productivity)이라고 한다.

생산요소시장이 완전경쟁시장이라면 각 생산요소의 가격은 한계생산물과 같아진다. 만일 생산함수가 1차동차라면 노동과 자본의 생산계수의 합은 1이 된다. 따라서 자본이 차지하는 비중을 α라고 하면, 노동이 차지하는 비중은 (1-

16) 다르게 표현하면 자본이 유동적(fluid)란 개념인데 다소 이해하기 어렵다.
17) Robert, M. Solow, "Technical Change and the Aggregate Production Function," *Review of Economics and Statistics 39*, 1957.

α)가 된다. 총산출량에서 자본과 노동의 산출량을 제외한 부분을 솔로우 잔차(Solow residual)라고 한다. 솔로우 잔차는 자본 및 노동과 같은 생산요소 투입량의 변화로는 설명되지 않는 소득의 증가율을 측정하기 때문에 기술의 발전뿐만 아니라 공급충격 등 생산요소 투입량이 변화 이외에 경제성장률에 영향을 미치는 다른 모든 요인을 반영한다고 할 수 있다. R&D모형과 AK모형이 현실적으로 얼마나 유용한가는 솔로우 잔차의 측정과 해석에 달려 있다고 할 수 있다. 그리고 이 같은 모형의 유효성은 1970년데 자본의 가역성 여부에 대한 케임브리지 논쟁에 대한 해석에 의하여 달라질 수도 있다.

연 습 문 제

[1] 맞는 답을 선택하여 기입하시오.

(1) 고전학파 경제학자들이 경제가 성장하면 이윤이 감소하게 된다고 주장한 이유는? ( )

① 규모의 경제 ② 한계효용의 체감
③ 수확체감의 법칙 ④ 인플레이션

(2) 맬더스(Malthus)의 인구론은 어떤 법칙에 기초를 두고 있는가? ( )

① 규모경제의 원칙 ② 비용체증의 원칙
③ 수확체감의 법칙 ④ 수확체증의 법칙

(3) 해로드의 성장모형에서 등량곡선은 다음 중 어떤 형태를 가지는가? ( )

① 원점에 대하여 직각이다.
② 원점에 대하여 볼록한 곡선이다.
③ 원점에 대하여 오목한 곡선이다.
④ 원점에 대하여 직선이다.

(4) 해로드의 성장모형에서 현실성장률을 G_A, 적정성장률을 G_W, 자연성장률을 G_N이라고 할 때, 단기적으로 불황이 발생하는 경우는? ( )

① $G_A < G_W$ ② $G_W > G_N$
③ $G_A < G_W$ ④ $G_W > G_N$

(5) 해로드의 경제성장률에 대한 기본방정식은? ( )

① 성장률 · 저축률 = 한계자본계수 ② 성장률 · 투자율 = 평균저축성향
③ 성장률 · 투자율 = 평균소비성향 ④ 성장률 · 투자율 = 한계소비성향

(6) 해로드 성장모형에서 실제성장률이 적정성장률보다 크면? (   )

① 투자수요가 저축보다 작다. ② 투자수요가 저축보다 크다.

③ 투자수요가 소비수요보다 크다. ④ 투자수요가 소비수요보다 작다.

(7) 자본계수가 2.5일 때, 경제성장률 4%를 달성하기 위하여 얼마만큼의 저축률이 필요한가? (   )

① 5% ② 10%

③ 15% ④ 20%

(8) 해로드모형에서 적정성장률이 자연성장률보다 크게 되면 어떤 형태의 실업이 발생하게 되는가? (   )

① 경기적 실업 ② 기술적 실업

③ 마찰적 실업 ④ 잠재적 실업

(9) 도마(Domar)가 지적한 투자의 이중효과란? (   )

① 자본시설확대와 수출증대효과 ② 생산능력증대와 물가안정효과

③ 생산능력증대와 수요창출효과 ④ 소비증대와 시장확대효과

(10) 다음 글은 누구의 주장인가? (   )

"The economy finds itself in a serious dilemma: if sufficient investment is not forthcoming today, unemployment will be here today. But if enough is invested today, still more be needed tomorrow."

① Keynes ② Kaldor

③ Domar ④ Schumpeter

(11) 위의 결론은 투자가 어떤 측면에 영향을 미친다고 보았기 때문인가? (   )

① 수요측면만을 ② 공급측면만을

③ 수요측면과 공급측면을 ④ 수요측면도 공급측면도 아닌 것을

(12) 도마모형에서 균형성장은 어떤 경우에 달성되는가? ( )

① 소비지출이 일정해야 한다. ② 소비지출의 증가율이 일정해야 한다.

③ 투자지출이 일정해야 한다. ④ 투자지출의 증가율이 일정해야 한다.

(13) 신고전학파 성장이론에서 경제가 균제성장경로에 도달하게 하는 요인은? ( )

① 재화가격의 신축성 ② 자본과 노동의 대체가능성

③ 화폐량의 조절 ④ 정부의 개입

(14) 신고전학파 경제성장이론의 특징으로 옳지 않은 것은? ( )

① 일차동차생산함수 ② 자본과 노동의 동질성

③ 저축률의 가변성 ④ 균형성장률

(15) 자본의 심화(capital deepening)란? ( )

① 자본-산출량비율의 증가 ② 자본-산출량비율의 감소

③ 1인당 자본장비율의 증가 ④ 1인당 자본장비율이 감소

(16) 솔로우(Solow)의 신고전학파모형에서 균형성장이 안정적인 이유는? ( )

① 자본계수가 일정하기 때문에 ② 자본계수가 신축적이기 때문에

③ 저축률이 일정하기 때문에 ④ 저축률이 신축적이기 때문에

(17) 신고전학파 성장이론과 가장 관련이 적은 것은? ( )

① 자본과 노동간 대체가 가능하다는 것을 전제로 한다.

② 시간이 흐를수록 선진국과 후진국간의 생활수준격차가 확대된다.

③ 일반적으로 자본에 대한 수확체감을 가정한다.

④ 연구개발의 중요성을 강조하지 않는다.

(18) 솔로우의 경제성장모형에 대한 내용이 아닌 것은? ( )

① 규모에 대한 보수불변의 생산함수를 가정한다.

② 경제가 성장하면 1인당 자본량은 증가한다.

③ 각국간 소득격차가 확대되는 현상을 잘 설명한다.

④ 저축률이 높아지면 일시적으로 경제성장

(19) 기능적 소득분배의 상대적 분배율의 변화를 반영하여 경제성장을 설명한 학자는? ( )

① Harrod　　② Dormar

③ Kaldor　　④ Solow

(20) 칼도(Kaldor)의 경제성장의 정형화된 사실이 아닌 것은? (

① 노동자 1인당 자본량이 증가되어 왔다.

② 노동과 자본의 상대적 배분율이 장기적으로 일정하다.

③ 자본계수는 대체로 일정하지 않다.

④ 이윤율이 장기적으로 일정할 뿐만 아니라 시장이자율보다 높다.

(21) 칼도(Kaldor)의 경제성장의 정형화된 사실이 아닌 것은? ( )

① 실질국민소득증가율과 노동의 증가율은 장기적으로 일정하다.

② 일반적으론 자본증가율은 실질국민소득증가율보다 크다.

③ 일반적으로 실질국민소득증가율은 노동증가율보다 크다.

④ 노동과 자본이 상대적 배분율 즉, 노동소득의 자본소득에 대한 비율은 대체로 일정하다.

(22) 경제성장률의 황금률의 법칙이란? ( )

① 많이 생산하여 많이 소비하는 미덕

② 임금만큼 소비하고 이윤만큼 저축하는 미덕

③ 많이 생산하여 많이 저축하는 미덕

④ ①, ②, ③ 모두가 틀리다.

(23) 최적성장이론에 대한 내용이 아닌 것은? ( )

① 저축률과 이윤소득의 상대적 분배율이 같으면 1인당 소비가 장기적으로 극대화된다.

② 턴파이크 정리란 계획기간이 길면 최적성장경로의 대부분은 노이만 경

로의 근방을 지나가게 된다는 것이다.

③ 최적성장이론은 경제성장에 대한 실증적 연구이다.

④ 로빈슨(Robinson), 람지(Ramsey), 펠프스(Phelps) 등은 1인당 소비를 극대화시키는 최적성장경로를 연구했다.

(24) 턴파이크의 정리(Turnpike theorem)란? (   )

① 최적투자율에 대한 이론이다. ② 최적성장률에 대한 이론이다.

③ 최적성장경로에 대한 이론이다. ④ 최적소비율에 대한 이론이다.

(25) 외연적 성장(extensive growth)에 속하는 것은? (   )

① 경제운영의 합리화 ② 노동시간의 증가

③ 자본의 질적 향상 ④ 교육투자의 증대

(26) 이윤율을 r, 임금률을 w, 자본계수율(K/Y)라 할 때 힉스(Hicks)의 노동절약적 기술진보는? (   )

① 일정한 w하에서 (L/Y)가 감소되는 기술진보

② 일정한 r하에서 (K/Y)가 증가되는 기술진보

③ 일정한 r/w하에서 (K/L)가 감소되는 기술진보

④ 일정한 r/w하에서 (K/L)가 증가되는 기술진보

(27) 내생적 성장이론에 대한 설명으로 옳지 않은 것은? (   )

① 지속적인 경제성장일 발생하는 요인을 모형 안에서 찾으려는 시도이다.

② 일반적으로 자본에 대한 수확체감을 가정하다.

③ 연구개발 및 인적자본에 대한 투자의 중요성을 강조한다.

④ 선진국과 개도국간의 생활수준 격차가 더 크게 될 가능성이 있다고 설명한다.

(28) 총생산함수를 $Y = AL_aK_1 - a,\ 0 < a < 1$로 가정할 때 성장회계와 총요소 생산성에 대한 다음 설명 중 옳지 않은 것은? 여기서 $Y,\ L, K, A$는 각각 총소득, 노동투입, 자본투입, 총요소생산성을 나타낸다. ( )

① 총소득 중에서 자본소득이 차지하는 비중은 (1-a)와 같다.

② A가 일정한 솔로우 경제성장모형에서 저축률의 상승은 장기적으로 1인당 소비를 증가시키다.

③ A는 실제로 관측되지 않은 것으로 솔로우 잔차(Solow residual)라고 한다.

④ A가 일정하고 1인당 자본량이 균제상태(steady state)보다 적을 때, 1인당 자본량이 증가할수록 1인당 국민소득의 증가율은 하락한다.

[2] 아래 설문에 답하시오.

(1) 완전대체재와 완전보완재인 경우에 무차별곡선의 형태는? 가로축에 노동, 세로축에 자본을 나타낼 때 생산요소의 대체탄력성이 무한대인 경우와 대체탄력성이 0인 경우에 등량곡선의 형태는? 두 개인의 후생함수를 나타낼 때 L자형이 되는 것은 벤담의 후생함수인가, 아니면 롤즈의 후생함수인가? 평등주의분석(egalitarian approach)은 어떤 후생함수를 뜻하는가?

(2) 케임브리지 논쟁(Cambridge controversy)의 주제는 무엇인가?

[3] 빈칸을 적합한 용어로 채우시오.

(1) 투자지출은 이중효과를 가져온다. 한편으로는 ( )를 통하여 총수요를 증가시키고 다른 한편으로는 자본량을 확대시켜 총공급능력을 증가시킨다.

(2) 정상(定常)분석이란 무한히 긴 시간이 주어져서 ( )저량도 변화하면서 새로운 균형상태로 이동했을 때의 최종적인 균형상태(stationary state)의 경제와 처음의 균형상태의 경제를 비교하는 것이다.

(3) 각 ( )가 경제성장에 기여하는 상대적 크기를 비교함으로써 경제성장

요인의 중요성을 분석하는 것을 성장회계(growth accounting)라고 한다.

(4) 각 국의 성장률 격차를 모형의 내생변수 간 상호작용에 의하여 설명하려는 연구방법을 성장이론이라고 한다. ( ) 모형은 수확체감을 인정하면서 기술진보가 내생적 · 지속적으로 유도되는 모형이고, AK모형은 ( )상태에서 수확체감의 법칙이 발생하지 않는 모형이다.

(5) AK모형에서 자본의 개념을 포괄적으로 정의하면 자본의 한계생산성은 ( )하지 않는다.

[4] Fill up the blank with suitable words.

(1) Mishan concludes that the continued pursuit of economic ( ) by Western societies is more likely on balance to reduce rather than increase social welfare.

(2) Harrod's '( ) rate of growth' expresses 'the equilibrium of a steady advance' in the sense of 'the condition in which producers will be content with what they are doing.

(3) Deviations of the actual rate of growth of a Harrod-type economy from the ( ) rate, far from being self-correcting, are cumulative in effect.

(4) Although steady state growth at full employment is possible in an Harrod-type mode of economic growth, such a 'Golden Age' is highly improbable given the independent constituent variables in the necessary equality of the warranted rate of growth to the ( ) rate of growth.

(5) One strand of the new growth theory emphasizes the formation of ( ) capital, A second strand focuses on the economic incentives for technological ( ) by private firms.

(6) Harrod and Schumpeter enable us to explore further the causes of instability and the effects of ( ) progress.

(7) New growth theorists are exploring the role of R&D and of ( ) returns to scale in growth.

(8) According to the endogenous growth model, economic growth depends, even in the long run, on variations such as the (   ) rate and the rate of spending on education.

Answer

[1] (1) 3 (2) 2 (3) 2 (4) 1 (5) 2 (6) 2 (7) 2 (8) 1 (9) 3 (10) 3 (11) 3 (12) 4 (13) 2 (14) 3 (15) 3 (16) 2 (17) 2 (18) 3 (19) 3 (20) 3 (21) 2 (22) 2 (23) 3 (24) 3 (25) 2 (26) 4 (27) 2 (28) 2

E: (5) 평균저축성향과 한계저축성향은 일치하고, 사전적 저축과 사후적 저축도 일치한다.

(18) 소득이 조건부 수렴(conditional convergence)하는 실증적 연구에 어긋나기 때문에 이 같은 현상을 규명하는 과정에서 내생적 성장이론이 대두하게 되었다.

(21) 자본이 증가율을 대체로 GDP의 증가율과 일치한다.

(22) 경제성장의 황금률이란 소비가 극대화되는 성장률을 뜻한다.

(23) 경제성장에 대한 규범적 연구이다.

[2] (1) 완전대체재는 직선이 되고, 완전보완재는 L자형이 된다. 등량곡선의 경우에도 마찬가지의 형태를 갖게 된다. 후생함수의 경우 벤담의 경우는 직선이고, 롤즈의 경우는 L자형이 된다. 평등주의분석은 롤즈의 경우를 뜻한다.

(2) 자본논쟁, 노동과 자본간의 대체가능성이 무한하다는 MIT대학의 새뮤얼슨과 그렇지 않다는 Cambridge대학의 로빈슨 간의 논쟁이었고, 학술지 게재의 논쟁에서는 로빈슨이 승리하였다. 로빈슨은 노벨경제학상을 수여를 거절한 이유 중의 하나도 아만 이 논쟁에서 진 새뮤얼슨이 먼저 수여한 것 때문일 것 같다.

[3] (1) 승수 (2) 자본 (3) 생산요소 (4) 내생적, R&D, 규제 (5) 체감

[4] (1) growth (2) warranted (3) warranted (4) natural (5) human, innovation (6) technical (7) increasing (8) saving

E: (2) 적정 성장률(warranted rate)은 해로드의 경제성장률 개념으로서 자본재의 공급량과 저축량이 같은 상태에서 성장률을 뜻한다. 모형1에서 균형국민소득과 유사한 개념이라고 할 수 있다. 저축률을 s, 국민소득을 Y, 국민소득을 1단위 증가하기 위하여 필요한 자본량을 '필요자본계수'라고 하고 이를 C_r이라고 한다면, 자본재의 공급(=저축)과 수요가 일치하는 경우가 되어, 적정성장률은 저축률을 필요자본계수로 나눈 값과 같다. 자본재의 공급과 수요가 일치할 때는 자본재의

생산이 과잉도 부족도 아니며, 자본설비가 완전가동상태에 있어 기업가가 만족할 수 있는 성장률, 즉 기업가가 극대이윤 경제성장률을 얻고 있음을 나타낸다고 할 수 있다.

제14장 경기변동론

경기변동은 고용과 생산, 물가수준 등이 동시에 또는 약간의 시차를 두고 증가 및 상승 또는 감소 및 하락을 반복하는 현상을 뜻한다. 경기변동은 자본주의 경제의 중요한 특징 중의 하나라고 할 수 있다. 이 장에서는 경기변동의 본질과 종류, 경기순환의 원인, 새뮤얼슨과 힉스의 승수-가속도모형에 의한 경기변동론, 굳드윈의 순환적 성장모형, 통화론자의 경기변동모형, 새고전학파의 경기변동론, 화폐적 균형경기변동학파, 실물적 균형경기변동학파의 경기변동론, 새케인즈학파의 경기변동론을 설명하고자 한다.

14.1 경기변동과 경기순환의 본질, 종류 및 원인

(1) 경기변동의 의미

제2차 세계대전 이전에는 경기의 순환이 상당히 뚜렷한 형태로 나타났기 때문에 경기순환이라는 용어와 경기변동이라는 용어는 거의 동일한 의미로 사용되었다. 그러나 전후 서방세계의 국가들은 케인즈의 총수요관리정책에 의하여 1960년대 중반까지 전례가 없는(unprecedented) 안정적인 고도성장을 지속하였다. 이 과정에서 경기변동은 있었지만, 경기순환성은 약화되었다. 그 후부터는 경기변동은 경기순환을 포함하는 포괄적 의미로 사용되어 왔다. 그러나 2006년 미국 신경제가 붕괴되면서, 그리고 2008년 미국발 글로벌 금융위기 이후에는 경기변동이라는 용어보다는 경기 또는 환율의 변동성(volatility)라는 용어가 더 자주 사용되는 만큼 세계경제는 안정궤도에서 벗어난 상태이다.

(2) 경기변동의 본질

경제학자들은 경기변동의 진폭과 빈도의 규칙성에 대하여 의견이 일치하지는 않았지만 안정화정책을 수립하기 위한 준비단계로서 경기변동을 연구해 왔다. 한센에 이어 새뮤얼슨은 만일 투자가 승수효과와 상호작용을 통하여 [식 14-1]과 같이 시간의 흐름에 따른 경기변동의 경로를 나타내게 된다고 설명한다.

$$I_t = u(Y_{t-1} - Y_{t-2}) \qquad \text{[식 14-1]}$$

여기서 u는 가속도인자이다. 그리고 저축이 당기소득에 비례적이라면,

$$S_t = sY_t \qquad \text{[식 14-2]}$$

여기서 S_t는 당기의 저축, s는 한계저축성향을 나타낸다. 사전저축과 사전투자가 일치해야 하기 때문에 [식 14-1]과 [식 14-2]로부터

$$sY_t = v(Y_{t-1} - Y_{t-2}) \qquad \text{[식 14-3]}$$

$$\therefore Y_t = v/s(Y_{t-1}) - v/s(Y_{t-2}) \qquad \text{[식 14-4]}$$

[식 14-4]에서 소득이 전기의 소득과는 플러스의 관계로 의존하고, 2기전의 소득과는 마이너스의 관계로 의존한다는 사실은 소득이 언제나 안정적으로 증가하지 않음을 시사한다. v와 s의 값에 따라서 소득 Y는 진동하는 경로에 있게

된다.

(3) 경기순환의 국면

슘페터(J. Schumpter)는 [그림 14-1]과 같이 경기순환을 호황국면(prosperity phase), 후퇴국면(recession phase), 불황국면(depression phase), 회복국면(recovery phase)으로 구분한다. [그림 14-1]과 같이 경제활동이 정상적인 수준을 유지하는데 A, B, C 점들을 균형점이라고 한다. 균형점에서 정점 B까지를 호황국면, 정점 B에서 균형점 C까지를 후퇴국면, 균형점 C에서 저점 D까지를 불황국면, 그리고 저점 D에서 균형점 E까지를 회복국면이라고 한다. A점에서 E점까지의 기간이 하나의 경기순환을 구성하고, 이 같은 구간을 순환의 주기라고 한다. 경기변동의 심화정도를 나타내기 위하여 진폭(amplitude)이라는 개념을 사용한다.

[그림 14-1] 슘페터의 경기순환국면

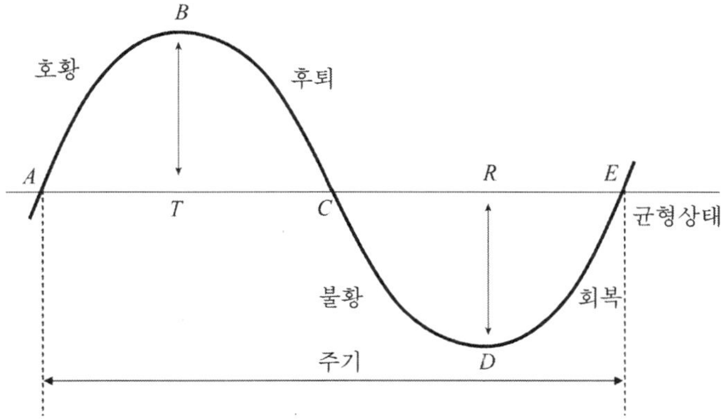

(4) 경기순환의 종류

쥬글라는 이자율, 물가 및 은행대출과 같은 금융에 대한 자료를 분석한 결과 설비투자의 변동으로 야기되는 약 10년의 주기를 가진 투자순환을 발견하였다. 키친순환은 약 10년 주기의 쥬글라 순환보다 상당히 짧은 약 40개월의 주기를 갖는 단기순환으로 키친이 도매물가와 이자율에 대한 자료를 분석함으로써 발견하였고, 주로 상품재고의 변동으로 인하여 발생하므로 재고순환이라고도 한다. 쿠즈네츠는 국민소득통계를 사용하여 경제성장이 약 20년의 주기를 가지고 순환한다는 쿠즈네츠 순환을 발견하였다.

러시아의 콘트라티에프(Kontratieff)는 약 100여년에 걸쳐서 영국, 미국, 독일, 프랑스의 물가, 임금과 같은 가격자료와 석탄, 철강 및 비철금속의 소비, 생산과 같은 물량자료를 연구한 결과 약40년 내기 60년의 장기순환을 발견하였다. 이와 같이 약 50년의 주기를 가진 장기순환 내지 장기파동은 자본주의경제가 시작된 이래 존재하여 왔지만, 이를 체계적으로 연구한 학자는 콘트라티에프이다. 제1차 장기파동은 섬유와 직물을 중심으로 한 산업혁명에 의하여, 제2차 장기파동은 증기기관과 철강에 의한 철도건설에 의하여, 제3차 장기파동은 전기, 자동차, 화학공업, 항공 및 민간 여객기산업에 의하여, 제4차 장기파동은 반도체, 컴퓨터, 생명공학, 신소재. 항공우주산업에 의하여 주도되었다.

(5) 경기순환의 원인

슘페터는 경기순환에 대한 연구는 자본주의 경제가 겪는 과정의 분석 자체일 뿐 그 이상도 그 이하도 아닌 것이라고 하였다. 다르게 표현하면, 넓은 의미로의 경기변동은 사회주의국가에도 존재하나 어느 정도의 규칙성을 가진 경기순환은 자본주의 사회의 특징이라고 할 수 있다.

(가) 외생이론

이 이론은 경기변동의 주된 요인이 경제체제 외부에서 발생하게 된다고 주장한다. 제본스(S. Jevons)는 19세기말 영국의 경기변동이 태양흑점의 주기 11년과 일치하는 것을 발견하고, 태양흑점의 변화가 기상의 변화를 가져와 농산물의 산출량에 영향을 미치고, 이 같은 변화는 기타 산업에 파급효과를 가져와 경기순환이 발생한다고 주장한다.

(나) 과소소비설

마르크스(K. Marx)와 홉슨은 소비지출의 수준이 생산에 미치지 못하기 때문에 재고가 발생함에 따라서 가격이 하락하게 된다는 과소소비설을 주장한다.

맬더스는 저축 자체가 유효수요의 부족을 의미하므로 저축이 불황의 직접적인 원인이 된다고 한 데 반하여, 홉슨은 경제성장의 관점에서 투자를 초과하는 초과저축이 불황의 원인이라고 지적한다.

(다) 순화폐적 이론

호트리(R. Hawtrey)는 경기순환의 주된 원인은 화폐적 요인에 의하여 야기된다는 순화폐적 이론을 주장한다. 그는 화폐공급의 변화란 은행대출의 변화를 의미하며, 대출의 변화는 기업의 자금활용능력을 변화시킴으로써 기업의 재고활동에 대한 수요변화를 가져오게 하고, 이에 따라 경기순환이 야기된다고 설명한다.

(라) 화폐적 과잉투자이론

이 이론은 화폐공급의 변화가 기업의 재고변화를 가져오는 것이 아니라 기업의 시설투자의 변화를 가져오고, 이에 따라 경기순환이 발생한다고 설명한다.

(마) 실물적 투자이론

러시아의 투간-바라노프스키(Tugna-Barnanoesky), 프랑스의 아프딸리온, 스웨덴의 카셀의 의하여 주장된 실물적 투자이론은 투자의 변화에 의하여 경기순환을 설명하는 점에서 화폐적 과잉투자론과 비슷하지만 투자변화를 가져오는 근본요인이 실물측면에 있다고 주장하는 점에서 다르다.

(바) 혁신이론

슘페터는 기업의 혁신활동이 경제에 파급되고 경제가 이 같은 혁신에 적응해 가는 과정을 경기순환이라고 본다. 그의 이론은 경기변동이 기술혁신이라는 실물적 요인에 의하여 야기된다는 점에서 실물적 이론에 포함시킬 수도 있지만 다음과 같은 차이점을 가지고 있다. (마)에서 설명한 실물적 투자이론은 경기상승국면에 투자확장이 과다하여 생산물의 증대가 수요를 초과함으로써 경기의 하강국면을 반전된다고 주장한다. 이에 반하여 슘페터는 적정한 크기의 투자가 이루어진다 하더라도 투자활동이 종료되면 유효수요가 감소하여 경기는 하강국면으로 반전된다고 설명한다. 슘페터는 [그림 14-1]과 같이 한 개의 순환을 정확하게 4개의 국면으로 구분하고, 신투자가 발생하는 시기는 심한 불경기가 아닌 경제가 정상적인 상태의 균형에 가까운 시기라고 설명한다.

14.2 케인즈학파의 동태적 소득-지출모형

케인즈학파는 소득분석이론을 통하여 경기순환의 원인을 소득, 저축, 투자와 같은 거시경제변수의 상호작용에서 도출한다. 보다 구체적으로 표현하면 투자의 변화가 소득의 변화를 가져오는 승수이론과 소득의 변화가 투자의 변화를 가져오는 가속도원리를 종합하여 경기순환과정을 설명한다.

(1) 새뮤얼슨의 승수–가속도모형

동태적 소득-지출모형이란 시간의 흐름에 따라서 소득, 저축, 투자와 같은 거시경제변수가 어떻게 변화되는가를 설명하기 위하여 구성된 연립방정식의 체계이고, 모형 내의 모든 변수는 기간의 함수로 나타나 있다. 새뮤얼슨의 모형을 소개하기에 앞서서 가속도원리의 가정과 어떤 이유에서 그의 모형을 선형가속도원리라고 하는지 설명하고자 한다. 가속도 원리는 [식 14-5]와 같이 나타낼 수 있다.

$$I=v\Delta Y \quad \text{또는} \quad I=v(dY/dt) \qquad [식\ 14\text{-}5]$$

[식 14-5]는 투자(I)는 국민소득(Y)의 변화분에 의하여 유발됨을 보여준다. [식 14-5]에서 v의 값이 시간의 변화에 관계없이 항상 일정한 값을 갖게 되면 선형가속도계수라 하고, v의 값이 시간의 변화에 따라서 변화하게 되면 비선형가속도계수라고 한다.

첫째, 가속도원리는 경제에 유휴시설이 없어서 자본이 완전하게 활용된다는 가정하에서만 타당하다. 만일 유휴시설이나 재고가 많이 있다면 국민소득의 증가가 투자수요를 유발할 수 없기 때문이다. 둘째, 가속도인자는 하방으로 비대칭성을 갖는다. 자본이 완전하게 활용되는 상태 하에서 국민소득이 증가하면 투자는 플러스(+)의 값을 갖게 되고, 국민소득이 감소하면 마이너스(-)의 값을 갖기보다는 0의 값을 갖게 된다. 0의 값을 갖는 이유는 국민소득이 감소한다 하더라도 단기적으로 자본설비를 축소하는 데 한계가 있기 때문이다. 따라서 새 뮤얼슨의 가정은 다음과 같은 3개의 연립방정식으로 나타낼 수 있다.

소비함수 $C_t = C_0 + bY_{t-1}$ (단, $0 < b < 1$) [식 14-6]

투자함수 $I_t = \beta(C_t - C_{t-1})$ [식 14-7]

수요함수 $Y_t = C_t + I_t + G_t$ [식 14-8]

[식 14-6]은 t기의 소비는 시간의 변화와 관계없이 일정한 기초소비(C_0)와 $(t-1)$기 국민소득에 의하여 결정되는 소비(bY_{t-1})의 합으로 구성됨을 나타낸다. 그리고 당기의 소비는 전기의 국민소득의 함수임을 보여줌으로써 시차를 통한 경기변동의 동인을 가지고 있으며, 동시에 소비함수를 사용함으로써 승수이론을 포함하고 있다.

[식 14-7]은 t기의 투자(I_t)는 t기의 소비와 $(t-1)$기의 소비의 차 $(C_t - C_{t-1})$에 의하여 결정됨을 보여준다. 즉, 투자의 크기가 소비의 영향을 받게 된다는 아프딸리옹의 고전적 가속도원리를 나타낸다. [식 14-7]의 소득의 영향을 받는 익숙한 형태의 가속도원리로 바꾸면 다음과 같이 된다.

[식 14-6]으로부터 $C_t = C_0 + bY_{t-1}$, $C_{t-1} = C_0 + bY_{t-2}$이므로 $= \beta(C_t - C_{t-1})$ $= \beta b(Y_{t-1} - Y_{t-2})$가 된다. 여기서 βb를 v로 대치하면,

$I_t = v(Y_{t-1} - Y_{t-2})$ [식 14-9]

[식 14-9]에서 가속도계수 $v = \beta b$는 β와 b가 일정한 값을 갖는다고 가정하기 때문에 역시 일정한 값을 갖게 된다. 이와 같이 국민소득의 증가 내지 감소 방향과 관계없이 v가 일정한 값을 갖게 된다는 새뮤얼슨의 가정은 가속도계수

가 하방으로 비대칭적이라는 현실상의 제약을 간과한 것이다. [식 14-8]에 [식 14-6]과 [식 14-9]를 대입하여 정리하면,

$$\begin{aligned} Y_t &= C_t + I_t + G_t \\ &= C_0 + bY_{t-1} + v(Y_{t-1} - Y_{t-2}) + G_t \end{aligned} \qquad \text{[식 14-10]}$$

[식 14-10]은 시간이 지남에 따라서 국민소득이 어떻게 변화하는가를 나타낸다. [식 14-10]에서 편의상 정부지출(G_t)은 시간의 변화에 관계없이 일정한 값을 가진다고 가정하면,

$$Y_t - (b+v)Y_{t-1} + vY_{t-2} = C_0 + G_t \qquad \text{[식 14-11]}$$

[식 14-11]의 해(解)를 구하면 국민소득의 변화를 나타내는 경기변동의 형태를 알 수 있게 된다. [식 14-11]은 거시경제의 동태적 경로와 안정조건은 가속도계수(v)와 한계소비성향(b)의 상호작용에 의하여 결정된다. 편의상 한계소비성향(b)을 한계저축성향($s = 1 - b$)으로 바꾸어 나타내면 가속도계수(v)와 한계저축성향(s)의 크기에 따라서 단조수렴형, 진동수렴형, 진동확산형, 단조확산형, 정규진동형이 된다.[1)]

(2) 힉스의 경기순환이론

힉스(J. Hicks)는 새뮤얼슨의 승수-가속도모형에 제약조건을 추가하여 경기순환이 반복하여 발생하게 된다고 설명한다. 제약이 없는 새뮤얼슨의 모형에서는 가속도계수(v)의 값이 1보다 작은 경우에는 실제국민소득은 균형국민소득을 향하여 단조수렴하거나 진동수렴하게 되고, v의 값이 1보다 큰 경우에는 실제국민소득은 진동확산하거나 단조확산하게 된다. v의 값이 1인 경우에는 실제국민소득은 균형국민소득을 중심으로 정규진동하게 된다. 힉스는 이 세 가지 중 현실에 가장 부합되는 경우는 v가 1보다 큰 경우라고 본다. 힉스는 경기순환은

1) v의 값이 1보다 작으면 수렴형, v의 값이 1보다 크면 확산형이 된다.

경제성장의 과정에서 발생하게 된다고 보고, 헤로드와 같이 균형성장이 불안정적이라는 견해를 갖고 있기 때문에 v가 1보다 큰 값을 가져서 경제가 불안정적인 상태가 현실에 가깝다고 본다. 힉스는 진동확산하는 경우에 경제가 확산하는 것을 막기 위한 제약을 추가함으로써 경기순환을 설명한다. 힉스는 상방제약적인 천정으로는 완전고용하의 산출량수준을 상정하여 산출량이 그 이상을 초과할 수 없다고 가정하고, 하방제약적인 바닥으로서는 가속도원리의 작동이 정지되는 불황균형을 상정하여 산출량수준이 그 이하로 감소할 수 없다고 가정한다. 힉스는 잠재적 국민소득의 지속적인 증가를 고려함으로써 경기변동과 경제성장을 동시에 분석하는 순환적 성장이론을 제시하는 특색을 지니고 있다. [그림 14-2]는 힉스의 경기순환모형을 나타낸다.

[그림 14-2] 힉스의 경기순환모형

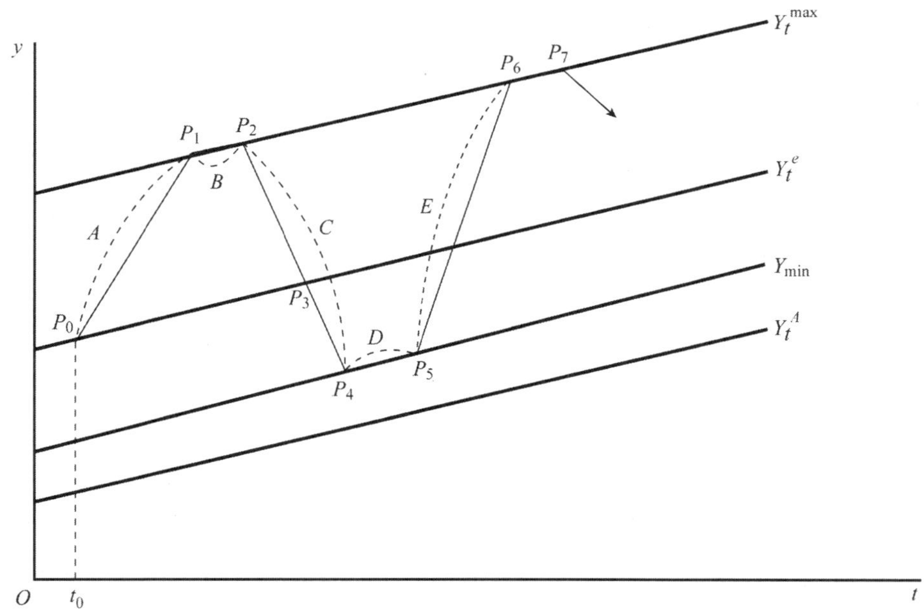

14.3 굳윈(R. Goodwin)의 순환적 성장이론

굳윈은 경기순환과 경제성장을 종합하고자 시도한 힉스의 업적을 인정하지만 지속적으로 성장하는 독립투자에 의하여 경기변동을 설명하는 것은 적절한 방법이 아니라고 비판한다. 그는 경제성장의 중심적 요인은 노동력의 증가와 기술진보에 있다고 주장한다. 이와 같은 요인들은 경제의 생산능력의 지속적인 증가를 가져오지만, 반드시 동일한 크기의 수요증가를 가져오지는 않는다. 경기상승국면마다 기술혁신으로 야기된 투자는 고정자본과 준고정자본의 확장을 가져오기 때문에 당기의 경기하강국면의 최저점은 전기의 경기하강국면의 최저점보다 높게 된다.

굳드윈은 자본과 산출량 간에 단순한 비례성을 인정하지 않기 때문에 자본저량이 경기순환분석에 중심이 되는 변수라고 간주한다. 그는 소득의 변화는 언제나 투자의 변화로부터 파악될 수 있다고 보고 신축적 가속도원리를 가정한다. 균형자본량 K^*는 [식 14-12]와 같이 소득수준 y와 기술혁신의 정도를 나타내는 $\beta(t)$에 의하여 결정된다.[2)]

$$K^* = vy + \beta(t) \qquad [식\ 13\text{-}12]$$

그렇다면 투자는 두 가지의 중요한 비선형의 제약 하에서 균형자본량과 실제자본량의 차이에 의하여 결정된다. 첫 번째 제약은 힉스의 모형에서와 마찬가지로 감가상각에 의하여 하부전환점이 결정된다. 두 번째 제약은 경기순환의 상부전환점은 투자재 산업의 능력에 의하여 결정된다. 이 같은 상부전환점과 하부전환점 사이에서, 투자는 [식 14-13]과 같이 균형자본량과 실제자본량의 차이에

2) R. Goodwin, "The Non-linear Accelerator and the Persistence of Business Cycles," *Econometrica*, 91, 1951, pp. 1-17.

비례되게 결정된다.

$$I=\lambda(K^{*}-K)$$ [식 14-13]

14.4 통화론자의 경기순환이론

프리드만과 슈바르츠(A. Schwartz)는 투자의 감소와 같은 유효수요의 부족이 불황을 가져오는 것이 아니라 총통화가 화폐수요에 비하여 부족하기 때문에 불황이 야기된다고 주장한다. 프리드만과 슈바르츠는 미국의 화폐사로부터 경기변동과 통화량이 높은 상관관계가 있음을 발견하고, 통화량과 경기변동과의 인과관계를 규명하기 위하여 통화량의 변화에 대한 경제활동의 수준을 연관지어 고찰함으로써 다음과 같은 두 가지 사실을 발견한다. 첫째, 통화량의 변화는 경제활동의 변화를 가져온다. 둘째, 통화량의 변화는 경제활동의 변화에 의하여 영향을 받기보다는 특정한 역사적 사실에 의하여 영향을 받게 된다.

통화론자의 이 같은 제안을 뒷받침하기 위하여 프리드만과 슈바르츠는 다음 두 가지 주장을 전개한다. 첫 번째 주장은 경제의 교란은 화폐에 대한 수요와 공급이 일치하지 않기 때문에 야기되며, 이 같은 교란을 악화시키는 것이 통화승수이다. 두 번째 주장은 화폐적 교란은 자산선택과정을 거쳐서 전달된다고 주장한다. 예를 들어 통화공급이 증가하게 되면 실질잔고가 증가하게 되고 각 경제주체는 통화공급 이전의 실질현금잔고수준을 유지하기 위하여 자산구성을 바꾸어가면서 재화와 용역에 대한 수요를 궁극적으로 증가시키게 된다. 그러나 일정시간이 경과한 후 이러한 수요의 증가는 물가상승을 가져오게 되므로 각 경제주체는 처음의 유동성을 지닌 자산의 증가에 대하여 자산선택조정이 과잉으로 이루어졌음을 발견하고 수요를 감소시킨다.[3] 그 결과 불황이 오기 쉽다고

3) 처음의 실질잔고를 $r=R/P$이라고 하자. 통화공급이 증가하여 한 경제주체의 실질잔고가 두 배인 $2R/P$라고 하면, 이 경제주체는 기존의 실질잔고 R/P를 유지하기 위하여 남는 잔고로 재화와 용역에 대한 수요를 증가시키게 된다. 그러나 이러한 경제주체의 의도는

설명한다.[4)]

14.5 화폐적 균형경기변동(Monetary Business Cycle; MBC) 이론

새고전학파 중에서 루카스(R. Lucas)는 거시경제학의 미시경제학적 기초를 확립하는 화폐적 균형경기변동이론을 제시한다. 그는 경기변동현상이 시장기능의 실패에 의하여 초래되는 것이 아니라 개별경제주체들이 합리적 기대하에서 최적경제행위를 하는 과정에서 발생한다고 보고, 교란의 원인 및 확산경로(impulse and propagation mechanism)를 중점적으로 분석한다. 새고전학파 경기변동이론은 수요측면에서 경제주체들 간의 물가변동에 대한 예측의 비대칭성을 경기변동의 주요 원인으로 보고 있다. 화폐적 균형경기변동이론은 여기에다 화폐부문을 추가하여 균형을 한 균형점에서 다른 균형점으로의 이동으로 파악한 점에서 고전학파 경기변동이론과 같은 입장에 있다. 그러나 실물적 균형경기변동이론은 경기변동의 원인을 수요측면에서 공급측면으로, 화폐부문에서 실물부문으로 분석의 초점을 두어 경기변동을 설명하고 있다.

(1) 화폐적 균형경기변동

케인즈학파는 경기변동을 불균형현상으로 보고, 특히 투자의 불안정성과 그 파급효과를 통하여 설명하고 있다. 그러나 새고전학파는 케인즈학파의 경기변동이론이 경제주체의 합리적 행동에 기초하지 않고 있다고 비판하고 경기변동을 균형현상으로 설명한다. 통화론자의 모형은 예상할 수 있는 통화량과 예상하지 못하는 통화량을 구분하지 않고 단지 통화량만이 실질잔고효과를 가져온다고 주장한다. 그러나 새고전학파는 경제주체가 기대를 합리적으로 형성하기 때문에 아무리 유동성이 증가하더라도 경제주체가 예상할 수 있는 통화량에 아무런 영

실패하고 만다. 왜냐하면 수요증가를 통해 기존의 실질잔고 R/P에서 P가 상승하여 전체적인 실질잔고는 기존의 $r=R/P$보다 작아지기 때문이다.

4) Friedman points out that business cycles can occur if workers inaccurately perceive the current price level.

향을 미치지 못하며, 예상되지 못하는 통화량의 변화만이 경기변동을 야기하게 된다고 주장한다. 루카스는 합리적 기대가설을 사용하여 사람들이 일반물가수준과 상대가격을 혼동함으로써 화폐가 중립적임에도 불구하고 실질국민소득과 산출량에 영향을 미쳐서 경기변동이 발생한다고 주장한다. 그는 예상하지 못한 통화량의 변화는 예상하지 못한 인플레이션을 발생시켜 이것이 실질변수의 변동을 가져오게 된다고 지적한다. 즉, 예상하지 못한 통화량이 증가하면 합리적 기대를 가정하더라도 경제주체들은 총수요의 증가에 따른 인플레이션 효과를 인식하지 못하게 된다. 따라서 실제물가와 기대물가 사이에 괴리가 발생하여 산출량 혹은 고용수준을 변동시키게 된다. 그런데 이러한 화폐적 충격에 의한 경우라도 시간이 지남에 따라서 경제주체들은 기대물가수준을 상향조정하고 산출량 혹은 고용량을 자연실업률수준으로 복귀시키게 된다.

(2) 정보의 불완전성과 예측하지 못한 물가상승

새고전학파의 주된 주장은 연속적인 시장균형과 합리적인 기대형성의 가정들이 충족되더라도 경제주체가 미래의 경제현상에 대하여 완전한 정보를 갖지 못하면 물가와 생산량이 같은 방향으로 움직이는 경기변동이 발생한다는 것이다. 예를 들어 화폐공급이 증가하여 일반물가수준이 상승한다고 모든 가격이 동일한 비율로 상승할 때 기업가들은 그들이 공급하는 재화와 용역의 가격만이 상승했다고 보고 생산량을 증가시키게 된다. 즉, 경제주체가 일반물가수준의 변화와 상대가격의 변화를 혼동하기 때문에 일반물가수준과 산출량 전체가 같은 방향으로 움직이게 된다. 다르게 표현하면 화폐부문에서 발생한 일반물가수준의 변화와 실물부문에서 발생한 상대가격의 변화를 혼동함으로써 물가와 실질산출량이 같은 방향으로 움직이는 경기변동이 발생하게 된다. 따라서 합리적 기대가설에 의하면 천재지변이나 예상하지 못한 경제정책이 시행되지 않는 한 경제는 항상 균형상태에 있게 되고, 지속적으로 산출량이 변동되는 과정(경기변동)은 교란항(disturbance term) 이외의 변수로는 전혀 설명할 수 없다는 것이다. 그러나 이 같은 설명은 현실경제에서는 불황과 호황이 교대하여 지속적으로 경기변동을 가져온다는 측면을 설명할 수 없다는 점에서 현실과 괴리된 모형으로 비판을 받았다.

14.6 실물적 균형경기변동(Real Business Cycle: RBC) 이론

1980년대 후반에 미네소타대학의 프레스코트(E. Prescott)와 로체스터 대학의 프로서(C. Plossor)와 킹(R. King)에 의하여 주도된 실물적 균형경기변동 학파는 경기변동은 금융정책과 아무런 관계가 없고 오직 실물적 요인에 의하여 야기된다고 주장한다. 이 학파는 경기변동을 야기하는 요인들은 새로운 기술혁신, 가뭄과 같은 공급측면에서의 실질적 충격(real impulses)이지 화폐적 요인이 아니라고 주장한다. 이 같은 견해에 의하면 기술진보와 자원의 이용가능성의 변화에 대응하기 위하여 자연적이면서도 효율적인 반응에 의하여 경기변동이 야기된다고 보기 때문에 경기변동의 주된 원인은 총수요곡선의 이동이라기보다는 총공급곡선의 이동에 의하여 발생하게 된다고 강조한다.

(1) 공급측면에서의 외생적 충격

경기변동이 내생적 변수에 의하여 결정되고 예측가능하다는 전통적 승수-가속도모형과 다르게 실질경기변동이론은 경기변동은 외생적 충격에 의하여 영향을 받기 때문에 랜덤하고 예측불가능하다고 주장한다. 외생적 충격으로는 기후변화, 생산요소가격의 변화, 기술진보를 들고 있다. 로체스터 대학의 프로서(C. Plosser)와 킹(R. King)에 의하여 주도되는 이 학파가 초점을 맞추는 외생적 충격은 기업들이 주어진 생산요소의 가격 하에서 생산하고자 하는 공급측면에서 야기된다. 따라서 이 학파는 경기변동이 수요측면에서 야기된다고 주장하는 전통적 경기변동이론과 상당히 다른 정책시사를 제시한다. 이 학파는 경기변동(cycle)이란 용어 자체가 잘못 사용되고 있다고 지적한다. 이 학파는 경기변동이 일종의 환상이라고 보고, 어떤 경제라도 랜덤한 충격을 받게 되면 실제의 경기변동과 유사한 변동이 나타나게 된다고 설명한다. 이 같은 경제변동(economic fluctuation)은 경제가 생산요소를 생산물로 전환시키는 과정에서 야기되고, 이 같은 기술의 변동이 산출량과 고용량의 변화를 가져오게 된다고 설명한다.

실물적 경기변동학파는 과소고용하의 경제가 정부의 개입이 없더라도 즉각적으로 완전고용으로 돌아갈 수 있다고 보는 점에서 새고전학파보다 더 강하게 가격기구를 신봉한다. 이 학파는 경제가 언제나 완전고용상태에 있다고 보기 때문에 정부가 국방비 지출을 증가시키면 실업에는 영향을 미치지 않고 산출량이 구성중 국방관련제품의 비중만 증가하게 된다고 주장한다.

(2) 마이너스 충격에 대한 실증적 자료부족

실물적 경기변동학파는 최근에 경기변동을 가져올만한 커다란 외생적 충격을 확인하는 데 실패하였다고 비판을 받는다. 예를 들어, 최근 몇 십년간에 큰 충격이라고 할 수 있는 1970년대의 석유파동도 경제 전체적으로 보면 비중이 크지 않았다. 석유파동으로 인하여 미국이 석유수입에 지출한 금액은 1973년 76억 달러에서 1975년 248억 달러로 증가하였으나, 석유수입지출의 증가분에 해당되는 172억 달러는 미국 국민총생산의 약 1%에 지나지 않았기 때문에 어느 누가 보아도 석유파동은 아주 심각한 외생적 충격은 아니라고 간주하게 된다.

실물경기변동이론에 따르면 기술진보가 퇴조할 경우에 불경기가 야기된다고 주장한다. 그러나 이 이론에 대하여 비판하는 학자들은 기술진보가 퇴조한다는 것은 설명이 될 수 없다고 지적한다. 비판론자들은 기술축적의 속도가 완화되는 것은 이해할 수 있지만, 기술이 퇴조(technological regress)한다는 것은 현실성이 희박하다고 주장한다. 그러나 실물경기변동을 주장하는 학자들은 악화된 날씨로 인한 농작물의 수확감소, 엄격한 환경규제제도의 실시, 석유가격의 상승 등은 자본과 노동을 사용하여 생산되는 재화와 용역의 산출량을 감소시키기 때문에 기술퇴조와 동일한 효과를 가져 오게 된다고 주장한다. 이 학파가 비판을 받는 다른 두 가지 점으로는 공급측면의 충격이 확산되는 데는 컴퓨터와 레이저 장비의 확산과 같이 시간이 몇 년씩 소요된다는 점과 경기쇠퇴를 초래하는 부정적인 충격을 실제로 발견하기 어렵다는 점을 들 수 있다.

14.7 새케인즈학파의 경기변동이론

1980년대 초 미국은 재정적자와 무역적자라는 쌍둥이 적자문제로 1930년대의 대공황 이후 가장 심각한 불황을 겪고 있었다. 미국의 일부 지역에서는 공장들이 문을 닫고 실업률이 두 단위 숫자가 될 정도로 증가하였다. 이 같은 불황은 독일을 제외한 서부유럽국가들도 노동자 다섯 사람 중 한 사람이 직장을 가지기 못 할 정도로 심각하였다. 1980년대 중반과 후반에 걸쳐서 미국은 실업률이 서서히 감소하였음에도 불구하고, 서유럽국가들은 여전히 높은 실업률이 지속되었다. 이 같은 대량실업이 지속되는 현상을 보고 어떤 이유에서 노동시장에서의 노동공급이 노동에 대한 수요를 초과하는가를 규명하고자 하였다. 이 같이 지속적인 실업현상을 분석하는 과정에서 얻은 결론이 케인즈의 분석과 유사한 점이 많다고 해서 새케인즈학파라고 지칭하게 되었다.[5)]

(1) 가격기구의 자생적 회복능력에 대한 회의

새고전학파는 충격이 화폐부문에서 야기된다고 주장하는데 반하여 실물적 경기변동학파는 충격이 실물부문에서 야기된다고 주장한다. 통화론자와 새고전학파는 경제 자체가 경기변동의 충격을 완화시키는 기능을 가지고 있으나 정부, 특히 통화당국의 그릇된 통화정책이 경기변동을 야기하게 된다고 지적한다. 통화론자는 단기적으로 경제주체들이 적응적 기대를 갖게 되므로 통화당국이 통화공급의 변화를 통하여 정책목표를 달성할 수 있다고 본다. 그러나 장기적으로 시간이 흐름에 따라 경제주체들은 자기들의 기대가 잘못되었다는 것을 인지하고 기대를 수정함으로써 통화당국이 의도한 목표달성과 멀어지게 된다. 더 나아가 새고전학파는 장기에는 물론 단기에도 경제주체들은 합리적 기대를 갖기 때문에 통화공급의 변화는 예측되어 실질변수에 영향을 미치지 않게 된다고 본

5) 블랑샤드(O. Blanchard)의 이력현상(hysteresis)모형이 좋은 예가 될 수 있다.

다. 따라서 통화론자나 새고전학파는 정부의 정책이 경기변동을 완화시키기보다는 악화시키는 주된 원인이 된다고 주장한다. 통화론자나 새고전학파가 주장하듯이 실제로 대공황이나 불황이 왔을 때에 물가수준보다 화폐공급이 더 빠른 속도로 감소하였다. 그러나 상관관계(correlation)가 높다고 반드시 인과관계(causation)가 크다고는 할 수 없다. 추석이나 구정에는 실질통화공급이 증가하지만, 이 시기에 판매가 급증하는 원인이 통화가 증가하였기 때문이라고 보기는 어렵다. 유사한 논리적 맥락에서 통화론자의 비판자들은 화폐공급의 감소가 불황의 원이라기보다는 불황의 결과라고 비판한다.

(2) 수렴적(convergent)반응이 아닌 확산적(divergent) 반응

새케인즈학파는 내생적 충격을 중시하는 전통적 경기변동이론과 외생적 충격을 중시하는 실물적 경기변동이론 사이의 중간입장에서 경기변동이론을 발전시켰다. 새케인즈학파는 예상하지 못한 중간 또는 작은 크기의 외부충격이 올 경우에 경제내에는 이 같은 충격을 커다란 경기변동으로 확대 내지 악화시키는 속성이 있다고 주장한다. 이처럼 충격의 근원은 외생적 요인이지만 경제 내에는 이 같은 충격을 확대하고(amplify) 내생화시켜서 지속되게 하는 힘이 있다고 지적한다.

새케인즈학파는 외생적 충격의 원인으로 통화론자와 새고전학파와 같이 수요측면에서의 화폐적 충격과 실물적 경기변동학파와 같이 공급측면에서의 충격이 있다고 본다. 새케인즈학파가 통화론자, 새고전학파, 실질경기변동학파와 다른 점은 시장경제가 언제나 외생적 충격을 흡수하고 완전고용의 상태로 회복(restore)시키는 기능이 있다는 것을 신봉하지 않는 데 있다. 새케인즈학파는 경제가 충격을 완화시키는 속성이 있다기보다는 충격을 확대시키고 지속시키는 속성이 있다고 주장한다. 새케인즈학파는 충격의 원인이 공급측면 또는 수요측면인가를 구별하는 것은 중요하지 않다고 보고, 경제가 이 같은 충격에 어떻게 반응하는가가 중요하다고 본다. 역사적으로 미국과 서부유럽에서의 대공황과 1980년대에 서부유럽에서의 불황은 경제가 스스로 완전고용상태로 회복하는 힘이 상대적으로 약하다는 것을 보여주었다. 그러나 새케인즈학파를 비판하는 학자들은 대공황이나 1980년대의 불황은 예외적인 경우이기 때문에 경제가 정상적으로 작동하는 경우 또는 정부가 경제회복의 과정을 방해하는 경우를 고려해야 할 필요가 있다고 지적한다.

(3) 증폭(amplification)과 지속(persistence)

승수-가속도 이론에 따르면 투자의 변화는 승수배의 산출량변화를 가져온다. 신용제약(credit-constrained)을 받는 사회에서 판매의 감소와 낮은 가격은 기업의 현금보유고를 감소시킴으로써 투자계획에 대한 자금조달 능력과 투자에 따른 위험을 감수할 의지를 약화시키게 한다. 현재의 기업판매의 감소는 가속도원리를 통하여 보다 큰 투자의 감소를 가져오고, 투자의 감소는 승수효과를 통하여 더 큰 소득과 산출량의 감소를 가져오게 된다. 이와 반대로 수출이 증가하는 플러스의 충격은 기업의 이윤을 증가시키고, 기업은 증가된 이윤을 활용하여 투자를 확대함으로써 소득과 산출량의 증가를 가져오게 된다. 새케인즈학파가 설명하는 플러스 충격이 가져오는 소득증가 효과는 투자가능한 이윤의 이용가능성을 제외하고는 전통적인 경기변동이론에 나오는 승수-가속도모형과 유사하다고 할 수 있다. 즉, 경제에 플러스의 충격이 있을 경우에 미래에 대한 낙관적 기대의 형성을 통하여 기계와 건물에 대한 수요를 증가시킴으로써 더 큰 투자를 가져오게 한다고 보는 점은 전통적 케인즈학파나 새케인즈학파나 마찬가지 견해이다.

경제는 외부충격을 악화시킬 뿐만 아니라 경제가 원래의 상태로 회복하는 것을 지속적으로 막는 속성을 지니고 있다. 불황에 직면한 기업이 기존의 생산시설을 활용하여 생산활동을 하는 경우에 기업의 재무구조는 아주 서서히 개선된다. 기계의 마모가 크면 클수록 새로운 기계구입에 대한 투자를 연기하게 되고, 따라서 생산성이 감소하여 기업의 수입과 이윤도 감소하게 된다. 따라서 적정시기에 이루어지지 않고 연기되는 대체투자는 기업으로 하여금 더 비싼 대가를 치르게 한다. 결국에는 뒤늦게나마 새로운 기계에 대한 투자가 이루어지고 산출량이 증가하게 됨에 따라서 기업의 재무구조도 빠르게 개선될 수 있다. 경제는 회복되지만 적어도 몇 년이 지난 뒤에야 불황 전의 수준으로 되돌아올 수 있게 된다. 최근에 와서 1973~74년의 불황과 1980년대 초의 불황은 몇 년이 지나서야 비로소 경제가 불황 전의 수준으로 되돌아갈 수 있음을 보여 주었다. 새케인즈학파는 불황의 비용은 고용되지 않은 자원으로 인한 산출량의 감소뿐만 아니라 경기가 회복될 때까지 경제가 겪는 지속적인 산출량의 감소라고 지적한다.

14.8 안정화정책에 대한 논쟁

경기변동에 대한 학파간의 상이한 견해는 이들이 각각 다른 형태의 안정화정책을 주장함을 보여준다. 실물적 경기변동학파가 주장하듯이 충격은 외생적이고 경제가 신속하게 원래의 상태로 회복하는 기능이 있다면 정부의 개입이 필요없게 된다. 그러나 이와 반대로 외생적 충격이 확대됨으로써 불황의 효과가 커지고 지속적으로 되기 쉽다고 보는 새케인즈학파는 처음의 충격을 완화시키거나 충격이 증폭되지 않도록 하기 위하여 정부의 안정화정책이 필요하다고 주장한다.

정부개입에 대한 자세(stance)는 개입주의와 비개입주의로 나눌 수 있다. 개입주의자는 케인즈학파의 영향을 받은 전통적 경기변동이론학파와 새케인즈학파를 들 수 있다. 비개입주의자는 정부개입이 전혀 필요하지 않다는 실물적 경기변동학파와 정부개입은 부정적 효과를 초래한다는 통화론자와 새고전학파를 들 수 있다. 따라서 1980년대 후반 이후 거시경제학의 양대 산맥은 실물적 경기변동학파(Real Business Cycle: RBC)와 새케인즈학파라고 할 수 있다.

(1) 실물적 경기변동학파

이 학파는 충격은 외생적이고, 경제는 이 같은 충격에 대하여 신속하게 회복하기 때문에 정부의 개입이 필요 없다고 주장한다. 이 학파는 사람들이 합리적으로 행동한다면 어려운 시기를 대비하여 저축을 하기 때문에 경기변동이 가져오는 소득의 변화도 별다른 문제가 되지 않는다고 설명한다. 실물적 경기변동학파는 실직한 사람들이 그들의 기대소득의 인하를 받아들인다면 다시 직장을 얻게 되는 것이 가능하다고 본다. 더 나아가 정부가 금융정책을 실시하더라도 가계와 기업은 물가연동제(indexation)을 시행함으로써 물가변화효과를 상쇄시키기 때문에 효과가 없게 된다고 지적한다. 이 학파는 정부가 충격을 완화시키지도 못하지만, 정부의 개입이 경제를 악화시키지도 못한다고 강조한다.

실물적 경기변동학파의 주장을 따르면 금융정책은 실질화폐공급과 실질신용공급을 변경시키지 못하기 때문에 효과가 없지만, 재정정책 중 정부지출은 사적소비를 정부소비로 전화시키는 효과가 있게 된다. 이 학파는 고전학파와 마찬가지로 비자발적 실업이 없다고 보기 때문에 정부지출에 실업에 미치는 효과는 없다고 본다. 케인즈학파는 정부지출의 증가는 경제를 활성화시키고, 조세의 증가는 경제를 위축시킨다고 주장한다. 다르게 표현하면 재정적자는 경제를 활성화시키게 된다. 그러나 실물적 경기변동학파는 재정적자는 금융정책과 마찬가지로 경제에 영향을 미치지 못하지만 정부지출은 산출량 구성의 변화를 통하여 경제활동에 간접적인 영향을 미칠 수 있다고 본다.

(2) 통화론자와 새고전학파

통화론자와 새고전학파는 비우호적인 외부충격(adverse external impulse)이 있더라도 경제는 정부의 개입이 필요없을 만큼 빠른 속도로 원래의 완전고용상태로 되돌아가는 자생력이 있다고 주장하는 점에서 실물적 경기변동학파와 공통점을 지니고 있다. 통화론자는 재정정책의 구축효과를 지적하고, 새고전학파는 경제주체가 합리적 기대를 형성하게 되면 정부의 정책은 전혀 효과가 없게 된다는 '정책무력성 정리'를 주장한다. 새고전학파는 정부가 통화량을 변화시키더라도 경제주체가 합리적 기대를 형성한다면 통화량의 변화를 파악하고 자신의 자산구성을 재구성함으로써 금융정책의 효과를 불태화(sterilize)시킨다. 그 결과 실질고용량과 실질산출량은 불변이고 물가수준만 변화하게 된다.

실물적 경기변동학파는 인플레이션이 피해를 가져오지 않는다고 보지만, 통화론자와 새고전학파는 피해를 가져온다고 지적한다. 통화론자와 새고전학파에 의하면 경제가 부분적으로 물가와 연동되어 있기 때문에 인플레이션은 피해를 가져올 수 있고, 더 나아가 불확실성을 증가시키기 때문에 피해가 더 커질 수 있다고 지적한다. 그들은 장기적으로 보면 필립스곡선은 자연실업률에서 수직선이 되기 때문에 자연실업률 이하로 실업을 감소시키고자 하는 확장적 금융정책은 가속화되는 인플레이션만 초래하게 된다고 주장한다. 통화론자와 새고전학파는 재정정책도 금융정책과 마찬가지로 장기적으로 경제의 실질고용수준과 실질산출량에 아무런 영향을 미칠 수 없다고 지적한다.

통화론자와 새고전학파는 정부의 개입이 경제 나쁜 영향을 미칠 수 있다고 주장하는 점에서 실물적 경기변동학파와 다르다. 이들의 주장은 정부의 개입은 적어도 단기적으로는 실질고용수준과 실질산출량에 큰 영향을 줄 수도 있지만, 장기적으로는 발생하는 부작용이 단기의 편익을 초과하기 쉽다고 강조한다. 이와 같은 예로서 프리드만은 대공황시의 미국이 필요한 통화량의 1/3 수준으로 통화공급을 감소시켰음을 지적한다. 통화론자는 1979년과 1982년의 미국의 불황도 부분적으로는 긴축금융정책 때문이었다고 지적한다. 프리드만은 물가가 통화량 감소를 상쇄할 만큼 즉각적으로 하락하지 않기 때문에 긴축적 금융정책이 실질변수에 영향을 미칠 수 있다고 지적한다.

새고전학파의 루카스는 가격이 신축적으로 하락하지 않는 경우를 다음과 같은 예를 들어 설명한다. 어떤 상품의 생산자는 자신이 만든 상품에 대한 수요가 감소하는 원인이 통화량의 감소로 인한 것인지, 아니면 이 상품에 대한 수요가 대체재의 수요증가로 인해 감소한 결과인지를 충분히 분석할 수 없기 때문에 통화량의 감소를 상쇄할 만큼 충분히 가격을 인하하지 않게 된다. 가격이 통화량의 변화를 흡수할 만큼 변화하지 않는 결과 통화량의 감소는 총수요를 감소시킴으로써 불황을 초래하게 된다. 새고전학파와 통화론자는 금융정책이 단기적으로 실질변수에 영향을 미칠 수 있고, 정부가 미래를 예측하는 데 제한된 정보를 가지고 있기 때문에 정부의 안정화정책은 경기변동을 더 불안정하게 하는 속성이 있다고 주장한다. 이 같은 이유에서 통화론자는 재량적 개입보다는 준칙을 주장한다. 이들은 시장이 외생적 충격에 대하여 신속하게 조정되지 않기 때문에 대량실업이 장기화될 수 있다고 보고, 대공황과 1980년대의 서부유럽국가의 불황을 예를 들어 설명한다.

(3) 전통적 경기변동학파와 새케인즈학파

이들은 불황의 경제적 비참함을 무시하기 어렵기 때문에 정부는 개입할 수 있고 개입해야만 한다고 주장한다. 새케인즈학파는 경제주체가 합리적 기대를 형성하더라도 정부의 안정화정책은 큰 효과를 가져 올 수 있다고 주장한다. 새케인즈학파는 새고전학파와 통화론자가 사적 경제주체의 행동이 정부의 정책을 상쇄할 수도 있다는 것을 지적한 점을 높이 평가한다. 정부는 정책을 수립할 때 사적 부문의 반응을 고려할 필요가 있다. 대부분의 경우 합리적 기대를 가진 사적 부문의 경제주체들은 정부의 정책을 부분적으로 상쇄한다. 이따금 사적 부문의 경제주체들은 정부의 정책을 모두 상쇄할 수도 있다. 새케인즈학파는 사적 부문이 언제나 정부의 정책을 상쇄할 수는 없다고 주장한다. 예를 들어 사적 부문이 언제나 정부의 정책을 상쇄할 수 있다는 이론은 가격과 임금이 실제의 상태보다 더 신축적이라고 가정한다. 현실적으로 사적 경제주체가 정부의 정책을 즉각적으로 파악하고, 정부의 정책을 상쇄하기 위한 예비단계로 경제구조를 충분히 이해하며, 다른 사적 경제주체들도 자신과 똑같이 합리적으로 행동한다고 가정하는 것은 상당히 비현실적이다. 조세부과의 경우 사적 경제주체의 행동이 정부의 정책을 상쇄하기도 하지만, 다른 한편으로는 사적 경제주체의 행동에 정부의 정책을 첨가(augment)하기도 한다. 이자소득세율의 인상은 저축유인을 감소시키기 때문에 소비를 증가시키는 유인을 가져오기도 하지만, 다른 한편으로는 정부수입의 증가로 인하여 재정적자가 감소하게 된다. 그 결과 사적 부문은 미래에 부담할 조세가 상대적으로 감소되었다고 판단하게 되어 소비를 증가시키게 된다. 투자에 대한 감세는 소비자들로 하여금 그들의 미래소득이 증가하리라고 기대하게 함으로써 미래의 소득을 앞당겨서 현재의 소비에 충당할 수 있기 때문에 소비를 증가시키게 된다.

새케인즈학파는 정부의 개입은 경제를 불안정화시키기보다는 안정화시키는 경우가 더 많다고 주장한다. 새케인즈학파는 대공황시에 화폐공급이 감소하여 불황이 증폭되었다고 보기보다는, 경제활동과 대출활동이 위축된 결과 통화공급이 감소되었다고 지적한다. 새케인즈학파는 완전고용을 유지할 만큼 가격기구가 신속하게 작동하지 않기 때문에 국가가 개입할 필요가 있다고 주장한다. 경제상황은 항상 변화하고, 따라서 새케인즈학파는 어떤 정책이 적절하다고 사전에 이야기하기가 어렵기 때문에 정부가 준칙을 사용하기보다는 재량적 정책을 사용해야 한다고 주장한다. 새케인즈학파는 재량적 정책이 효과적이라고 보기 때문에 실업률이 10%이상 증가할 경우에 이를 방관하는 정부는 없다고 보고, 경제상황에 따른 정부정책의 변화로 인하여 불확실성을 근본적으로 제거할 수는 없다고 지적한다.

새케인즈학파는 정부가 추진하기로 약속한 정책의 문제는 동태적 일관성(dynamic consistency)[6]이라고 지적한다. 예를 들어 정부가 어떤 세율의 변화가 영구적이라고 발표하면 정책수립자가 스스로를 속이는 결과가 되기 쉽다. 경제여건이 바뀌면 정책의 변화가 필요하게 될 수도 있고, 이 같은 정책변화는 개인과 기업의 행동에 커다란 영향을 미치게 된다. 예를 들면 재정경제원(현 기획재정부)은 1993년에 토지초과세가 앞으로 가중되고 이 같은 세율의 증가는 거의 지속되리라고 발표하였다. 그러나 경기침체가 심각해진 1998년에는 부동산거래의 활성화를 촉진하기 위하여 토지초과세 철폐를 검토한다고 번복되는 발표를 하였다. 새케인즈학파는 실업률이 빠르게 증가할 경우에는 정부는 그 전에 어떤 정책을 발표하였는지에 대해 구애받지 말고 상황에 부합되는 경기부양책을 실시해야 한다고 주장한다. 이 학파는 경제학자의 역할은 어떤 정책이 가장 효과적인가를 정책수립자에게 제시하는데 있다고 강조한다.

정부의 개입이 경기진폭을 확대시켰다는 새고전학파와 통화론자의 비판을 부분적으로 수용하는 새케인즈학파는 정책개입의 범위에 신중한 편이다. 새케인즈학파는 역사적 경험으로부터 재정정책과 금융정책을 효과적으로 사용하는 방법을 개선시킬 수 있다고 본다. 케인즈학파는 정부의 미세조정(fine tuning)이 실업률을 낮추고 완전고용을 달성하는 데 전적으로 효과적이라고 낙관적 견해를 가지는 반면에, 새케인즈학파는 전적으로 낙관하지 않기 때문에 재량적 개입의 범위를 신중하게 고려할 필요가 있다고 지적한다. 그러나 케인즈학파와 새케인즈학파는 자동적 안정장치가 경기안정에 기여한다고 보는 점에서는 같은 견

6) 상황적합이론(contingency theory)과 유사하다고 볼 수도 있다.

해를 가지고 있다. 특히 전통적 경기변동학파는 충격이 내생적이기 때문에 경기변동을 야기시키는 내생적 요인을 약화시키기 위하여 자동적 안정장치가 바람직한 정책이라고 지적한다. 자동적 안정장치의 예로는 누진소득세를 들 수 있다. 불황이 되어서 국민소득이 감소하게 되면 소득세의 징수는 상대적으로 덜 감소하게 되어 근로소득자의 가처분소득은 자동적 안정장치가 없을 경우보다 많게 된다.

연 습 문 제

[1] 맞는 답을 선택하여 기입하시오.

(1) 키친파동의 원인이 되는 것은? ( )

① 설비투자　　② 재고투자

③ 기술혁신　　④ 건축투자

(2) 쥬글라(Juglar) 파동이란? ( )

① 9년 내지 10년의 주기를 가진다.

② 한센이 주순환이라고 하였다

③ 중기파동이라고 한다.

④ ①, ②, ③ 모두 맞다.

(3) 슘페터의 혁신설로서 장기파동을 설명할 때 제3차 파동의 정점(peak)을 초래한 혁신은? ( )

① 증기기관과 철도　　② 섬유 및 직물산업

③ 전기, 화학, 자동차공업　　④ 신소재, 생명공학산업

(4) 승수이론과 가속도원리의 상호작용에 경기변동이론의 기초를 두고, 가속도원리를 통해서 작동하는 유발투자의 중요성을 강조한 경제학자는? ( )

① Schumpeter　　② Hawtrey

③ Hansen　　④ Hicks

(5) 경기변동이 전적으로 화폐적 요인에 의하여 결정된다고 주장한 학자는? ( )

① Schumpeter　　② Hawtrey

③ Hansen　　④ Hicks

(6) 새뮤얼슨의 승수와 가속도원리의 상호작용에 의한 모형을 수정한 힉스의 모형은 다음 중 어느 것이 가장 현실적인 경우라고 보았는가? (　)

① 진동형　　② 발산진동형
③ 폭발적 발산형　　④ 일정한 진폭을 가진 진동형

(7) 케인즈학파의 안정화정책이 경기순환을 안정화시키는 데 가지고 있는 문제점은?
(　)

① 수요측면을 고려하지 않고 있다.
② 공급측면을 고려하지 않고 있다.
③ 수요측면, 공급측면을 모두 고려하지 않고 있다.
④ 수요측면, 공급측면을 모두 고려하고 있다.

(8) 경기변동분석에서 고용과 산출량 수준에 영향을 미치는 가장 중요한 요인은?
(　)

① 소비　　② 정부지출
③ 기업투자　　④ 이자율

(9) 경기변동에 있어서 각 시장의 변동이 발생하는 순서가 맞는 것은? (　)

① 금융-주식-상품　　② 상품-금융-주식
③ 주식-금융-상품　　④ 주식-상품-금융

(10) 다음 중 경기변동의 영향을 가장 크게 받는 산업은? (　)

① 부동산중개업　　② 내구소비재산업
③ 서비스업　　④ 단용생산재산업

(11) 다음 중 경기동행지수의 구성요인과 관련이 먼 것은? (　)

① 산업생산지수　　② 제조업 근로자수
③ 제조업 가동률　　④ 종합주가지수

(12) 자본주의 경제발전의 원동력을 혁신이라고 보고, 창조적 파괴의 끊임없는 돌풍(perennial gale of creative destruction)을 강조한 학자는? ( )

① J. Schumpeter ② R. Harrod

③ A. Amith ④ J. S. Mill

(13) 통화주의자들은 경기변동의 원인을 무엇으로 보는가? ( )

① 정부의 불규칙적인 통화공급의 변화 ② 투자의 변동

③ 정부의 불규칙적인 재정정책 ④ 수출입의 급격한 변화

(14) 다음 중 균형경기변동이론을 주장한 학자는? ( )

① J. Schumpeter ② R. Clower ③ R. Lucas ④ J. Hicks

(15) 실물적 균형경기변동이론에 따르면 경기변동의 주된 원인은? ( )

① 통화당국의 자의적인 통화증가속도의 변화

② 사람들이 예상치 못한 통화량의 증가

③ 생산요소 또는 기술의 변화를 초래하는 외부충격

④ 정부의 재정정책의 변화

(16) 균형경기변동이론에 대한 다음 설명 중 옳지 않은 것은? ( )

① 화폐적 균형경기변동이론에서는 수요측 충격을 강조하는 데 비하여, 실물적 균형경기변동이론에서는 공급측 충격을 경기변동의 발생원인으로 본다.

② 화폐적 균형경기변동이론에서는 화폐가 경기변동을 가져오는 주요요인이나, 실물적 균형경기변동이론에서는 화폐가 단순한 거래의 매개수단으로 취급된다.

③ 화폐적 균형경기변동이론의 가장 큰 장점은 경기변동의 지속성을 잘 설명할 수 있다는 것이다.

④ 실물적 경기변동이론에서는 완결기간(time to build)의 개념을 이용하여 경기변동의 지속성을 설명한다.

(17) 루카스 공급곡선에 대한 설명으로 옳지 않은 것은? ( )

① 기대물가간 실제물가가 같을 때에 생산량을 완전고용생산량이라고 한다.

② 유가가 상승할 경우 생산량은 완전고용생산량 이하로 감소한다.

③ 기대물가가 고정되어 있는 경우 총공급곡선은 우상향한다.

④ 기대물가가 상승하면 생산량을 증가한다.

(18) 경기변동의 원인에 대한 설명 중 옳지 않은 것은? ( )

① 케인즈학파는 장래의 기대변화에 따른 민간기업의 투자지출 변동이 경기변동을 초래한다고 주당한다.

② 새고전학파는 경기변동을 자연실업률 수준으로부터 이탈하는 현상으로 생산물시장과 노동시장에서 가격과 임금의 경직성 때문에 발생한다고 주장한다.

③ 통화론자는 통화당국의 자의적 통화량 조정 때문에 경기변동이 발생한다고 주장한다.

④ 슘페터는 기술혁신이나 생산성 변화와 같은 공급요인에 의하여 경기변동이 발생한다고 주장한다.

(19) 외연적 성장(extensive pattern of growth)에 속하는 것은? ( )

① 경제운영이 합리화 ② 노동시간의 증가

③ 자본의 질적향상 ④ 교육투자 증대

(20) 정치적 경기순환이란? ( )

① 정치가 발전함에 따라 경기변동이 점점 심해지는 현상

② 임금협상과 노조결성에 의해 유발되는 경기순환

③ 통화량이나 신용변화에 의해 유발되는 경기순환

④ 정치인들이 선거에서 당선되기 위해 경제를 이용하는 데 따른 경기순환

[2] 적합한 용어를 기입하시오.

(1) 50-60년에 걸친 장기파동을 콘트라티에프라고 한다. 그리고 이 파동의 주원인은 ( )이다.

(2) 새케인즈학파는 외생적 충격요인으로 통화론자와 새고전학파와 같이 ( )측면에서의 화폐적 충격과 실질경기변동학파와 같이 ( )측면에서의 실물적 충격이 모두 있다고 본다.

(3) Rational Expectation and Policy Ineffectiveness: 루카스는 물가에 대한 정보가 불완전한 상태에서 생산자가 ( ) 기대에 의한 물가를 추정하고 생산량을 결정하는 모형을 통해 우상향하는 기울기를 가진 총공급곡선을 도출하였고, 이를 기초로 하여 새고전학파의, 정책( ) 명제를 수립하였다.

(4) (3)의 제목에 나오는 Policy 앞에 한 단어를 추가해 보시오.

(5) ( ) 경기변동은 경기변동을 경제적 충격에 대응하기 위한 시장기구의 효율적인 작동의 결과로 인식한다.

(6) 독점적 경쟁시장에서 한 개별기업의 가격결정이 실질통화량의 변화에 따른 ( )효과를 통하여 다른 기업의 생산물에 대한 수요에 영향을 미치게 되는 총수요의 ( )이 존재한다.(김경수, 박대근, 『거시경제학』, p. 588)

(7) (6)과 같은 상황에서 약간의 ( )비용이 가격을 경직적으로 만들 수도 있고, 이 같은 총수요의 충격은 가격 대신 생산량을 크게 감소시키게 된다.

(8) 실물적 경기변동론에서 기간간 상대임금은 기간간 ( )조건이라고도 하면 현재기간과 미래기간의 노동공급을 결정하는 중요한 요인이다.

(9) 총요소생산성 분석을 통하여 실질 GDP에서 자본투입과 노동투입의 가치를 제외한 나머지 부분을 ( ) ( )라고 한다.

[3] Fill up the blank with suitable words.

(1) The ( ) business cycle theory is a version of the classical theory that emphasizes productivity shocks as the source of business cycle fluctuation.

(2) The implication of new classical economists is that only ( ) changes in macroeconomic policy variables, such as the money supply, should affect real variables such as output and employment.

(J. Sachs and F. Larrain, *Macroeconomics*, p. 544)

(3) In another group of models --- known as real-business-cycle theory --- the economy is buffeted by ( ) shocks and individuals make voluntary shifts in labor supply in response to there disturbances.

(4) New Keynesian theories of business cycles attempt to give a richer explanations of nominal wage and price ( ) than was offered by the original Keynesian models.

(5) Wages may be set in ( ) contracts between firms and workers in order for firms to partially insure their workers against income fluctuations. This kind of risk ( ) could result in wages that are rigid in response to external shocks.

(6) Friedman's account for business cycles runs ins terms of portfolio adjustment, where portfolios are broadly conceived as comprising a whole spectrum of assets from ( ) through financial assets and equities to durable producer and consumer goods.

(M. Surry, *Macroeconomic Themes*, p. 256)

(7) (　　　　) is the most volatile component of GDP. While smaller in magnitude than consumption, it fluctuates more.

(8) Ramsey had some doubts, which made Keynes uneasy, whether the hypothesis of a finite number of generators was sufficient to provide initial relations, from which to build up our general knowledge of the empirical work on (　　　　) function.

Answer

[1] (1) 2 (2) 4 (3) 3 (4) 3 (5) 2 (6) 4 (7) 1 (8) 3 (9) 3 (10) 2 (11) 4 (12) 1 (13) 1 (14) 3 (15) 3 (16) 3 (17) 4 (18) 2 (19) 2 (20) 4

E: (1) 재고관리를 잘못하게 되면 매몰비용의 증가를 가져오게 된다. 이 같은 비용을 감소시키고자 일본의 Toyota는 적기조달(Just-in-time delivery), Lean Production을 개발하고 실시함으로써 비용인하와 품질향상을 통하여 브랜드 자산(brand-equity)을 증가시킬 수 있었다.

(14) 루카스는 신고전학파로 분류되지만, 화폐적 균형경기변동이론을 주장하였다.

(16) 합리적 기대가설을 사용하기 때문에 지속성이 아닌 즉각적 반응을 잘 설명할 수 있다.

[2] (1) 기술혁신 (2) 수요, 공급 (3) 합리적, 무력성 (4) Stabilization (5) 실물적

(6) 소득 또는 실질잔고효과, 외부성 (7) 메뉴 (8) 교역 (9) 솔로우, 잔차(Solow residuals)

(8) 순교역조건(net barter terms of trade)은 수출재의 가격을 수입재의 가격을 나눈 값에다 100을 곱해서 나타낸다. 실물적 경기변동학파와 같이 다른 기간의 임금을 비교하는 것이 이와 유사한 성격이라고 볼 수 있다.

[3] (1) real (2) unanticipated (3) supply (4) rigidities (5) implicit, sharing (6) money (7) Investment (8) probability, consumption

E: (1) amplify ↔ subdue

(8) 램지는 케인즈의 절대소득가설이 시계열분석을 할 표본(sample)을 충분하게

가지지 않은 점을 제기하였고, 이 같은 의문은 쿠즈네츠로 하여금 전후에 케인즈의 소비함수는 횡단면 분석은 맞지만, 시계열 분석은 시간이 지나면서 위로 이동하면서 원점을 통과하는 직선이 되기 때문에 맞지 않다는 주장을 가능하게 하였다. 이에 대한 답은 프리드만의 항상소득가설과 앤도와 모딜글리아니의 생애주기가설이다.

T: (1) 실물적 경기변동이론은 경기변동의 근원으로써 공급의 차질을 강조하는 고전학파와 같은 견해에 해당된다.

(2) 새고전학파 경제학자들의 정책시사는 화폐공급의 변동같이 오직 예상치 못한 거시적 정책의 변수가 산출량과 고용과 같은 실질변수에 영향을 미친다는 것이다.

(3) 실물적 경기변동이론으로 알려진 다른 형태의 모형은 경제는 공급충격에 의해 영향을 받고 개인들은 이 같은 변동에 대하여 노동의 공급을 현재와 미래간에 이동을 자발적으로 결정하게 된다.

(4) 경기변동에 대한 새케인즈학파의 이론은 명목임금과 가격 경직성에 대해 원래의 케인지학파의 모형보다 더 풍부한 설명력을 제공하고자 시도하고 있다.

(5) 임금은 회사가 그들의 고용자들을 임금변동으로부터 부분적으로 보호하기 위한 회사와 노동자 사이의 암묵적 계약에 의해 설정된다. 이 같은 형태의 공동위험분담은 외부 충격에 대응하는 과정에서 명목임금을 경직성을 증가시키게 된다.

(6) 프리드만의 경기변동에 대한 설명은 화폐, 금융자산과 주식, 그리고 내구성을 지닌 생산자 재화와 소비자 재화까지 광범위하게 포함하는 자산의 포트폴리오 조정으로 설명된다.

(7) 투자는 국내총생산의 구성요소 중 가장 변동성이 크다. 소비에 비하여 크기는 작지만 투자는 더 큰 폭으로 변동한다.

(8) 램지는 제한된 수의 측정에 기초를 둔 케인즈의 가설이 소비함수에 대한 실증적 분석을 하기 위한 우리의 일반적 지식을 구축하는 과정에서 필요한 초기의 확률적 관계를 제공하기에 충분한지에 대하여 케인즈를 불편하게 하는 몇 가지 질문을 가지고 있었다.

부록 A 국제금융과 개방경제하에서의 균형[1)]

세계화는 재화시장의 통합뿐만 아니라, 노동과 자본과 같은 요소시장의 통합을 가져오게 된다. 특히 이 중에서도 자본시장의 통합이 속도도 빠르고 광범위한 영향을 미치고 있다.

A.1 금융시장의 개방과 국제수지표

(1) 개방시장의 특징과 금융시장의 개방

재화시장의 개방은 가계와 기업으로 하여금 국내재화와 외국재화 간의 선택을 가능하게 한다. 같은 맥락에서 금융시장의 개방은 국내투자자로 하여금 국내금융자산과 해외금융자산 간의 선택을 가능하게 한다. 1980년대 중반까지만 해도 선진국인 프랑스와 이탈리아에서도 내국인이 해외금융자산을 보유하거나, 외국인이 국내금융자산을 취득하는 데 상당한 제한이 있었다. 금융시장의 개방은 주식과 채권의 발행이 확대되면서 자본시장의 발달에 따른 효율성이 증가하기

1) 이 부분은 황해두(2014)의 4장을 인용하였다.

도 하지만, 다른 한편으로는 변동성(volatility)도 크게 증가하고 있다. 은행을 통한 자금조달을 하는 간접금융에 비하여 주식을 발행하여 자금을 형성하는 직접금융의 비중이 증가하고 있다.

경제의 개방화는 재화 및 서비스 시장의 개방과 금융시장의 개방에 의하여 이루어지는데 전자를 무역자유화라고 하고, 후자를 자본자유화라고 한다. 경제개방이 이루어지면서 국내 생산물시장과 금융시장은 각각 범세계적인 생산물시장과 금융시장에 통합된다. 생산물시장의 통합화는 제2차 세계대전 이후 GATT를 중심으로 진전되었으며 WTO출범에 의하여 가속화되었다. 금융시장의 통합화는 1980년대에 선진국들을 중심으로 진전되다가, 1990년대에 와서 아시아 국가들과 동유럽의 체제전환국을 포함한 다수의 개도국도 자본자유화에 합류하게 되었다. 이들 국가들을 지칭하여 신흥시장경제(emerging market economies)라는 새로운 용어가 소개되었다. 금융개방은 비교적 최근의 일이다. 무역이 개방되면 재화와 서비스에 대한 선택의 폭이 넓어지는 것과 마찬가지로 금융자산에 대한 선택의 폭이 커지게 된다. 금융시장의 통합은 효율성의 증가를 가져왔지만 동시에 변동성도 크게 증가하였고, 신용경색으로 야기되는 금융오염(financial contagion)의 속도도 급증하였다.

(2) 국제수지표(Balance of Payment; B/P)

국제수지표는 일정 기간에 한 국가의 거주자와 다른 국가의 거주자 사이에 이루어진 모든 경제적 거래를 대변(credit)과 차변(debit)으로 구분하는 복식부기원칙[2)]을 사용하여 체계적으로 기록한 표이다. 대변거래는 외국인으로부터 수취가 발생하는 거래이고, 차변거래는 외국인에게 지급하는 거래이다. 대변거래는 국제수지에서 플러스 부호로, 차변거래는 마이너스 부호로 기입된다.

(가) 국제수지표의 내용

국제거래는 발생하는 원인과 효과에 따라서 크게 경상계정, 자본계정, 금융계정으로 구분된다. [표 A-1]을 사용하여 1998년 IMF 조건(IMF condition-

2) 복식부기는 각각의 국제거래를 차변에 한 번 그리고 동일한 금액을 대변에 한 번, 모두 2번 기록하는 원칙에 따라서 작성되는 회계장부이다.

ality)이 실시되기 전에 한국은행이 발표한 국제수지표를 설명한다.

① **경상계정**(current account)

경상계정은 무역거래, 무역외거래, 이전거래로 구성된다. 무역거래는 재화의 수출과 수입을 포함한다. 무역외거래는 용역의 수출과 수입, 투자수익을 포함한다. 이전거래는 국가 간에 주고받는 무상증여를 포함한다.

② **자본계정**(capital account)

자본계정은 해외투자의 유·출입과 차관 등의 자본이동액을 기입하고 상환기간에 따라서 장기자본수지와 단기자본수지로 나누어진다.

③ **금융계정**(financial account)

중앙은행과 기타 금융기관의 대외부채와 대외자산의 증감이 기록된다.

[표 A-1] 국제수지표

	차변	대변
경상계정	• 재화의 수입 • 용역의 수입 • 해외에 대한 이전지출	• 재화의 수출 • 용역의 수출 • 해외로부터의 이전수입
자본계정	• 장기자본 유출 • 단기자본 유출	• 장기자본 유입 • 단기자본 유입
금융계정	• 금융기관의 대외자산의 증가 및 부채 감소	• 금융기관의 대외자산의 감소 및 부채증가
오차 및 누락		

(나) 국제수지균형의 개념

특정 국가의 지급이 수취를 초과하는 상태가 지속된다면 외환보유고가 고갈되어 매우 긴요한 수입조차도 할 수 없게 된다. 이와 반대로 수취가 지급을 초과하는 상태가 지속된다면 외환보유고가 증가함에 따른 본원통화의 증가로 인하여 인플레이션이 발생하기 쉽다.

자본의 대규모이동이 있기 전인 1980년대 중반까지는 국제수지표상에서 자율적 거래를 선위의 거래(above the line)로, 보정적 거래를 선 아래의 거래로 구분하고 선 위의 거래가 균형을 이루면 국제수지가 균형이라고 하였다. 자율적

거래는 국가 간의 가격, 소득, 그리고 이자율 등 경제적 요인의 차이에 따라 발생하는 거래이고, 보정적 거래는 자율적 거래를 도와주기 위한 보조적 거래라고 할 수 있다.[3)]

① 경상수지

경상수지 적자가 단기자본의 도입에 의하여 보전되어 있을 때는 물론이고, 그것이 장기자본 도입에 의하여 보전되어 있을 때라도 그 나라의 대외거래는 불건전하다고 평가하기 때문에 "선의 위쪽"은 경상수지에 국한해야 한다는 견해이다.

② 기초수지

기초수지는 특정 국가의 부채상환능력을 파악하기 위하여 작성되고, 경상수지에다 장기자본수지를 더해서 작성된다.

③ 종합수지

이 견해는 "선의 위쪽" 항목에 경상수지, 장기자본수지 외에도 단기자본수지를 포함해야 한다고 본다. 종합수지는 기초수지에다 민간단기자본거래의 대부분과 오차 및 누락을 포함한다. 오차 및 누락이 포함되는 이유는 오차 및 누락의 대부분이 국제수지표를 작성할 때 포착하지 못한 민간의 단기자본거래라고 보기 때문이다.

(다) 외환위기 이후 개정된 국제수지표

[표 A-2]는 1999년 이후에 IMF 요청에 따라서 한국은행이 발표한 2006년부터 2012년까지의 국제수지표이다. 개정된 국제수지표는 종전의 국제수지표에 비하여 경상계정에 소득수지가 추가되었고, 종전의 단기·장기자본계정을 국제수지와 기타투자수지로 구분하고, 금융계정을 준비금 증감으로 바꾸었다.

---

3) 수입이 수출을 초과한 경상계정 거래는 자율적 거래에 속한다. 그러나 초과수입에 해당하는 만큼의 자본을 유입하는 거래를 보정적 거래라고 한다.

[표 A-2] 우리나라의 국제수지표

(단위: 억 달러)

	2006	2008	2010	2012
Ⅰ.경상수지	53.9	-64.1	293.9	480.8
A.상품서비스수지	90	-107.4	314.6	455.5
1.상품수지	279.1	59.9	400.8	398.2
수출(FOB)	3,318.4	4,334.3	4,614.4	5,541.7
수입(FOB)	3,039.4	4,274.3	4,213.6	5,143.6
2.서비스수지	-189.6	-167.3	-86.3	57.3
수입	498.9	759.9	872.8	1115.6
지급	688.5	927.2	959.1	1058.3
B.소득수지	5.3	51.1	10.2	57.2
C.경상이전수지	-40.9	-7.7	-30.8	-31.9
Ⅱ.자본수지	179.7	-509.3	-2.2	5.4
A.투자수지	211	-508.9	-50.8	-513.7
1.직접투자	-45.4	-105.9	-221.8	-189.2
2.증권투자	-232.3	-153.7	424.8	68.6
3.기타투자	483.8	-106.0	-214.1	-287.6
B기타자본수지	-31.3	-0.386	-2.2	5.4
Ⅲ.준비자산증(-)감	-221.1	564.5	-269.7	-131.9
Ⅳ.오차 및 누락	-12.4	8.9	-19.2	27.5

자료: 한국은행 통계 참조

A.2 균형환율의 결정과 변화

우리가 해외로 여행을 가거나, 외국에 투자를 하기 위해서는 그리고 외국과 무역 등을 하기 위해서는 외국통화 즉, 외환을 필요로 하게 된다. 외환이란 국가 간의 결제에 사용되는 외국통화, 예금, 단기채권 등의 수단을 말하며, 외환이 거래되는 시장을 외환시장이라고 한다. 외환거래는 런던, 뉴욕 등 주요 외환시장을 중심으로 24시간 이루어지며, 이러한 외환시장은 모든 시장정보를 신속하게 환율에 반영시키는 범세계적인 시장으로서의 역할을 담당하고 있다.

환율은 자국통화와 외국통화 간의 교환비율을 말한다.[4)] 환율은 자국통화를 기준으로 표현될 수도 있지만 대부분의 경우 "미화 1달러는 1,150원"과 같은 식으로 외국통화 한 단위와 교환되는 자국통화 단위 수를 사용한다.

자국의 통화가치가 상승한 경우 즉, 원화와 미국 달러 간의 환율이 1,150원에서 900원으로 하락한 경우 원화가 평가절상(appreciation)되었다고 한다. 이와 반대로 자국통화의 가치가 하락한 경우 즉, 원화와 미국 달러 간의 환율이 1,150원에서 1,300원으로 상승한 경우 원화가 평가절하(depreciation)되었다고 한다. 우리나라의 입장에서는 원화의 평가가 절하되면(=환율이 상승하면) 즉, 원화의 가치가 하락하면 미국 달러로 나타낸 수출가격이 하락하기 때문에 수출이 증가하게 된다.[5)]

(1) 균형환율의 결정

외환시장에 대한 분석도 재화와 서비스의 수요 및 공급이론과 유사하게 분석할 수 있다. 외환에 대한 수요는 수입수요(輸入需要)로부터 도출된다. 재화에 대한 수요곡선이 가격에 대하여 감소함수인 것과 마찬가지로 외환에 대한 수요는 환율의 감소함수가 된다. 외국에서 생산된 재화를 외화로 표시한 가격이 일정하다고 할 때 환율이 높을수록 그 재화의 국내가격은 높게 나타나기 때문에 수입수요는 감소하게 된다. 이와 반대로 환율이 낮을수록 수입수요는 증가하게 된다. 따라서 환율이 상승하면 수입량은 감소하게 되며, 환율이 하락하면 수입량은 증가하게 된다.

외환의 수요가 수입수요(輸入需要)에 의하여 결정되듯이 외환의 공급은 수출

4) 환율은 국내통화 한 단위에 대한 외국통화의 가격으로도 정의할 수 있다.
5) 이와는 반대로 환율이 상승하게 되면 수입업자는 블리한 입장에 놓이게 된다. 어떤 가구업체가 이탈리아에서 가구를 후불조건(Usance basis)으로 수입한 경우 환율이 1달러당 900원에서 1달러당 1,800원으로 평가절하되면 이 업체는 채무증가로 인하여 수익성이 악화된다.

수요(輸出需要)에 의하여 결정된다. 우리나라에서 생산된 재화를 외국이 수입한다고 할 때 수출수요가 클수록 우리나라 원화에 대한 외국의 수요는 증가하게 된다. 원화에 대한 수요의 증가는 외국이 원화와 교환할 통화를 외환시장에 공급하는 것을 의미한다. 즉, 우리나라에서 생산된 재화를 외국에 수출할 때 환율이 상승하면 외화로 표시되는 가격이 인하되기 때문에 재화의 수출량이 증가하며, 그 결과 외환의 공급이 증가하게 된다. 따라서 환율이 상승하면 수출량이 증가하고, 환율이 하락하면 수출량이 감소하기 때문에 외환의 공급은 환율의 증가함수가 된다.

[그림 A-1]은 외환시장에서 외환에 대한 수요곡선과 공급곡선을 보여주고 있다. 세로축에 환율, 가로축에 외환수요와 외환공급을 나타내면 외환에 대한 수요는 환율의 감소함수이기 때문에 우하향하는 형태를 갖게 되며, 외환의 공급은 환율의 증가함수이기 때문에 우상향하는 형태를 갖게 된다.

[그림 A-1] 균형환율의 결정

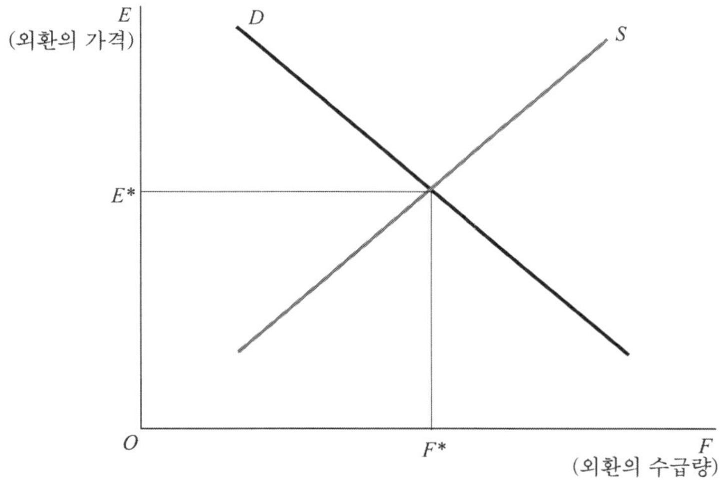

외환의 가격 즉, 균형환율은 외환에 대한 수요곡선과 공급곡선이 만나는 점에서 결정된다. 만약 실제환율이 균형환율보다 높다면 외환의 초과공급이 발생하기 때문에 환율은 하락하게 된다. 이와 반대로 실제환율이 균형환율보다 낮다면 외환의 초과수요가 발생하기 때문에 환율은 상승하게 된다.

(2) 균형환율의 변화

외환에 대한 수요와 공급의 외생적 변화는 균형환율의 변화를 가져오게 된다. 예를 들어 자본자유화로 인하여 외국자본이 대량으로 유입된다면 [그림 4-2]에서와 같이 외환의 공급곡선이 하방으로($S \rightarrow S'$)이동(shift)하기 때문에 균형환율은 하락하게 ($E^{*} \rightarrow E^{*}$) 된다.

[그림 A-2] 균형환율의 변화

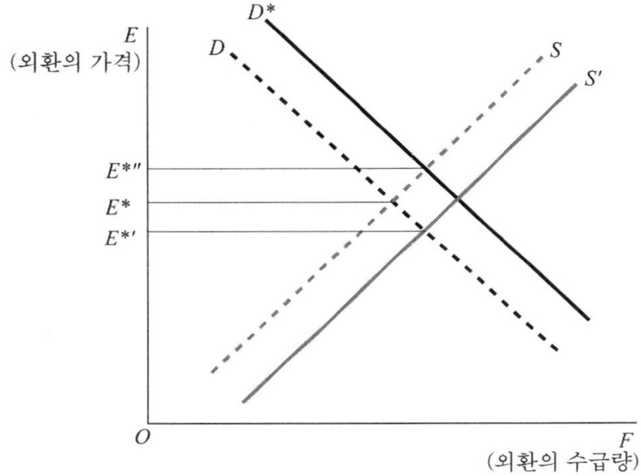

양 국가 간에 인플레이션의 차이, 이자율의 차이, 경제성장률의 차이 또한 균형환율의 변화를 가져오게 된다. 만일 국내의 인플레이션이 외국에 비하여 높다면 국내에서 생산된 재화는 상대적으로 비싸지게 되고, 외국에서 생산된 재화는 상대적으로 저렴하게 된다. 따라서 자국의 수출은 감소하고 수입은 증가하게 된다. 이는 외환의 공급은 감소하고 외환에 대한 수요는 증가한다는 것을 의미하기 때문에 균형환율은 상승하게 된다.[6] 외환에 대한 수요곡선과 공급곡선이 모두 상방으로 이동한 결과 새로운 균형점에서 환율은 예전의 균형환율에 비해 큰 폭으로 상승하게 된다.

---

6) 국내 인플레이션이 외국의 인플레이션보다 높으면 그 차이만큼 환율이 상승한다는 것을 구매력평가설이라고 한다.

양 국가 간의 이자율의 차이도 환율에 영향을 미치게 된다. 만일 국내이자율이 외국에 비하여 높은 수준이라면 자본의 유입이 증가하여 외환의 공급이 증가하게 된다. 따라서 외환에 대한 공급곡선이 하방으로 이동하게 되어 균형환율은 하락하게 된다. 경제성장률의 차이도 균형환율의 변화를 가져온다. 만일 외국의 성장률이 둔화되면 자국의 수출의 감소로 인하여 외환공급도 감소하게 된다. 그 결과 외환공급곡선이 상방으로 이동하게 되어 균형환율은 상승하게 된다.

A.3 환율결정이론

(1) 고전적 환율결정이론

고전학파 고센(G. Goschen)은 금본위제도를 전제로 환율은 국가 간의 채권·채무관계를 결제하기 위한 외환에 대한 수요와 공급에 의해 결정된다는 국제대차설을 주장하였다.[7] 스웨덴의 캇셀(G. Cassel)은 제1차 세계대전 이후 금본위제가 폐지됨으로써 격심한 인플레이션과 환율의 변동이 발생하던 시대를 배경으로 양국 간의 환율은 양국통화의 국내구매력의 비율, 즉 자국통화가 국내에서 가지는 구매력과 외국통화가 자국에서 가지는 구매력과의 비율에 의하여 결정된다는 구매력평가설(Purchasing Power Parity: *PPP*)을 주장하였다. 프랑스의 아프딸리옹(A. Aftalion)은 외환의 수급관계를 지배하는 것은 정치, 경제, 기타 정세에 대한 외환거래자의 주관적 평가이기 때문에 개별경제주체의 심리에 의하여 환시세가 결정된다는 환심리설을 주장하였다. 고전학파 환율결정이론 중에서는 일물일가의 법칙을 근거로 한 구매력평가설이 가장 많이 이용되고 있다.

(2) 유량접근 방법

유량접근 방법은 외환시장에서 외환에 대한 수요와 공급은 수출·수입·자본이

7) 국제대차란 일정 시점에 한 국가가 다른 국가에 대하여 가지고 있는 채권·채무의 잔고를 말한다.

동 등의 유량변수들에 의하여 발생하고, 외환시장에서의 불균형도 유량변수들에 의하여 조정된다고 보는 분석방법이다. 이 방법은 다시 국가간에 자본이동이 없다고 가정하는 단순모형과 국가가 국가간에 완전자본이동을 가정하는 먼델(R. Mundell)-플레밍(M. Fleming) 모형으로 나누어진다. 단순모형에 따르면 환율은 항상 경상수지가 균형이 되도록 조정된다. 경상수지가 균형인 상태에서 해외경기가 나빠져서 수출이 감소하면 외환공급량이 감소함으로써 외환시장에서 초과수요량이 발생한다. 외환시장의 초과수요량은 외환의 가격인 환율을 상승(본국화폐의 평가절하) 시키고, 그 결과 수출이 증가하여 외환공급이 증가하게 되면 경상수지균형도 회복된다. 단순모형의 결점은 국가 간의 자본이동을 무시하여 경상수지가 항상 균형을 이룬다고 보는 점이다.

먼델-플레밍 모형에서 국가 간 자본의 완전이동을 가정한다는 것은 국제투자자들은 어떤 국가의 금융자산이라도 낮은 거래비용으로 신속하고도 무제한으로 거래할 수 있다는 뜻이다. 이와 같이 국가 간에 자본의 완전이동이 가능하면 국내금리와 해외금리 간에 괴리가 발생하는 즉시 금리차익을 목적으로 자본의 유출이나 유입이 이루어지기 때문에 국내금리와 해외금리간의 괴리가 발생할 수 없게 된다. 다르게 표현하면, 주어진 세계금리수준에서 자본의 유출입이 얼마든지 발생할 수 있고, 이와 같은 자본의 유출입은 자본수지를 변동시킨다. 따라서 외환의 수요와 공급은 경상수지뿐만 아니라 자본수지에 의해서도 영향을 받기 때문에 국제수지균형조건은 [식 A-1]과 같이 나타낼 수 있다.

경상수지 + 자본수지 = 0 [식 A-1]

[식 A-1]에서 경상수지가 흑자이면 자본수지가 동일액의 적자가 되어 국제수지가 적자를 이루게 된다. 주어진 세계금리수준에서 자본의 유출입이 얼마든지 발생할 수 있기 때문에 국제수지균형은 항상 유지된다.

(3) 자산시장접근방법

유량접근 방법은 유량변수들에 의해서만 외환의 수요와 공급이 발생한다. 이에 반하여 자산시장접근에서는 외환을 하나의 금융자산으로 보고 이 같은 자산측면이 외환의 수요와 공급에 중요한 영향을 미친다고 주장한다. 외환이 자산으로서 얼마나 가치가 있는지, 투자자들이 얼마나 많은 외환을 자산으로 보유하고자 하는 것이 유량변수보다 외환의 수요공급에 더 큰 영향을 미치게 된다고 본다. 이 모형은 생산물시장과 금융시장을 고려하면서 각 시장에서의 움직임과 시장간 상호작용을 통하여 환율의 결정을 설명한다. 생산물시장과 금융시장의 움직임을 나타내는 방정식으로는 구매력 평가와 이자율 평가가 있고, 이 같은 방정식을 어떻게 보는가에 따라서 통화주의모형, 과잉적응모형, 자산구성모형으로 구분된다. 자국의 금융자산과 타국의 금융자산은 투자가의 입장에서 동일하나 수익률을 가져다주는 완전대체자산으로 보기 때문에 이자율 평가는 [식 A-2]와 같이 나타낼 수 있다.

국내이자율 = 해외이자율 + 환율의 기대상승률 [식 A-2]

예를 들어 한국의 이자율이 연 10%이고 미국의 이자율이 연 7%라면 이 같은 이자율의 차이는 원화표시 대미환율이 1년 동안 3% 상승(원화의 3% 평가절하)할 것이라는 예상 때문에 발생하게 된다.

(가) 통화주의 모형

통화주의모형은 구매력 평가와 이자율 평가 둘 다 성립한다는 가정하에서 외환의 수요와 공급이 각국에서의 화폐의 수요와 공급 그 자체에 의하여 결정된다고 보는 모형이다. 프렝켈(J. Frenkel)과 무싸(M. Mussa) 등에 의하여 소개된 통화주의모형은 고전학파의 화폐수량설을 개방경제로 확대시킨 모형으로서 생산은 언제나 완전고용국민소득수준에 있고 물가가 완전신축적이라고 가정한다. 본국 통화량의 증가는 본국통화의 상대적인 초과공급과 외국통화의 상대적인 초과수요를 일으켜 외국화폐의 가격인 환율을 상승시킨다. 이 모형은 외부충격이 적었던 1970년대 후반까지는 어느 정도 실증적 지지를 받아왔으나, 외부충격이 증가한 1980년대에는 실증적 설득력이 감소하였다.

(나) 과잉적응(overshooting)모형

돈부쉬(R. Dornbusch)가 발전시킨 과잉적응모형은 통화주의 모형과 유사하지만 환율 움직임을 장기와 단기로 구분하여 설명한다는 점에서 차이가 있다. 이 모형은 저량분석이 기본을 이루고 있는 가정 중에서 금융시장에 대한 가정인 이자율평가는 그대로 사용할 수 있지만 생산물시장에 대한 가정인 구매력평가는 장기에는 사용할 수 있지만 단기에는 사용하기 어렵다고 지적한다.

[그림 A-3] 환율의 과잉적응

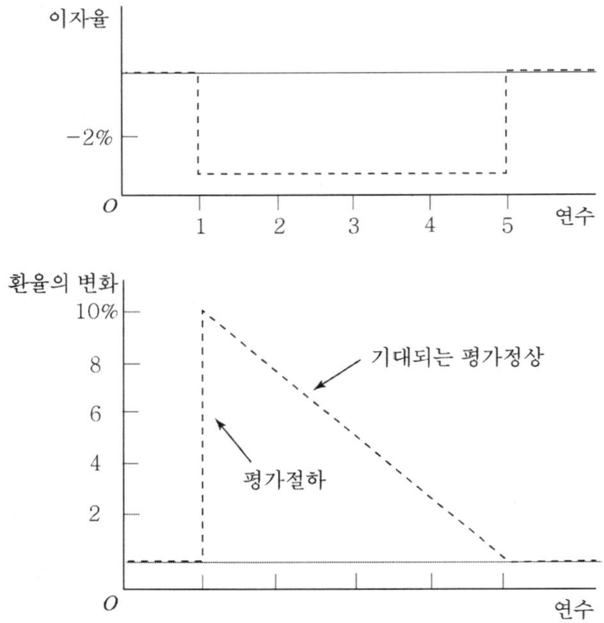

이 모형에 의하면 생산물 시장에서 불균형이 발생한 경우 균형을 회복하기 위해서는 물가가 신속하게 조정되어야 한다. 그러나 물가는 서서히 조정되기 때문에 생산물 시장의 균형을 달성하기 위하여 환율이 적정수준 이상으로 과잉조정된다. 즉, 금융시장에 비하여 생산물 시장에서의 물가조정이 신축적이지 못하기 때문에 경제변수들의 움직임이 단기와 장기간에 차이가 발생하게 된다. 예를 들어 중앙은행이 경제의 활성화를 위하여 앞으로 5년 동안 연간 이자율을 2% 인하하기로 하고, 5년 뒤에 원래의 수준으로 되돌려 놓겠다고 발표하였다고 하

자. 환율은 외부충격이 있게 되면 [그림 A-3]과 같이 처음에는 균형점을 초과하게 된다. 그러나 시간이 지나 장기가 되면 점차적으로 장기 균형점으로 이동하게 된다.

(다) 자산구성모형

이 모형은 유량변수와 저량변수가 상호작용하여 환율이 결정되는 과정을 보여주는 동태적 모형이다. 이 모형은 과잉적응모형과 달리 구매력평가 가정과 이자율평가 가정을 받아들이지 않는다. 외국자산은 환율변동으로 야기되는 환위험이 있기 때문에 외국금융자산과 국내금융자산은 동일하게 취급하기 어렵다는 점에서 이자율평가가 성립하지 않게 된다고 지적한다. 자산구성모형은 단기에는 금융자산에 대한 수요와 공급에 의하여 환율이 결정된다고 보지만, 장기적으로 보면 환율은 국제수지에 중요한 영향을 미치고, 경상수지는 외국자산의 보유형태에 변동을 초래하여 부(富)에 영향을 미치며, 이는 다시 자산수요에 영향을 미쳐서 환율을 변경시킨다고 설명한다.

(4) 불규칙보행가설(random walk hypothesis)

환율의 변동을 설명하는 여러 종류의 거시경제모형이 있지만 환율의 변동을 정확하게 예측하는 모형은 상대적으로 적은 편이다. 불규칙보행가설은 환율의 움직임이 술에 취한 사람의 걸음걸이와 비슷한 점이 많다고 지적하고, 오늘의 환율이 내일 환율의 평균값을 나타낸다고 설명한다.

A.4 환율의 종류

(1) 명목환율과 실질환율

명목환율은 "미화 1달러는 1,150원" 또는 "미화 1달러는 0.5유로" 등과 같이 우리가 일상생활에서 자주 접하는 환율을 말하며, 외국통화 1단위로부터 얻게 되는 국내통화의 단위를 나타내는 수치이다.[8] 다르게 표현하면, 명목환율은 국내통화 기준에서 본 외국통화의 가치라고도 할 수 있다.

명목환율은 물가변동으로 인한 상대가격의 변화를 반영하지 못한다는 문제점이 있다. 그러나 명목환율이 변화하게 되면 수출품과 수입품의 상대가격이 변하기 때문에 수출량과 수입량에도 영향을 미치게 된다. 예를 들어 우리나라에서 외국에서 생산된 컴퓨터를 수입하고 있으며, 이 컴퓨터의 가격이 1대당 미화 200달러라고 하자. 만약 원화와 미국 달러 간의 명목환율이 1,000원일 때 수입한다면 이 컴퓨터의 국내가격은 20만원이 되지만, 원화와 미국 달러 간의 명목환율이 1,200원으로 상승하게 되면 이 컴퓨터의 국내가격은 24만원이 된다. 따라서 명목환율이 상승하게 되면 외국에서 생산된 컴퓨터의 수입량은 감소하게 된다.

위의 예에서 우리나라에서 생산하는 컴퓨터의 국내가격이 20만원이라고 하자. 원화와 미국 달러간의 명목환율이 1,000원이라면 우리나라에서 생산된 컴퓨터의 세계가격은 200달러가 된다. 만약 원화와 미국 달러간의 명목환율이 1,200원으로 상승하게 되면 이 컴퓨터의 세계가격은 약 166.6달러가 된다. 따라서 명목환율이 상승하게 되면 우리나라에서 생산된 컴퓨터의 수출량은 증가하게 된다.

이와 같이 원화와 미국 달러 간의 명목환율의 상승은 우리나라에서 생산된 컴퓨터의 상대가격을 하락시키고, 외국에서 생산된 컴퓨터의 상대가격을 상승시키게 된다. 이러한 상대가격의 변화는 수출량과 수입량에 영향을 미치게 된다. 즉, 수출과 수입에 대한 수요는 수출품과 수입품의 상대가격에 영향을 받게 된다.

서로 다른 통화간의 교환비율인 명목환율에 상대가격의 개념을 적용한 환율을 실질환율이라고 한다. 실질환율은 명목환율에 양국의 물가를 고려한 화폐구매력 간의 교환비율을 말한다.[9] 즉, 실질환율은 실제 구매력을 반영하여 조정한 환율이기 때문에 기업의 입장에서는 명목환율보다 실질환율에 더 큰 관심을 갖게 된다.

---

8) 유로화를 미국의 달러로 환산하기 위해서는 유로화를 미국 달러와 유로화의 명목환율로 나눠주면 된다. 예를 들어, 5유로를 명목환율 0.5로 나누면 미화 10달러가 된다.

9) 유로존에서는 단일 화폐인 유로를 사용하지만 각 국가마다 물가수준이 다르기 때문에 각 국가의 실질환율도 다르게 나타난다.

예를 들어 미국은 미화 40,000달러에 캐딜락만을 생산하고 독일은 25,000유로에 머르세데스-벤츠(Mercedes-Benz)만을 생산하고 있으며, 1유로는 미화 2달러 즉, 달러로 표시한 유로화의 명목환율은 2라고 하자. 1유로는 미국의 2달러와 같기 때문에 벤츠의 가격 25,000유로에 명목환율 2를 곱하면 미국 달러로 나타낸 벤츠의 가격은 50,000달러가 된다. 따라서 캐딜락으로 나타낸 벤츠의 가격, 다르게 표현하면 미국과 독일 간의 실질환율은 $50,000÷$40,000=1.25가 된다. 즉, 독일의 벤츠 1대는 미국의 캐딜락 1.25대와 같다고 할 수 있다.

그러나 미국과 독일은 각각 캐딜락과 벤츠만을 생산하는 것이 아니라 무수히 많은 재화와 서비스를 생산하고 있다. 따라서 실질환율을 산출하기 위해서는 독일에서 생산된 모든 재화와 서비스의 물가수준을 미국에서 생산된 모든 재화의 물가수준으로 나타낼 필요가 있다.[10] 즉, 달러로 나타낸 벤츠의 가격을 캐딜락의 가격으로 나누기보다는 독일의 물가수준을 미국의 물가수준으로 나누는 것이 보다 정확한 산출 방법이 된다. 독일의 물가수준을 P^*, 미국의 물가수준을 P, 유로화에 대한 미국 달러의 명목환율을 E라고 하면 실질환율 ε는 [식 A-3]과 같이 나타낼 수 있다.

$$\varepsilon = E(P^*/P) \qquad \text{[식 A-3]}$$

독일의 물가수준을 P^*라고 할 때, 1유로의 구매력은 $1/P^*$라고 할 수 있다. 1유로를 가지고 미국에서 재화와 서비스를 구매하기 위해서는 먼저 1유로를 명목환율인 E로 미국의 달러와 교환하여야 한다. 미국의 물가수준이 P이기 때문에 미국에서는 E/P만큼의 재화와 서비스를 구매할 수 있다. 독일에서는 1유로를 가지고 $(1/P^*)$만큼의 재화와 서비스를 구매할 수 있으며, 미국에서는 1유로를 가지고 (E/P)만큼의 재화와 서비스를 구매할 수 있다. 따라서 독일과 미국에서 구매할 수 있는 재화와 서비스의 양을 비교하면 $(E/P)/(1/P^*) = E(P^*/P)$가

10) 한 국가의 물가수준을 나타내는 지표로는 GDP 디플레이터가 자주 사용된다. GDP 디플레이터란 어떤 특정 경제에서 산출된 최종 재화와 서비스의 가격지표를 나타내는 지수를 말한다.

되며, 유로화와 미국 달러 간의 실질환율은 유로화와 미국 달러 간의 실제 구매력을 나타낸다고 할 수 있다.

(2) 현물환율과 선물환율

외환거래는 외환의 매매계약에 따른 결제시기에 따라 현물환거래와 선물환거래로 구분된다. 현물환거래에 적용되는 환율을 현물환율(spot exchange rate)이라고 하며, 이는 매일 재화나 서비스의 무역, 해외투자와 외국인투자 등에 따른 외환의 수요와 공급에 의해 결정된다. 이에 반하여 선물환거래에 적용되는 환율을 선물환율이라고 하며, 일반적으로 현물환율과 양국 통화의 금리 차이에 의해 결정된다.

(3) 재정환율

독일의 마르크화와 영국의 파운드화 등과 같이 미국 달러화 외의 통화와 원화 간의환율을 재정환율(arbitrage rate)이라고 한다. 재정환율은 국제금융시장에서 형성된 미국 달러화와 기타 통화 간의 교차환율을 기준환율로 재정(arbitrage)하여 간접적으로 산출된다. 교차환율(cross rate)이란 자국통화(원화)가 개입되지 않은 상태에서 기준환율의 대상이 되는 통화(미국 달러)와 제3국 통화(파운드화 등) 간의 환율을 말한다. 예를 들어 원화와 미국 달러화 간의 환율(기준환율)이 U$1=₩1,000이고, 미국 달러화와 영국 파운드화 간의 환율(교차환율)이 £1=U$2라고 한다면, 원화와 영국 파운드화 간의 환율(재정환율)은 £1=₩2,000이 된다.

(4) 빅맥 지수(Big Mac Index)

빅맥 지수는 1986년부터 영국의 경제주간지 Economist가 120개 국가에서 판매되는 미국 맥도날드의 빅맥 가격을 미국 달러화로 환산하여 미국 내의 빅맥 가격과 비교함으로써 각 국가의 환율의 적정성의 여부를 판단하는 지수를 말한다. 빅맥 지수는 구매력 평가환율의 대표적인 예로 환율은 각국 통화의 구매력에 따라 결정된다는 구매력평가설과 운송비용과 무역장벽이 없다면 동일한 재화의 가격이 양국에서 동일한 화폐로 표시하였을 때 일치해야 한다는 일물일가의 법칙을 전제로 하고 있다. 비록 무역장벽 및 서비스와 같은 비교역재의 존재, 가격할인 정책의 사용, 국가별 임대료의 차이 등으로 인해 이 지수의 정확성이 어느 정도 상실되고는 있지만 편의상 구매력 평가설의 근사치(proxy)로 사용하고 있다.

A.5 금융거래의 형태

(1) 현물환거래와 선물환거래

현물환거래(spot transaction)는 계약 체결 후 결제가 2영업일 이내에 이루어지는 거래를 말한다. 이에 반하여 선물환거래는 현재 정해놓은 환율로 미래의 어느 시점에 거래를 하기로 계약을 체결하는 것을 말한다. 선물환거래는 환위험을 관리하는 대표적인 수단으로 사용되고 있다.

(2) 환위험과 환노출

환위험이란 환율의 변동으로 인해 기업 등에 손해가 발생할 가능성을 말한다. 일반적으로 기업가는 위험을 기피하는 경향이 있으므로 헤징을 통해 환위험에 대비하거나 기피하려고 한다. 환노출은 기업이 자국통화 이외의 통화로 표시된 자산과 부채 및 현금흐름을 보유하고 있는 것을 말하며, 환노출의 상태에서 후일 환율이 변동하게 되면 환위험이 발생하게 된다. 다르게 표현하면 환노출은 환위험이 발생할 수 있는 경우를 사전적(ex-ante)으로 분석한 개념이며, 환위험을 사후적(ex-post)으로 평가하면 환차익이나 환차손이 된다.

(3) 헤징과 투기[11)]

헤징(hedging)이란 환율 변동에 따른 위험을 회피하는 것을 말한다. 우리나라의 수출업자가 100만 달러의 수출대금을 3개월 후에 받는 조건으로 계약을

11) 농부가 가을에 밭떼기로 배추 또는 무를 팔면 이는 헤징에 해당되고, 이를 구매하는 상인에게는 투기가 된다고 할 수 있다.

체결하였다고 하자. 3개월 후에 원화와 미국 달러화 간의 환율이 많이 떨어질 것으로 예상되는 경우 수출업자는 선물환거래를 활용함으로써 환율변동에 따른 손해를 회피할 수 있다. 즉, 수출업자는 3개월 만기 원화와 미국 달러화 간의 선물환율, 예를 들어 U$1=₩1,200으로 미리 선물환거래를 체결하면 3개월 후 환율이 어떻게 변동하든 미리 정한 U$1=₩1,200에 100만 달러를 매도함으로써 12억 원을 받을 수 있게 된다.

헤징은 환위험을 회피하기 위한 것이지만 환투기(speculation)는 환율변동에 따른 이익을 추구하기 위하여 환위험을 수용하는 것을 말한다. 현재 3개월 만기 원화와 미국 달러화 간의 선물환율이 U$1=₩1,200인데, 3개월 후의 시점에 원화와 미국 달러화 간의 현물환율이 U$1=₩1,000으로 될 것으로 예상하는 투자자가 있다고 하자. 이 투자자는 예를 들어 100만 달러를 U$1=₩1,200의 선물환율로 매도하는 계약을 체결할 수 있다. 만약 3개월 후에 원화와 미국 달러화 간의 현물환율이 예상대로 U$1=₩1,000이 된다면 이 투자자는 수수료가 없는 경우 100만 달러를 U$1=₩1,000의 현물환율로 매입한 후 U$1=₩1,200의 선물환율로 매도함으로써 2억 원의 이익을 얻을 수 있게 된다. 그러나 3개월 후에 원화와 미국 달러화 간의 현물환율이 예상과 달리 U$1=₩1,400이 된다면 이 투자자는 2억 원의 손해를 보게 된다.

(4) 통화선물과 통화옵션

통화선물(currency futures)이란 미래 일정시점의 환거래계약을 현재 체결하는 방식으로 거래소에서 거래되며, 계약금액 및 만기 등이 표준화되어 있다는 점에서 선물거래와 차이점이 있다.

통화옵션(currency option)이란 일정 기간 내에 일정량의 통화를 일정한 가격으로 매입 또는 매도할 수 있는 계약상의 권리를 뜻한다. 이 때 콜 옵션(call option)은 매입할 수 있는 권리를 뜻하며, 풋 옵션(put option)은 매도할 수 있는 권리를 뜻한다. 통화옵션은 의무가 아닌 권리의 취득이라는 면에서 주식옵션(stock option)이나 상품옵션과 동일하며, 선물성격의 외환거래라는 면에서 기본적으로 선물환거래 및 통화선물과 유사한 성격을 갖고 있다.

(5) 이자차익거래(interest arbitrage)

두 지역에서 동일한 재화의 가격이 다를 경우 가격이 낮은 지역에서 재화를 구입해서 가격이 높은 지역에서 재화를 판매하는 것을 차익거래라고 한다. 차익거래에 참여하는 거래자는 아무런 위험 없이 즉각적으로 이익을 얻을 수 있다. 금융시장에서도 이러한 차익거래가 빈번하게 발생하고 있다. 동일한 시점에 두 지역에서 자금의 이자율에 차이가 존재하고, 이자율의 차이로부터 얻을 수 있는 이익이 두 지역 간의 거래에 소요되는 비용보다 큰 경우에는 이자율이 낮은 지역에서 자금을 차입하여 이자율이 높은 지역에서 자금을 활용하게 되면 이익을 얻을 수가 있는데 이를 이자차익거래라고 한다.

A.6 환율제도

(1) 고정환율제도

고정환율제도는 환율의 안정을 위하여 정부 또는 중앙은행이 외환시장에 개입함으로서 환율을 일정 수준으로 유지시키는 제도를 말한다. 고정환율제도는 무역거래나 자본거래 등에 종사하는 사람들이 예측치 못한 환율의 변동으로 인한 손해를 입을 염려가 없으므로 안심하고 국제거래에 종사할 수 있다는 장점이 있다. 그러나 이 제도는 국제수지의 불균형이 발생할 경우 이를 자동적으로 조정할 수 없기 때문에 국민소득의 감소 또는 실업이 증가한다는 단점을 가지고 있다. 따라서 국제수지의 균형을 달성하기 위해서는 국민소득 감소 또는 실업 증가 등과 같은 대내균형의 희생을 필요로 하게 된다. 예를 들어 실업과 국제수지의 적자가 동시에 발생하고 있는 경우 국제수지의 적자를 감소시키기 위한 긴축적인 금융정책의 실시는 실업을 더욱 증가시키게 된다.

(2) 변동환율제도

변동환율제도는 외환시장에서 외환에 대한 수요와 공급에 의하여 환율이 자동적으로 결정되는 제도를 말한다. 변동환율제도는 적어도 이론적으로는 국제수지의 불균형이 환율의 변동을 통해 자동적으로 조정된다는 장점을 가지고 있다. 따라서 변동환율제도에서는 국제수지의 불균형을 조정하기 위한 정책이 불필요하게 된다. 그러나 이 제도는 환율변동으로 인하여 환위험이 크게 발생할 수 있으므로 국제무역과 국제투자가 위축될 수 있다는 단점을 가지고 있다. 그리고 환율이 지속적으로 변동하여 환율이 상승하게 되면 국내에서 통화량이 증가함으로써 물가가 상승하게 되고 이러한 물가상승은 다시 환율을 상승시키게 된다. 또한 변동환율제도에서는 이러한 물가상승이 고정환율제도에 비하여 상대적으로 시차를 두고 발생하기 때문에 정책당국이 적절한 정책을 수립하지 못하게 하거나 적절한 정책의 수립을 지연시키는 경우도 발생하게 된다.

(3) 우리나라의 환율제도

우리나라는 1945년 광복 이후 미국 달러화에 대한 고정환율제도를 시행하였으나 이는 만성적 국제수지 적자와 외환의 부족에 따른 원화의 지속적인 평가절하를 유발시켰다. 이러한 문제점을 보완하기 위해 1964년 5월 미국 달러화에 대한 단일 변동환율제도를 도입하였다. 그러나 1970년대 에너지 위기에 따른 세계적인 경기침체와 보호무역주의로 인하여 국제수지가 급격히 악화되자 중앙은행이 외환시장에 수시로 개입하였다. 그 결과 환율변동에 의한 국제수지의 조정기능이 약화되었으며 원화의 미국 달러화에 대한 연계로 인해 원화와 다른 국가의 통화 간의 환율이 원화의 가치와 상관없이 미국 달러화에 따라 등락하는 문제점이 발생하였다. 이에 따라 1980년 2월에는 국제통화기금(IMF)의 특별인출권(SDR)을 포함하여 우리나라와 무역 거래량이 많은 5개국 통화의 가중치를 평균한 독자적인 바스켓을 구성하고, 이에 물가인상을 고려하여 미국 달러화에 대한 환율을 결정하는 복수통화 바스켓제도를 채택하였다.

1990년 3월에는 외국환은행 간에 거래된 환율을 거래량으로 가중평균하여 미국 달러화에 대한 환율을 산출하는 시장평균환율제도를 도입하였다. 시장평균환율제도는 환율이 외환시장의 기능에 의해 결정되며, 급격한 환율변동이 없다는 장점이 있으나 환율의 변동 폭을 지나치게 제한하고 있어 외환시장이 불안정해지는 단점이 있다. 시장평균환율제도는 1997년 12월 외환위기로 인한 IMF 체제 이후 외환의 수요와 공급에 의해서만 미국 달러화에 대한 환율이 결정되는 자유변동환율제도로 이행되었으며 현재까지 지속되고 있다.[12)]

A.7 대내균형과 대외균형

(1) 대내균형

대내균형은 실물시장과 화폐시장에서의 균형이 동시에 달성되는 *IS*−*LM*균형을 뜻한다. 해외부문이 포함된 경우 대내균형은 수출과 수입이 생산물시장 균형에 반영된다. 정부지출과 수출은 국민소득의 순환적 흐름에서 주입(injection)이라는 점에서는 같지만, 정부지출은 외생적으로 결정되는 반면 수출은 국내물가에 영향을 받게 된다는 점에서 차이가 있다. 수출은 국내물가가 외국물가에 비해 상대적으로 상승하게 되면 감소하게 된다. 수입은 저축이나 세금과 같이 국민소득의 흐름에서 누출(leakage)로 나타난다. 수입은 소득이 증가하거나 국내물가가 외국물가에 비해 상대적으로 상승하게 되면 증가하게 된다.

국제수지가 균형을 이루면 화폐공급에는 변화가 없으나, 국제수지가 흑자가 되면 화폐공급은 증가하게 된다. 외환이 유입될 경우에는 자산이 증가하게 되고, 복식부기의 원리에 따라 부채도 같은 크기만큼 증가하게 된다. 즉, 외환이 증가하게 되면 중앙은행의 부채에 해당되는 본원통화가 증가함에 따라 통화량도 증가하게 된다.[13)] 만약 중앙은행이 본원통화 증가에 따른 통화량의 증가를 감소시키기 위한 불태화정책(sterilization policy)[14)]을 사용하지 않는다면 국제수지

12) 그러나 외국환은행이 고객과의 거래에서 적용하는 환율인 대고객매매율이나 제3국 통화와의 환율을 결정하기 위한 기준환율은 시장평균환율방식을 그대로 유지하고 있다.

13) 본원통화에다 통화승수를 곱하면 통화량이 산출된다.

의 흑자는 통화량의 증가와 물가상승을 가져오게 된다.[15]

(2) 대외균형

(가) 국가 간 자본의 완전이동이 불가능한 경우

국제수지를 B, 수출을 X, 수입을 M, 자본의 유입에서 자본의 유출을 뺀 순 자본유입을 F, 이자율을 r이라고 하면, 국제수지 B는 아래와 같이 나타낼 수 있다.

국제수지(BP) 균형 $$B = (X - M) + F(r)$$ [식 A-4]

[식 A-4]에서 $B = 0$이면 국제수지는 균형이 되고, $B > 0$이면 국제수지는 흑자, $B < 0$이면 국제수지는 적자가 된다. 자본의 유입은 국제수지의 흑자를 가져오기 때문엔 F는 플러스(+)의 부호를 갖게 된다. 순자본유입은 이자율의 증가함수이기 때문에 BP곡선은 우상향하는 형태가 된다.[16]

(나) 국가 간 자본의 완전이동이 가능한 경우

국가 간에 자본의 완전이동이 가능한 경우에는 국내이자율과 외국이자율이 조금만 다르더라도 금리차익을 얻고자 하는 자본이동이 발생하기 때문에 국내이자율과 외국이자율은 항상 일치하게 된다. 따라서 자본이동에 아무런 제약이 없을 경우 BP곡선은 수평선의 형태를 갖게 된다.

(3) 대내 및 대외균형

어떤 경제가 균형상태에 있다는 것은 생산물시장과 화폐시장의 균형 즉, 대내균형과 대외균형이 동시에 달성되어 있는 상태를 말한다. 대내균형과 대외균형이 일치하지 않을 경우 새로운 균형으로의 이동은 어떤 형태의 환율제도를 실

14) 공개시장에서 국채를 매각해서 통화량을 감소시키는 정책을 불태화정책이라고 한다.

15) 통화량을 감소시키는 다른 두 가지 일반적 금융정책은 재할인율의 인상과 법정지불준비율의 인상을 들 수 있다.

16) BP곡선이란 국제수지의 균형을 달성시키는 이자율과 국민소득간의 조합을 나타내는 곡선을 말한다.

시하고 있는가에 따라서 달라진다. 변동환율제도에서는 외환시장에서 수요와 공급에 의하여 환율이 결정되기 때문에 외환거래에 따른 통화량의 변화가 발생하지 않는다. 따라서 변동환율제도에서는 정부 또는 중앙은행이 공개시장 조작 등을 통해 통화량을 변동시킴으로써 새로운 균형으로 이동하게 된다. 그러나 고정환율제도에서는 환율이 제도적 또는 정책적 요인에 의하여 결정되기 때문에 정부 또는 중앙은행이 공개시장 조작 등을 통해 통화량을 변동시키거나 직접 외환시장에 개입하여 통화량을 변동시킴으로써 새로운 균형으로 이동하게 된다.

외환시장의 균형을 나타내는 [식 A-4]는 어떠한 환율에 의해서도 *BP*곡선으로 나타나게 된다. 환율의 변화는 *BP*곡선을 이동시킨다. 만일 환율이 외환시장을 청산하기 위하여 계속 변경되어 [그림 A-4]와 같이 주어진 대내균형에서 외환에 대한 수요와 공급이 일치하게 되면, 환율 e의 변화는 *BP*곡선이 계속해서 *IS*곡선과 *LM*곡선의 교차점을 지나가게 한다. [그림 A-4]에는 금융정책이 환율에 미치는 영향이 나타나 있다. 최초의 대내균형점이 *A*인데 화폐량이 증가하여 LM_0곡선이 하방으로 이동하여 LM_1이 되었다. 따라서 대내균형점은 *A*에서 *B*점으로 이동하였다. 새로운 대내균형점 *B*점이 BP_0보다 아래에 있는 한, 국제수지상 적자가 발생하게 된다. 국제수지의 적자는 외환시장에서 외환에 대한 수요를 증가시킴으로써 환율의 인상을 가져오게 된다. 환율의 인상은 외환시장에서 새로운 균형이 성립할 때까지 *BP*곡선을 하방으로 이동시킨다. [그림 A-4]에서는 *BP*곡선이 *B*점을 통과할 때 환율의 인상이 정지되고 새로운 균형이 성립하게 된다. 따라서 변동환율제도하에서는 확장적 금융정책은 환율이 인상되는 평가절하를 가져오고, 긴축적 금융정책은 환율이 인하되는 평가절상을 가져온다. 재정정책이 환율에 미치는 효과는 분명하지 않다. 정부지출의 증가는 이자율을 상승시켜서 자본유출을 감소시키지만, 국민소득을 증가시켜서 수입의 증가를 가져온다. 따라서 [그림 A-4]에서 외환에 대한 수요곡선의 이동방향은 자본유출의 감소와 수입증가의 상대적 크기에 의하여 결정된다. [그림 A-4]에서 BP_0곡선이 LM_0곡선보다 기울기가 가파르다면(steeper) 확장적 재정정책은 *IS*곡선을 상방으로 이동시키게 되고, 대외균형을 회복하기 위하여 *BP*곡선은 하방으로 이동하게 되어 환율을 평가절하(devaluation)하게 된다. 그러나 BP_0 곡선이 LM_0곡선보다 기울기가 밋밋하다면(flatter) 확장적 재정정책은 IS곡선을 상방으로 이동시키게 되고, 대외균형을 회복하기 위하여 BP곡선은 하방으로 이동하게 되어 환율을 평가절상(revaluation)하게 된다.

1960년과 1970년대 초에 미국과 캐나다에서 LM곡선과 BP곡선은 기울기가 거의 비슷하였다. 그러나 1970년대 중반 이후에 미국과 캐나다 간에 금융시장 통합(financial market integration)이 진전됨에 따라서 미국의 BP곡선은 LM곡선에 비하여 기울기가 상당히 밋밋해졌다. 1980년대 초에 미국에서의 확장적 재정정책은 IS곡선을 상방으로 이동시키고, BP곡선의 기울기가 밋밋하게 때문에 대외균형을 회복하기 위하여 BP곡선이 상방으로 이동하게 되어 환율 e가 평가절상되었다.

[그림 A-4] 금융정책이 환율에 미치는 영향

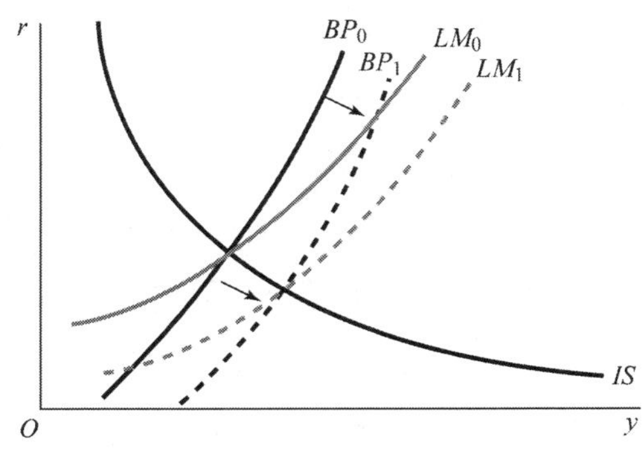

금융정책과 재정정책이 환율에 미치는 영향을 비교해 보면 금융정책이 환율의 결정에 분명하고 빠른 효과를 미치는 반면에, 재정정책이 환율의 결정에 미치는 효과는 상대적으로 분명하지 않다. 따라서 대내균형과 대외균형을 유지하기 위하여 정책을 고안할 때, 대내산출량과 고용량 목표를 달성하기 위해서는 재정정책을 사용하고, 환율에 영향을 미치는 효과를 제거하기 위해서는 금융정책을 사용하는 것이 타당한 정책의 배분(designation)이 된다. 만일 적극적인 환율변경 정책이 채택되고 있다면, 이러한 정책은 환율에 영향을 미치는데 비교우위가 있는 금융정책을 위주로 실시하는 것이 바람직하다.

A.8 환율제도와 국제수지의 조정

(1) 금본위제도 하에서의 가격-정화유통기구

금본위제도는 1880년부터 1914년까지 운용되던 국제통화제도를 말한다. 이 제도는 통화의 가치를 일정한 금의 중량에 연계시켜 놓았으며, 지폐나 예금통화 등은 아무런 제한이 없이 금과 교환할 수 있게 허용하였다. 각 국가의 통화는 금의 중량에 따라 그 가치가 정해지기 때문에 각 국가의 통화와 금의 교환비율이 정해지면 각 국가 통화 간의 교환비율 즉, 환율도 자동적으로 정해지게 된다.

금본위제도에서는 국제수지의 조정이 가격-정화유통기구에 의하여 자동적으로 이루어진다. 즉, 국제수지의 불균형은 국내물가의 변화에 의하여 자동적으로 조정된다. 예를 들어 국제수지 적자를 경험하고 있는 국가에서는 금이 해외로 유출됨에 따라 통화량이 감소하고 물가는 하락하게 된다. 그 결과 수입은 감소하고 수출은 증가함에 따라 국제수지 적자는 자동적으로 해결된다. 이와 반대로 국제수지 흑자를 경험하고 있는 국가는 금이 국내로 유입됨에 따라 통화량이 증가하고 물가는 상승하게 된다. 그 결과 수입은 증가하고 수출은 감소함에 따라 국제수지 흑자는 자동적으로 해결된다.

(2) 고정환율제도 하에서의 국제수지 조정

(가) 고전학파의 탄력성 접근방법(Elasticity Approach)

고전학파는 수출품과 수입품의 상대가격비율 즉, 실질환율이 적정수준에서 벗어나면 국제수지 불균형이 발생한다고 주장한다. 양 국가의 물가수준이 일정한 상태에서 명목환율이 상승하면 실질환율도 상승하므로 수출량은 증가하고 수입량은 감소하게 된다. 그러나 수입국의 통화로 표시한 수입품의 가격도 상승하므로 금액으로 표시한 수입량은 오히려 증가할 수도 있다. 따라서 환율이 상승하는 경우 국제수지는 적자를 볼 수도 있다. 따라서 환율이 상승할 때 국제수지가 개선되기 위해서는 수입품의 가격이 상승하는 효과보다 수출량과 수입량의 가격탄력성이 높아야 한다. 즉, 고전학파는 양 국가의 수입수요 탄력성의 합이 1보다 큰 경우에만 평가절하(환율상승)가 국제수지를 개선할 수 있다고 주장한다.[17)]

(나) 케인즈학파의 총지출 접근방법(Absorption Approach)

국제수지 적자를 경험하고 있는 어느 한 국가의 환율이 상승하면 수출이 증가하고 수입품과 경쟁관계에 있는 재화의 국내생산이 증가하기 때문에 수입이 감소하게 된다. 따라서 환율이 상승하는 경우 이 국가의 국제수지는 개선된다. 그러나 만약 이 국가의 생산요소들이 이미 완전고용이 되어 있는 상태라면 국내생산이 증가할 수 없으므로 국제수지는 개선되지 않는다. 따라서 이러한 경우에는 국내지출이 감소해야 평가절하에 의한 국제수지 개선효과가 나타나게 된다. 이와 같이 케인즈학파는 생산량보다 국내에서 더 많이 소비하기 때문에 국제수지 불균형이 발생한다고 보고, 지출축소정책 또는 지출전환정책을 주장한다.

(다) 통화론자의 통화적 접근방법(Monetarist Approach)

탄력성 접근방법과 국내총지출 접근방법은 화폐의 역할을 무시하고 국제수지의 불균형을 해결하기 위하여 정부개입의 필요성을 강조한다. 이에 반하여 화폐론적 접근방법은 국제수지를 본질적으로 자동적 조정기능을 가진 화폐적 현상(monetary phenomenon)이라고 간주한다. 화폐론적 접근방법은 경상계정의 균형뿐만 아니라 경상계정과 자본계정의 합계의 균형을 분석한다. 통화론자는 자연실업률 이하로 실업을 감소시키고자 통화를 증가시킨 결과 국제수지가 적자가 되었다고 보고, 이를 해결하기 위해서는 통화긴축(monetary contraction)을 실시해야 한다고 주장한다. 평가절하는 인플레이션 압력을 가져오기 쉽기 때문에 효과가 일시적이라고 지적한다.

---

17) 이 같은 조건을 마샬-러너조건이라고 한다.

(라) J-curve effect

단기에는 수출량과 수입량의 가격탄력성이 작기 때문에 평가절하를 하더라도 국제수지는 즉각적으로 개선되지 않는다. J-curve effect는 자국통화를 평가절하하면 [그림 A-5]와 같이 초기에는 국제수지가 악화되지만 시간이 지나면서 국제수지가 개선되는 효과를 말한다.

[그림 A-5] J-curve effect

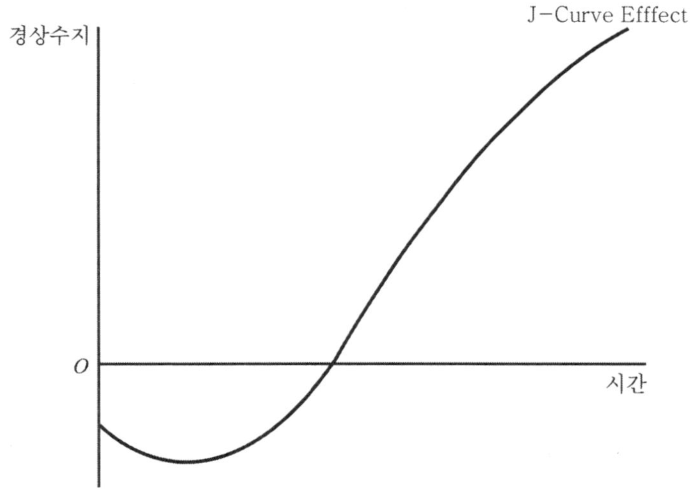

(3) 변동환율제도 하에서의 국제수지조정

[식 A-1]에서 설명한 이자율 평가를 보다 구체적으로 나타내면 [식 A-5]와 같이 된다.

$$r_t = r_t^* + \frac{E_{t+1}^e - E_t}{E_t} \qquad \text{[식 A-5]}$$

[식 A-5]에 E_{t+1}^e은 $\overline{E^e}$로 표시하여 주어진 것으로 간주하고 t를 제거하여 E에 관하여 정리하면 [식 A-6]과 같이 된다.

$$E = \frac{\overline{E^e}}{1+r-r^*} \qquad \text{[식 A-6]}$$

[식 A-6]은 국내이자율과 환율은 반비례 관계가 있음을 보여준다. 먼델-플레밍모형을 나타내는 [식 A-5] 또는 [식 A-6]와 [그림 A-6]을 사용하여 이 모영을 특징을 설명한다.

우선 [식 A-5]에서 한국국채 수익률과 미국국채 수익률이 각각 7%로 같다고 할 때, 한국국채 수익률이 10%로 상승하게 되면 원화는 3% 평가절상 된다. 이 때 투자자의 환율예상이 변화하지 않는다면, 원화는 다음 기에 걸쳐 3% 평가절하 된다.

[식 A-6]은 국내이자율과 외국이자율이 같게 되면 금기의 환율은 다음기의 환율과 같게 됨을 의미하며, 이것은 [그림 A-6]의 〈나〉에서는 B점으로 나타난다.

[그림 A-6]을 사용하여 이자율의 변화가 환율의 변화를 통하여 직접·간접으로 산출량에 미치는 영향을 살펴보다. 이자율 상승의 직접적인 효과는 폐쇄경제하여서와 마찬가지로 투자의 감소를 가져오고, 그 결과 국내재화에 대한 수요를 감소시키게 된다. 이자율 상승의 간접적인 효과는 [그림 A-6]에 나타나듯이 국내통화의 평가절상을 가져온다. 평가절상은 외국재화에 비하여 국내재화의 가격을 더 비싸게 만들기 때문에 순수출의 감소를 초래함으로써 국내재화에 대한 수요의 감소를 가져온다. 그림 〈가〉에서 재화와 화폐시장의 균형은 A점에서 이루어지고, 균형국민소득은 Y_0이고, 균형이자율은 r_0이다. A점에 대응되는 환율은 그림 〈나〉에서 화살표 방향으로 움직이면 도출할 수 있다. 균형이자율 r_0에 대응되는 균형환율은 E_0가 된다. 만일 정부지출을 증가시키면 IS곡선이 우측으로 이동하여 이자율이 상승하게 되고, 그 결과 국내통화는 평가 절상된다.

[그림 A-6] 먼델-플레밍 모형: 이자율과 환율과의 관계

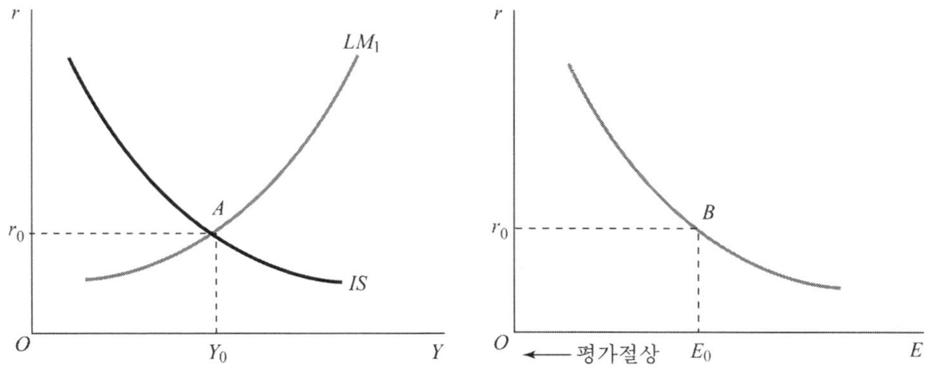

<가> 대내균형 <나> 이자율과 환율

변동환율제도하에서 각국 경제는 가깝게 영향을 미치게 된다. 국내에서의 확장적 금융정책은 해외에 실업과 디스인플레이션(disinflation)을 가져오고, 국내에서의 확장적 재정정책은 해외에 인플레이션과 함께 경기확장을 가져오게 한다.

연 습 문 제

[1] 빈 괄호에 적합한 용어를 기입하시오.

(1) 국가간 ( )이동은 환율과 국제수지 등 대외관련 경제변수뿐만 아니라 국민경제를 안정적으로 운영하기 위한 거시경제정책의 효과에도 영향을 미친다.

(2) 자본시장이 개방되어 국내자본시장이 국제자본시장으로 통합되면 자본의 가격인 이자율이 동일해져야 하는데 이를 이자율 ( )라고 한다.

(3) 개방경제의 $IS-LM$모형에서는 경제의 균형조건으로 생산물시장의 균형과 화폐시장의 균형 이외에 ( ) 균형조건이 추가적으로 필요하다.

(4) 국제수지균형을 만족시키는 ( )과 국민소득의 조합을 나타내는 곡선을 BP곡선이라고 한다.

(5) 순자본유입은 이자율의 증가함수이기 때문에 BP곡선은 ( )하는 형태가 된다.

(6) 통화우위이론에 의하면 한 국가의 통화가치가 높아질수록 그 국가의 기업들이 해외직접투자를 할 유인이 ( )한다.

(7) 고전학파 의사는 환자가 왔을 경우에 면역력이 있다고 보고 그냥 돌려보낸다. 여기서 면역력은 ( )가 작동한다고 신봉함을 뜻한다. 케인즈학파 의사는 환자의 실제체력과 정상체력간의 괴리를 측정하고 이 차이를 없애기 위하여 페니실린 주사를 놓게 된다. 여기서 체력의 차이는 총공급에 비하여 총수요가 부족한 크기를 뜻하고, 주사는 정부지출을 뜻한다. 그리고 소득이 증가되는 과정을 ( )효과라고 한다. 통화론자 의사는 케인즈적 처방은 단기적으로 효과가 있지만 장기적으로 부작용을 가져오기 때문에 충격을 분산시킬 필요가 있다고 주장한다. 여기서 부작용은 가속화되는 ( )이고, 분산시키는 정책은 준칙이다.

(8) ( )은 통화량이 증가한 결과 인플레이션이 발생할 수 있는 가능성을 감소시키기 위하여 공개시장조작에서 국채를 팔아서 통화량을 줄이는

과정을 뜻한다.

(9) 실질절하(devaluation)이 발생하는 경우 순수출이 증가하는지의 여부는 내국재에 대한 해외수요와 외국재에 대한 국내수요의 (　　)탄력성에 달려 있다. 실질절하가 순수출을 증가시키기 위해서는 두 탄력성의 합이 ( )보다 커야 한다.

(10) 개방경제하에서의 (　　)곡선은 소득의 증가에 따라서 유발되는 수입의 증가를 반영해야 한다. 이 점이 반영된 결과는 개방경제하에서의 생산물시장의 균형을 위해서는 폐쇄경제하에서 보다 더 큰 폭의 (　　)의 증가가 요구되기 때문에 이자율이 더 큰 폭으로 하락해야 한다. 따라서 (　　)곡선의 기울기는 더욱 가파르게 된다.

(11) 국제수지가 균형을 이루면 화폐공급에는 아무런 변화가 없으나, 국제수지가 흑자가 되면 화폐공급의 증가를 가져와서 (　　)곡선이 우측으로 이동하게 된다. 그리고 물가가 하락하게 되면 *LM*곡선뿐만 아니라 *IS*곡선도 순수출의 증가로 인하여 (　　)으로 이동한다.

(12) 신흥시장의 신주공모청약(Initial Public Offering)을 활성화시키고자 증권거래소간의 합병도 활발하게 추진되고 있다. 프랑스의 (　　　)와 미국의 NYSE의 합병과 영국 London Stock Exchange와 미국의 (　　)시장의 합병은 좋은 예가 될 수 있다.

[2] 맞는 답을 선택하여 기입하시오.

(1) 구매력평가에 대한 설명으로 옳지 않은 것은? (　)

① 일물일가의 법칙을 국가간에 적용한 것이다.

② 국가간 자본이동에 대한 제약이 있을 경우에는 성립하지 않는다.

③ 실질환율이 일정한 값을 가져야 함을 의미한다.

④ 비교역재가 존재할 경우에는 성립하지 않는다.

(2) "구매력평가설" 물가상승에 기인하는 국제수지 불균형이 다음 중 어떤 방식을 통하여 해결될 수 있다고 보는가? (　)

① 물가상승률과 동일한 비율로 환율이 인상됨으로써

② 물가상승률과 동일한 비율로 환율이 인하됨으로써
③ 관세와 수출보조금에 의하여
④ 물가상승률과 동일한 비율로 통화 공급을 감소시킴으로써

(3) 원/달러 환율의 하락(원화가치 절상)을 가져오는 경우로 볼 수 없는 것은? (   )
① 우리나라의 경상수지 적자규모가 감소하였다.
② 우리나라 기업을 외국인에게 매각하였다.
③ 한국은행이 외환시장에 개입하여 달러를 매입하였다.
④ 국내 주식가격의 상승을 예상하고 외국인이 국내주식에 대한 투자를 증가시켰다.

(4) 변동환율제도의 장점이 아닌 것은? (   )
① 무역과 자본이동의 증진　② 국제준비금보유의 불필요
③ 국제수지조정의 계속성　④ 국제수지불균형의 자동적 조정

(5) 고정환율제도하에서 국제수지적자의 조정정책은? (   )
① 통화량 축소와 이자율 하락　② 통화량 축소와 이자율 인상
③ 통화량 증가와 이자율 인상　④ 통화량 축소

(6) 실업과 국제수지의 적자를 제거하기 위해서 정책수립자가 채택하여야 할 정책은? (   )
① 긴축적 재정정책과 확장적 금융정책
② 확장적 재정정책과 긴축적 금융정책
③ 긴축적 재정정책과 긴축적 금융정책
④ 확장적 재정정책과 확장적 금융정책

(7) 지출전환정책이 아닌 것은? (   )
① 수입관세　② 평가절하
③ 금융 및 재정정책　④ 수입수량제한

(8) 이자평형정리(interest parity theorem)가 의미하지 않는 것은? (　)

① 이자차익거래(interest arbitrage)에 의해 국내금융자산에 대한 투자수익률과 해외금융자산에 대한 기대수익률이 일치하게 된다.

② 다른 조건이 일정할 때 국내 명목이자율의 상승은 원화의 평가절상을 초래한다.

③ 이자차익거래는 미래의 예상환율에 의하여 영향을 받지 않는다.

④ 다른 조건이 일정할 때 외국명목이자율이 상승은 원화의 평가절하를 초래한다.

(9) 환율의 오버슈팅(overshooting) 현상과 가장 거리가 가까운 것은? (　)

① 물가의 경직성　　② 환율의 경직성

③ 이자율의 경직성　　④ 고용의 경직성

(10) 각국의 구매력 수준이나 물가를 비교하는 방식으로 실질구매력을 판단하는데 도움이 되는 지수는? (　)

① Engels Index　　② Gini Index

③ Big Mac Index　　④ Atkinson Index

(11) 국제수지조정에 대한 통화론자의 주장은 Harry Johnson의 "Monetary Approach to the Balance of Payment"로 대표된다고 할 수 있다, 아래에서 통화론자의 주장이 아닌 것은? (　)

① 국제수지불균형은 순수하게 화폐적 현상(monetary phenomenon)이라고 볼 수 있다.

② 자연실업률 이하로 실업을 감소시키고자 하는 정부의 정책은 가속화되는 인플레이션을 초래할 뿐이다.

③ 고전학파와 같이 국제수지조정을 위한 평가절하가 효과가 있다고 주장한다.

④ 화폐수요와 화폐공급간의 괴리를 감소시키기 위하여 통화축소(monetary contraction)만이 국제수지불균형 해소의 유일한 방안이다.

(12) 특별인출권(SDR)을 창출한 가장 중요한 목적은? (　)

① 국제수지의 조정　② 국제유동성의 공급

③ 국제통화에 대한 신인의 제고　④ 재정거래의 편의

(13) 국제통화기금(IMF)의 목표는? (　)

① 정부들의 산업용역에 보증을 해 준다.

② 보호관세형태의 무역장애를 제거한다.

③ 국제환율조정에서 야기되는 교란을 제거한다.

④ 여러 국가 간에 국제적 지불을 억제한다.

(14) 다음 설명에 해당되는 것은? 단일시장이 설립된 이후에 거시조정문제를 해결하기 위해 1992년부터 유럽통화체제(European Monetary System)에서 일정구간의 범위 내에서 환율을 변동시키는 제도(crawling peg)를 허용해오다가 1999년에 단일통화 유로(euro)를 사용하는 (　)을 출범하였다.

① European Monetary Union　② European Currency Unit

③ Exchange Rate Mechanism　④ European Council

(15) 최근 국제금융시장의 특징이라고 볼 수 없는 것은? (　)

① 국제자본거래규모의 증가

② 국제자본시장의 통합

③ 직접금융방식의 비중 증가

④ 금융자산가격의 변동성(volatility) 감소

(16) 자본거래에 대한 설명 중 맞는 것은? (　)

① 무역거래와 마찬가지로 자본거래를 관장하는 포괄적 다자간 규범이 존재한다.

② 고정환율제도 하에서 자본규제에 대한 완화가 본격적으로 추진되기 시작했다.

③ 자금조달과 운용방식에서 간접금융의 비중이 증가되었다.

④ 자본거래 자유화 배경으로 국제금융시장의 통합 및 확대를 들 수 있다.

(17) 국제금융시장의 최근 특징에 대한 설명으로 옳지 않은 것은? ( )

① 국가 간 자본거래에 대한 규제가 제거되고, 통신기술과 정보 처리기술의 발달로 인해 국제금융시장은 하나의 거대한 시장으로 통합되고 있다

② 유동성이 높은 유로채 및 외국채 등 직접금융시장의 규모가 감소하고, 개도국에 대한 신디케이트 대출시장의 규모가 증가하고 있다

③ 헤지펀드 등의 투기성 자본으로 인하여 금융위기의 발생위험이 상존하고 있다

④ 국제금융시장에서의 자본거래는 상품무역거래에 비해 빠르게 증가하고 있다

[3] 아래 설문에 답하시오.

(1) 대내균형과 대외균형에 대하여 설명하시오.

(2) 우리나라가 1997년에 겪은 금융위기를 설명하시오.

[4] Fill up the blanks with suitable words.

(1) Overvalued (too high) exchange rates lead to unemployment whereas undervalued (too low) exchange rates lead to ( ).

(2) The existence of forward exchange markets facilitates four important types of transactions: (1) covering, (2) hedging, (3) ( ) and (4) speculation.

(3) Under floating exchange rate system, high-inflation countries simply face a ( ) exchange rate in the long run.

(4) Marshall-Lerner-Robinson Condition

A depreciation or devaluation of a country's currency will improve its current-account balance if the sum of the price elasticities of domestic and foreign demands for imports is ( ) than unity.

(5) Vulnerability to currency crisis was created by the boom and ( ) which resulted from liberalization in the presence of a monetary policy regime based on ( ) exchange rate.

(6) Financial collapse resulted when the currency devaluation was sufficiently large that those who had lent to the financial system came to believe that government guarantees to it could not be honored. This triggered ( ) insolvency, which in turn led to ( ) collapse.

(7) ( ) is an open market operation between domestic money and domestic bonds whose sole purpose is to neutralize the tendency of balance of payments surpluses and deficits to change the domestic money supply.

(8) A synthesis of international trade and ( ) theory is needed to form a single theory of international economic behavior.

(9) The crucial implication that Hymer draws from this for the international economic system is that there would be hierarchical division of labor between geographical regions corresponding to the ( ) division of labor within the firm.

(10) A flexible rate is determined by three factors. The first is levels of prices at home and abroad. Other things being equal, an increase in prices at home leads to an equi-proportionate exchange ( ) as predicted by the purchasing power parity theory. Second, real factors related to trade flows influence the exchange rate. A loss in export markets, for example, will bring about a deficit and therefore ( ) so as to restore competitiveness. A thirds vital factor is international capital flows. An increase in home interest rates will tend to draw in capital and thereby bring about a home currency ( ).

(11) Italy has generally had larger imbalances than her European Monetary System partners. At the same time, within the EMS the Italian lira has been ( ) to other currencies of memer nations of EMS.

Answer

[1] (1) 자본 (2) 평가 (3) 국제수지 (4) 이자율 (5) 우상향 (6) 증가 (7) 가격기구, 승수, 인플레이션 (8) 불태화정책 (9) 가격, 1 (10) *IS*, 투자, *IS* (11) *LM*, 우측 (12) Euronext, 나스닥

[2] (1) 2 (2) 1 (3) 3 (4) 2 (5) 2 (6) 2 (7) 2 (8) 3 (9) 1 (10) 3 (11) 3 (12) 2 (13) 3 (14) 1 (15) 4 (16) 4 (17) 2

E: (1) 구매력 평가와 국가간 자본이동과는 관계가 없다.

(3) The sterilization policy aims at reducing foreign exchange reserves, thus, brings forth appreciation, not devaluation.

(9) It is a rational behavior of economic agents to cope with the upsurge of commodity prices or wage hike in the midst of uncertainties.

(11) 평가절하는 일시적(transitory) 효과만 가져오게 된다고 주장한다.

[3] (1) 개방경제하에서의 거시경제의 균형은 대내균형과 대외균형이 일치하는 수준에서 달성된다. 생산물시장의 균형을 나타내는 *IS*곡선은 유출인 수입부분에 의해 폐쇄경제하에서의 *IS*곡선보다 가파른 형태를 띠고, 화폐시장의 균형을 나타내는 *LM*곡선은 실질화폐의 수요가 소득과 이자율의 함수임에는 변함이 없기 때문에 우하향하는 형태를 갖게 된다. 대외균형을 의미하는 국제수지균형은 경상수지과 자본수지가 일치하는 수준에서 달성되고, *BP*곡선의 형태는 국가 간 자본이동의 제약형태에 따라 다른 형태를 가진다. 국가 간 자본이동이 완전할 경우에는 수평, 불완전할 경우에는 우상향하는 형태를 가지고, 자본이동이 완전히 제약된다면 *BP*곡선은 수직선의 형태가 될 수도 있다. *BP*곡선의 형태는 한계수입성향과 순 자본유입의 이자율 탄력성이 클수록 가파른 형태를, 한계수입성향이 일정할 경우 순 자본유입의 이자율 탄력성이 클수록 완만한 형태를 띤다.

소국개방경제하에서 국제수지의 불균형 조정과정은 환율제도의 형태에 따라 다르게 나타난다. 고정환율제도를 채택하는 소국경제하에서 국제수지가 흑자일 경우에는 외환유입과 원화수요가 증가한 결과 환율이 하락하게 된다. 이때 고정환율제도하에서 환율은 고정변수이기 때문에 중앙은행은 국제수지균형을 달성하기 위해 원화를 매도하고 외화를 매수함으로써 시장에 직접 개입하게 된다. 중앙은행에 의한 통화량의 증가는 *LM*곡선이 우측으로 이동시키고, *IS*−*LM*−*BP*곡선이 한 점에서 만나는 수준에서 국제수지균형 및 거시경제의 균형을 달성하게 된다. 국제수지가 적자일 경우는 이와 반대로 진행하면 된다. 변동환율제도를 채택하는 소국경제

하에서 국제수지가 흑자일 경우에는 고정환율제도의 경우와 같이 외환유입과 원화 수요가 증가하게 된다. 그러나 변도환율제도하에서 환율은 조정이 가능한 변수이기 때문에 중앙은행은 환율을 하락시켜 국제수지균형을 달성하고자 한다. 환율의 하락은 순 수출의 감소를 통해 *IS*곡선을 좌측으로 이동시키고, *IS*－*LM*－*BP*곡선이 한 점에서 만나는 수준에서 국제수지균형 및 거시경제의 균형을 달성하게 된다. 따라서 통화량과 환율은 각각 고정환율제도와 변동환율제도를 채택하는 소국경제의 국제수지균형을 달성하기 위한 조정변수이다.

(2) 금융위기는 통상 외환위기와 은행위기를 통틀어 지칭하며, 경우에 따라 외채위기도 포함한다. 아시아의 금융위기에 대한 국제통화기금(IMF)의 처방은 많은 논란을 가져왔다. 대표적인 비판론자인 삭스(Jeffrey D. Sachs)나 스티글리츠(Joseph Stigliz)는 금융혼란이 위기로 발전된 것은 정책당국의 오류와 함께 IMF의 긴축일변도의 경제처방 때문에 투자자의 신뢰를 상실하게 되었기 때문이라고 지적한다.

금융부문 및 기업부문에 대한 강도 높은 구조조정 처방은 아시아 국가들의 경제위기가 기본적으로 금융시장의 왜곡과 기업의 과다한 부채의존적 경영방식에 기인한다는 인식에 기초한다. 경쟁체제의 확립을 위하여 자본시장개방과 무역자유화를 추진할 필요에는 동의하지만 자본동원방식이 다른 서구모형을 그대로 우리나라에 적용을 강하게 추천하였던 IMF의 자세(basic tenet)와 통화론자 모형을 다시 우리 나름대로의 입장에서 평가하고, 혹시 다시 닥칠 수도 있는 금융위기에 대한 대책을 수립할 필요가 있다.

[4] (1) inflation (2) arbitration (3) depreciated (4) greater or larger (5) bust, pegged (6) sovereign, currency (7) sterilization (8) investment (9) vertical (10) depreciation, devaluation, appreciation (11) pegged

참고문헌

권호근 · 신경수, 『객관식 경제학』, 배움, 2010.
김경수 · 박대근, 『거시경제학』, 박영사, 2005.
김판기, 『다이어트 경제학, 거시편』, 미래경영아카데미, 2007.
정병열, 『경제학연습』, 홍, 1998.
정운찬 · 김영식, 『거시경제론』, 율곡출판사, 2012.
조용래, 『화폐금융론』, 박영사, 1990.
주상영, 『거시경제학』, 다산출판사. 2008.

Abel, Andrew and Ben Bernanke, *Macroeconomics,* Addison-Wesley Publishing, 1995
Ackley, Gardner, *Macroeconomics: Theory and Policy*, Macmillan, 1978
Barrow, Robert, *Macroeconomics*, John Wiley and Sons, 1987
Blanchard, Oliver, *Macroeconomics*, Prentice-Hall International, 1997
Diamond, Peter, *A Search-Equilibrium Approach to the Micro Foundation of Macroeconomics*, MIT Press, 1982
Hall, Robert and John Taylor, *Macroeconomics*, Fifth Edition, Norton and Company, 1986
Fisher, Irving, *The Theory of Interest*, Porcupine Press, 1977
Flemming, John, *Inflation*, Oxford University Press, 1978
Johnson, Harry, *Macroeconomics and Monetary Theory*, Aldine Publishing Company, 1972
Jones, Hywel, *An Introduction to Modern Theories of Economic Growth*, Nelson, 1978
Laidler, David, *The Demand for Money*, International Textbook Company, 1969
Leijonhufvud, Axel, *On Keynesian Economics and the Economics of Keynes*, New York: Oxford University Press. 1968,
Mankiw, Gregory, *Intermediate Macroeconomics*, Palgrave Macmillan, Tenth edition, 2010
Malinvaud, Edmond, *The Theory of Unemployment Reconsidered*, Basil Blackwell, 1978
Okun, Arthur, *Prices and Quantities: A Macroeconomic Analysis*, Basil Blackwell, 1981
Rau, Nicholas, *Trade Cycles: Theory and Evidence*, Macmillan, 1974

Romer, David, *Advanced Macroeconomics*, McGraw-Hill, 1996

Sachs, Jeffery and Felipe Larrain, *Macroeconomic In the Global Economy*, Harvester Wheatsheaf, 1993

찾아보기

〈국문〉

(ㄱ)

(ㄴ)

〈영문〉

(A)

(B)

(C)

(D)

(E)

(F)

(G), (H)

(I)

(J), (K), (L)

(M)

(N)

(O)

(P), (Q)

(R)

(S)

(T)

(W), (Y)

〈저자 약력〉

[약력]
한국외국어대학교 무역학과 졸업(상학사, 1976)
한국외환은행 근무(1976)
서울대학교 대학원 경영학과 1년 수료(1977)
일본 상지(上智)대학교 국제학부 졸업(경제학학사, 1978)
영국 Warwick 대학교 Preliminary MA in Economics 수료(1979)
영국 Sussex 대학교 대학원 경제학석사(1980)
영국 Sussex 대학교 대학원 경제학박사(1987)
건국대학교 상경대학 국제무역학과 교수(1987～현재)
영국 Sussex 대학교 방문교수(1994～5)
아일랜드 Limerick 대학교 방문교수(2007)
건국대학교 경제경영연구소장(1998～2000)
건국대학교 서울유럽소장(2001～2012)
국제경제학회, 경제발전학회, 유럽학회이사

[저서]
『경제통합과 세계화』(무역경영사, 2011)
『영작중심의 무역영어』(율곡출판사, 2013)
『글로벌 무역의 이해』(시그마프레스, 2013, 이성규・황허두 공동 번역)
『현대경제와 국제무역』(무역경영사, 2014)

[학술지 기고]
- APEC and emerging regionalism in North East Asia(Asia Europe Journal 4권 4호, 2006)
- Recent Developments on RTAs in North East Asia(Asia Europe Journal 6권 3호, 2008)
- Energy Cooperation and Emerging Regionalism in Northeast Asia(Journal of Korea Trade, 2009)
- 지식기반경제강화를 통한 자동차산업의 수출확대방안: 기업전략과 공공정책을 중심으로(한일경상논집 48권, 2010)
- EU의 마이크로 파이낸스(MF)운영에 비추어 본 한국의 MF운영개선방안(유럽연구 29권 1호, 2011)

거시경제학 탐방

2014년 9월 5일 초판인쇄
2014년 9월 10일 초판발행

저 자 황 해 두
발행인 유 성 열
발행처 청목출판사
서울특별시 영등포구 신길로 40길 20
전화 (02) 849-6157(代) · 2820 / 833-6090~1
FAX (02) 849-0817
등록 제318-1994-000090호

파본은 바꾸어 드립니다. 값 27,000원

http : //www.chongmok.co.kr

ISBN 978-89-5565-587-2